MW01098937

Para Claudia
de Flory.
Caracas, Venezuela

LA • GUIA • COMPLETA • DE • LA

Homeopatía

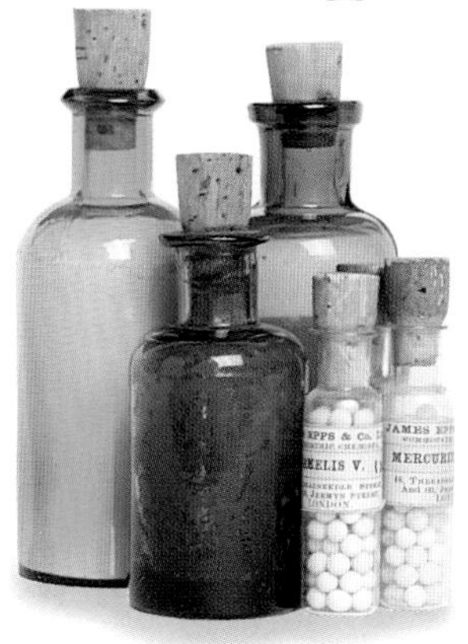

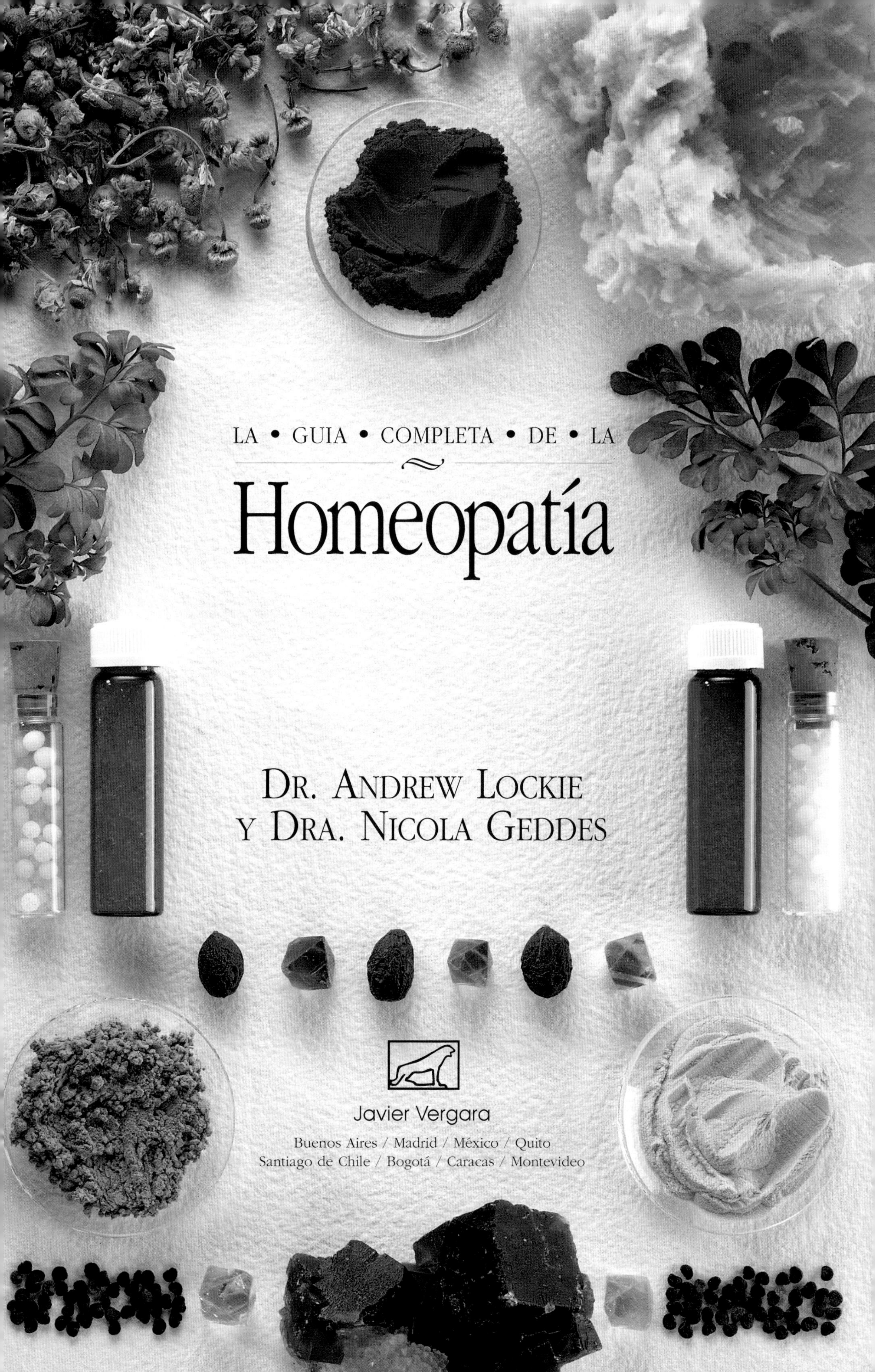

LA • GUIA • COMPLETA • DE • LA

Homeopatía

DR. ANDREW LOCKIE
Y DRA. NICOLA GEDDES

Javier Vergara

Buenos Aires / Madrid / México / Quito
Santiago de Chile / Bogotá / Caracas / Montevideo

A DORLING KINDERSLEY BOOK

Traducción
Elsa Mateo

Principales fotógrafos
Andy Crawford y Steve Gorton

Coordinadora de realización
Iris Menéndez

Composición
Taller del Sur

El Dr. Lockie dedica esta obra a su madre por enseñarle que "lo que buscas está dentro de ti".

La Dra. Geddes dedica esta obra a su madre y a su padre por su eterno legado de amor, apoyo y buen humor.

NOTA IMPORTANTE

No haga un autodiagnóstico ni intente por su cuenta el tratamiento de problemas graves o de largo plazo sin consultar a un profesional de la medicina o a un facultativo habilitado. No emprenda ningún tratamiento por su cuenta y sin buscar consejo médico mientras se halla sometido a un tratamiento médico recetado. Si los síntomas persisten, busque ayuda de un facultativo. No exceda las dosis recomendadas sin la guía de un profesional. Antes de tomar cualquier remedio o complemento, consulte las páginas 152-153, 208-209 y 224 y respete las precauciones que se aconseja tomar en el capítulo titulado *Remedios para enfermedades comunes* (pp. 154-223).

Nota de los autores

Los nombres de los remedios homeopáticos suelen utilizarse en la forma abreviada. A lo largo de todo el libro se utilizan las abreviaturas comúnmente aceptadas. Los tipos constitucionales tienen los mismos nombres que los remedios.

Primera Edición en Gran Bretaña en 1995
por Dorling Kindersley Limited,
9 Henrietta Street, Londres WC2E 8PS

ESTA ES UNA COEDICION DE JAVIER VERGARA EDITOR
CON DORLING KINDERSLEY LTD.
Edición especial para América Latina, Estados Unidos y Canadá

ISBN 950-15-1556-7

Segunda edición 1997

Reproducido en Italia por GRB Editrice, Verona

Impreso y encuadernado en España por
Artes Gráficas Toledo, S.A.
D.L.TO: 1472-1997

INDICE

INTRODUCCION

DURANTE LOS ULTIMOS VEINTE AÑOS, el número de personas que utilizan la homeopatía ha aumentado notablemente. Sin embargo, aún subsisten muchos equívocos con respecto a esta disciplina y al modo en que opera. Hemos escrito este libro para explicar en términos accesibles qué es la homeopatía y cómo puede utilizarse de forma segura y eficaz para tratar enfermedades corrientes.

La homeopatía —un sistema flexible de medicina— puede ser utilizada tanto por legos como por especialistas. Los malestares menores pueden tratarse con éxito utilizando la homeopatía en casa. Las enfermedades más serias exigen una consulta a un facultativo. Por ejemplo, puede tratar un resfrío con remedios homeopáticos, pero no deje de consultar a un médico si el resfrío se convierte en algo más serio. Si descubre que se resfría con regularidad, esto podría significar que su sistema inmunológico ha quedado debilitado y que necesita un tratamiento homeopático para ocuparse de las causas subyacentes. Se debe consultar al médico cuando surge cualquier enfermedad para la que sea necesaria su intervención, o cualquiera que exija pruebas médicas convencionales.

La homeopatía es una forma holística de medicina. Al tratar una enfermedad tiene en cuenta los rasgos emocionales y físicos singulares del individuo en cuestión. En la medicina ortodoxa, varias personas que padecen de gripe recibirán el mismo diagnóstico y el mismo tipo de tratamiento aunque no necesariamente tengan los mismos síntomas ni reaccionen a ellos de la misma forma. Una persona puede mostrarse irritable, por ejemplo, y otra llorosa, mientras a otra puede resultarle difícil concentrarse. En homeopatía, el remedio se escoge pensando en igualar al máximo los síntomas, de modo tal que a cada persona podría dársele un remedio diferente.

Los remedios homeopáticos funcionan ayudando al sistema de defensas del organismo a que se ayude a sí mismo. Evidentemente, cualquier cosa que impida al organismo funcionar adecuadamente —por ejemplo una dieta pobre, la falta de ejercicio, las emociones destructivas o las tensiones ambientales— supone una ardua tarea para los remedios y requiere atención. Aunque la homeopatía funciona muy rápidamente cuando se trata de enfermedades comunes y corrientes, no es un tratamiento adecuado para quienes buscan una curación instantánea. Exige una cuidadosa autoobservación y la fuerza de voluntad necesaria para ceñirse a un plan de acción. La recompensa a este esfuerzo es una mayor sensación de bienestar, mayor energía y resistencia a la enfermedad.

La creciente popularidad de la homeopatía es en parte una reacción a la medicina ortodoxa. Aunque pocas personas negarán que la medicina ortodoxa ha mejorado notablemente la salud en general, muchas han llegado a darse cuenta de que no cura todas las enfermedades y de que muchos de sus tratamientos tienen efectos secundarios indeseables. El costo de la medicina sigue aumentando y muchos países se ven obligados a reducir los gastos en el campo de la salud. Los sistemas holísticos de medicina, como la homeopatía, toman en cuenta algo más que los simples síntomas físicos de una enfermedad; ponen el acento en la prevención y en la participación del individuo en su propia curación. El enfoque holístico está perfectamente expresado por las palabras del médico y filósofo Albert Schweitzer (1875-1965), quien dijo: "En el interior de cada paciente habita un médico y nosotros, en tanto tales, cumplimos con nuestra misión cuando ponemos a nuestros pacientes en contacto con el médico que llevan dentro".

Andrew H. Lockie   Nicola A. Geddes

CUPRUM
BOERICKE & TAFEL
EUP
Fresh Pla
ACARDIUM
For Children
For Adults
Repeat dose

HOMEOPATIA PASADO Y PRESENTE

Los principios y la práctica de la homeopatía han permanecido absolutamente intactos desde su introducción, hace unos doscientos años. Este capítulo analiza la historia de la homeopatía y muestra cómo se elaboran los remedios. También explica los conceptos clave de la homeopatía, fundamentales para comprender cómo opera.

LOS ORIGENES DE LA HOMEOPATIA

El principio según el cual "lo similar puede curar lo similar" —es decir, que una enfermedad debería ser tratada con una sustancia capaz de producir síntomas similares a los que padece el paciente— es la base de la homeopatía. Este principio se remonta a los tiempos del médico griego Hipócrates, que vivió en el siglo V antes de nuestra era. Se lo considera una figura seminal en la historia de la medicina porque fue el primero en pensar que la enfermedad era el resultado de fuerzas naturales, no de influencias divinas. El fundamento de sus creencias era la idea de que la observación atenta de los síntomas específicos de un individuo y también la reacción de la persona ante la enfermedad deberían ser tomadas en cuenta antes de realizar un diagnóstico. También creía que el poder de curación propio del paciente era esencial para la elección de un tratamiento adecuado y debía ser estimulado.

Hipócrates tenía una colección de varios cientos de remedios. Uno de los mejores ejemplos que proporcionó del principio sobre "lo similar cura lo similar" fue el empleo de la raíz de *Veratrum album* (vedegambre) en el tratamiento del cólera. Tomada en dosis elevadas, esta raíz sumamente venenosa provoca purgas violentas que conducen a la deshidratación grave, remedando los síntomas del cólera.

Sin embargo, la mayoría de los tratamientos médicos de esa época estaban basados en la Ley de los Contrarios, que preconiza que una enfermedad debe ser tratada con una sustancia capaz de producir síntomas opuestos en una persona sana. Tratar la diarrea con una sustancia como el hidróxido de aluminio, que estriñe, es un ejemplo de cómo se cura una enfermedad según la Ley de los Contrarios.

INFLUENCIAS ROMANAS

Entre los siglos I y V de nuestra era, los romanos hicieron grandes progresos en el campo de la medicina. Introdujeron más hierbas en la farmacopea y acentuaron más la importancia de la prevención sanitaria mejorando la higiene pública. Los médicos romanos, sobre todo Celsus, Galeno y Dioscórides, aumentaron el conocimiento y la comprensión de la estructura y la función del cuerpo humano, pero la teoría de Hipócrates de que "lo similar puede curar lo similar" y su idea de una prescripción individual para cada paciente en particular fue absolutamente pasada por alto.

Durante la Edad de las Tinieblas en Europa, tras la caída del Imperio Romano, hubo pocos progresos en el campo de la medicina. Aunque las tradiciones médicas griega y romana sobrevivieron en Persia y en todo el Imperio Musulmán, los estudios médicos en Europa no se reanudaron ni avanzaron hasta el siglo XVI.

Hipócrates *(460-377 a.C.) Conocido como el Padre de la Medicina, Hipócrates creía que la enfermedad era provocada por fuerzas externas y no por los dioses. Consideraba que los síntomas específicos del individuo eran la clave para escoger un remedio y que el organismo tenía el poder de curarse solo.*

Miel de abejas *En homeopatía, lo similar puede curar lo similar. Las picaduras de insectos se tratan con un remedio elaborado con miel de abejas.*

Granos de café sin tostar *El café produce insomnio: el remedio homeopático* Coffea, *elaborado a partir de granos de café sin tostar, se utiliza para tratar el insomnio.*

NUEVAS IDEAS

A pesar del avance en la comprensión del funcionamiento del cuerpo humano, el conocimiento de la naturaleza de la enfermedad, sobre todo de lo que la provoca, siguió firmemente ligado a la idea de una fuerza mística. Sólo a principios del siglo dieciséis, gracias a la obra del médico suizo Paracelsus (1493-1541), las causas de la enfermedad se vincularon a fuerzas externas, como las bebidas y alimentos contaminados.

Theophrastus Bombastus von Hohenheim cambió su nombre por el de Paracelsus como muestra de respeto hacia Celsus y también para dar a entender que lo había superado a él y sus habilidades. Uno de los mayores logros de Paracelsus fue sentar las bases de la química moderna concentrándose en la experimentación práctica más que en la alquimia y en la búsqueda de esta para transformar los metales base en metales valiosos. Pensaba que las plantas y los metales contenían ingredientes activos que podían recetarse para igualar una enfermedad. Esta creencia se basaba, en parte, en la noción de que el aspecto externo de una planta daba una indicación de los malestares que podía curar, teoría que llegó a conocerse como la Doctrina de las Sintonías. Por ejemplo, la *Chelidonium majus* (celidonia mayor) fue utilizada para tratar el hígado y la vesícula biliar porque el jugo amarillo de la planta se parece a la bilis. Paracelsus también creía que la sustancia venenosa que provoca una enfermedad también puede curar la enfermedad si se la suministra en dosis muy pequeñas, y que los médicos debían tener en cuenta la capacidad natural del organismo para curarse solo. Una vez más, se defendió el principio según el cual "o similar puede curar lo similar", pero fue pasado por alto por los colegas de Paracelsus. No alcanzó popularidad hasta trescientos años más tarde, cuando se fundó la homeopatía.

Paracelsus *Este alquimista y médico cambió las actitudes con respecto al cuidado de la salud, preconizando el uso de medicinas naturales.*

Hierba de San Juan *Según la Doctrina de las Sintonías, esta era una buena hierba para las heridas debido a que su aceite es de color rojo.*

LA PRACTICA MEDICA

Desde el siglo XVI hasta el XIX, los conocimientos médicos crecieron de manera constante en Europa. Los grandes herbarios, por ejemplo *The Herball or Generall Historie of Plantes,* de John Gerard (1545-1612) y *The Pharmacopoeia of Herbal Medicine,* de Nicholas Culpeper (1616-1654) fueron publicados y traducidos del latín al inglés, lo que permitió que la gente corriente los comprendiera. Muchas de las más importantes hierbas curativas y otros remedios fueron utilizados tiempo después en homeopatía.

A pesar del avance de los conocimientos médicos, la salud general de la población se deterioraba lentamente a medida que la gente se mudaba a las sucias y superpobladas ciudades industriales y los criterios de higiene pública se debilitaban. La práctica médica se volvió cada vez más violenta, y muchos médicos utilizaban las sangrías y las purgas como medios de curación. Los tratamientos con materiales sumamente tóxicos, tales como el arsénico, el plomo y el bismuto —que a menudo acortaban la vida del paciente o la debilitaban tanto que este ya no era capaz de quejarse—, alcanzaron una amplia difusión. La homeopatía nació como reacción a esta situación.

Sangrías *La flebotomía, ya fuera mediante ventosas o mediante sanguijuelas, se consideraba indispensable para la curación y se convirtió en una práctica médica muy extendida.*

Samuel Hahnemann *(1755-1843) Este médico y químico alemán ideó la homeopatía, un nuevo sistema de medicina que significa literalmente tratamiento con lo mismo . Se basa en el principio clave de que una droga tomada en pequeñas cantidades curará los mismos síntomas que provoca en grandes cantidades.*

La obra de Hahnemann

El fundador de la homeopatía, Samuel Christian Hahnemann, nació en Dresden, Alemania, en 1755. A pesar de pertenecer a una familia pobre, recibió una buena educación y estudió química y medicina en las universidades de Leipzig, Erlangen y Viena. Después de obtener el título de médico en 1779, instaló un consultorio.

Aunque Hahnemann trabajó principalmente como médico, complementaba sus ingresos escribiendo artículos y libros sobre medicina y química. En esos textos protestaba contra las toscas prácticas médicas de la época, sobre todo contra las sangrías, las purgas y las dosis drásticas de medicamentos que se suministraban a los pacientes, a menudo con efectos secundarios espantosos. Abogó por una mejor higiene pública y defendió la importancia de una alimentación acertada, del aire puro, del ejercicio y de viviendas menos hacinadas. En una época en que la superpoblación era corriente y los niveles de higiene deficientes, aconsejó los baños diarios y la limpieza de la ropa de cama. Hahnemann se sintió cada vez más decepcionado por la práctica médica convencional y con el tiempo abandonó la profesión de médico para trabajar como traductor.

A finales del siglo XVIII, en Europa comenzó una etapa de intensa agitación y cambio social. Con la Revolución Industrial llegaron enormes avances tecnológicos y se hicieron nuevos descubrimientos científicos. En el campo de la medicina se llevó a cabo una ardua tarea para identificar y extraer los ingredientes activos de las hierbas y otras plantas. El primer progreso importante tuvo lugar en 1803, en Alemania, cuando Friedrich Serturner aisló la morfina de la adormidera.

La primera prueba

En 1790, mientras traducía *A Treatise on Materia Medica,* del Dr. William Cullen, Hahnemann leyó un fragmento acerca de la quina, o cinchona, que cambiaría su vida y también la de muchas personas del mundo entero. En su libro, Cullen afirmaba que la quinina —una sustancia purificada de la corteza de la cinchona— constituía un buen tratamiento para la malaria debido a sus propiedades astringentes. Hahnemann pensó que esto no tenía sentido ya que, como químico, era consciente de que existían otros astringentes mucho más poderosos que no producían absolutamente ningún efecto en la malaria. Decidió seguir investigando. Durante varios días tomó quinina y registró detalladamente las reacciones de su organismo. Para su asombro, empezó a desarrollar uno a uno los síntomas de la malaria, a pesar del hecho de que no padecía realmente la enfermedad. Los síntomas se repetían cada vez que tomaba una dosis de quinina, y se prolongaban durante varias horas. Si no la ingería, no presentaba síntomas. Se preguntó si sería ese el motivo por el cual la malaria también se curaba con quinina. Para corroborar

Excesos *Hahnemann creía firmemente en los poderes curativos de una dieta sana y de una buena higiene. Deploraba la glotonería y el consumo excesivo de alcohol y café.*

su teoría, repitió las dosis de quinina —que llamó pruebas — en personas a las que conocía bien, y volvió a anotar las reacciones detalladamente. Luego repitió el proceso utilizando otras sustancias que se utilizaban como medicamentos, como el arsénico y la belladona. Las pruebas se llevaron a cabo en condiciones estrictas y a quienes se sometían a ellas no se les permitía comer ni beber nada que pudiera confundir los resultados, como el alcohol, el té, el café y alimentos salados o condimentados.

COMPRENDER LOS SINTOMAS

Hahnemann descubrió que las respuestas de estas personas variaban; algunas mostraban algunos síntomas suaves en respuesta a la sustancia, mientras otras experimentaban reacciones enérgicas con una variedad de síntomas. Denominó síntomas de primera línea o síntomas clave a aquellos que aparecían con más frecuencia ante cada sustancia. Los síntomas de segunda línea eran menos comunes y los de tercera línea eran poco frecuentes o idiosincrásicos. La combinación de síntomas conformó un "cuadro de medicamentos" para cada sustancia probada.

Hahnemann siguió llevando a cabo sus experimentos y pruebas y analizando una amplia gama de fuentes naturales. Había redescubierto el principio según el cual "lo similar puede curar lo similar", y su trabajo daría lugar al establecimiento de un nuevo sistema de medicina.

Quina *Contiene quinina, la primera sustancia probada homeopáticamente. Provoca los mismos síntomas que la malaria, que se cura con el remedio elaborado con ella.*

Dr. William Cullen
(1710-1790) Este destacado químico y médico escocés era considerado un experto en sustancias medicinales.

Belladonna *En 1801, Hahnemann publicó los resultados del empleo de esta hierba (de flores púrpura) para curar la escarlatina.*

LA EVOLUCION DE LA HOMEOPATIA

Eufrasia *La* Euphrasia officinalis *fue una de las primeras hierbas que probó Hahnemann. En dosis elevadas irrita los ojos; en pequeñas dosis produce un efecto curativo.*

Después de seis años de realizar pruebas con varias sustancias diferentes, Hahnemann había acumulado una gran cantidad de información sobre los efectos de las mismas. A partir de esta cuidadosa investigación y de los cuadros de medicamentos que había compilado, Hahnemann emprendió la segunda etapa de su trabajo: probar cada sustancia en los enfermos para ver si los beneficiaba o no. Sin embargo, antes de hacerlo, sometió a cada paciente a un examen físico y les hizo preguntas detalladas sobre los síntomas, los factores que los hacían sentirse mejor o peor, su salud en general, la forma en que vivían y la visión que tenían de la vida. Después de tomar nota de todos estos detalles, Hahnemann estuvo en condiciones de elaborar un cuadro de síntomas de cada paciente. Luego equiparó el cuadro de síntomas de cada individuo con el cuadro de medicamentos de las diferentes sustancias. Una vez establecida la más estrecha igualdad, y sólo entonces, recetó un remedio. Descubrió que cuanto más estrecha era la igualdad, más exitoso resultaba el tratamiento.

NUEVOS PRINCIPIOS MEDICOS

A partir de ahí, Hahnemann supuso que había descubierto realmente un nuevo sistema de medicina en el que un medicamento y una enfermedad que producen síntomas similares se anulan mutuamente en cierto modo, devolviendo así la salud al paciente. Describió este fenómeno como *similia similibus curentur,* o "lo similar puede curar lo similar", que es la primera y principal regla de la homeopatía. En 1796 se publicó *A New Principle for Ascertaining the Curative Powers of Drugs and Some Examination of Previous Principles,* la primera obra de Hahnemann sobre este nuevo sistema de medicina. En ella afirmaba: "Deberíamos imitar a la naturaleza, que en ocasiones cura una enfermedad crónica con una nueva. Deberíamos utilizar para la enfermedad a curar, sobre todo si es crónica, el remedio capaz de estimular otra enfermedad producida artificialmente, lo más parecida posible, y la primera quedará curada". Denominó este principio de curación con el término homeopatía , derivado del griego *homeo*, que significa similar, y *pathos*, que significa enfermedad. En 1810 expuso los principios de la homeopatía en *The Organon of Rationale Medicine*, y dos años más tarde empezó a enseñar esta disciplina en la Universidad de Leipzig.

Estuche de remedios *Los médicos homeópatas existen desde 1812. La mayoría de ellos siempre llevaba consigo una buena cantidad de remedios.*

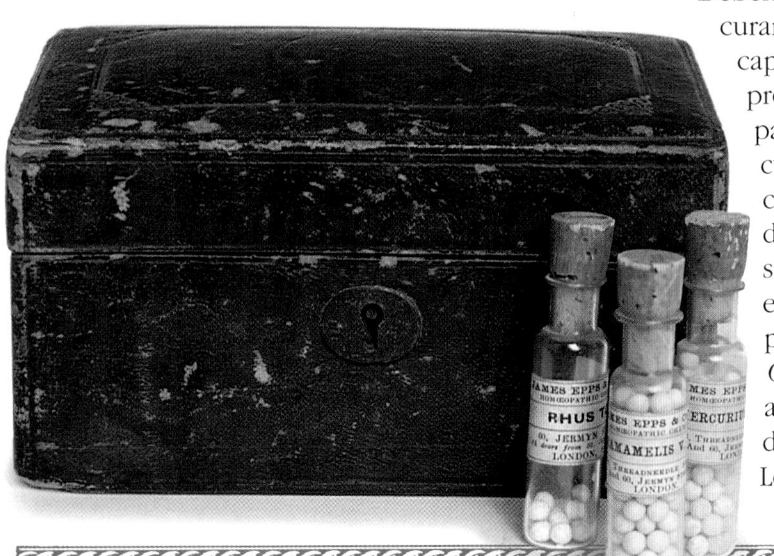

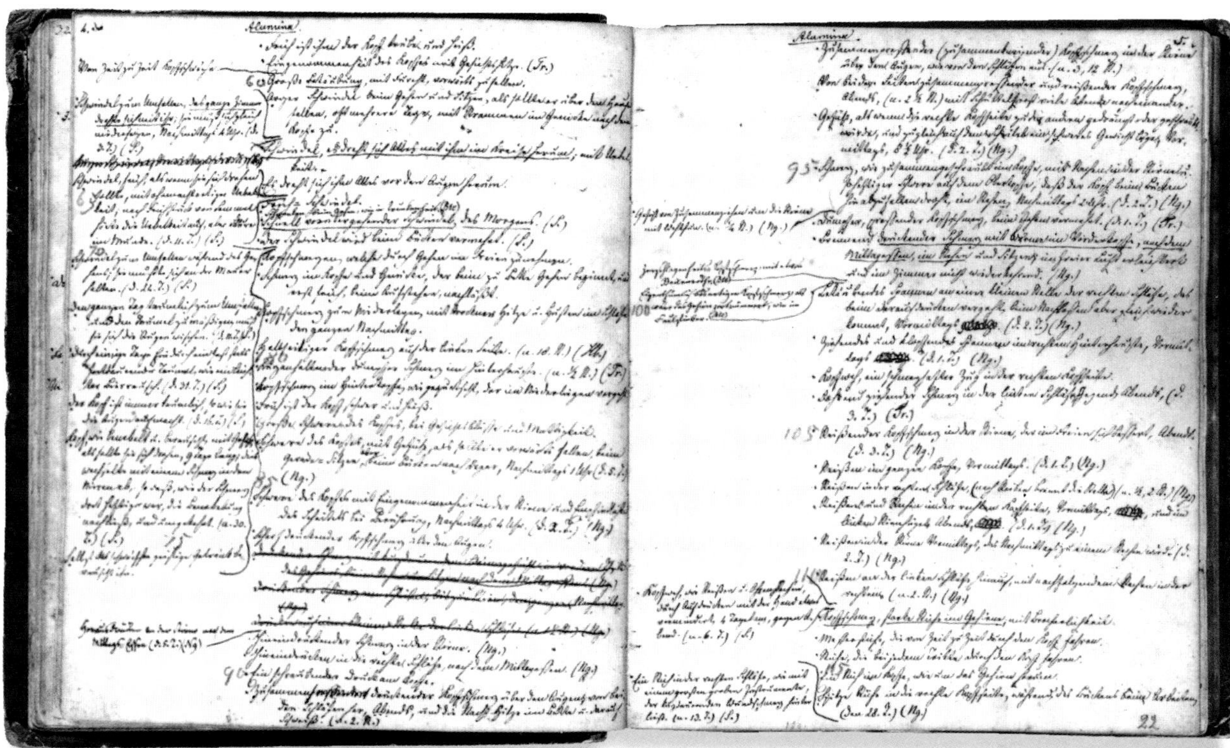

Escritos de investigación *Una página del manuscrito original de Hahnemann,* The Chronic Diseases, Their Nature and Their Cure, *publicado en 1828, en la que aparecían anotados los resultados de sus investigaciones y las de sus colaboradores.*

REMEDIOS DILUIDOS

Algunos de los medicamentos administrados por Hahnemann eran venenosos, y por esa razón los recetaba en dosis muy pequeñas y diluidas. Sin embargo, se sintió perturbado cuando algunos de sus pacientes afirmaron que sus síntomas empeoraban en lugar de mejorar. Con el fin de evitar estos agravamientos , como él los llamaba, modificó el método de dilución. Ideó un proceso de dos pasos mediante el cual diluía cada remedio agitándolo enérgicamente y golpeándolo contra una superficie dura en cada etapa de la dilución. Creía que agitando enérgicamente un remedio se liberaba la energía de la sustancia. Para su asombro, los medicamentos diluidos no sólo dejaron de producir agravamientos tan intensos sino que parecieron actuar con mayor rapidez y más eficazmente que otras soluciones más concentradas. Aunque eran más débiles, en realidad tenían más potencia. Por esta razón, Hahnemann llamó a sus nuevos remedios homeopáticos potenciaciones o dinamizaciones . En homeopatía, el término potencia se emplea para describir la dilución o la fuerza de un remedio.

Hahnemann siguió experimentando a lo largo de toda su vida con remedios diluidos, utilizando soluciones cada vez más débiles que, paradójicamente, se volvían cada vez más potentes. Los remedios quedaban tan diluidos que ya no contenían ni una sola molécula de la sustancia original utilizada para su elaboración, aunque seguían siendo sumamente eficaces. A lo largo de su vida, Hahnemann demostró la eficacia de unos cien remedios homeopáticos. Creía que debía administrarse una sola dosis del remedio, durante el período de tiempo más corto posible, para estimular el poder de curación del organismo.

Dr. Quin *(1799-1878) El establecimiento de la homeopatía en Gran Bretaña se debió principalmente a la obra que él llevó a cabo después de curarse el cólera con el remedio homeopático llamado* alcanfor, *en 1831.*

Los seguidores de Hahnemann

Durante el siglo XIX, la filosofía de Hahnemann se difundió rápidamente desde Alemania hacia el resto de Europa, y a Asia y las Américas. Aunque en la profesión médica había muchos que cuestionaban las ideas de Hahnemann, la homeopatía logró establecerse en muchos países y su fama aumentó de forma ininterrumpida.

En 1831, en Europa Central se produjo un brote de cólera. Para tratar la enfermedad, Hahnemann suministraba el remedio llamado *alcanfor*. En los casos en los que se utilizó este tratamiento homeopático, los resultados fueron muy exitosos. Hahnemann también aconsejó que las personas infectadas permanecieran en cuarentena. Una vez más demostró que se adelantaba a su época.

Uno de los seguidores de Hahnemann, el doctor Frederick Foster Hervey Quin, fue una de las muchas personas que se curó del cólera gracias al alcanfor. Durante un tiempo se había interesado en la homeopatía, pero el éxito del tratamiento aumentó de tal manera su respeto por ella que en 1832 instaló un consultorio homeopático en Londres, donde tiempo después, en 1849, fundó el primer hospital homeopático. La epidemia de cólera de 1854 dio al Dr. Quin la posibilidad de demostrar una vez más el éxito de la homeopatía. El índice de mortalidad por cólera en el Hospital Homeopático de Londres fue de alrededor del treinta por ciento menos que en otros hospitales. Sin embargo, los resultados se ocultaron y sólo se publicaron tras una intervención parlamentaria. En un informe oficial, el inspector médico comentó: "Si alguna vez el Señor quiere castigarme con el cólera, espero caer en manos de un homeópata".

Hospital Homeopático de Londres
En 1849, el Dr. Quin fundó el primer hospital homeopático.

La influencia de Hering y Kent

La homeopatía se estableció en Estados Unidos en los años veinte del siglo pasado y ganó cada vez más seguidores. El Dr. Constantine Hering (1800-1880) y el Dr. James Tyler Kent (1849-1916) fueron dos importantes homeópatas norteamericanos que continuaron la labor de Hahnemann en las pruebas de remedios y también introdujeron nuevas ideas y prácticas en la homeopatía.

Las Leyes de la Curación, concebidas por el Dr. Hering, explicaban cómo se cura una enfermedad mediante la homeopatía. Existen tres leyes básicas para la curación: los síntomas se desplazan de la parte superior del cuerpo hacia abajo, de adentro hacia afuera, y de los órganos más importantes a los menos importantes. Hering también creía que la curación se producía en el orden inverso a la aparición de los síntomas. Por ejemplo, en general una persona se siente mejor emocionalmente antes de que desaparezcan los síntomas físicos.

El Dr. Kent observó que distintas clases de personas reaccionaban ante ciertos remedios más enérgicamente que ante otras. Afirmaba que las personas con una estructura física y una personalidad similar tenían tendencia a padecer la misma clase de enfermedad. Esto formó la base de su teoría, según la cual los remedios debían recetarse de acuerdo con la estructura emocional y el aspecto del individuo, así como con sus síntomas físicos. Agrupó a las personas según los tipos constitucionales . Por ejemplo, el tipo *Natrum mur.* solía tener forma de pera, tez oscura, eran fastidiosos, muy reservados, les encantaba la sal y padecían de estreñimiento. Los remedios de potencia elevada se recetaban de acuerdo con el tipo constitucional y los síntomas físicos del paciente; esto llegó a conocerse como homeopatía clásica.

Dr. James Tyler Kent *(1849-1916) La homeopatía clásica se basa en la obra de Kent, un homeópata norteamericano. El introdujo el concepto de tipos constitucionales y recetas de acuerdo con los tipos constitucionales, según el cual, para recetar un remedio, se tienen en cuenta tanto los síntomas físicos de una enfermedad como las singulares características emocionales de un individuo.*

Potencias altas contra potencias bajas

Hacia finales del siglo XIX, el homeópata inglés Richard Hughes (1836-1902) había comenzado a cuestionar el empleo de potencias más elevadas recetadas según el tipo constitucional e insistía en que la base del diagnóstico sólo debía estar formada por información patológica. También preconizaba el empleo de potencias más bajas. La división entre los seguidores de Kent, que utilizaban potencias altas y creían que debían tenerse en cuenta las características emocionales de una persona así como sus síntomas físicos— y los de Hughes —que utilizaban las potencias bajas basándose en los síntomas físicos— provocó una escisión en la homeopatía. Debido a la división interna en la práctica, la homeopatía, a pesar de haberse convertido en un poderosa rival de la práctica ortodoxa, se encontraba en una posición debilitada frente a la medicina ortodoxa, y a finales de los años veinte de este siglo quedó casi totalmente eliminada. Desde esa época, la homeopatía ha experimentado un resurgimiento en el mundo entero y la práctica de la homeopatía clásica en particular ha obtenido el amplio reconocimiento de homeópatas y también de médicos ortodoxos.

Los efectos del clima *Con el fin de elaborar un cuadro de síntomas, un homeópata considera de qué manera los factores generales, por ejemplo el clima, las estaciones y las horas del día pueden empeorar o mejorar los síntomas físicos de un paciente.*

EL PRINCIPIO DE LA FUERZA VITAL

Hahnemann tenía dificultades para comprender cómo funcionaban los medicamentos. Había descubierto que a mayor nivel de dilución o a mayor potencia de un remedio, más eficaz sería la curación. Supuso que dentro del organismo tenía que existir algún tipo de energía sutil que respondiera a las pequeñas provocaciones de los remedios y que le permitiera curarse solo.

Hahnemann denominó a esta energía la fuerza vital del organismo. Se trata de la fuerza o energía responsable del funcionamiento saludable del cuerpo, la que coordina sus defensas contra la enfermedad. Si esta fuerza se ve perturbada por la tensión, por una dieta pobre, por la falta de ejercicio, los problemas hereditarios o los cambios ambientales, sobreviene la enfermedad. Los síntomas de esta son la manifestación externa del intento de la fuerza vital por corregir el desequilibrio y restablecer el orden. El concepto de fuerza vital también se conoce en la medicina ortodoxa como el poder de curación del propio organismo. Sin embargo, la medicina ortodoxa le atribuye menos importancia que la homeopatía, para la que es fundamental con el fin de comprender cómo funcionan los remedios y cómo se recuperan las personas de la enfermedad.

ENFERMEDADES AGUDAS Y CRONICAS

Los homeópatas clasifican las enfermedades como agudas o crónicas. En el caso de una enfermedad aguda que pone límites, como un resfrío, la persona se enferma rápidamente, la enfermedad sigue su curso y luego llega a su fin con tratamiento o sin él. En contraste, en las enfermedades crónicas la persona

COMO FUNCIONA LA FUERZA VITAL

Fuerza vital intensa Si la fuerza vital es intensa, las tensiones que la acosan de vez en cuando, incluso las graves, son eliminadas rápidamente. El organismo se recupera enseguida y se mantiene la buena salud.

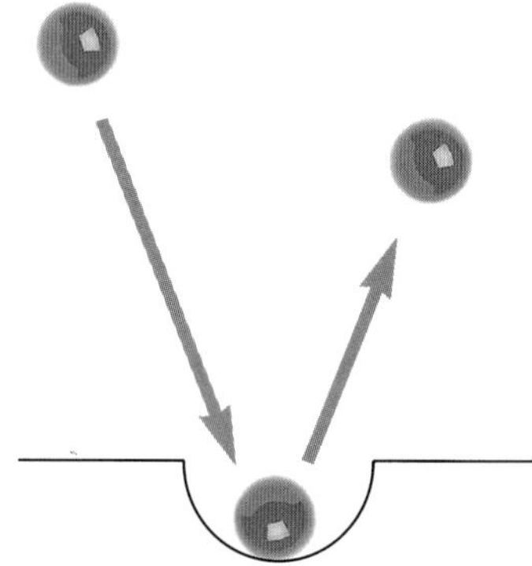

Fuerza vital débil Si la fuerza vital es débil, el organismo no posee la energía necesaria para combatir la enfermedad, que puede instalarse y debilitar aún más la fuerza vital.

La fuerza vital *Estos dos diagramas ilustran la diferencia existente entre una fuerza vital intensa y una débil. Imagine la fuerza vital como un trampolín y las tensiones que la atacan como pelotas que rebotan sobre el trampolín desde una gran altura. Los remedios homeopáticos intensifican la fuerza vital.*

Potencias de los remedios
Cuanto mayor es la dilución de un remedio, mayor es la potencia. Los remedios de baja potencia, por lo general, se utilizan para tratar enfermedades agudas, mientras los de potencia más elevada se emplean en las recetas constitucionales para las dolencias crónicas.

padece enfermedades constantes o recurrentes, por ejemplo infecciones recurrentes o enfermedades degenerativas, como la artritis. Aunque hay una serie de victorias y derrotas menores por parte de la fuerza vital y la recaída puede ser seguida por una remisión, la tendencia general de la salud es descendente.

Los remedios homeopáticos ayudan a acelerar la recuperación estimulando la fuerza vital que, aunque transitoriamente reducida, es más que capaz de recuperarse. Los remedios dan vigor a la fuerza vital para liberar al organismo de la enfermedad, ayudándolo a recuperar su estado sano. Para asegurar que la fuerza vital responde de la manera más eficaz, el homeópata debe elegir un remedio que encaje lo más exactamente posible en el cuadro de síntomas. Por ese motivo la evaluación homeopática tiene en cuenta el carácter de cada persona, sus niveles de tensión, el estilo de vida, el nivel de ejercicio, la dieta, las preferencias alimentarias, la historia médica familiar y los efectos de los factores generales, como el clima, para proporcionar un cuadro de síntomas único. El establecer con exactitud la fuerza y la debilidad de un individuo permite al homeópata recetar el mejor remedio y decidir qué potencia es la adecuada.

MIASMAS

Hahnemann observó que algunas personas propensas a enfermedades frecuentes y agudas siempre parecían desarrollar nuevos síntomas y nunca estaban totalmente sanas. Llegó a la conclusión de que debía existir una debilidad profundamente arraigada, o "miasma", que obstaculizara la acción del remedio. En homeopatía, un miasma es el efecto crónico de una enfermedad subyacente que ha estado presente en generaciones anteriores o en un individuo.

COMO SE ELABORAN LOS REMEDIOS

Rododendro siberiano

Serpiente laquesida

Zinc

Fuentes de remedios *Los remedios homeopáticos se elaboran a partir de extractos vegetales, animales y minerales, que abarcan desde sustancias tóxicas como el veneno de víbora y el mercurio hasta alimentos comunes como la avena y las cebollas.*

Los remedios homeopáticos se elaboran a partir de extractos vegetales, animales y minerales y se diluyen en diversos grados con el fin de evitar desagradables efectos secundarios. Paradójicamente, cuanto más diluidos están los remedios, más eficaz es su acción.

El proceso de elaboración de los remedios es muy preciso. En el caso de remedios derivados de sustancias solubles, como extractos de animales o plantas, la materia prima se disuelve en una mezcla de agua y alcohol que contiene aproximadamente el 90 por ciento de alcohol puro y el 10 por ciento de agua destilada (esta proporción puede variar, según la sustancia). La mezcla se deja reposar de 2 a 4 semanas, se agita de vez en cuando y luego se filtra a través de una prensa. El líquido resultante se conoce con el nombre de tintura o tintura madre. Las sustancias insolubles, como el oro, el carbonato de calcio y los grafitos, primero deben hacerse solubles mediante un proceso conocido como trituración, en el que son molidos constantemente hasta convertirse en solubles. Entonces son diluidos y utilizados de la misma forma en que se utilizan las sustancias naturalmente solubles.

POTENCIAS DE LOS REMEDIOS

Para producir diferentes potencias de remedios, la tintura madre se diluye en una mezcla de alcohol y agua, según una de dos escalas: la decimal (x) y la centesimal (c). Entre una y otra etapa de la dilución, la tintura diluida se agita enérgicamente. En la escala decimal, el factor de dilución es 1:10, y en el centesimal es 1:100. Para obtener una potencia de 1c del remedio *Allium*, por ejemplo, se añade una gota de la tintura madre a 99 gotas de una mezcla de alcohol y agua y se agita. Para obtener una potencia de 2c, se añade una gota de la

ELABORACION DEL REMEDIO *ALLIUM*

1 Las cebollas frescas se lavan y se quita parte de las capas externas; luego se pica en trozos grandes.

2 Las cebollas cortadas se colocan en un frasco grande de vidrio. Se vierte sobre ellas una mezcla de alcohol y agua.

3 El frasco se cierra con tapa hermética y la mezcla se deja reposar de 2 a 4 semanas. Se agita de vez en cuando.

4 La mezcla se filtra a través de una prensa grande y la tintura madre resultante, de color marrón, se cuela en un frasco de vidrio oscuro.

mezcla 1c a 99 gotas de una mezcla de agua y alcohol y se agita. El número de un remedio homeopático muestra cuántas veces ha sido diluido y agitado: por ejemplo el *Allium* 6c ha sido diluido y agitado seis veces.

PRUEBA DE HOMEOPATIA

Una vez que un remedio homeopático ha sido diluido más allá de una potencia de 12 c, es muy poco probable que conserve alguna molécula de la sustancia original. Esta es la razón principal de que la homeopatía sea considerada con tanto escepticismo por muchos científicos y médicos ortodoxos. A pesar de la exitosa experiencia práctica de homeópatas y pacientes, es necesaria una prueba científica para que sea posible una mayor aceptación de la homeopatía. Existen tres áreas importantes de pruebas a considerar: primero, las pruebas clínicas deben mostrar el trabajo de la homeopatía; en segundo lugar, deben obtenerse pruebas de que los remedios muy diluidos tienen un efecto mensurable en los organismos vivos; en tercer lugar, el efecto de potenciación o dinamización debe ser explicado científicamente.

Aunque la homeopatía resultó eficaz en el tratamiento del cólera en el siglo XIX y también se utilizó con éxito en el tratamiento de las quemaduras de gas mostaza durante la segunda guerra mundial, el progreso más importante no se produjo hasta 1986, cuando se demostró con pruebas controladas que la homeopatía resultó útil en la prevención de la fiebre del heno. En 1955, un equipo de la Universidad de Glasgow logró demostrar en pruebas controladas que el polen y los ácaros domésticos a una potencia de 30 c eran más eficaces que los placebos en el tratamiento de la fiebre del heno y el asma respectivamente. Sin embargo, aún queda mucho por hacer.

Hasta ahora no se ha propuesto ninguna teoría que explique de forma convincente cómo funcionan los remedios potenciados en el organismo. Esto se debe principalmente a una limitación actual de la ciencia médica, sin duda, el fenómeno de la dinamización será plenamente comprendido en el futuro.

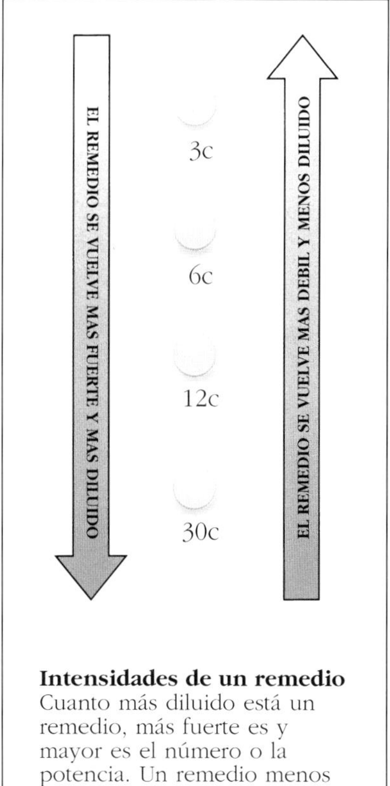

Intensidades de un remedio Cuanto más diluido está un remedio, más fuerte es y mayor es el número o la potencia. Un remedio menos diluido no es tan fuerte y tiene un número o potencia menor.

Remedios *Se consiguen en forma de comprimidos, píldoras, polvo y glóbulos de lactosa.*

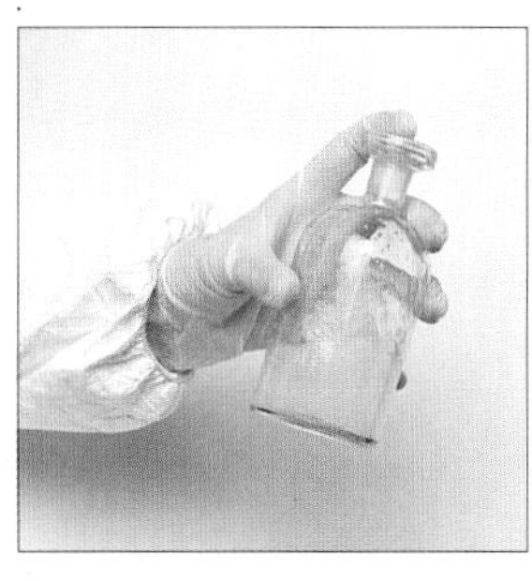

5 Se añade una gota de la tintura madre a 99 gotas de una mezcla de alcohol y agua. Se agita enérgicamente.

6 La mezcla se agita y se diluye repetidas veces. Se añaden unas pocas gotas del remedio potenciado a los comprimidos de lactosa (azúcar de la leche).

7 Se remueven los comprimidos de lactosa para asegurarse de que cada uno queda impregnado con el remedio dinamizado.

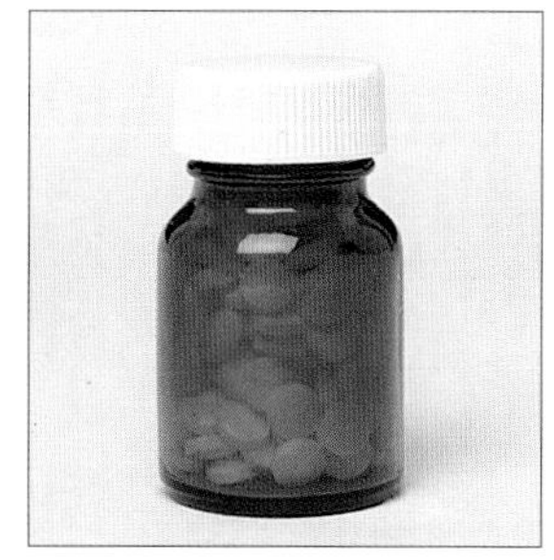

8 Luego los comprimidos se colocan en un frasco hermético de vidrio oscuro y se guardan en un sitio oscuro.

EVALUACION DE SU SALUD

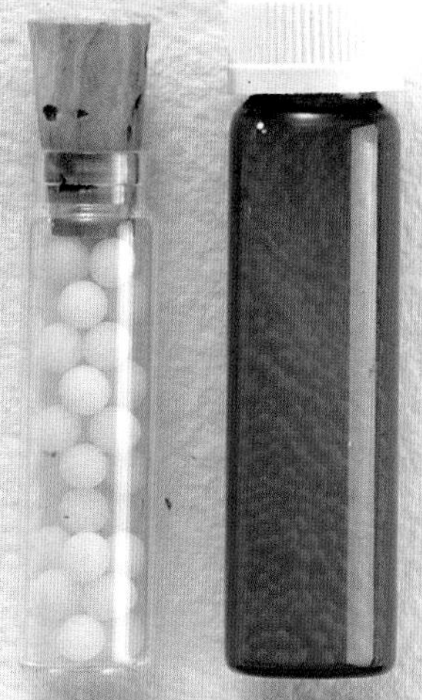

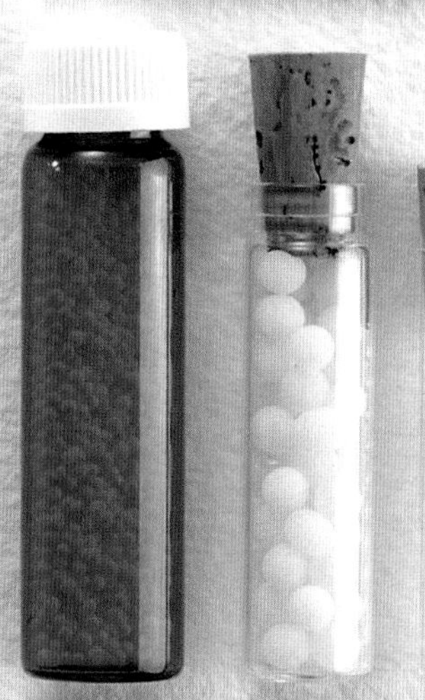

Buena salud no sólo significa ausencia de enfermedad sino un total bienestar físico y emocional. En la homeopatía, mantener un estilo de vida saludable, saber sobrellevar el estrés y adoptar una firme actitud emocional son factores que desempeñan un papel importante en la prevención de las enfermedades.

TIPOS CONSTITUCIONALES

En términos homeopáticos, la constitución de una persona es la estructura física, emocional e intelectual heredadas y adquiridas. Un remedio constitucional que se adapte a la perfección, seleccionado de acuerdo con estos criterios, actúa preventiva y curativamente. Por ejemplo, una persona que tenga una constitución Pulsatilla *responderá bien al remedio* Pulsatilla, *casi siempre al margen de la enfermedad que padezca.*

¿QUE EVALUA EL HOMEOPATA?

Los homeópatas clasifican a las personas en tipos constitucionales. Además de analizar los síntomas de una enfermedad, estudian los temores, las preferencias alimentarias y las respuestas a factores generales, como el clima. También tienen en cuenta el aspecto físico de una persona y las zonas débiles del cuerpo. Seleccionan entonces un remedio que se ajuste perfectamente al tipo constitucional del paciente.

Factores generales *El clima, las estaciones, la temperatura y las horas del día pueden empeorar o mejorar las condiciones físicas.*

Preferencias alimentarias *Algunas personas suelen desear intensamente alimentos dulces, en tanto otras no los toleran. Los gustos y aversiones con respecto a la comida son una parte importante para evaluar el tipo constitucional.*

Temores *Antes de recetar un remedio, el homéopata tiene en cuenta los miedos tangibles, por ejemplo a los insectos o las serpientes, y los temores emocionales, como el temor a la muerte, al fracaso o a la locura.*

Personalidad y temperamento *Algunas personas son por naturaleza optimistas y alegres, mientras otras son negativas e irritables. El homéopata clasifica a las personas de acuerdo con sus características emocionales.*

RECETA CONSTITUCIONAL

En homeopatía, cuando se produce una enfermedad, los síntomas se consideran un intento del organismo de readaptar o eliminar un desequilibrio de la energía del cuerpo o fuerza vital (ver págs. 18-19).

Cuando un homeópata analiza una historia clínica es bastante común que encuentre más de un remedio para tratar el síntoma de la enfermedad en cuestión. Conocer el tipo constitucional de una persona ayuda al homeópata a elegir el remedio más apropiado.

En enfermedades agudas y limitadoras, por ejemplo resfríos e indigestión, los remedios homeopáticos funcionan rápida y eficazmente. La elección del remedio no depende del hecho de conocer el tipo constitucional, y es relativamente fácil. En contraste, las enfermedades crónicas como la artritis y otras afecciones recurrentes, de largo plazo y degenerativas son más difíciles de tratar. La elección del remedio es más difícil y depende del tipo constitucional de la persona. Tanto en las enfermedades agudas como en las crónicas, el homeópata estudia a la persona como un todo con el fin de descubrir el desequilibrio que ha provocado la enfermedad. Esto es especialmente importante en el caso de enfermedades crónicas, en las que la prescripción constitucional ayuda a descifrar los factores subyacentes que causan la enfermedad.

La prescripción constitucional por parte de un homeópata asegura que los remedios actúan lo más eficazmente posible para curar a un nivel muy profundo.

UN CASO CLINICO

Louise, de 37 años, que recientemente ha sufrido de artritis reumatoide, consulta a un homeópata. Al igual que en la medicina ortodoxa, recibe un diagnóstico físico. Sin embargo, el homeópata también le hace preguntas acerca de sus preferencias alimentarias, su reacción a factores generales como el clima, e intenta averiguar algo más acerca de los factores que desencadenan el estrés.

Como resultado, se entera de que la madre de Louise murió unos dieciocho meses antes del comienzo de la artritis reumatoide. Mientras Louise habla de su madre se le llenan los ojos de lágrimas, cosa que le resulta muy embarazosa. Además de la pena que siente por la muerte de su madre, Louise también tiene un gran sentimiento de culpabilidad debido a una discusión que mantuvo con ella exactamente antes de que muriera. Louise ha reprimido estos sentimientos y ha seguido adelante como si nada hubiera ocurrido.

El homeópata descubre que Louise siente un intenso deseo de comer chocolate y sal y añade esta abundamentemente en la mesa y en la cocción. Le desagradan los alimentos grasientos, el clima caluroso le resulta molesto y disfruta cuando está cerca del mar.

Para el homeópata, el estado emocional de Louise es sumamente importante para curar su artritis reumatoide. Es probable que al reprimir la pena y el correspondiente sentimiento de culpabilidad, la fuerza vital de Louise haya quedado desequilibrada y haya debilitado su sistema inmunológico. La artritis reumatoide es un intento de su organismo de superar este desequilibrio.

Aunque sus preferencias alimentarias y el modo en que queda afectada por el clima han permanecido invariables desde la muerte de su madre, son una parte integral de la prescripción constitucional. Después de evaluar toda la información, el homeópata decide que el remedio *Natrum mur.* se ajusta perfectamente al perfil emocional y físico de Louise, y le da una dosis. Al cabo de un mes, el homeópata vuelve a verla y comprueba que el remedio ha dado resultados. El proceso de la aflicción se ha visto facilitado y ha liberado gran parte de su sentimiento de culpabilidad. A su vez ha habido una disminución del dolor y la artritis reumatoide ha quedado detenida.

Natrum mur. *Muchas personas que necesitan este remedio, elaborado a partir de la sal, desean intensamente u odian la sal y los alimentos salados.*

RESPUESTA A PREGUNTAS COMUNES

Una persona totalmente sana puede tener un tipo constitucional, o éste sólo se vuelve evidente cuando la persona está enferma?

Sí, una persona sana puede tener un tipo constitucional sin mostrar ninguna señal de enfermedad ni desequilibrio hasta que la energía y la vitalidad del organismo, o fuerza vital, queda alterada. Cuando esto sucede, las características que indican su tipo constitucional se vuelven más marcadas a medida que se desarrollan los síntomas de una enfermedad.

Cuando alguien queda equiparado a un tipo constitucional ¿conservará ese tipo a lo largo de su vida, o puede cambiarlo a medida que se hace mayor?

Las personas pueden conservar un tipo a lo largo de su vida, o cambiar y parecerse a otro tipo. Por ejemplo, muchos bebés corresponden al tipo constitucional *Calc. carb.* pero, a medida que crecen, algunos conservarán el tipo *Calc. carb.* mientras otros se harán más altos y delgados y pasarán a otro tipo, como el *Calc. phos.*, *Silicea* o *Phos.* La individualidad de las personas, con sus distintas sensibilidades y emociones, es en parte heredada y en parte condicionada por el entorno.

Una persona ¿puede ser una mezcla de tipos?

Sí. Así como una cebolla contiene varias capas, las personas pueden revelar diferentes características constitucionales a medida que el tratamiento avanza.

Se puede tomar más de un remedio al mismo tiempo?

Es mejor no tomar más de un remedio al mismo tiempo. Si una enfermedad es aguda y no existe una causa subyacente, un remedio –al margen del tipo constitucional– será suficiente. Sin embargo, las enfermedades recurrentes y crónicas pueden requerir un remedio agudo seguido por el remedio del tipo constitucional.

ESTILO DE VIDA Y SALUD

Aunque la disposición genética desempeña un papel importante para determinar una enfermedad, nuestra forma de vivir también puede evitar, causar o agravar las enfermedades. Por esta razón, los homeópatas no se limitan a recetar remedios. Tienen en cuenta los factores del estilo de vida tales como la dieta, el ejercicio, los niveles de estrés y el sueño.

También se tiene en cuenta la actitud emocional de una persona; una actitud negativa con respecto a la vida limita el bienestar emocional y provoca estrés, lo que perjudica la fuerza vital (ver pp. 18-19). Cuanto menor es la carga sobre el cuerpo y la mente, más probable será que un remedio homeopático funcione y más tiempo durará su efecto.

LOS EFECTOS DE LA DIETA

Es importante seguir una dieta sana y equilibrada y comer las proporciones correctas de ciertos tipos de alimentos. Demasiadas proteínas, grasas animales saturadas, azúcar y grasa vegetal pueden provocar atonía y plantar la semilla de una futura enfermedad crónica. Afecciones como la diabetes, las enfermedades cardíacas, la obesidad, los problemas de vesícula y de divertículos están relacionados con el consumo excesivo de ciertos alimentos, sobre todo los grasos, refinados y ricos en colesterol.

Muchas personas se sienten inclinadas a comer demasiados dulces o alimentos grasos, pero no suficiente fibra. Las preferencias alimentarias no sólo ayudan al homeópata a evaluar la salud general de una persona sino que también le indican el tipo constitucional de esa persona.

GRUPO 1
La carne y las aves son buenas fuentes de proteínas, pero debido a que contienen grasas animales saturadas no deberían ser consumidas en exceso.

GRUPO 2
El pescado no debería ingerirse más de dos veces por semana: elija pescados grasos antes que otro tipo de pescado, ya que proporciona grasas ácidas esenciales.

La regla de dos veces por semana
Destinada a funcionar como ayuda memoria, la regla de dos veces por semana ayuda a simplificar la planificación de la dieta y asegura una alimentación más sana. Los alimentos que aparecen en los grupos del 1 al 5 no deberían ser ingeridos más de dos veces por semana. No hay límites para la ingestión de alimentos integrales. Esta dieta equilibrada pone menos el acento en el aparato digestivo y cubre sus necesidades nutricionales.

Si tiene malos hábitos alimenticios intente no caer en ellos más de dos veces por semana, aunque es mejor que los suprima totalmente. Use poca sal, o ninguna, y si le gustan los dulces coma barras de muesli, frutos secos, algarrobas o tortas y bizcochos integrales, elaborados con azúcares no refinados.

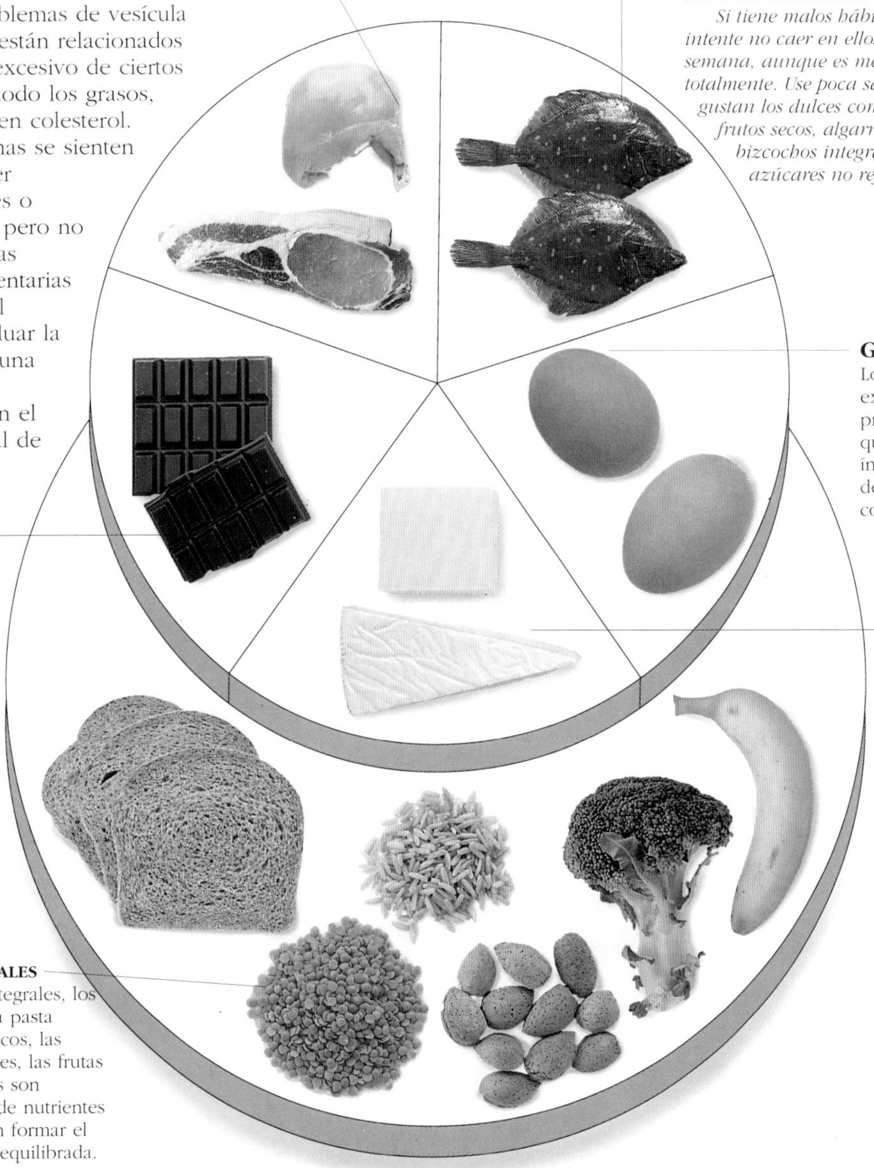

GRUPO 3
Los huevos son una excelente fuente de proteína pero debido a que poseen un alto índice de colesterol deberían ser ingeridos con moderación.

GRUPO 4
Entre los productos lácteos, el queso y la manteca tienen un índice especialmente elevado de grasas saturadas y sal, y deberían ser ingeridos con moderación.

GRUPO 5
Los alimentos dulces refinados, como el chocolate, las galletas, las tortas y las masas tienen muchas calorías pero poco valor nutritivo.

ALIMENTOS INTEGRALES
El pan y la harina integrales, los cereales integrales, la pasta integral, los frutos secos, las semillas, las legumbres, las frutas y las verduras frescas son fuentes importantes de nutrientes esenciales y deberían formar el grueso de una dieta equilibrada.

EJERCICIO

Algunas personas son enérgicas por naturaleza y les resulta difícil relajarse, mientras otras son perezosas, menos proclives a practicar ejercicio, carecen de resistencia y tienen más probabilidades de engordar. Los homeópatas toman en cuenta el aspecto físico de la persona y sus niveles de actividad dentro de la casa y al aire libre, y utilizan esta información como ayuda para determinar el tipo constitucional. Algunos tipos constitucionales, por ejemplo el *Natrum mur.*, siempre están inquietos y apurados, mientras las personas del tipo *Sulphur* son indolentes y holgazanas, y las del tipo *Phos.* por lo general se sienten apagadas y fatigadas.

Los homeópatas estimulan la preocupación por la forma física y el ejercicio regular. Para muchas personas, el esfuerzo agotador es cada vez más raro y es común que lleven un estilo de vida sedentario y pasen mucho tiempo sentadas detrás de un escritorio. Sin embargo, el cuerpo humano está diseñado para la actividad muscular, y sin esta no funciona adecuadamente.

La forma más fácil de comenzar los ejercicios es aumentar la cantidad de actividad física que hace cada día, por ejemplo, caminando a paso enérgico hasta la estación o bajando del colectivo algunas paradas antes. Si no puede hacerlo, intente reservarse algunos minutos diarios y lleve a cabo una rutina de ejercicios. Siempre haga un calentamiento antes de comenzar y realice ejercicios suaves para poner el cuerpo a punto. Aumente poco a poco la cantidad de movimientos hasta que pueda hacer algunos lo suficientemente vigorosos para respirar pesadamente y transpirar, lo que beneficia el corazón y el sistema cardiovascular.

Ejercicio diario *Ir al trabajo en bicicleta y subir a paso enérgico las escaleras son buenas maneras de convertir una actividad extenuante en una rutina diaria.*

FACTORES AMBIENTALES

El clima, las estaciones, la hora del día y los cambios de temperatura influyen en las personas de maneras totalmente diferentes. Para el homeópata, la forma en que los factores ambientales afectan a las personas en general, lo mismo que la forma en que afectan los síntomas específicos de una enfermedad, tiene gran importancia y puede ayudar a determinar el tipo constitucional de una persona. Por ejemplo, la sensibilidad a la cercanía de una tormenta eléctrica produce dolor de cabeza en algunas personas, mientras a otras las relaja y las serena. Algunas personas que padecen dolor en las rodillas pueden sentirse mejor con una compresa caliente aplicada en la zona afectada aunque su estado general empeore con el calor.

La información –por ejemplo si una persona es más enérgica y creativa al despertarse, o si apenas puede levantarse pero renace por la noche– aumenta la comprensión del homeópata sobre el tipo constitucional de una persona.

Reacción al aire de mar *Mientras a algunas personas el aire de mar les proporciona vigor, a otras les resulta agotador. El hecho de si una enfermedad determinada, como el asma, mejora o empeora con el aire de mar, es un dato de gran interés para el homeópata.*

EL SUEÑO Y SU IMPORTANCIA

La falta de sueño es una causa significativa que contribuye al estrés y también puede conducir a la enfermedad. Muchas personas están agotadas por un descanso y un sueño inadecuados, ya sea debido a la tensión física o a una tensión emocional prolongada.

Paradójicamente, es posible que cuanto más cansado esté, más energías parezca tener y sea menos capaz de conciliar el sueño.

Las pautas del descanso, el contenido de los sueños y la habitual postura para dormir pueden ser tomados en consideración por el homeópata para la selección de un remedio constitucional.

LA INFLUENCIA DEL ESTRES

Cualquier cosa que añada una carga a los sistemas del organismo puede ser definido como estrés. La gente se siente afectada por el estrés de diversas maneras. Por ejemplo, algunos saben sobrellevar la presión en el trabajo y les sienta bien, mientras otros no pueden soportarla, se vuelven irritables o sensibles y pueden sentirse agobiados por el estrés.

EL estrés no siempre es un elemento necesariamente negativo. El desempeño y la eficacia aumentan con cierta dosis de estrés. La fatiga aparece sólo cuando el estrés alcanza un nivel demasiado elevado. Como ocurre con todo lo demás, este extremo varía de una persona a otra. Si la tensión no se reduce y la fatiga resultante no se corrige, sobreviene el agotamiento y la enfermedad.

El estrés produce un aumento en hormonas como la adrenalina, la noradrenalina y los corticosteroides. A corto plazo, estos provocan un aumento en la respiración y en el pulso cardíaco, la sensación de tener el estómago revuelto y tensión en los músculos.

A largo plazo, el estrés puede conducir a una amplia variedad de trastornos. La siguiente lista es un aleccionador recordatorio de la importancia que tiene evitar el estrés prolongado, que puede ocasionar: presión sanguínea elevada, caída del cabello, enfermedades de la piel, úlceras bucales, asma, angina, gastritis, úlceras pépticas, tics nerviosos, síndrome del intestino irritable, enfermedad cardiaca, cáncer, afecciones pulmonares, heridas por accidente, enfermedad mental, e incluso el suicidio.

Las enfermedades como la esclerosis múltiple, la diabetes y el herpes pueden verse agravadas por el estrés. Algunas personas se vuelven adictas al "zumbido" de adrenalina causado por el estrés y buscan deliberadamente las emociones. Pueden dedicarse a deportes de alto riesgo, o consumir drogas como la cocaína y, si no reciben ayuda, ellos también acabarán agotados.

Por lo general, es relativamente fácil enfrentarse al estrés a corto plazo o estrés agudo. A menudo, un incidente sin importancia hará que la persona sometida a esta tensión reaccione bruscamente y libere tensión. El estrés a largo plazo o crónico puede ser más difícil de tratar. Con frecuencia provoca sentimientos tales como falta de propósitos, impotencia y alienación.

El estrés suele estar presente en casos de pobreza y desocupación. Es común en familias desdichadas y con frecuencia está relacionado con la falta de comunicación. Factores tales como el hecho de no estar unido a la familia y a los padres, la soledad o el tratar de conseguir demasiado en muy poco tiempo pueden aumentar la vulnerabildad al estrés. Cualquier zona de dificultad que no pueda discutirse y resolverse, por ejemplo los problemas sexuales o las tensiones familiares, se convertirá en una causa de estrés.

ALIVIAR EL ESTRES

Cualquier actividad que le resulte relajante y serene su mente le ayudará a aliviar el estrés. Esto varía en cada individuo: el ejercicio, un baño caliente, unas vacaciones, ir al cine, el acto sexual... todas ayudan a relajarse. Para muchas personas, actividades como estas son suficientes para mantener el equilibrio. Para otras, las fuentes externas de satisfacción no son suficientes y necesitan una técnica interna para alcanzar la paz mental. El yoga, el t'ai chi, la respiración profunda, la técnica de Alexander (un método especial para ajustar la postura del cuerpo), la psicoterapia y la meditación pueden resultar útiles.

Es muy importante una actitud emocional sana frente a situaciones de tensión porque ayuda a reducir la vulnerabilidad del estrés y posibilita un mejor manejo de este. En general, las personas optimistas soportan mejor que las pesimistas los períodos de tensión. El pesimismo hace que resulte más difícil conservar la calma en situaciones de tensión y por eso estas personas se sienten abrumadas. Una actitud mental positiva ayuda a controlar el estrés y a enfrentarlo directamente.

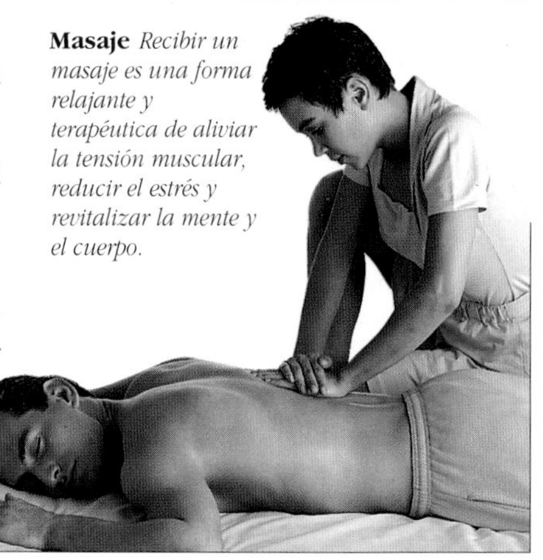

Masaje *Recibir un masaje es una forma relajante y terapéutica de aliviar la tensión muscular, reducir el estrés y revitalizar la mente y el cuerpo.*

Música *Interpretar un instrumento o escuchar música son excelentes maneras de relajarse y ayudar a apartar la mente de las preocupaciones.*

Meditación *Respirar profundamente y meditar serena la mente y reduce el estrés.*

COMO MEDIR EL ESTRES

El siguiente cuestionario le proporcionará una idea de la dosis de estrés a la que se encuentra sometido. La puntuación total da una indicación del estrés al que se ha visto expuesto y la probable vulnerabilidad a enfermedades relacionadas con el estrés. Sin embargo, este cuestionario sólo es una guía; no toma en consideración las diferentes reacciones de cada individuo ante el estrés.

Puntúe sus respuestas:	
Sí/siempre	1
Probable/usualmente	2
Supongo/depende	3
Rara vez/no demasiado	4
No/nunca	5

Sume la puntuación. Si el total es menos de 50, probablemente sobrelleva bien el estrés. Una puntuación más elevada indica una creciente vulnerabilidad al estrés.

USTED:

1. ¿Toma al menos una comida caliente y equilibrada por día?	☐	**11.** ¿Asiste regularmente a reuniones sociales?	☐
2. ¿Duerme siete horas al menos cuatro noches por semana?	☐	**12.** ¿Tiene un círculo de amigos y conocidos?	☐
3. ¿Da y recibe afecto con frecuencia?	☐	**13.** ¿Tiene un amigo íntimo en quien confiar?	☐
4. ¿Tiene un pariente en quien confiar que viva a menos de 80 km.?	☐	**14.** ¿Tiene buena salud?	☐
5. ¿Realiza ejercicios que lo hacen transpirar al menos dos veces por semana?	☐	**15.** ¿Expresa sentimientos de ira o preocupación?	☐
6. ¿Fuma menos de diez cigarrillos diarios?	☐	**16.** ¿Suele tener discusiones domésticas con las personas con las que vive?	☐
7. ¿Bebe alcohol menos de cinco veces por semana?	☐	**17.** ¿Hace algo para divertirse al menos una vez por semana?	☐
8. ¿Conserva el peso adecuado a su estatura?	☐	**18.** ¿Organiza su tiempo eficazmente y tiene un rato de serenidad para usted mismo todos los días?	☐
9. ¿Tiene ingresos adecuados a sus necesidades?	☐	**19.** ¿Bebe menos de tres tazas de cafeína (té, café o cola) por día?	☐
10. ¿Se siente fortalecido por creencias profundas, ya sea religiosas, filosóficas o de otro tipo?	☐	**20.** ¿Tiene una visión optimista de la vida?	☐

Escala de suceptibilidad del estrés concebida por Lyle H. Miller, Alma Dell Smith y Larry Rothstein, del Centro Médico de la Universidad de Boston, y reproducida con autorización.

TOTAL

COMO SOBRELLEVAR EL ESTRES

Tener el control de la situación alivia el estrés. Estas son algunas pautas sencillas.

- Ocúpese sólo de aquellas cosas por las que puede hacer algo
- Ocúpese de un problema por vez
- Discuta los problemas con otras personas y escuche su consejo
- Actúe positivamente incluso si toma la decisión equivocada; recuerde que todo el mundo comete errores
- No guarde rencores
- Relájese todos los días
- Ocupe su tiempo en lugar de limitarse a quedarse sentado a solas
- Cree una rutina para las comidas, el sueño, el ejercicio y la relajación
- No siga pensando en los problemas después de las ocho de la noche, si es que lo hace
- Reconozca si se siente abrumado por los problemas y busque ayuda de un pariente o un amigo en quien puede confiar, o consiga ayuda de un profesional

EL CUESTIONARIO DE LOS TIPOS CONSTITUCIONALES

El cuestionario de las pp. 32-45 es una versión simplificada de lo que un homeópata puede preguntarle en la primera consulta. Le permitirá averiguar a cuál de los quince tipos constitucionales principales se parece más y le ayudará a saber algo más sobre usted mismo y sobre cómo funciona la homeopatía. El cuestionario no le permitirá hacer una receta constitucional para usted mismo, ya que requiere años de experiencia, y los homeópatas plantean muchas más preguntas. Sin embargo, demuestra la importancia que los homeópatas dan a la personalidad y al temperamento, a las preferencias alimentarias, a los temores y a las características generales.

COMPLETAR EL CUESTIONARIO

El cuestionario se divide en cuatro categorías.

- **Personalidad y temperamento**
- **Preferencias alimentarias**
- **Temores**
- **Características generales**

1 Responda todo el cuestionario rápidamente, sin entretenerse en ninguna pregunta. Completarlo no debería llevarle más de diez minutos.

2 Marque las casillas que mejor lo describen a usted. Si una característica determinada no se aplica en absoluto a su caso, deje la casilla en blanco.

Marque las casillas que se aplican a su caso. Si no es así, deje el espacio en blanco.

Columnas de remedios.

Cuente 5 para cada remedio listado en la columna de muy intensamente.

CUESTIONARIO

32

TARJETA DE PUNTUACION 1

PERSONALIDAD Y TEMPERAMENTO	MUY INTENSAMENTE (Cuente 5 para cada remedio)	INTENSAMENTE (Cuente 3 para cada remedio)	LIGERAMENTE (Cuente 1 para cada remedio)	ARG (Argent. nit.)	ARS (Arsen. alb.)	CALC (Calc. carb.)	GRAPH (Graphites)	IGN (Ignatia)	LACH (Lachesis)	LYC (Lycopodium)	MERC (Merc. sol.)	NM (Natum mur.)	NV (Nux vomica)	PHOS (Phos.)	PULS (Pulsatilla)	SEP (Sepia)	SIL (Silicea)	SULPH (Sulphur)
LLORA FACILMENTE (sin motivo evidente)	✔ NM PULS SEP SULPH	NM PULS SEP SULPH	GRAPH LYC									5			5	5		5
LLORA CUANDO LE DAN LAS GRACIAS	LYC	✔ LYC (cuente 5)	LYC							5								
LLORA POR ANSIEDAD	GRAPH	GRAPH (cuente 5)	✔ ARS NM		1							1						
LLORA POR AUTOCOMPASION	CALC PULS	✔ CALC PULS	CAL PULS			3									3			
LA MUSICA LO HACE LLORAR	GRAPH NM	GRAPH NM	✔ NV															
LLORAR LO ALIVIA	LACH PULS	✔ LACH PULS	GRAPH LYC						3						3			
LLORA ANTES DE LA MENSTRUACION	PULS	PULS	✔ LYC NM PHOS SEP							1		1		1		1		
LE GUSTA LA COMPASION	PHOS PULS	✔ PHOS PULS	PHOS PULS											3	3			
LE DISGUSTA LA COMPASION	IGN NM SEP SIL	IGN NM SEP SIL	✔ ARS		1													
ES COMPASIVO	PHOS PULS	✔ PHOS PULS	IGN NM NV											3	3			
CARECE DE COMPASION (sobre todo hacia su propia familia)	PHOS SEP	PHOS SEP	✔ LYC PHOS SEP							1				1		1		
SUELE SUSPIRAR CON FRECUENCIA	IGN	✔ IGN (cuente 5)	GRAPH NM NV PULS SEP					5										
				ARG 0	ARS 2	CALC 3	GRAPH 0	IGN 5	LACH 3	LYC 7	MERC 0	NM 7	NV 1	PHOS 8	PULS 17	SEP 7	SIL 0	SULPH 5

Complete todo el cuestionario y luego llene las tarjetas de puntuación.
Sume los totales (derecha) y luego llene las tarjetas de resultados de las pp. 46-47.

EVALUACION DE SU SALUD

Cuente 3 para cada remedio que aparece en la columna intensamente, a menos que se indique algún punto a favor.

Cuente 1 para cada remedio que aparece en la columna ligeramente .

Nombres abreviados de los quince remedios clave.

Los puntos a favor aparecen entre paréntesis.

Escriba el total de cada columna de remedios en la casilla correspondiente. Traslade estos totales a las correspondientes tarjetas de resultados.

PUNTUACION

1 Después de completar el cuestionario llene la tarjeta de puntuación. Para cada casilla marcada en la columna Muy intensamente , cuente 5 para los remedios enumerados; en cada casilla marcada en la columna Intensamente , cuente 3 para los remedios enumerados; en cada casilla marcada en la columna Ligeramente cuente 1 para los remedios enumerados.

2 Anote las puntuaciones en las columnas del remedio correspondiente de la tarjeta de puntuación adyacente.

Algunas casillas de la columna Intensamente tienen un punto a favor entre paréntesis. Si marcó uno de esos, anote el punto a favor y no la puntuación de la columna para cada remedio.

CUESTIONARIO

MUY INTENSAMENTE Cuente 5 para cada remedio	**INTENSAMENTE** Cuente 3 para cada remedio	**LIGERAMENTE** Cuente 1 para cada remedio
☐ **NM PULS SEP SULPH**	☐ **NM PUlS SEP SULPH**	☑
☐ **LYC**	☑ **LYC (cuente 5)**	☐

Este remedio tiene 5 puntos a favor; anote 5 en la columna del remedio, en lugar de 3.

Si no figura ningún remedio en la casilla marcada, no cuente ningún punto.

TARJETA DE PUNTUACION

ARG (Argent. nit.)	**ARS** (Arsen. alb.)	**CALC** (Calc. carb.)	**GRAPH** (Graphites)	**IGN** (Ignatia)	**LACH** (Lachesis)	**LYC** (Lycopodium)	**MERC** (Merc. sol.)	**NM** (Narum mur.)	**NV** (Nux vomica)	**PHOS** (Phos.)	**PULS** (Pulsatilla)	**SEP** (Sepia)	**SIL** (Silicea)	**SULPH** (Sulphur)
				5				5						

Anote la puntuación adecuada para todos los remedios enumerados junto a la casilla marcada.

PUNTUACION FINAL

1 Sume los números de cada columna de remedios. Anote el total en la casilla que aparece debajo de cada columna.

2 Después de rellenar todas las tarjetas de puntuación, traslade los totales a la tarjeta de resultados de cada categoría del cuestionario. Sume los totales en cada columna de remedios de las tarjetas de resultados (ver pp. 46-47).

3 Traslade los totales de las tarjetas de resultados a la tarjeta del resultado final. Súmelas para averiguar la puntuación final de cada columna de remedios.

TARJETA DE PUNTUACION

ARG	ARC	CALC	GRAPH	IGN	LACH	LYC	MERC	NM	NV	PHOS	PULS	SEP	SIL	SULPH
0	2	3	0	5	3	7	0	7	1	8	17	7	0	5

Sume los números de cada columna de remedios y anote el total debajo

Traslade la puntuación final de las tarjetas de resultados para cada categoría de preguntas

EL RESULTADO

La puntuación más alta en la tarjeta del resultado final indica a cuál de los quince tipos constitucionales clave se parece más. Si la puntuación más alta aparece en más de una columna de remedios, es posible que usted sea una mezcla de tipos. En ese caso, compare varios perfiles para encontrar el que más se le parece.

UN PERFIL DEL TIPO CONSTITUCIONAL DEL INDICE DE REMEDIOS

Seleccionar un tipo constitucional *La puntuación más alta indica a cuál de los 15 tipos constitucionales clave se parece más. Consulte el perfil del tipo constitucional adecuado y vea en qué medida se ajusta a usted.*

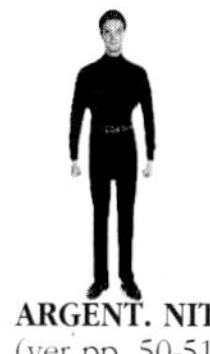

ARGENT. NIT. (ver pp. 50-51)

ARSEN. ALB. (ver pp. 52-52)

CALC. CARB. (ver pp. 54- 55)

GRAPHITES (ver pp. 56-57)

IGNATIA (ver pp. 58-59)

LACHESIS (ver pp. 78-79)

LYCOPODIUM (ver pp. 60-61)

MERC. SOL. (ver pp. 62-63)

NATRUM MUR. (ver pp.64-65)

NUX VOMICA (ver pp.74-75)

PHOS (ver pp. 66-67)

PULSATILLA (ver pp. 68-69)

SEPIA (ver pp. 70-71)

SILICEA (ver pp. 72-73)

SULPHUR (ver pp. 76-77)

Personalidad y temperamento

Personalidad y temperamento	Muy intensamente (Cuente 5 para cada remedio)	Intensamente (cuente 3 para cada remedio)	Ligeramente (cuente 1 para cada remedio)
Llora facilmente (sin motivo evidente)	NM PULS SEP SULPH	NM PULS SEP SULPH	GRAPH LYC
Llora cuando le dan las gracias	LYC	LYC (Cuente 5)	LYC
Llora por ansiedad	GRAPH	GRAPH (cuente 5)	ARS NM
Llora por autocompasion	CALC PULS	CALC PULS	CALC PULS
La musica lo hace llorar	GRAPH NM	GRAPH NM	NV
Llorar lo alivia	LACH PULS	LACH PULS	GRAPH LYC
Llora antes de la menstruacion	PULS	PULS	LYC NM PHOS SEP
Le gusta la compasion	PHOS PULS	PHOS PULS	PHOS PULS
Le disgusta la compasion	IGN NM SEP SIL	IGN NM SEP SIL	ARS
Es compasivo	PHOS PULS	PHOS PULS	IGN NM NV
Carece de compasion (sobre todo hacia su propia familia)	PHOS SEP	PHOS SEP	LYC PHOS SEP
Suele suspirar con frecuencia	IGN	IGN (cuente 5)	GRAPH NM NV PULS SEP

Complete todo el cuestionario y luego llene las tarjetas de puntuación.
Sume los totales (derecha) y luego llene las tarjetas de resultados de las pp. 46-47.

Tarjeta de puntuacion 1

ARG (Argent. nit.)	ARS (Arsen. alb.)	CALC (Calc. carb.)	GRAPH (Graphites)	IGN (Ignatia)	LACH (Lachesis)	LYC (Lycopodium)	MERC (Merc. sol.)	NM (Narum mur.)	NV (Nux vomica)	PHOS (Phos.)	PULS (Pulsatilia)	SEP (Sepia)	SIL (Silicea)	SULPH (Sulphur)
ARG	ARS	CALC	GRAPH	IGN	LACH	LYC	MERC	NM	NV	PHOS	PULS	SEP	SIL	SULPH

PERSONALIDAD Y TEMPERAMENTO

PERSONALIDAD Y TEMPERAMENTO	MUY INTENSAMENTE (Cuente 5 para cada remedio)	INTENSAMENTE (cuente 3 para cada remedio)	LIGERAMENTE (cuente 1 para cada remedio)
TIENE TENDENCIA A AMARGARSE O A ENFURRUÑARSE	☐ IGN NM	☐ IGN NM	☐ ARS
IRRITABLE (ante el menor detalle)	☐ NV	☐ NV	☐ ARS CLAC NM PHOS
IRRITABLE ANTES DE LA MENSTRUACION	☐ SEP	☐ SEP	☐ LACH LYC NM NV PULS
SE ENFURECE FACILMENTE	☐ LYC NV	☐ LYC NV	☐ PHOS
DICTATORIAL (sobre todo en casa)	☐ LYC	☐ LYC (cuente 5)	☐ LYC
SE ENFURECE CUANDO LO CONTRADICEN	☐ IGN LYC SEP	☐ IGN LYC SEP	☐ NV SIL
TIENE TENDENCIA A CONTRADECIR	☐ IGN LACH	☐ IGN LACH	☐ ARS LYC MERC SEP
IMPULSIVO	☐ ARG IGN PULS	☐ ARG IGN PULS	☐ ARS
VARIABLE E INCOHERENTE	☐ IGN	☐ IGN	☐ GRAPH
CELOSO	☐ LACH NV	☐ LACH NV	☐ LYC PULS
SUSPICAZ	☐ ARS LACH LYC	☐ ARS LACH LYC	☐ MERC NV PHOS SULPH
CRITICO	☐ ARS GRAPH SULPH	☐ ARS GRAPH SULPH	☐ LACH LYC MERC NV PHOS

Complete todo el cuestionario y luego llene las tarjetas de puntuación.
Sume los totales (derecha) y luego llene las tarjetas de resultados de las pp. 46-47.

TARJETA DE PUNTUACION 2

ARG (Argent. nit.)	ARS (Arsen. alb.)	CALC (Calc. carb.)	GRAPH (Graphites)	IGN (Ignatia)	LACH (Lachesis)	LYC (Lycopodium)	MERC (Merc. sol.)	NM (Narum mur.)	NV (Nux vomica)	PHOS (Phos.)	PULS (Pulsatilia)	SEP (Sepia)	SIL (Silicea)	SULPH (Sulphur)
ARG ☐	ARS ☐	CALC ☐	GRAPH ☐	IGN ☐	LACH ☐	LYC ☐	MERC ☐	NM ☐	NV ☐	PHOS ☐	PULS ☐	SEP ☐	SIL ☐	SULPH ☐

PERSONALIDAD Y TEMPERAMENTO

PERSONALIDAD Y TEMPERAMENTO	MUY INTENSAMENTE (Cuente 5 para cada remedio)	INTENSAMENTE (cuente 3 para cada remedio)	LIGERAMENTE (cuente 1 para cada remedio)
FASTIDIOSO	ARS NV PULS	ARS NV PULS	CALC GRAPH NM
PREOCUPADO POR LA PRECISIÓN/EXACTITUD	ARS	ARS	PULS
CONCIENZUDO CON RESPECTO A COSAS SIN IMPORTANCIA	ARS IGN SIL PULS	ARS IGN SIL SULPH	LYC NV PULS
VANIDOSO	LYC SULPH	LYC SULPH	LYC PULS SULPH
EGOISTA	LYC SULPH	LYC SULPH	LACH PULS SIL
AMBICIOSO	NV	NV	ARS IGN LACH LYC SULPH
TENDENCIA A TEORIZAR	SULPH	SULPH	LACH SEP
PESIMISTA	ARS	ARS	NV
TENDENCIA A PREOCUPARSE POR TODO	ARS CALC IGN	ARS CALC IGN	LYC NM PULS SULPH
ANSIOSO CUANDO ESTA EN COMPAÑIA	LYC	LYC (cuente 5)	LYC
ANSIOSO CUANDO SE ESPERA ALGO DE USTED	ARS LYC	ARS LYC	ARG IGN
ANSIOSO CON SENSACION DE ESTAR APURADO	ARG NM	ARG NM	ARG NM

Complete todo el cuestionario y luego llene las tarjetas de puntuación.
Sume los totales (derecha) y luego llene las tarjetas de resultados de las pp. 46-47.

TARJETA DE PUNTUACION 3

ARG (Argent. nit.)	ARS (Arsen. alb.)	CALC (Calc. carb.)	GRAPH (Graphites)	IGN (Ignatia)	LACH (Lachesis)	LYC (Lycopodium)	MERC (Merc. sol.)	NM (Narum mur.)	NV (Nux vomica)	PHOS (Phos.)	PULS (Pulsatilia)	SEP (Sepia)	SIL (Silicea)	SULPH (Sulphur)
ARG	ARS	CALC	GRAPH	IGN	LACH	LYC	MERC	NM	NV	PHOS	PULS	SEP	SIL	SULPH

Personalidad y temperamento

Personalidad y temperamento	Muy intensamente (Cuente 5 para cada remedio)	Intensamente (cuente 3 para cada remedio)	Ligeramente (cuente 1 para cada remedio)
Ansioso y cauto	ARS	ARS	IGN LIC PULS
Ansioso e indeciso	GRAPH	GRAPH (cuente 5)	GRAPH
Complaciente/pasivo	PULS SIL	PULS SIL	ARS IGN LYC NM NV PHOS
Carece de confianza	LYC SIL	LYC SIL	NM NV PULS
Temeroso de las opiniones ajenas	NV PULS	NV PULS	LYC
Evita emprender cosas nuevas por temor al fracaso	ARG ARS LYC SIL	ARG ARS LYC SIL	ARG ARS LYC SIL
Timido para hablar en publico (aunque capaz)	LYC SIL	LYC SIL	LIC SIL
Aprensivo (por ejemplo para hablar en público)	ARG LYC NM	ARG LYC NM	ARG SIL
Inhibido	MERC	MERC	LYC NM PULS SIL
Impresionable	PHOS	PHOS	ARG
Ansioso con sensacion de estar apurado	IGN LACH PHOS	IGN LACH PHOS	NV SULPH
Piensa con lentitud	ARS CALC PHOS PULS	ARS CALC PHOS PULS	GRAPH SEP SULPH

Complete todo el cuestionario y luego llene las tarjetas de puntuación.
Sume los totales (derecha) y luego llene las tarjetas de resultados de las pp. 46-47.

Tarjeta de puntuacion 4

ARG (Argent. nit.)	ARS (Arsen. alb.)	CALC (Calc. carb.)	GRAPH (Graphites)	IGN (Ignatia)	LACH (Lachesis)	LYC (Lycopodium)	MERC (Merc. sol.)	NM (Narum mur.)	NV (Nux vomica)	PHOS (Phos.)	PULS (Pulsatilia)	SEP (Sepia)	SIL (Silicea)	SULPH (Sulphur)
ARG	ARS	CALC	GRAPH	IGN	LACH	LYC	MERC	NM	NV	PHOS	PULS	SEP	SIL	SULPH

PERSONALIDAD Y TEMPERAMENTO

PERSONALIDAD Y TEMPERAMENTO	MUY INTENSAMENTE (Cuente 5 para cada remedio)	INTENSAMENTE (cuente 3 para cada remedio)	LIGERAMENTE (cuente 1 para cada remedio)
CONVERSADOR Y CAMBIA DE TEMA CON FRECUENCIA	☐ LACH	☐ LACH (cuente 5)	☐ LACH
TIENDE A DEJAR LAS COSAS PARA MAS TARDE	☐ LYC	☐ LYC (cuente 5)	☐ SULPH
INQUIETO MIENTRAS TRABAJA	☐ GRAPH	☐ GRAPH (cuente 5)	☐ GRAPH
ANSIOSO AL DESPERTARSE POR LA MAÑANA	☐ GRAPH LACH	☐ GRAPH LACH	☐ LYC NV PHOS
ANSIOSO POR SU SALUD	☐ ARG LYC PHOS	☐ ARG LYC PHOS	☐ CALC PULS SEP
REPRIME LA PENA DESPUES DEL DUELO	☐ IGN NM	☐ IGN NM	☐ IGN NM
AFECTUOSO	☐ PHOS	☐ PHOS PULS	☐ ARS IGN NM
SE SIENTE MEJOR MENTALMENTE DESPUES DE UN EJERCICIO ENERGICO	☐ SEP	☐ SEP	☐ IGN
LE DESAGRADA QUE LO TOQUEN	☐ NM SEP	☐ NM SEP	☐ IGN LACH SIL
CLARIVIDENTE	☐ PHOS	☐ PHOS (cuente 5)	☐ CALC LACH SIL
IMPULSO SEXUAL MINIMO (mujer)	☐ NM SEP	☐ NM SEP	☐ GRAPH LACH LYC PHOS SULPH
IMPULSO SEXUAL MINIMO (hombre)	☐ GRAPH LYC	☐ GRAPH LYC	☐ IGN

Complete todo el cuestionario y luego llene las tarjetas de puntuación.
Sume los totales (derecha) y luego llene las tarjetas de resultados de las pp. 46-47.

TARJETA DE PUNTUACION 5

ARG (Argent. nit.)	ARS (Arsen. alb.)	CALC (Calc. carb.)	GRAPH (Graphites)	IGN (Ignatia)	LACH (Lachesis)	LYC (Lycopodium)	MERC (Merc. sol.)	NM (Narum mur.)	NV (Nux vomica)	PHOS (Phos.)	PULS (Pulsatilia)	SEP (Sepia)	SIL (Silicea)	SULPH (Sulphur)
ARG	ARS	CALC	GRAPH	IGN	LACH	LYC	MERC	NM	NV	PHOS	PULS	SEP	SIL	SULPH
☐	☐	☐	☐	☐	☐	☐	☐	☐	☐	☐	☐	☐	☐	☐

PREFERENCIAS ALIMENTARIAS

PREFERENCIAS ALIMENTARIAS	MUY INTENSAMENTE (Cuente 5 para cada remedio)	INTENSAMENTE (cuente 3 para cada remedio)	LIGERAMENTE (cuente 1 para cada remedio)
LE GUSTAN LAS BEBIDAS Y LOS ALIMENTOS TIBIOS	☐ ARS	☐ ARS (cuente 5)	☐ LYC
LE DESAGRADAN LOS ALIMENTOS TIBIOS	☐ GRAPH PHOS PULS	☐ GRAPH PHOS PULS	☐ CALC IGN LACH LYC SIL
LE GUSTAN LOS ALIMENTOS CRUDOS	☐ SIL SULPH	☐ SIL SULPH	☐ CALC IGN
PIERDE EL APETITO DURANTE LA MENSTRUACION	☐ IGN	☐ IGN (cuente 5)	☐ LYC PULS
LE SIENTAN MAL LAS MEZCLAS DE ALIMENTOS	☐ LYC	☐ LYC	☐ PULS SIL
COME HASTA REVENTAR	☐ LYC PULS	☐ LYC PULS	☐ CALC SULPH
LA FRUTA LE CAE MAL	☐ ARS PULS	☐ ARS PULS	☐ LYC SEP
LE DISGUSTA LA FRUTA	☐ IGN PHOS PULS	☐ IGN PHOS PULS	☐ ARS IGN PHOS PULS
LE GUSTAN LOS HUEVOS (sobre todo pasados por agua)	☐ CALC	☐ CALC	☐ PULS
LE DESAGRADAN LOS HUEVOS	☐ PULS SULPH	☐ PULS SULPH	☐ PHOS
LE CAEN MAL LOS POROTOS/ARVEJAS	☐ LYC	☐ LYC	☐ CALC
LE GUSTAN LOS ALIMENTOS CON FECULA	☐ LACH LYC	☐ LACH LYC	☐ CALC NM SULPH

Complete todo el cuestionario y luego llene las tarjetas de puntuación.
Sume los totales (derecha) y luego llene las tarjetas de resultados de las pp. 46-47.

TARJETA DE PUNTUACION 1

ARG (Argent. nit.)	ARS (Arsen. alb.)	CALC (Calc. carb.)	GRAPH (Graphites)	IGN (Ignatia)	LACH (Lachesis)	LYC (Lycopodium)	MERC (Merc. sol.)	NM (Narum mur.)	NV (Nux vomica)	PHOS (Phos.)	PULS (Pulsatilia)	SEP (Sepia)	SIL (Silicea)	SULPH (Sulphur)
ARG ☐	ARS ☐	CALC ☐	GRAPH ☐	IGN ☐	LACH ☐	LYC ☐	MERC ☐	NM ☐	NV ☐	PHOS ☐	PULS ☐	SEP ☐	SIL ☐	SULPH ☐

Preferencias alimentarias

Preferencias alimentarias	Muy intensamente (Cuente 5 para cada remedio)	Intensamente (cuente 3 para cada remedio)	Ligeramente (cuente 1 para cada remedio)
Le gustan el pan y la manteca	MERC	MERC (cuente 5)	IGN PULS
Le gustan los alimentos suculentos y grasos	NV SULPH	NV SULPH	ARS PHOS SIL
Los alimentos suculentos y grasos le provocan trastornos digestivos	GRAPH PULS	GRAPH PULS	ARS LYC SEP SULPH
Le gusta el helado	PHOS	PHOS	CALC PULS SIL
Le gusta la manteca de mani	PULS	PULS (cuente 5)	PULS
Le gusta el queso	ARG PHOS	ARG PHOS	CALC IGN PULS SEP
Le gusta el aceite de oliva	ARS LYC	ARS LYC	CALC SULPH
Le desagrada el cerdo	PULS	PULS	SEP
Le gustan los alimentos dulces	ARG LYC SULPH	ARG LYC SULPH	ARS CALC PHOS PULS SEP
Le desagradan los alimentos dulces	GRAPH	GRAPH	ARG ARS LYC MERC PHOS SULPH
Le gustan los alimentos dulces pero le sientan mal	ARG LYC SULPH	ARG LYC SULPH	CALC PHOS PULS
Le gustan los dulces pero no se desespera por ellos	ARS SEP	ARS SEP	ARS SEP

Complete todo el cuestionario y luego llene las tarjetas de puntuación.
Sume los totales (derecha) y luego llene las tarjetas de resultados de las pp. 46-47.

Tarjeta de puntuacion 2

ARG (Argent. nit.)	ARS (Arsen. alb.)	CALC (Calc. carb.)	GRAPH (Graphites)	IGN (Ignatia)	LACH (Lachesis)	LYC (Lycopodium)	MERC (Merc. sol.)	NM (Narum mur.)	NV (Nux vomica)	PHOS (Phos.)	PULS (Pulsatilia)	SEP (Sepia)	SIL (Silicea)	SULPH (Sulphur)
ARG	ARS	CALC	GRAPH	IGN	LACH	LYC	MERC	NM	NV	PHOS	PULS	SEP	SIL	SULPH

PREFERENCIAS ALIMENTARIAS

PREFERENCIAS ALIMENTARIAS	MUY INTENSAMENTE (Cuente 5 para cada remedio)	INTENSAMENTE (cuente 3 para cada remedio)	LIGERAMENTE (cuente 1 para cada remedio)
LAS MASAS LE CAEN MAL	☐ PULS	☐ PULS	☐ LYC PHOS
LE GUSTAN LOS ALIMENTOS SALADOS	☐ ARG NM PHOS	☐ ARG NM PHOS	☐ CALC
LE DISGUSTAN LOS ALIMENTOS SALADOS	☐ GRAPH	☐ GRAPH	☐ MERC NM SEP
LE GUSTAN LAS OSTRAS	☐ LACH	☐ LACH	☐ CALC LYC NM SULPH
LE DESAGRADA EL PESCADO	☐ GRAPH	☐ GRAPH	☐ PHOS
LOS MARISCOS LE SIENTAN MAL	☐ LYC	☐ LYC (cuente 5)	☐ LYC
LE GUSTA EL LIMON	☐ SEP	☐ SEP	☐ MERC NM PULS
LE GUSTAN LOS ENCURTIDOS	☐ SEP	☐ SEP	☐ ARS IGN LACH SULPH
LE DISGUSTA EL TOMATE	☐ PHOS	☐ PHOS (cuente 5)	☐ PHOS
LE GUSTAN LOS ALIMENTOS CONDIMENTADOS	☐ NV PHOS SULPH	☐ NV PHOS SULPH	☐ ARS
EL AJO LE CAE MAL	☐ PHOS	☐ PHOS (cuente 5)	☐ PHOS
LA CEBOLLA LE CAE MAL	☐ LYC	☐ LYC	☐ IGN PULS SULPH

Complete todo el cuestionario y luego llene las tarjetas de puntuación.
Sume los totales (derecha) y luego llene las tarjetas de resultados de las pp. 46-47.

TARJETA DE PUNTUACION 3

ARG (Argent. nit.)	ARS (Arsen. alb.)	CALC (Calc. carb.)	GRAPH (Graphites)	IGN (Ignatia)	LACH (Lachesis)	LYC (Lycopodium)	MERC (Merc. sol.)	NM (Narum mur.)	NV (Nux vomica)	PHOS (Phos.)	PULS (Pulsatilia)	SEP (Sepia)	SIL (Silicea)	SULPH (Sulphur)
ARG ☐	ARS ☐	CALC ☐	GRAPH ☐	IGN ☐	LACH ☐	LYC ☐	MERC ☐	NM ☐	NV ☐	PHOS ☐	PULS ☐	SEP ☐	SIL ☐	SULPH ☐

Preferencias alimentarias

Preferencias alimentarias	Muy intensamente (Cuente 5 para cada remedio)	Intensamente (cuente 3 para cada remedio)	Ligeramente (cuente 1 para cada remedio)
Le gusta la leche	☐ ARS CALC MERC NM NV PHOS SIL	☐ ARS CALC MERC NM NV PHOS SIL	☐ ARS CALC MERC NM NV PHOS SIL
La leche le sienta mal	☐ CALC SEP SULPH	☐ CALC SEP SULPH	☐ ARS LYC NM NV PHOS PULS
Reacio a tomar el pecho en la infancia	☐ SIL	☐ SIL	☐ CALC MERC
Las bebidas calientes le sientan mal	☐ LACH PHOS PULS SULPH	☐ LACH PHOS PULS SULPH	☐ LACH PHOS PULS SULPH
Las bebidas frias le sientan mal	☐ ARS	☐ ARS	☐ NV PULS
Le gustan las bebidas gaseosas	☐ PHOS	☐ PHOS (cuente 5)	☐ PHOS
Le gusta el alcohol	☐ ARS LACH NV SULPH	☐ ARS LACH NV SULPH	☐ CALC LYC PHOS PULS SEP
La cerveza le sienta mal	☐ NV	☐ NV (cuente 5)	☐ LYC PULS SIL SULPH
Poco sediento	☐ PULS	☐ PULS (cuente 5)	☐ ARG ARS LYC SEP
Le gusta el cafe	☐ NV	☐ NV (cuente 5)	☐ ARS
Le desagrada el cafe	☐ CALC NV	☐ CALC NV	☐ MERC NM PHOS SULPH
El cafe le sienta mal	☐ IGN NV	☐ IGN NV	☐ MERC PULS

Complete todo el cuestionario y luego llene las tarjetas de puntuación.
Sume los totales (derecha) y luego llene las tarjetas de resultados de las pp. 46-47.

Tarjeta de puntuacion 4

ARG (Argent. nit.)	ARS (Arsen. alb.)	CALC (Calc. carb.)	GRAPH (Graphites)	IGN (Ignatia)	LACH (Lachesis)	LYC (Lycopodium)	MERC (Merc. sol.)	NM (Narum mur.)	NV (Nux vomica)	PHOS (Phos.)	PULS (Pulsatilia)	SEP (Sepia)	SIL (Silicea)	SULPH (Sulphur)
ARG ☐	ARS ☐	CALC ☐	GRAPH ☐	IGN ☐	LACH ☐	LYC ☐	MERC ☐	NM ☐	NV ☐	PHOS ☐	PULS ☐	SEP ☐	SIL ☐	SULPH ☐

TEMORES

TEMORES	MUY INTENSAMENTE (Cuente 5 para cada remedio)	INTENSAMENTE (cuente 3 para cada remedio)	LIGERAMENTE (cuente 1 para cada remedio)
ALTURAS	☐ ARG	☐ ARG	☐ SULPH
ESPACIOS CERRADOS	☐ ARG LYC NM PULS	☐ ARG LYC NM PULS	☐ CALC IGN
ESPACIOS PUBLICOS/MULTITUDES	☐ ARG LYC NM NV PULS	☐ ARS LYC NM NV PULS	☐ ARG LYC NM NV PULS
RATONES	☐ CALC	☐ CALC (cuente 5)	☐ CALC
VIBORAS	☐ LACH	☐ LACH (cuente 5)	☐ CALC
AGUA	☐ LACH PHOS	☐ LACH PHOS	☐ LACH PHOS
TORMENTAS ELECTRICAS	☐ PHOS	☐ PHOS	☐ CALC GRAPH MERC NM SEP
OBJETOS PUNTIAGUDOS (por ejemplo: agujas hipodérmicas)	☐ SIL	☐ SIL (cuente 5)	☐ ARS MERC NM
FANTASMAS	☐ ARS LYC PHOS PULS SULPH	☐ ARS LYC PHOS PULS SULPH	☐ CALC SEP
OSCURIDAD	☐ PHOS	☐ PHOS	☐ ARS CALC LYC NM PULS
LADRONES	☐ ARS NM	☐ ARS NM	☐ ARG IGN LACH MERC PHOS
ESTAR SOLO	☐ ARG ARS LYC PHOS	☐ ARS ARS LYC PHOS	☐ PULS SEP

Complete todo el cuestionario y luego llene las tarjetas de puntuación.
Sume los totales (derecha) y luego llene las tarjetas de resultados de las pp. 46-47.

TARJETA DE PUNTUACION 1

ARG (Argent. nit.)	ARS (Arsen. alb.)	CALC (Calc. carb.)	GRAPH (Graphites)	IGN (Ignatia)	LACH (Lachesis)	LYC (Lycopodium)	MERC (Merc. sol.)	NM (Narum mur.)	NV (Nux vomica)	PHOS (Phos.)	PULS (Pulsatilia)	SEP (Sepia)	SIL (Silicea)	SULPH (Sulphur)
ARG ☐	ARS ☐	CALC ☐	GRAPH ☐	IGN ☐	LACH ☐	LYC ☐	MERC ☐	NM ☐	NV ☐	PHOS ☐	PULS ☐	SEP ☐	SIL ☐	SULPH ☐

TEMORES

TEMORES	MUY INTENSAMENTE (Cuente 5 para cada remedio)	INTENSAMENTE (cuente 3 para cada remedio)	LIGERAMENTE (cuente 1 para cada remedio)
LLEGAR TARDE	ARG	ARG	NM
SER HERIDO EMOPCIONALMENTE	NM	NM (cuente 5)	IGN
SER ENVENENADO (Por comida en mal estado o contaminación)	RS LACH	ARS LACH	ARS LACH
ENFERMEDAD	ARS PHOS	ARS PHOS	ARG CALC NV
LOCURA	CALC PULS	CALC PULS	ARG GRAPH MERC NM NV PHOS SEP
CANCER	ARS CALC PHOS	ARS CALC PHOS	ARS CALC PHOS
MUERTE	ARS CALC GRAPH NV PHOS	ARS CALC GRAPH NV PHOS	ARG LACH LYC MERC NM PULS
POR LA SALUD DE SU FAMILIA	MERC	MERC (cuente 5)	ARS PHOS
FRACASO EN LOS NEGOCIOS	LYC NV	LYC NV	ARG NM PHOS SIL SULPH
POBREZA	ARS	ARS	CALC SEP
FALTA DE CONTROL	ARG	ARG	IGN NM
ESFUERZO FISICO/MENTAL (debido a falta de energía)	SIL	SIL (cuente 5)	PHOS

Complete todo el cuestionario y luego llene las tarjetas de puntuación.
Sume los totales (derecha) y luego llene las tarjetas de resultados de las pp. 46-47.

TARJETA DE PUNTUACION 2

ARG (Argent. nit.)	ARS (Arsen. alb.)	CALC (Calc. carb.)	GRAPH (Graphites)	IGN (Ignatia)	LACH (Lachesis)	LYC (Lycopodium)	MERC (Merc. sol.)	NM (Narum mur.)	NV (Nux vomica)	PHOS (Phos.)	PULS (Pulsatilia)	SEP (Sepia)	SIL (Silicea)	SULPH (Sulphur)
ARG	ARS	CALC	GRAPH	IGN	LACH	LYC	MERC	NM	NV	PHOS	PULS	SEP	SIL	SULPH

CARACTERISTICAS GENERALES

CARACTERISTICAS GENERALES	MUY INTENSAMENTE (Cuente 5 para cada remedio)	INTENSAMENTE (cuente 3 para cada remedio)	LIGERAMENTE (cuente 1 para cada remedio)
SENSIBLE A LO TEMPLADO Y EMPEORA CON EL CALOR	PULS SULPH	ARGD PULS SULPH	ARS PULS SULPH
LAS ENFERMEDADES SON PEORES EN HABITACIONES MAL VENTILADAS	GRAPH LYC PULS SULPH	RAPH LYC PULS SULPH	ARG MERC
PIES CALIENTES EN LA CAMA (se los destapa)	PULS SULPH	PULS SULPH	CALC PHOS
SENSIBLE AL FRIO PERO EMPEORA CON EL CALOR	MERC PULS	MERC PULS	CALC GRAPH LACH LYC NM
SENSIBLE AL FRIO Y MEJORA CON EL CALOR	ARS NV	ARS NV	CALC IGN PHOS SEP SIL
PIES SUDOROSOS Y MALOLIENTES	GRAPH LYC PULS SIL	GRAPH LYC PULS SIL	CALC PHOS SEP SULPH
LAS ENFERMEDADES EMPEORAN DESPUES DE TRANSPIRAR	MERC SEP	MERC SEP	CALC PHOS PULS SULPH
LE TRANSPIRA LA CABEZA EN LA CAMA	CALC	CALC (cuente 5)	MERC SIL
LAS ENFERMEDADES EMPEORAN SI PERMANECE MUCHO TIEMPO PARADO	PULS SEP SULPH	PULS SEP SULPH	CALC SIL
LAS ENFERMEDADES EMPEORAN CON EL CLIMA FRIO Y HUMEDO	ARS CALC SIL	ARS CALC SIL	ARG GRAPH LACH LYC MERC PULS SULPH
LAS ENFERMEDADES EMPEORAN CON EL CLIMA FRIO Y SECO	NV	NV	ARS SIL
LAS ENFERMEDADES EMPEORAN CON EL TIEMPO VENTOSO	LYC NV PHOS PULS	LYC NV PHOS PULS	ARS LACH SIL

Complete todo el cuestionario y luego llene las tarjetas de puntuación.
Sume los totales (derecha) y luego llene las tarjetas de resultados de las pp. 46-47.

TARJETA DE PUNTUACION 1

ARG (Argent. nit.)	ARS (Arsen. alb.)	CALC (Calc. carb.)	GRAPH (Graphites)	IGN (Ignatia)	LACH (Lachesis)	LYC (Lycopodium)	MERC (Merc. sol.)	NM (Narum mur.)	NV (Nux vomica)	PHOS (Phos.)	PULS (Pulsatilia)	SEP (Sepia)	SIL (Silicea)	SULPH (Sulphur)
ARG	ARS	CALC	GRAPH	IGN	LACH	LYC	MERC	NM	NV	PHOS	PULS	SEP	SIL	SULPH

CARACTERISTICAS GENERALES

CARACTERISTICAS GENERALES	MUY INTENSAMENTE (Cuente 5 para cada remedio)	INTENSAMENTE (cuente 3 para cada remedio)	LIGERAMENTE (cuente 1 para cada remedio)
SE SIENTE MEJOR CON EL AIRE DE MAR	☐ NM PULS	☐ NM PULS	☐ NM PULS
SE SIENTE PEOR CON EL AIRE DE MAR	☐ NM SEP	☐ NM SEP	☐ ARS
LE ENCANTA MIRAR LAS TORMENTAS ELECTRICAS	☐ SEP	☐ SEP (cuente 5)	☐ LYC
LE DUELE LA CABEZA ANTES DE LAS TORMENTAS ELECTRICAS	☐ PHOS	☐ PHOS	☐ SEP SIL
SENSIBLE A LOS OLORES	☐ GRAPH IGN LYC NV PHOS SEP	☐ GRAPH IGN LYC NV PHOS SEP	☐ ARS CALC SULPH
SENSIBLE AL OLOR A TABACO	☐ IGN	☐ IGN	☐ NV PULS SEP
OJOS SENSIBLES A LA LUZ DEL SOL	☐ GRAPH NM SULPH	☐ GRAPH NM SULPH	☐ ARS IGN MERC PHOS
SENSIBLE ANTE EL MENOR RUIDO	☐ NV SIL	☐ NV SIL	☐ LYC PHOS SEP
PADECE DE DOLOR DE CABEZA O SE SIENTE MAREADO SI SE SALTEA UNA COMIDA	☐ GRAPH LYC PHOS SIL SULPH	☐ GRAPH LYC PHOS SIL SULPH	☐ GRAPH LYC PHOS SIL SULPH
SE SIENTE MEJOR CUANDO AYUNA	☐ NM	☐ NM (cuente 5)	☐ SIL
SE SIENTE MEJOR DESPUES DE UNA BREVE SIESTA	☐ PHOS	☐ PHOS (cuente 5)	☐ NV
LOS MALESTARES SE ALIVIAN CON EL INICIO DE LA MENSTRUACION	☐ LACH	☐ LACH (cuente 5)	☐ CALC PHOS PULS SEP SULPH

Complete todo el cuestionario y luego llene las tarjetas de puntuación.
Sume los totales (derecha) y luego llene las tarjetas de resultados de las pp. 46-47.

TARJETA DE PUNTUACION 2

ARG (Argent. nit.)	ARS (Arsen. alb.)	CALC (Calc. carb.)	GRAPH (Graphites)	IGN (Ignatia)	LACH (Lachesis)	LYC (Lycopodium)	MERC (Merc. sol.)	NM (Narum mur.)	NV (Nux vomica)	PHOS (Phos.)	PULS (Pulsatilia)	SEP (Sepia)	SIL (Silicea)	SULPH (Sulphur)
ARG ☐	ARS ☐	CALC ☐	GRAPH ☐	IGN ☐	LACH ☐	LYC ☐	MERC ☐	NM ☐	NV ☐	PHOS ☐	PULS ☐	SEP ☐	SIL ☐	SULPH ☐

CARACTERISTICAS GENERALES

CARACTERISTICAS GENERALES	MUY INTENSAMENTE (Cuente 5 para cada remedio)	INTENSAMENTE (cuente 3 para cada remedio)	LIGERAMENTE (cuente 1 para cada remedio)
LOS MALESTARES PARECEN EMPEORAR ENTRE 4 Y 8 MAÑANA Y TARDE	LYC	LYC (cuente 5)	SULPH
LOS MALESTARES PARECEN EMPEORAR ENTRE 4 Y 6 MAÑANA Y TARDE	SEP	SEP (cuente 5)	LYC SULPH
LOS MALESTARES PARECEN EMPEORAR ENTRE 1 Y 2 MAÑANA	ARS	ARS (cuente 5)	ARS
LOS MALESTARES PARECEN EMPEORAR ENTRE 2 Y 5 MAÑANA	NV	NV (cuente 5)	SULPH
LOS MALESTARES PARECEN EMPEORAR EN LA PRIMAVERA	CALC LACH LYC	CALC LACH LYC	NM PULS SEP SIL SULPH
LOS MALESTARES PARECEN EMPEORAR CON LUNA LLENA	ARG ARS CALC LYC PHOS PULS SIL	ARG ARS CALC LYC PHOS PULS SIL	GRAPH LACH MERC SEP SULPH
LOS MALESTARES PARECEN EMPEORAR POR LA MAÑANA Y AL ANOCHECER	SEP	SEP	CALC GRAPH LYC PHOS
LOS MALESTARES PARECEN EMPEORAR ENTRE EL CREPUSCULO Y EL AMANECER	MERC	MERC (cuente 5)	MERC
EVITA ACOSTARSE SOBRE EL LADO IZQUIERDO DEL CUERPO	PHOS PULS	PHOS PULS	ARG NM SEP SULPH
EVITA ACOSTARSE SOBRE EL LADO DERECHO DEL CUERPO	MERC	MERC	NV PHOS
PROPENSO A LAS ENFERMEDADES DEL LADO IZQUIERDO	ARG GRAPH LACH PHOS SEP SULPH	ARG GRAPH LACH PHOS SEP SULPH	
PROPENSO A LAS ENFERMEDADES DEL LADO DERECHO	ARS CALC LYC NV PULS	ARS CALC LYC NV PULS	

Complete todo el cuestionario y luego llene las tarjetas de puntuación.
Sume los totales (derecha) y luego llene las tarjetas de resultados de las pp. 46-47.

TARJETA DE PUNTUACION 3

ARG (Argent. nit.)	ARS (Arsen. alb.)	CALC (Calc. carb.)	GRAPH (Graphites)	IGN (Ignatia)	LACH (Lachesis)	LYC (Lycopodium)	MERC (Merc. sol.)	NM (Narum mur.)	NV (Nux vomica)	PHOS (Phos.)	PULS (Pulsatilia)	SEP (Sepia)	SIL (Silicea)	SULPH (Sulphur)
ARG	ARS	CALC	GRAPH	IGN	LACH	LYC	MERC	NM	NV	PHOS	PULS	SEP	SIL	SULPH

RESULTADOS DEL CUESTIONARIO

Traslade el total de puntos de las cuatro tarjetas de resultados a la tarjeta del resultado final. La puntuación final puede indicar un tipo constitucional que predomina sobre los otros, o bien varios tipos. Consulte los perfiles constitucionales correspondientes en las pp. 50-79. No se preocupe si se parece poco al modelo de la fotografía. Cada tipo constitucional tiene infinitas variaciones y las personas también pueden pasar de un tipo constitucional a otro en diversos momentos de la vida. Incluso los homeópatas expertos necesitan años de práctica para establecer con precisión el igual más exacto posible.

LAS TARJETAS DE RESULTADOS

TARJETA DE RESULTADOS DE PERSONALIDAD Y TEMPERAMENTO

Sume los totales de cada columna de remedios.

	ARG	ARS	CALC	GRAPH	IGN	LACH	LYC	MERC	NM	NV	PHOS	PULS	SEP	SIL	SULPH
TARJETA DE PUNTUACION 1															
TARJETA DE PUNTUACION 2															
TARJETA DE PUNTUACION 3															
TARJETA DE PUNTUACION 4															
TARJETA DE PUNTUACION 5															

	ARG	ARS	CALC	GRAPH	IGN	LACH	LYC	MERC	NM	NV	PHOS	PULS	SEP	SIL	SULPH
PUNTUACION TOTAL															

(Traslade los totales a la tarjeta del resultado final)

TARJETA DE RESULTADOS DE PREFERENCIAS ALIMENTARIAS

Sume los totales de cada columna de remedios.

	ARG	ARS	CALC	GRAPH	IGN	LACH	LYC	MERC	NM	NV	PHOS	PULS	SEP	SIL	SULPH
TARJETA DE PUNTUACION 1															
TARJETA DE PUNTUACION 2															
TARJETA DE PUNTUACION 3															
TARJETA DE PUNTUACION 4															

	ARG	ARS	CALC	GRAPH	IGN	LACH	LYC	MERC	NM	NV	PHOS	PULS	SEP	SIL	SULPH
PUNTUACION TOTAL															

(Traslade los totales a la tarjeta del resultado final)

Tarjeta de resultado de Temores

Sume los totales de cada columna de remedios.

	ARG	ARS	CALC	GRAPH	IGN	LACH	LYC	MERC	NM	NV	PHOS	PULS	SEP	SIL	SULPH
Tarjeta de puntuacion 1															
Tarjeta de puntuacion 2															
Puntuacion total															

(Traslade los totales a la tarjeta del resultado final)

Tarjeta de resultado de Caracteristicas Generales

Sume los totales de cada columna de remedios.

	ARG	ARS	CALC	GRAPH	IGN	LACH	LYC	MERC	NM	NV	PHOS	PULS	SEP	SIL	SULPH
Tarjeta de puntuacion 1															
Tarjeta de puntuacion 2															
Tarjeta de puntuacion 3															
Puntuacion total															

(Traslade los totales a la tarjeta del resultado final)

Tarjeta de resultado final

Sume los totales de cada columna de remedios.

	ARG	ARS	CALC	GRAPH	IGN	LACH	LYC	MERC	NM	NV	PHOS	PULS	SEP	SIL	SULPH
Personalidad y temperamento															
Preferencias alimentarias															
Temores															
Caracteristicas generales															
Puntuacion total															

La puntuación más alta indica a cuál de los 15 tipos constitucionales clave se parece más.
Si la puntuación más alta aparece en más de una columna de remedios, puede deberse a que usted es una mezcla de tipos.

Los tipos constitucionales

ARGENT. NIT. *ver pp. 50-51*
ARSEN. ALB. *ver pp. 52-53*
CALC. CARB. *ver pp. 54-55*
GRAPHITES *ver pp- 56-57*
IGNATIA *ver pp. 58-59*
LACHESIS *ver pp. 78-79*
LYCOPODIUM *ver pp. 60-61*
MER. SOL. *ver pp. 62-63*
NATRUM. MUR. *ver pp. 64-65*
NUX VOMICA *ver pp. 74-75*
PHOS. *ver pp. 66-67*
PULSATILLA *ver pp. 68-69*
SEPIA *ver pp. 70-71*
SILICEA *ver pp. 72-73*
SULPHUR *ver pp 76-7*

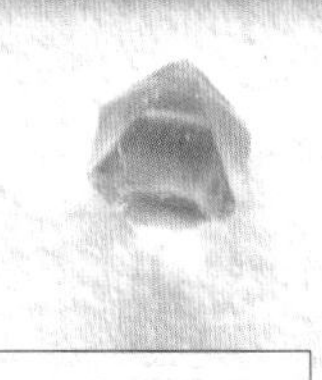

INDICE DE REMEDIOS HOMEOPATICOS

Un índice fotográfico que muestra 150 remedios clave, comunes y menores, con detalles sobre sus fuentes, su historia, sus usos medicinales y los factores que mejoran o empeoran los síntomas tratados.

Nota: *Los remedios están ordenados en cada capítulo según el nombre en latín. Para una explicación de los tipos constitucionales ver pp. 24-25, y de pruebas homeopáticas ver pp 12-15.*

REMEDIOS CLAVE

Los quince remedios clave tienen una amplia gama de usos de autoayuda y habitualmente son empleados por los homeópatas debido a su eficacia en el tratamiento de muchas enfermedades comunes y cotidianas, lo mismo que en afecciones de largo plazo. Además, corresponden a algunos de los tipos constitucionales más comunes, que se muestran en una serie de perfiles fotográficos singulares de personas que poseen características emocionales y físicas representativas de estos tipos.

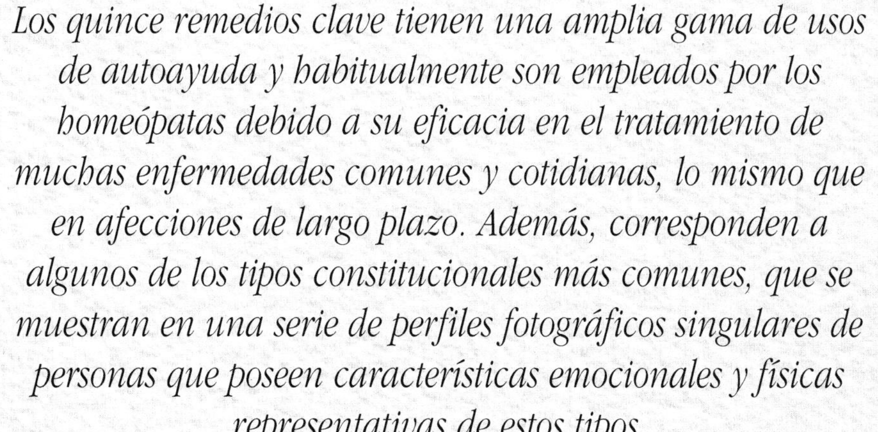

ARGENTUM NITRICUM

ARGENT. NIT.

Dorso de espejos *El nitrato de plata se utilizó durante muchos años para hacer el dorso de los espejos.*

El nitrato de plata (un componente de la plata) es cáustico y antibacteriano y en otros tiempos fue utilizado en medicina para cauterizar heridas y tratar verrugas, epilepsia e infecciones oculares del recién nacido. En cantidades elevadas, el nitrato de plata es sumamente venenoso y provoca serias dificultades respiratorias y daños en la piel, los riñones, el hígado, el bazo y la aorta. El remedio Argent. nit. se utiliza principalmente para problemas nerviosos y digestivos.

Usos clave

- Ansiedades, temores y fobias.
- Trastornos digestivos provocados por la excitación nerviosa o por la ingestión excesiva de alimentos dulces.
- Afecciones acompañadas por un intenso deseo de ingerir alimentos dulces.

Autoayuda

Diarrea - ver pp. 184-185
Temor - ver pp. 192 193
Laringitis - ver pp. 178-179

Acantita *El nitrato de plata, con el que se elabora el remedio Argent. nit., se extrae del mineral acantita, el principal mineral de la plata.*

Cristales de nitrato de plata

Perfil del remedio

Nombres comunes Piedra del infierno, piedra del diablo, cáustico lunar
Fuente Acantita, que se encuentra en Noruega, en Estados Unidos de América y en Sudamérica.
Partes utilizadas Nitrato de plata

ENFERMEDADES TRATADAS

Este remedio se utiliza para toda clase de temores y ansiedades provocadas por una imaginación febril. Miedo al escenario, claustrofobia y ansiedad ante situaciones inesperadas se alivian con Argent. nit. A menudo estos temores y fobias van acompañados por la superstición de que algo horrible está a punto de suceder, por ejemplo ser aplastado por un edificio alto.

En ocasiones también existe la sensación de una gran dificultad para refrenar la conducta imprudente y los impulsos peligrosos, como por ejemplo saltar desde una ventana alta. La transpiración o las palpitaciones provocadas por la ansiedad también se alivian con Argent. nit.

Este remedio se administra en casos de trastornos digestivos, por ejemplo diarrea, flatulencia y vómitos, y dolores de cabeza palpitantes con un comienzo lento, provocados por la ingestión excesiva de alimentos dulces o por la excitación nerviosa.

El Argent. nit. también es eficaz para los dolores que mejoran aplicando una presión y aire fresco pero que empeoran con el movimiento o la conversación; para el asma, los dolores con cólicos durante el destete; verrugas; laringitis con dolor punzante y ronquera; garganta irritada; epilepsia y mareos.

En las mujeres, este remedio se administra para la sensación de pesadez en el útero debido al prolapso o la menstruación. También es beneficioso para la inflamación de las membranas mucosas, sobre todo de los ojos, y se utiliza en los casos de conjuntivitis.

Los trastornos tratados con *Argent.* nit. suelen corresponder al costado izquierdo.

Los síntomas mejoran Con el aire fresco; con la presión; en un ambiente fresco.

Los síntomas empeoran Con lo templado; por la noche; al tenderse sobre el costado izquierdo; con la tensión emocional o el exceso de trabajo; con la conversación o el movimiento; con el clima caluroso.

Argent. nit - el tipo

Las personas pertenecientes al tipo *Argent. nit.* suelen encontrarse en trabajos que exigen pensar con rapidez y tener buena memoria, donde el acento está puesto en el desempeño, por ejemplo la profesión de actor. Son individuos impulsivos que piensan, hablan y actúan con rapidez.

PERSONALIDAD Y TEMPERAMENTO

Las personas que pertenecen a este tipo son extrovertidas, alegres e impresionables. Les resulta difícil dominar su mente y sus emociones abarcadoras y ríen, lloran y pierden la paciencia con facilidad. Esto puede hacer que parezcan constantemente agitadas y aprensivas y que se muestren temerosas con anticipación, por ejemplo que sientan temor por perder el tren o por olvidar lo que tienen que decir en una representación. Su ansiedad y preocupación constantes puede conducir a temores irracionales, por ejemplo ser aplastadas por un edificio alto o saltar impulsivamente desde una gran altura.

PREFERENCIAS ALIMENTARIAS

Les gustan
- Los alimentos salados
- Los alimentos dulces

Les sientan mal
- Los alimentos fríos

Otros factores
- Aman o aborrecen el queso
- Desean intensamente alimentos dulces pero les sientan mal con facilidad

TEMORES

- Alturas y edificios altos
- Espacios cerrados y multitudes
- Fracaso en su profesión
- Llegar tarde
- Estar solo y ladrones
- Perder el control; locura
- Enfermedad incurable y muerte

CARACTERISTICAS GENERALES

Mejora
- En ambientes frescos
- Con el aire fresco

Empeora
- Con lo templado
- Por la noche
- Al acostarse sobre el costado izquierdo
- Con la tensión emocional o el exceso de trabajo
- Durante la menstruación

Tez pálida y grisácea

Tensos, nerviosos y agitados.

Los trastornos suelen presentarse en el lado izquierdo del cuerpo

EL NIÑO ARGENT. NIT.

- *Parece prematuramente mayor*
- *Odia las habitaciones mal ventiladas*
- *Nervioso, excitable y aprensivo, y puede tener náuseas o mareos al pensar en la escuela.*
- *Proclive al insomnio debido a una ansiedad anticipada*
- *Desea intensamente los alimentos salados y dulces, que pueden provocarle diarrea. Los niños que se alimentan de leche materna sufren cólicos y diarrea si la madre come alimentos dulces.*

Aspecto físico
Las personas correspondientes al tipo *Argent. nit.* suelen tener rasgos hundidos y desarrollan líneas y arrugas prematuras, que los hace parecer viejos antes de tiempo y mentalmente agobiados. Pueden ser proclives a los sudores nerviosos repentinos y abundantes.

Zonas débiles del cuerpo
- Nervios
- Membranas mucosas, especialmente las del estómago, los intestinos y los ojos.
- Costado izquierdo del cuerpo.

ARSENICUM ALBUM

ARSEN. ALB.

Históricamente, el arsénico es famoso por su utilización como veneno. Dado que es un veneno metálico, no puede ser destruido, ni siquiera por el fuego. El envenenamiento agudo produce un dolor abrasador en el tracto digestivo, con vomitos, convulsiones e incluso muerte. En medicina, el arsénico se utilizó en otros tiempos para tratar la sífilis. El remedio homeopático, elaborado a partir de un compuesto del arsénico, actúa sobre las membranas mucosas del aparato digestivo y del aparato respiratorio.

El remedio Arsen. alb. *Este remedio es bueno para síntomas que van desde un dolor abrasador hasta la inquietud y el temor.*

USOS CLAVE

- Ansiedad y temor causados por una profunda inseguridad
- Trastornos digestivos e inflamación de las membranas mucosas, sobre todo en el tracto digestivo
- Enfermedades caracterizadas por un dolor abrasador que mejora con el calor.

AUTOAYUDA

Ansiedad - ver pp. 190-191
Fatiga - ver pp. 196-197
Fiebre en niños - ver pp. 218-219
Gastroenteritis - ver pp. 182-183
Ulceras bucales - ver pp. 164-165.

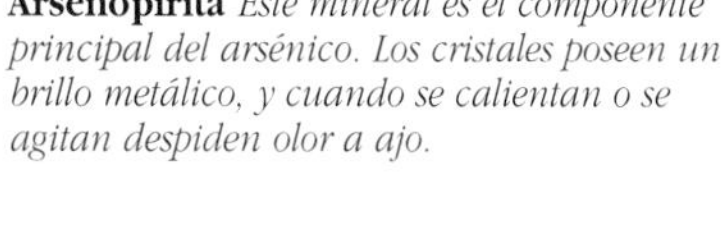

Arsenopirita *Este mineral es el componente principal del arsénico. Los cristales poseen un brillo metálico, y cuando se calientan o se agitan despiden olor a ajo.*

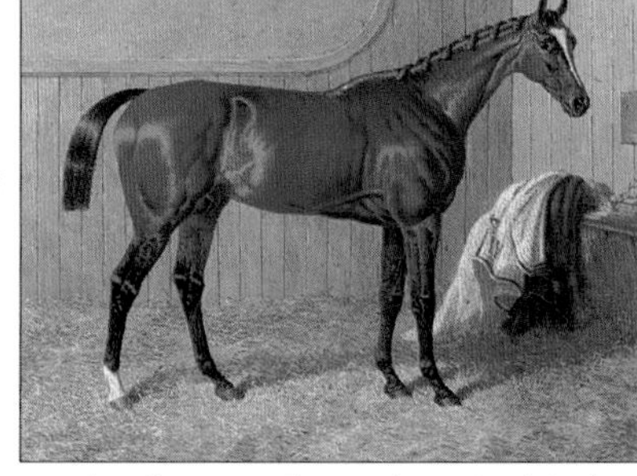

Fortalecedor muscular *En el pasado, el óxido de arsénico blanco se administraba a humanos y animales para aumentar la energía y fortalecer los músculos. También se utilizaba para mejorar la piel de los animales.*

PERFIL DEL REMEDIO

Nombre común Oxido arsénico
Fuente Arsenopirita, que se encuentra en Suecia, Alemania, Noruega, Inglaterra y Canadá.
Partes utilizadas Oxido arsénico.

ENFERMEDADES TRATADAS

El *Arsen. alb.* se administra en casos de ansiedad y temor causados por una inseguridad y una hipersensibilidad subyacentes.

Este remedio es eficaz para una serie de trastornos digestivos, entre los que se cuentan: envenenamiento con alimentos que produce fuertes vómitos; indigestión; diarrea y gastroenteritis por un consumo excesivo de frutas y verduras, alimentos helados, y por la ingestión excesiva de alcohol.

Los niños que padecen fiebre y diarrea que causan una deshidratación grave también mejoran con el uso de este remedio.

El *Arsen. alb.* es eficaz para el asma con fatiga grave; úlceras bucales que producen escozor; labios secos y agrietados por una descarga nasal abrasadora; cansancio debido a una enfermedad física, como la anemia, el asma o el esfuerzo mental; inflamación ocular con ojos acuosos y escozor; dolores de cabeza con mareos y vómitos, y retención de líquidos, sobre todo en los tobillos.

Cuando están enfermas, las personas que necesitan el Arsen. alb. sienten frío a pesar del dolor abrasador que caracteriza sus síntomas. Mejoran con lo templado pero prefieren mantener la cabeza fresca. Este remedio se administra en los casos de fiebre en los que la persona tiene la piel caliente pero siente frío, o tiene la piel fría pero siente un calor abrasador.

Los síntomas mejoran Con el movimiento; con las bebidas tibias; con lo templado; al acostarse con la cabeza en alto.
Los síntomas empeoran Con las bebidas y los alimentos fríos; con el frío; acostándose sobre el costado derecho; entre la medianoche y las 2 de la mañana.

Arsen. alb. - el tipo

Quienes pertenecen al tipo *Arsen. alb.* son individuos nerviosos, inquietos y ambiciosos que se preocupan por su salud y la de su familia. Son profundamente pesimistas y tienen una constante necesidad de que los tranquilicen. Son la elegancia y la delicadeza personificada y se muestran especialmente críticos e intolerantes con respecto al desorden y la imprecisión.

PERSONALIDAD Y TEMPERAMENTO

El aspecto, los pensamientos y los actos de las personas del tipo Arsen. alb. evidencian una meticulosa atención a los detalles. Para combatir la inseguridad conciben diversos planes posibles y pueden volverse acaparadores en un intento por protegerse contra las desdichas futuras. Sus tendencias perfeccionistas dan como resultado una actitud de todo o nada , y pueden abandonar sus esfuerzos si no logran alcanzar la excelencia. Expresan opiniones firmes e intolerantes con respecto a las ideas y las creencias de los demás.

PREFERENCIAS ALIMENTARIAS

Le gustan
- Los alimentos y las bebidas tibias (mejoran con ellas) y el café
- Los alimentos grasos: el acei de oliva
- Los alimentos dulces (los toleran bien)
- Los alimentos ácidos: encurtidos, limones, vinagre
- El alcohol

TEMORES

- Estar solo y ladrones
- Oscuridad y fantasmas
- Pobreza
- Enfermedades incurables y muerte
- Salud de la familia
- Envenenamiento por alimentos en mal estado, y contaminación

CARACTERISTICAS GENERALES

Mejora
- Con lo templado
- Con el movimiento
- Acostado con la cabeza en alto

Empeora
- Con el clima frío, seco y ventoso
- Con el frío
- Con las bebidas y los alimentos fríos
- Entre la medianoche y las 2 de la mañana
- Acostado del lado derecho

Rasgos delicados

Aspecto atildado y pulcro

Piel pálida y delicada

EL NIÑO ARSEN. ALB.

- *Delgado y delicado, con rasgos, piel y pelo finos.*
- *Muy nervioso, se asusta fácilmente y es hipersensible a los olores, los roces y el ruido.*
- *Agil mental y físicamente.*
- *Inquieto, con esporádicos estallidos de actividad, pero se cansa rápidamente.*
- *Vívida imaginación y puede sufrir pesadillas.*
- *Se preocupa por todo, especialmente por la salud de los padres.*
- *Limpio y ordenado, detesta estar pegajoso o sucio.*

Aspecto físico
Las personas pertenecientes al tipo *Arsen. alb.* son delgadas, elegantes, de aspecto pulcro y aristocrático; tienen rasgos delicados, piel pálida y delicada y arrugas de preocupación. Son inquietos y se mueven con rapidez.

Zonas débiles del cuerpo
- Estómago e intestinos
- Hígado
- Vías respiratorio
- Membranas mucosas
- Piel
- Corazón

CALCAREA CARBONICA

CALC. CARB.

Pescador de ostras *Sólo 10 gramos de polvo de concha de ostras producen 10.000 billones de kilos de* Calc. carb. *a una potencia de 6 c.*

El remedio homeopático Calc. carb. *se elabora a partir del carbonato de calcio, que se obtiene de las conchas de las ostras. El carbonato de calcio es sólo una de las múltiples sales de calcio que se utilizan ampliamente en homeopatía. El* Calc. carb. *tiene amplias aplicaciones pero actúa sobre los huesos y los dientes en particular. El remedio es especialmente bueno para tratar el dolor de espalda, el dolor de las articulaciones, los huesos fracturados que tardan en soldarse y la dentición dolorosa en los niños.*

Usos clave

- Desarrollo lento de huesos y dientes
- Dolor de articulaciones y huesos
- Enfermedades caracterizadas por temores y ansiedad, transpiración abundante y maloliente y sensibilidad al frío.

Autoayuda

Ansiedad - ver pp. 190-191
Oído pegajoso - ver pp. 218-219
Menstruación abundante - ver pp. 204-205
Menopausia - ver pp. 206-207
Síndrome premenstrual - ver pp. 204-205
Aftas - ver pp. 202-203
Cansancio - ver pp. 196-197.

Concha de ostra *Para raspar la capa intermedia de la concha de ostra se utiliza un instrumento cortante.*

El nácar contiene carbonato de calcio

Polvo de concha de ostra *Para preparar el remedio homeopático, se muele la capa intermedia de la concha de ostra hasta que queda convertida en polvo.*

Perfil del remedio

Nombre vulgar Carbonato de calcio.
Fuente Nácar de una concha de ostra
Partes utilizadas Carbonato cálcico.

Enfermedades tratadas

El *Calc. carb.* se utiliza principalmente para tratar el desarrollo lento de huesos y dientes, el dolor de huesos y articulaciones, como el dolor de espalda, las fracturas que tardan en soldarse y la dentición dolorosa de los niños. También es eficaz para los dolores de cabeza del lado derecho. Las infecciones de oído con supuración maloliente y las infecciones oculares en las que el blanco del ojo se vuelve rojo, sobre todo en el ojo derecho, también se tratan con *Calc. carb.* Otras afecciones que se pueden aliviar son: eczema, aftas, SPM, menstruación abundante, síntomas de la menopausia y trastornos digestivos.

Las personas que necesitan este remedio son ansiosas, se cansan, son sensibles al frío y suelen transpirar abundantemente ante el menor esfuerzo físico, o mientras duermen. Su transpiración tiene mal olor y es abundante en el pecho y en la nuca. Pueden sufrir de estreñimiento pero, curiosamente, mejoran con este, y su orina tiene un olor fuerte. Los niños que necesitan este remedio suelen tener oído pegajoso y amigdalitis recurrente.

Los síntomas mejoran Al tenderse sobre el costado afectado; a últimas horas de la mañana; después del desayuno; con el clima seco.
Los síntomas empeoran Con el frío y la humedad; con el esfuerzo físico y la transpiración; al despertarse; antes de la menstruación.

Calc. carb. - el tipo

PERSONALIDAD Y TEMPERAMENTO

Las personas de este tipo son tranquilas, cautelosas, impresionables y muy sensibles. Suelen parecer retraídas y autocompasivas, pero esto se debe a que no desean turbarse delante de los demás y temen al fracaso. Ansiosas y preocupadas, se obsesionan por todo, lo cual resulta irritante para quienes las rodean, y duermen mal. Detestan ver situaciones de crueldad y pobreza.

PREFERENCIAS

Les gustan
- Los alimentos dulces: galletas, tortas, chocolate, masas
- Los alimentos ácidos: aceitunas, encurtidos
- Los alimentos con fécula: pan, arroz
- Las bebidas frías y el helado
- Los huevos
- Las ostras

Les disgusta
- El café y la leche, que pueden provocarle trastornos digestivos

Otros factores
- Pueden apetecerle cosas raras, como tierra y tiza

TEMORES

- Oscuridad y fantasmas
- Enfermedades incurables y cáncer
- Muerte
- Espacios cerrados
- Locura
- Pobreza
- Ratones
- Tormentas eléctricas

CARACTERISTICAS GENERALES

Mejoran
- A últimas horas de la mañana
- Con clima seco

Empeoran
- Con el frío y la humedad
- Antes de la menstruación
- Después de transpirar o hacer un esfuerzo
- En la primavera
- Con luna llena

Exteriormente fuertes y de aspecto estoico, las personas que pertenecen al tipo *Calc. carb.* tienen una naturaleza tímida y contemplativa. Por lo general muy saludables, son entusiastas en su trabajo y diligentes. En contraste, cuando están enfermos suelen mostrarse levemente deprimidos e introspectivos. La motivación se vuelve difícil y necesitan que los tranquilicen.

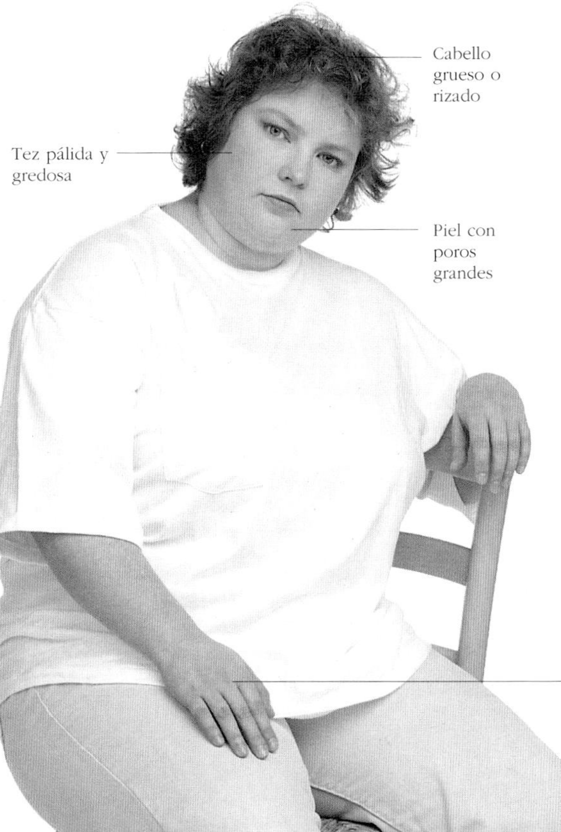

Cabello grueso o rizado

Tez pálida y gredosa

Piel con poros grandes

Manos frías y ligeramente húmedas

Suelen tener muy calientes las plantas de los pies

EL NIÑO CALC. CARB.

- *Regordete, con rasgos marcados y tez pálida.*
- *Vientre y cabeza grandes. La fontanela se cierra lentamente.*
- *Lento para aprender a caminar y hablar, y desarrollo lento de los dientes.*
- *Plácido, sereno y sensible, pero propenso a la pereza.*
- *Sumamente temeroso de la oscuridad, y de vez en cuando se despierta llorando a causa de las pesadillas.*
- *Torpe, con tendencia a caerse fácilmente; en consecuencia, no muy bueno en los deportes.*
- *Muy trabajador en la escuela, pero le resulta difícil entender y renuncia con facilidad. Si no recibe estímulo puede quedarse atrás y sentirse excluido.*

Aspecto físico
Su buen apetito puede conducir al aumento excesivo de peso, a la apatía general y a la pereza. Las personas del tipo *Calc. carb.* suelen tener sudores de cabeza y anomalías óseas y articulares, como escoliosis (curvatura de la columna).

Zonas débiles del cuerpo
- Huesos y dientes
- Intestinos
- Nariz, garganta y oídos
- Glándulas
- Piel

GRAPHITE

GRAPHITES

Extracción de grafito *El grafito ha sido extraído ampliamente durante muchos años. Uno de sus usos es como mina de los lápices.*

El grafito es una forma de carbón y es el principal componente de los lápices. El nombre grafito proviene de la palabra griega graphein , que significa escribir. El grafito también se utiliza en lubricantes, ceras, baterías y motores eléctricos. El remedio homeopático fue probado por Hahnemann, quien se enteró de que los obreros de una fábrica de espejos se aplicaban grafito para curar las llagas. El Graphites *es excelente para los problemas de la piel y los trastornos metabólicos.*

USOS CLAVE

- Enfermedades de la piel, sobre todo eczema
- Desequilibrios metabólicos que conducen a problemas de la piel, obesidad y formaciones anormales en las uñas
- Ulceras provocadas por una debilidad del revestimiento estomacal.

AUTOAYUDA

Catarro - ver pp. 170-171
Eczema - ver pp. 186-187

Grafito *Este mineral se encuentra en las rocas cristalinas más antiguas, en el mármol y el granito. Para preparar el remedio homeopático, el grafito se muele hasta que queda convertido en polvo.*

Polvo de grafito

PERFIL DEL REMEDIO

Nombres vulgares Grafito, plumbagina
Fuente Grafito, que se encuentra en Sri Lanka, México, Canadá y Estados Unidos.
Partes utilizadas Grafito.

ENFERMEDADES TRATADAS
El *Graphites* es un remedio clave para los problemas de la piel, sobre todo para la eczema con supuración semejante a la miel que se produce con frecuencia detrás de las orejas y las rodillas, en la palma de las manos y en los pezones.

Este remedio es apropiado para personas con desequilibrios metabólicos que pueden provocar trastornos en la piel, como psoriasis y piel seca y agrietada; cortes que se vuelven sépticos y purulentos con facilidad; tejido cicatrizante que se endurece; queloides (cicatrices levantadas que producen picazón); y formaciones anormales en las uñas, que son gruesas, agrietadas y deformes. Puede producirse obesidad como resultado de la incapacidad de absorber correctamente los nutrientes.

El *Graphites* se utiliza también para tratar las siguientes enfermedades: úlceras provocadas por un revestimiento estomacal débil (estas mejoran al acostarse y con los alimentos calientes, y pueden alternarse con afecciones de la piel); llagas; caída del cabello; calambres y entumecimiento de manos y pies; sudores calientes después de hemorragias nasales y glándulas inflamadas.

El *Graphites* también es bueno para el catarro, sobre todo cuando sonarse la nariz resulta doloroso debido a las resquebrajaduras de la piel; el catarro puede ir acompañado de eczema.

En las mujeres, el *Graphites* se administra en los casos de menstruaciones poco frecuentes, escasas o nulas; ovarios dilatados; hinchazón de los pechos, y menstruación atrasada con estreñimiento.

Los síntomas mejoran Con lo templado (aunque se necesita aire fresco); en la oscuridad; al dormir; después de comer.

Los síntomas empeoran Con el aire frío; con alimentos dulces y mariscos; durante la menstruación; al acostarse sobre el lado izquierdo.

Graphites - el tipo

PERSONALIDAD Y TEMPERAMENTO

Lentos para reaccionar a los estímulos externos, los pertenecientes al tipo *Graphites* muestran poco entusiasmo por cualquier cosa que suponga un esfuerzo mental concertado. Propensos a cambios de humor frecuentes, los individuos de este tipo tienden a ser letárgicos y gruñones al despertarse y se vuelven irritables, impacientes y agitados a medida que transcurre el día. Se sienten desdichados y caen con facilidad en el desaliento, la autocompasión y el llanto, sobre todo cuando escuchan música.

PREFERENCIAS ALIMENTARIAS

Les gustan
- Las bebidas frías de sabor amargo y ácido, como la cerveza.

Les disgustan
- Los alimentos dulces
- La sal y los mariscos

Otros factores
- Propensos a los dolores de cabeza si se saltean una comida
- El cerdo les provoca trastornos digestivos

TEMORES

- Locura
- Muerte
- Tormentas

CARACTERISTICAS GENERALES

Mejoran
- Con lo templado (pero necesitan aire fresco)
- Después de comer
- Cuando duermen
- En la oscuridad

Empeoran
- Con el aire frío y húmedo y las corrientes (pero les desagradan los lugares mal ventilados)
- Al acostarse sobre el lado izquierdo
- Por la mañana y por la noche
- Con el uso de esteroides para evitar las erupciones cutáneas
- Durante la menstruación
- Con los alimentos dulces y los mariscos

Las que pertenecen al tipo *Graphites* son personas ansiosas, tímidas, aprensivas e indecisas, y se asustan con facilidad. Les resulta difícil realizar un esfuerzo mental sostenido y tienen la impresión de ser intelectualmente lentos. Se sienten atraídos por las tareas manuales y el trabajo al aire libre.

Es posible sentir picazón en el cuero cabelludo

La piel es seca y se agrieta con facilidad

EL NIÑO GRAPHITES

- *De contextura robusta o gordo.*
- *Pálido y sensible al frío, pero se ruboriza con facilidad.*
- *Piel áspera y seca que tiende a agrietarse.*
- *Vientre dilatado debido a un estreñimiento persistente.*
- *Tímido, ansioso y vacilante.*
- *Pesimista.*
- *Propenso a mostrarse perezoso y con poca resistencia.*
- *Sensible al movimiento y propenso a los mareos.*

Aspecto físico
Las personas pertenecientes al tipo *Graphites* suelen tener pelo oscuro y en ocasiones rasgos toscos y piel pálida, seca y áspera. La piel es especialmente propensa a agrietarse, sobre todo detrás de las orejas y las rodillas, en las comisuras de los labios y en las yemas de los dedos. El cuero cabelludo puede ser escamoso, producir picazón y presentar una costra amarilla. Suelen tener exceso de peso e incluso pueden ser obesos y sentir gran apetito. Se ruborizan o transpiran fácilmente y carecen de resistencia.

Zonas débiles del cuerpo
- Piel y uñas
- Metabolismo
- Membranas mucosas
- Costado izquierdo del cuerpo

IGNATIA AMARA/STRYCHNOS IGNATII

IGNATIA

Ignacio de Loyola *(1491-1556) El árbol llamado* Ignatia amara *toma su nombre de Ignacio de Loyola, un sacerdote católico que fundó la Orden Jesuita.*

El remedio homeopático elaborado a partir de las semillas de la Ignatia amara *se utiliza principalmente para tratar problemas emocionales. Los nativos de las Islas Filipinas llevaban las semillas como amuletos para prevenir o curar toda clase de enfermedades. Los jesuitas españoles la introdujeron en Europa en el siglo XVII. En la medicina ortodoxa, se utilizaron en otros tiempos para tratar la gota, la epilepsia y el cólera. Estas semillas contienen estricnina, un potente veneno que actúa sobre el sistema*

Usos clave

- Problemas emocionales
- Aflicción aguda, por ejemplo provocada por una pérdida o la ruptura de una relación
- Dolores de cabeza
- Tos y dolor de garganta
- Trastornos con síntomas variables y contradictorios.

Autoayuda

Ausencia de menstruación - ver pp. 206-207
Aflicción - ver pp. 192-193
Depresión - ver pp. 194-195
Dolores de cabeza - ver pp. 158-159
Insomnio - ver pp. 194-195.

Semillas de Ignatia *Cada vaina contiene entre 10 y 20 semillas, aproximadamente; para elaborar el remedio homeopático se separan de la pulpa y se convierten en polvo.*

Ignatia amara *Este árbol grande tiene largas ramas retorcidas y flores blancas.*

Perfil del remedio

Nombre vulgar Poroto de San Ignacio.
Fuente Originaria de las Indias Orientales, China y las Islas Filipinas.
Partes utilizadas Semillas

Enfermedades tratadas

Las enfermedades que se alivian con la *Ignatia* suelen aparecer como resultado de una alteración emocional extrema, por ejemplo una pérdida, un shock, ira y la represión de estos sentimientos. Es un remedio clave para la aflicción con cambios de humor, la histeria y el insomnio.

Otros estados emocionales que mejoran con este remedio son: llanto súbito; autocompasión; sentimiento de culpabilidad; respuesta reprimida ante la ira o la violencia; temor a ser considerado enérgico; depresión y preocupación.

La *Ignatia* es eficaz para los dolores de cabeza que empeoran al acostarse sobre el lado dolorido y que producen la sensación de que se introduce un clavo en la cabeza; dolores de cabeza nerviosos debidos a alteraciones emocionales y dolores de cabeza infantiles que empeoran con la cafeína y mejoran con el calor.

Las afecciones que presentan síntomas variables y contradictorios mejoran con la *Ignatia*, por ejemplo los dolores de garganta que mejoran con la ingestión de alimentos sólidos, y náuseas y vómitos que mejoran después de comer. Otros trastornos para los que resulta aconsejable son: tos con picazón de garganta; fiebre con escalofríos que producen sed; desmayos en situaciones de claustrofobia; sensibilidad al dolor; intenso deseo de comer alimentos raros durante una enfermedad; dolor en la zona abdominal superior.

En las mujeres, la *Ignatia* se administra para el prolapso del recto acompañado de dolor agudo ascendente; espasmos uterinos dolorosos durante la menstruación; hemorroides; estreñimiento provocado por una alteración emocional y falta de menstruación.

Los síntomas mejoran Al acostarse sobre el lado dolorido; con el cambio de posición; después de orinar; al aplicar una presión firme; después de comer; con lo templado.
Los síntomas empeoran Con el aire frío; con el tacto; con un trastorno emocional, como la pena o la ira; con el café y el tabaco; con los olores fuertes.

Ignatia - el tipo

La mayor parte de las personas pertenecientes al tipo *Ignatia* son mujeres, y se caracterizan por ser sensibles, artísticas, cultas y emocionalmente frágiles. Poseen ideales y expectativas elevados y son muy nerviosas; cuando las cosas salen mal suelen echarse la culpa.

PERSONALIDAD Y TEMPERAMENTO

A pesar de su extrema sensibilidad, a las mujeres del tipo *Ignatia* las resulta difícil expresar sus emociones, sobre todo si sufren una aflicción. A menudo se comportarán de forma contradictoria, por ejemplo mostrándose perceptivas pero irracionales. Esperan que quienes las rodean sean perfectos y, en consecuencia, tienen una reacción exagerada e histérica. Son muy sensibles al dolor y a los lugares atestados. A menudo son malhumoradas y tienen una actitud crispada y pueden reír y llorar al mismo tiempo. Si son defraudadas en el amor, les resulta difícil romper el vínculo con su pareja.

PREFERENCIAS ALIMENTARIAS

Les gustan
- Los alimentos ácidos: encurtidos, vinagre
- Los productos lácteos: manteca, queso
- El pan

Les gusta (y les sienta mal)
- El café

Les sientan mal
- Los alimentos dulces, el alcohol, la fruta

TEMORES

- Ser dañados emocionalmente
- Perder el autocontrol
- Lugares cerrados y multitudes
- Ladrones

CARACTERISTICAS GENERALES

Mejoran
- Con lo templado
- Después de comer
- Después de orinar
- Al aplicar una presión firme
- Con el cambio de posición

Empeoran
- Con el aire frío
- Con los trastornos emocionales, como la aflicción y la ira
- Con el roce y las caricias
- Con el olor del tabaco

EL NIÑO IGNATIA

- *Brillante, excitable, sensible y precoz.*
- *Muy nervioso, con expresión bastante tensa.*
- *Sumamente sensible al ruido; puede hacer muecas al hablar.*
- *Le resulta difícil sobrellevar el estrés, lo que puede conducir a una falta de concentración, al llanto o a la ira.*
- *Cuando se siente tenso puede sentir temor por todo, incluso por salir solo.*
- *Propenso a los dolores de cabeza nerviosos al volver de la escuela.*
- *Se culpa por los fracasos.*
- *Propenso a desmayarse en lugares cerrados.*
- *Propenso a la laringitis y la tos nerviosa y seca.*

Aspecto físico
Las personas pertenecientes al tipo *Ignatia* suelen ser mujeres delgadas, de pelo oscuro, en ocasiones con el rostro hundido, labios agrietados, círculos azulados alrededor de los ojos y expresión tensa. Tienen tendencia a parpadear, a suspirar y a bostezar repetidas veces, lo que indica que les resulta difícil liberar sus emociones más profundas.

Zonas débiles del cuerpo
- Mente
- Sistema nervioso

LYCOPODIUM CLAVATUM

LYCOPODIUM

El remedio Lycopodium *Se trata de un remedio muy conocido para los trastornos digestivos, sobre todo la indigestión.*

Los médicos árabes utilizaban esta hierba de hoja perenne para tratar trastornos estomacales y para disolver lo cálculos renales. En el siglo XVII, el polvo amarillo o polvo de polen extraído de las esporas fue administrado sólo para el tratamiento de la gota y la retención de orina. El polvo de polen, que se utiliza para elaborar el remedio Lycopodium, *es altamente inflamable y resistente al agua. En otros tiempos se utilizó para fabricar fuegos artificiales y como cubierta para evitar que las píldoras se pegaran unas con otras.*

Usos clave

- Trastornos digestivos
- Dilatación de la próstata
- Afecciones de riñón y vejiga
- Trastornos localizados en el costado derecho y acompañados por un deseo de comer alimentos dulces
- Problemas emocionales provocados por la inseguridad.

Autoayuda

Ansiedad -ver pp. 190-191
Hinchazón y flatulencia - ver pp. 184-185
Caída del cabello - ver pp. 188-189
Irritabilidad e ira - ver pp. 192-193.

Polvo de polen

Planta fresca *Las espigas florecidas de la planta fresca se recogen en verano. Las diminutas esporas y el polvo amarillo que producen se quitan de las espigas y se utilizan para elaborar el remedio homeopático.*

Perfil del remedio

Nombres vulgares Pezuña de lobo, musgo de trébol, pino común, musgo de cuerno de ciervo.
Fuente Originario de las montañas y los bosques del hemisferio norte.
Partes utilizadas Esporas y polvo de polen.

Enfermedades tratadas

El *Lycopodium* alivia los trastornos digestivos, por ejemplo la indigestión provocada por el hecho de comer tarde por la noche; náuseas; vómitos; apetito voraz seguido de molestias después de comer una pequeña cantidad; abdomen hinchado con flatulencia; estreñimiento; hemorragias sangrantes.

En los hombres, el *Lycopodium* se administra en los casos de próstata dilatada y orina rojiza con sedimento arenoso provocado por los cálculos renales. También se utiliza para tratar el aumento de la libido con incapacidad de alcanzar o mantener la erección.

La mayor parte de las afecciones que se alivian con este remedio suelen darse en el costado derecho y van acompañadas por el deseo de tomar alimentos dulces. El *Lycopodium* es eficaz para los dolores de cabeza neurálgicos; el dolor de garganta que empeora con las bebidas frías; la tos seca persistente; el cansancio ocasionado por la gripe; el síndrome de fatiga crónica; la caída del cabello y la psoriasis en las manos.

Los problemas emocionales causados por inseguridad, como nerviosismo, ansiedad, impaciencia, cobardía, temor a estar solo, insomnio, el hablar y reír durante el sueño, los temores nocturnos y el temor a despertar se alivian con este remedio.

Los síntomas mejoran Aflojando las ropas; con el movimiento; con el aire fresco; con los alimentos y las bebidas calientes; por la noche.

Los síntomas empeoran Con la ropa ajustada; al comer excesivamente; en habitaciones mal ventiladas; al acostarse sobre el lado derecho; entre las 4 y las 8 de la tarde y las 4 y las 8 de la mañana en la primavera.

Lycopodium - el tipo

Las personas que pertenecen al tipo *Lycopodium* tienen un aire de sereno dominio de sí mismas, estabilidad e indiferencia que inspira respeto pero oculta un fuerte sentido de inadecuación. Suelen ser intelectuales, con una visión conservadora, y con frecuencia ostentan cargos de prestigio, por ejemplo como diplomáticos, ejecutivos, abogados o médicos.

Personalidad y temperamento

Sumamente inseguros, quienes pertenecen al tipo *Lycopodium* pueden exagerar la verdad para reforzar la autoestima. Se resisten al cambio debido a que los desafíos nuevos les provocan gran aprensión. Aunque parecen autodisciplinados y concienzudos, sucumben fácilmente a la debilidad por los alimentos dulces y son sexualmente promiscuos. A pesar de disfrutar aparentemente de la compañía, evitan comprometerse en relaciones íntimas. Se muestran irritados ante la debilidad y no toleran la enfermedad.

Preferencias alimentarias

Les gustan
- Las mezclas de alimentos
- El repollo, las cebollas, las legumbres
- Las ostras y otros mariscos
- Los alimentos dulces: galletas, tortas, masas, chocolate
- El aceite de oliva
- Los alimentos y las bebidas calientes

Otros factores
- Se sienten hartos con facilidad pero no hacen caso de esa sensación

Temores

- Estar solo
- Oscuridad y fantasmas
- Espacios cerrados y multitudes
- Fracaso
- Muerte

Caracteristicas generales

Mejoran
- Con el aire fresco y frío
- Con el desarrollo de actividad
- Con los alimentos y las bebidas calientes
- Al aflojar la ropa
- Por la noche

Empeoran
- Con la ropa ajustada
- Con el ayuno o el exceso de comida
- En habitaciones mal ventiladas
- Al acostarse sobre el lado derecho
- Entre las 4 y las 8 de la mañana, y las 4 y las 8 de la tarde

El niño Lycopodium

- *Delgado, de piel cetrina.*
- *Abdomen ligeramente dilatado.*
- *Tímido e inseguro.*
- *Prefiere leer y realizar tareas tranquilas en lugar de estar al aire libre.*
- *Mandón e irritable en casa si se lo permiten, aunque bien educado y concienzudo en la escuela.*

Aspecto físico

Altas y de piel cetrina, las personas del tipo *Lycopodium* tienen un aspecto distinguido, casi altivo. La parte superior de su cuerpo es delgada, de músculos poco desarrollados que sufren temblores después de un esfuerzo físico. Por lo general tienen marcadas líneas verticales arriba de la nariz y pueden quedar prematuramente canosos o pelados. Los músculos faciales se contraen y las fosas nasales tienen tendencia a ensancharse.

Zonas débiles del cuerpo
- El costado derecho del cuerpo
- Organos digestivos, sobre todo los intestinos
- Hígado
- Riñones y vejiga
- Glándula prostática
- Cerebro
- Pulmones
- Piel

MERCURIUS SOLUBILIS HAHNEMANNI

MERC. SOL.

El mercurio era conocido entre los hindúes y en la antigua China y se descubrió en una tumba egipcia del año 1500 antes de Cristo. Aunque tóxico, en el pasado se administraba en el tratamiento de la sífilis y para favorecer las secreciones del orgnismo. En la actualidad se emplea en termómetros y empastes dentales. Los síntomas de envenenamiento por mercurio incluyen salivación abundante y vómitos. Las enfermedades caracterizadas por secreciones excesivas y malolientes se alivian con el Merc. sol.

El remedio Merc. sol. *Los trastornos de boca y garganta con salivación excesiva se alivian con este remedio.*

Usos clave

- Enfermedades acompañadas de supuraciones abundantes, malolientes y sensibilidad general al calor y al frío
- Trastornos de boca y garganta.

Autoayuda

Gingivitis - ver pp. 162-163
Halitosis - ver pp. 164-165
Amigdalitis - ver pp. 178-179.

Cinabrio *El mercurio suele formarse con el mineral cinabrio, que puede encontrarse cerca de las chimeneas volcánicas y en los manantiales de agua caliente. El mercurio líquido se disuelve en ácido nítrico diluido. Se forma un precipitado gris negruzco que se filtra, se seca y se convierte en polvo para elaborar el remedio homeopático*

Perfil del remedio

Nombres vulgares Azogue, mercurio
Fuente El cinabrio, que es el mineral más importante del mercurio, se encuentra en España, Italia, Estados Unidos, Perú y China.
Partes utilizadas Mercurio

Enfermedades tratadas

El *Merc. sol.* es eficaz para una amplia variedad de enfermedades que se presentan acompañadas por secreciones abundantes, malolientes, que producen ardor, y por una sensibilidad asociada al calor y al frío. Se utiliza para tratar las afecciones de garganta y boca, con deseos de tomar bebidas frías. Incluyen: salivación excesiva; aftas orales; gingivitis (encías inflamadas); halitosis; amigdalitis; dientes flojos en encías infectadas; garganta inflamada y roja; úlceras bucales dolorosas.

Otros trastornos que se alivian con este remedio son: tos espasmódica; dolor neurálgico; fiebre con sudoración abundante, grasa y maloliente que enfría la piel al evaporarse o agrava otros síntomas; glándulas inflamadas; dolor de cabeza intenso y congestivo; dolor en las articulaciones y dolor de oído con supuración maloliente.

El *Merc. sol.* es bueno para las afecciones oculares, por ejemplo la conjuntivitis crónica con párpados rojos, hinchados y pegados, u ojos que pican, llorosos y doloridos.

Los problemas nasales ocasionados por resfríos o alergia, por ejemplo mucosidad acuosa y abundante; estornudos que provocan una sensación de ardor en la nariz o descarga nasal violenta responden positivamente al *Merc. sol.*

Este remedio también actúa sobre la piel y es bueno para afecciones como lesiones con costras en el cuero cabelludo con descarga maloliente; erupciones purulentas o ampollas en la piel; y llagas o úlceras abiertas que producen picazón.

Los síntomas mejoran Con el descanso; con temperaturas moderadas.
Los síntomas empeoran Con los cambios de temperatura; al sentir demasiado calor en la cama; con la transpiración; al acostarse sobre el lado derecho; por la noche.

Merc. sol. - el tipo

Personalidad y temperamento

Mentalmente inquietas y ansiosas, las personas del tipo *Merc. sol.* tienen una gran necesidad de orden y estabilidad. Su profunda inseguridad los vuelve sumamente conservadores, cautelosos y suspicaces en el trato con los demás. En consecuencia, sus actos y su forma de hablar parecen lentos y reflexivos. Son sumamente sensibles a las críticas y al hecho de que los contradigan, lo que a veces los hace estallar de ira y sentir el impulso de matar a quien los ha ofendido. Cuando se sienten enfermos pueden volverse mentalmente lentos y aturdidos, con mala memoria y poca fuerza de voluntad.

Preferencias alimentarias

Les gustan
- Las bebidas frías: la leche y la cerveza
- El pan y la manteca
- Los limones

Les disgustan
- La carne
- Los alimentos dulces y el café
- El alcohol (salvo la cerveza)
- La sal

Otros factores
- Constantemente hambrientos

Temores

- Salud de la familia
- Ladrones
- Locura y muerte
- Tormentas

Caracteristicas generales

Mejoran
- Con las temperaturas moderadas
- Con el descanso

Empeoran
- Por la noche
- Cuando tienen demasiado calor en la cama
- Al acostarse sobre el costado derecho
- Al transpirar
- Con los cambios de temperatura

Los individuos incluidos en el tipo *Merc. sol.* son introvertidos y cerrados y tienen un intenso fondo emocional. Parecen indiferentes y arrogantes, pero en realidad tienen una sensación de precipitación que les resulta difícil reprimir.

La nariz es fina y de aspecto afilado

Expresión facial indiferente que oculta emociones internas

El niño Merc. sol.

- *A menudo precoz y coqueto, con emociones de adulto.*
- *Cauteloso, sensible e irritable.*
- *Puede ser tímido y retraído.*
- *Propenso a la tartamudez.*
- *Susceptible a las infecciones recurrentes de garganta, nariz y oído.*
- *Suele gotear saliva mientras duerme.*

Aspecto físico

Por lo general rubios, los que pertenecen al tipo *Merc. sol.* tienen la piel traslúcida, suave y lisa, y nariz afilada. A pesar de una sensación interna de agitación y prisa, su expresión facial es curiosamente despreocupada e indiferente.

Zonas débiles del cuerpo
- Sangre
- Membranas mucosas del sistema respiratorio e intestinos
- Glándulas salivales y amígdalas
- Hígado
- Huesos y articulaciones
- Piel

NATRUM MURIATICUM

NATRUM MUR.

Refinería de sal *Históricamente, la sal ha tenido un gran valor económico para el comercio. Para producir sal se recogía la salmuera y se evaporaba en recipientes enormes.*

La sal, o cloruro de sodio ha sido durante mucho tiempo una fuente mineral muy valiosa. La palabra salario deriva del latín "salarium", que se refiere al pago con sal a los soldados. El sodio y el cloro son oligoelementos esenciales; la mayor parte de la gente obtiene con la sal de su dieta una cantidad más que suficiente de estos elementos. En la medicina ortodoxa, la sal sólo se utiliza en una solución salina, pero en homeopatía el remedio Natrum mur. *tiene una amplia variedad de usos.*

Usos clave

- Problemas emocionales causados por sentimientos reprimidos, sobre todo aflicción
- Enfermedades acompañadas por descargas que se parecen a la clara de un huevo crudo
- Trastornos que en general empeoran con el calor.

Autoayuda

Catarro - ver pp. 170-171
Resfríos - ver pp. 172-173
Llagas - ver pp. 164-165
Vista cansada - ver pp. 166-167
Gingivitis - ver pp. 162-163.

Sal de roca *El mineral sal de roca, o halita, se forma por la evaporación de aguas salinas, en general lagos. Debajo queda una gruesa capa de sal. La sal de roca, la fuente de la sal común de mesa, se utiliza para elaborar el remedio homeopático.*

Perfil del remedio

Nombres vulgares Cloruro de sodio, sal de roca, halita.
Fuente Sal de roca, que se encuentra en el Mar Muerto y en zonas de Estados Unidos, Europa y la India.
Partes utilizadas Cloruro de sodio.

Enfermedades tratadas
Los homeópatas recetan este remedio para problemas emocionales, como ansiedad y depresión, causados por una aflicción reprimida y otras emociones.

El *Natrum mur.* también se utiliza para tratar afecciones con descargas acuosas, como resfríos y catarro con mucosidad abundante y clara. Los trastornos que suelen empeorar con el calor y que a menudo son provocados por un calor pesado o la sobreexposición al sol también se alivian con este remedio. Estos incluyen: migrañas con líneas en zig zag delante de los ojos; vista cansada con ojos doloridos; dolores de cabeza que se producen después de la menstruación, y llagas.

También es eficaz para tratar problemas bucales, por ejemplo gingivitis (encías inflamadas), labios secos y agrietados, úlceras bucales y halitosis.

Los problemas de la piel, por ejemplo verrugas, cutículas secas, padrastros, forúnculos y granos que producen dolor se alivian con el *Natrum mur.* También es eficaz para tratar el bocio; la anemia; la indigestión; el estreñimiento con deposiciones secas y duras; las fisuras anales sangrantes; el dolor de espalda y el flujo urinario retrasado.

En las mujeres, el *Natrum mur.* se administra para la falta de menstruación provocada por un shock o una aflicción; menstruaciones irregulares y una sensación general de malestar tanto antes como después de la menstruación. También es aconsejable para la vagina seca o dolorida, la descarga vaginal escasa y el vaginismo (dolor vaginal durante la relación sexual).

Cuando están enfermas, las personas que necesitan este remedio sienten frío pero les desagrada el calor.

Los síntomas mejoran Con el aire fresco; con compresas frías; en una cama dura; después de transpirar; con el ayuno.

Los síntomas empeoran Con el clima frío y tormentoso, el sol y el aire de mar; con el calor y la mala ventilación; con el esfuerzo excesivo; con la compasión; entre las 9 y las 11 de la mañana.

Natrum mur. - el tipo

Sumamente sensibles y refinadas, las personas que pertenecen al tipo *Natrum mur.* suelen ser mujeres y se sienten fácilmente heridas por las críticas o las ofensas. Como resultado se vuelven introvertidas y parecen estoicas y seguras de ellas mismas. Se autoimponen la soledad aunque en realidad desean la compañía de los demás.

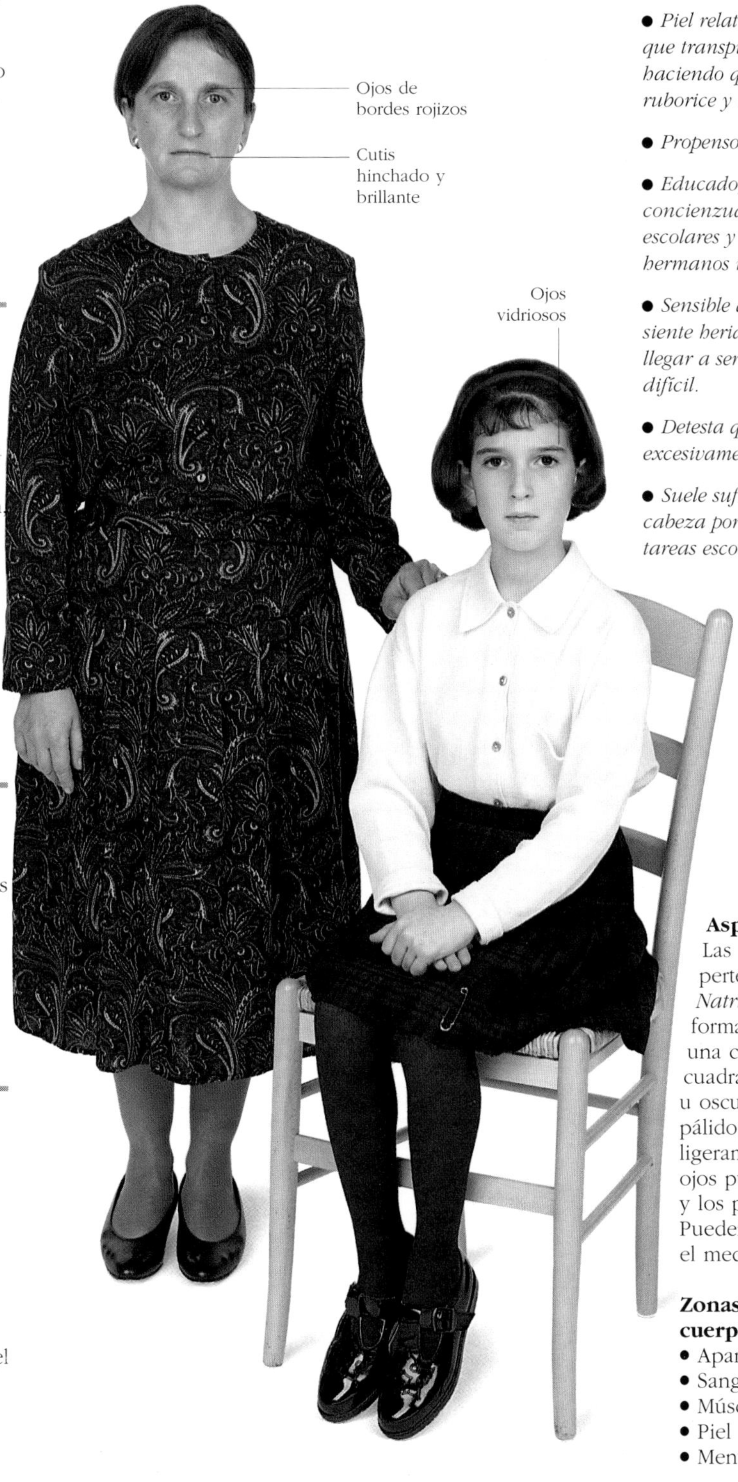

PERSONALIDAD Y TEMPERAMENTO

Los individuos del tipo *Natrum mur.* son serios y concienzudos y pueden mostrarse malhumorados y pesimistas, sobre todo al despertar. Cuando están ensimismados pueden ser impacientes y bruscos. Honestos e idealistas, también son inflexibles y tienen tendencia a aprender las cosas por el camino más difícil. Lloran o ponen mala cara ante la menor ofensa, pero detestan la compasión de los demás. La música los emociona notablemente.

PREFERENCIAS ALIMENTARIAS

Les gustan
- Los alimentos ácidos: el sauerkraut
- La cerveza

Les gustan (y les sientan mal)
- La leche
- Los alimentos con féculas: pan, arroz

Les disgustan
- El pollo
- El café

Otros factores
- Les encanta o detestan la sal y los alimentos salados

TEMORES

- Ser heridos emocionalmente
- Perder el autocontrol; locura
- Muerte
- Espacios cerrados y multitudes
- Oscuridad y ladrones
- Llegar tarde
- Fracasar en su profesión
- Tormentas eléctricas

CARACTERISTICAS GENERALES

Mejoran
- Con el aire fesco y el ayuno
- Después de transpirar
- En una cama dura

Empeoran
- Entre las 9 y las 11 de la mañana
- Con el frío y el tiempo tormentoso
- Con el calor pesado, el sol y el aire de mar
- Con el esfuerzo excesivo
- Al acostarse sobre el lado izquierdo

Ojos de bordes rojizos

Cutis hinchado y brillante

Ojos vidriosos

EL NIÑO NATRUM. MUR.

- *Pequeño y delgado para su edad.*
- *Puede tardar en aprender a caminar y a hablar.*
- *Piel relativamente oscura que transpira con facilidad, haciendo que el rostro se ruborice y brille.*
- *Propenso a los padrastros.*
- *Educado, responsable y concienzudo en las tareas escolares y en el cuidado de los hermanos menores.*
- *Sensible a las críticas, se siente herido fácilmente; puede llegar a ser un adolescente difícil.*
- *Detesta que lo atiendan excesivamente.*
- *Suele sufrir dolores de cabeza por la presión de las tareas escolares.*

Aspecto físico
Las personas pertenecientes al tipo *Natrum mur.* presentan forma de pera o tienen una contextura casi cuadrada. De pelo rubio u oscuro, tienen cutis pálido, hinchado y ligeramente brillante. Los ojos pueden ser vidriosos y los párpados rojizos. Pueden tener una línea en el medio del labio inferior.

Zonas débiles del cuerpo
- Aparato digestivo
- Sangre
- Músculos
- Piel
- Mente

PHOSPHORUS

PHOS.

El remedio Phos. *La hemorragia abundante de encías es uno de los trastornos que alivia este remedio.*

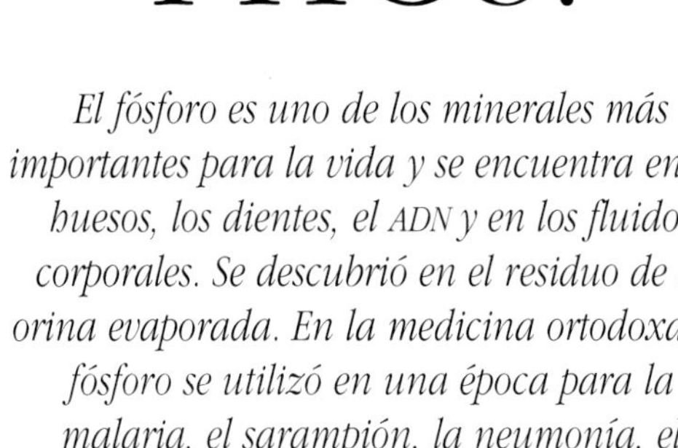

El fósforo es uno de los minerales más importantes para la vida y se encuentra en los huesos, los dientes, el ADN y en los fluidos corporales. Se descubrió en el residuo de la orina evaporada. En la medicina ortodoxa, el fósforo se utilizó en una época para la malaria, el sarampión, la neumonía, el reumatismo, los dolores de cabeza y la epilepsia. En homeopatía se administra a personas que se muestran ansiosas y temerosas y sufren de trastornos nerviosos y digestivos.

USOS CLAVE

- Ansiedades y temores
- Hemorragias y problemas circulatorios
- Trastornos digestivos
- Afecciones respiratorias
- Enfermedades caracterizadas por un dolor abrasador.

AUTOAYUDA

Ansiedad - ver pp. 190-191
Laringitis - ver pp. 202-203
Náusea y vómitos - ver pp.182-183
Hemorragias nasales - ver p. 221.

Fósforo *Este sólido blanco amarillento es un elemento no metálico. Brilla en la oscuridad y es muy inflamable.*

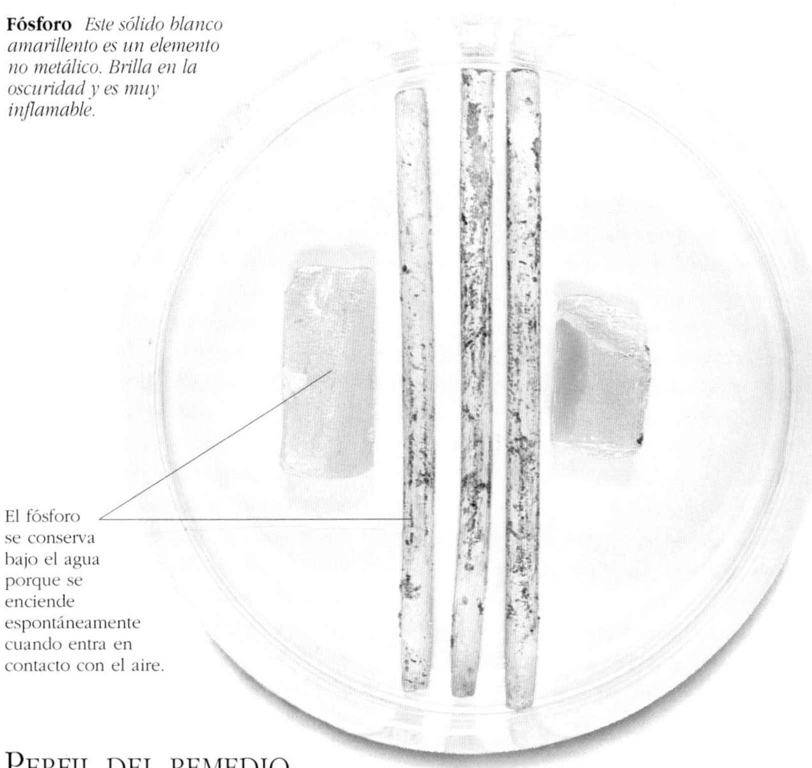

El fósforo se conserva bajo el agua porque se enciende espontáneamente cuando entra en contacto con el aire.

Fuente de fuegos artificiales *Descubierto en 1669, el fósforo blanco corriente se enciende fácilmente y era utilizado para fabricar fuegos artificiales y fósforos. Dado que es sumamente tóxico, en 1845 fue reemplazado por el fósforo rojo, que no lo es.*

PERFIL DEL REMEDIO

Nombre vulgar Fósforo
Fuente Fósforo, que se encuentra en los fosfatos y en la materia viva.
Partes utilizadas Fósforo.

Enfermedades tratadas
El *Phos.* se administra en el tratamiento de temores y ansiedades que provocan tensión nerviosa, insomnio y agotamiento. También se utiliza para tratar problemas circulatorios, tales como dedos fríos y extremidades calientes. Las hemorragias abundantes, por ejemplo las hemorragias nasales, encías sangrantes, flujo menstrual abundante y hemorragias del revestimiento estomacal se alivian con el *Phos.*

Este remedio es bueno para los trastornos digestivos, como náuseas y vomitos provocados por envenenamiento con alimentos o estrés (en el que se siente el deseo de consumir bebidas y alimentos helados pero se vomitan en cuanto se calientan en el estómago); gastroenteritis; úlceras estomacales reveladas por una salivación excesiva, y acedía.

Los problemas respiratorios, por ejemplo el asma, la bronquitis y la neumonía, en los que se siente tirantez del pecho o el esternón, se alivian con el *Phos.* Este remedio también se administra en los casos de tos seca con picazón de garganta que en ocasiones provoca naúseas y vómitos y flema veteada de sangre oscura. También es beneficioso para los dolores de cabeza que empeoran antes de una tormenta eléctrica y para la laringitis. Las enfermedades que se alivian con el *Phos.* se caracterizan por un dolor abrasador.

Cuando están enfermas, las personas que necesitan este remedio detestan quedarse solas y necesitan la compañía y la comprensión de los demás.
Los síntomas mejoran Con el aire fresco; con el tacto y las caricias; al dormir.
Los síntomas empeoran Con las comidas y las bebidas calientes; al acostarse del lado izquierdo del cuerpo; con el esfuerzo excesivo; por la mañana y la noche; con el clima tormentoso.

Phos. - el tipo

Las personas del tipo *Phos.* son abiertas, expresivas y afectuosas y a menudo tienen talento artístico. Son muy empáticas y se entregan con facilidad. Sin embargo, su entusiasmo es relativamente efímero y su energía difusa; pueden ofrecer más de lo que dan en realidad.

PERSONALIDAD Y TEMPERAMENTO

Las personas del tipo *Phos.* necesitan muchos estímulos para expresar plenamente su naturaleza efervescente e imaginativa y para evitar volverse irritables y apáticas. En general optimistas, les encanta ser el centro de atención. Sin embargo, pueden desanimarse ante la presión y mostrarse increíblemente indiferentes a los familiares y los amigos íntimos. Cuando se sienten enfermas o alteradas, necesitan mucha comprensión y les gusta que las acaricien.

PREFERENCIAS ALIMENTARIAS

Les gustan
- Los alimentos salados
- Los alimentos condimentados
- Las bebidas frías y gaseosas
- El helado
- El vino
- El queso
- Los alimentos dulces

Les disgustan
- El pescado, la fruta, los tomates

Les sientan mal
- Las comidas y las bebidas calientes
- La leche

TEMORES

- Oscuridad y fantasmas
- Ladrones y estar solos
- Tormentas eléctricas y agua
- Fracaso en la profesión
- Enfermedad, cáncer y muerte

CARACTERISTICAS GENERALES

Mejoran
- Con el aire fresco
- Con las caricias
- Al acostarse sobre el lado derecho
- Al dormir

Empeoran
- Con el tiempo tormentoso
- Por la mañana y por la noche
- Al acostarse sobre el lado izquierdo
- Con el esfuerzo mental y físico

Piel fina y pálida que se enrojece fácilmente

Usa ropas brillantes y llamativas

Rasgos delicados y piel fina

EL NIÑO PHOS.

- *Alto y delgado para su edad; puede tener un brillo rojizo en el cabello.*
- *De rasgos delicados, manos delgadas y tendencia a sonrojarse o sofocarse fácilmente.*
- *Inquieto, nervioso, perspicaz, excitable y confiado.*
- *Le gusta tener compañía y sentirse popular.*
- *Muy afectuoso y comprensivo con los demás. Le encanta que lo consuelen y lo abracen.*
- *Imaginativo y artístico.*
- *Le disgusta el estudio ininterrumpido. Detesta los exámenes y las tareas escolares.*
- *Teme a la oscuridad y a las tormentas.*

Aspecto físico
Las personas del tipo *Phos.* suelen ser altas y delgadas y parecen bien proporcionadas. Tienen pelo oscuro o rubio, a menudo con un matiz cobrizo. Su piel es delicada y pálida y se ruborizan o se sofocan con facilidad. Se visten con gracia y extravagancia.

Zonas débiles del cuerpo
- Costado izquierdo del cuerpo
- Pulmones
- Organos digestivos: estómago, intestinos
- Hígado
- Circulación
- Sistema nervioso

PULSATILLA NIGRICANS/ANEMONE PRATENSIS

PULSATILLA

Dioscórides *(40-90 d.C.) Este famoso médico romano utilizaba la anémona para afecciones oculares.*

Esta delicada planta perenne tiene una larga historia de uso medicinal. En el siglo XVIII se utilizó para tratar cataratas, úlceras, caries y depresión. La planta fresca tiene un sabor amargo y acre y si se mastica provoca quemazón en la garganta y la lengua. En homeopatía es la fuente de un importante remedio que se utiliza para una amplia variedad de enfermedades, desde resfríos y tos hasta problemas digestivos y ginecológicos.

Usos clave

- Enfermedades acompañadas de descarga abundante, amarilla o amarillo verdosa.
- Problemas digestivos provocados por comidas suculentas y grasas
- Trastornos de la mujer
- Problemas emocionales, como depresión

Autoayuda

Acné - ver pp. 188-189
Sabañones - ver pp. 198-199
Resfríos - ver pp. 172-173
Tos - ver pp. 174-175
Depresión - ver pp. 194-195
Micción frecuente durante el embarazo - ver pp. 212-213
Gastroenteritis - ver pp. 182-183
Indigestión - ver pp.180-181
Dolores del parto - ver pp. 212-213
Migrañas - ver pp. 160-161
Náusea matinal - ver pp. 208-209
Náuseas y vómitos - ver pp. 182-183
Osteoartritis - ver pp. 154-155
Menstruaciones dolorosas - ver pp. 204-205
Síndrome premenstrual - ver pp. 204-205
Reumatismo - ver pp. 156-157
Sinusitis - ver pp. 170-171
Orzuelos - ver pp. 168-169

Perfil del remedio

Nombres vulgares Anémona, anémona de la pradera.
Fuente Originaria de Escandinavia, Dinamarca, Alemania y Rusia.
Partes utilizadas Planta fresca en flor

Enfermedades tratadas
La *Pulsatilla* se administra para tratar enfermedades con descarga abundante, incluidas afecciones catarrales como resfrío con mucosidad u obstrucción nasal, sinusitis y tos floja con flema amarillo verdosa. También alivia los problemas oculares, por ejemplo orzuelos y conjuntivitis, y los trastornos digestivos provocados por comidas suculentas y grasas, como indigestión, gastroenteritis, náusea y vómitos

Importante en el tratamiento de los trastornos femeninos, la *Pulsatilla* es eficaz para una serie de problemas menstruales y menopáusicos, que a menudo se caracterizan por depresión y llanto y la necesidad de recibir consuelo y comprensión.

Otros malestares que responden favorablemente a la *Pulsatilla* son: depresión; venas varicosas; hemorragias nasales; dolor de muelas; osteoartritis; reumatismo; dolor en la región lumbar; sabañones; acné; migrañas y dolores de cabeza localizados encima de los ojos, y fiebre sin sed.

Los síntomas mejoran Con el aire fresco; con ejercicios suaves; con el llanto y la comprensión.
Los síntomas empeoran Con el calor; con las comidas suculentas y grasas; al acostarse sobre el lado izquierdo; por la noche.

Pulsatilla nigricans *Para preparar el remedio homeopático se reduce a pulpa la planta florecida y se exprime el jugo.*

Esta planta se distingue de las otras especies Pulsatilla por sus flores más pequeñas y de color morado.

Pulsatilla - el tipo

Las personas del tipo *Pulsatilla* casi siempre son mujeres. Tienen buen carácter, son tímidas, amables y bondadosas. A menudo dependen del apoyo de los demás y aceptan agradecidas la guía y los consejos que les dan. Hacen amigos con facilidad.

Personalidad y temperamento

Aunque quienes pertenecen al tipo *Pulsatilla* se adaptan a diferentes personas y circunstancias, su flexibilidad raya en indecisión. No son tajantes, les resulta difícil expresar ira y evitan la confrontación con el fin de mantener la paz. Sin embargo, debajo de esa apariencia dócil se esconde una considerable fuerza moral. Fácilmente compasivos con personas o animales que sufren, suelen sentirse influidos por las emociones más que por el pensamiento. Lloran con facilidad y sin reservas, obteniendo así la seguridad y consuelo que necesitan.

Preferencias alimentarias

Les gustan
- Los alimentos suculentos y dulces: tortas, masas, chocolate
- Alimentos y bebidas fríos (aunque rara vez tienen sed)
- La manteca de maní

Les disgustan
- La manteca, el cerdo, los huevos, la fruta
- Los alimentos condimentados

Les sientan mal
- Las mezclas de alimentos

Temores

- Espacios cerrados y multitudes
- Estar solo
- Oscuridad y los fantasmas
- Locura y muerte

Caracteristicas generales

Mejoran
- Con el movimiento suave
- Con el aire fresco y en condiciones de frío y sequedad

Empeoran
- Con el calor y la falta de ventilación
- Al enfriarse repentinamente
- Por la noche
- Al acostarse sobre el lado izquierdo
- Si están mucho tiempo de pie
- Antes de la menstruación

El pelo es rubio

Ojos azules, propensos a los orzuelos

Piel blanca con tez sonrosada

El niño Pulsatilla

Tipo 1
- *Menudo, rubio, de huesos pequeños y propenso a ruborizarse. Despierto, alegre y cariñoso, aunque tímido y sensible.*

Tipo 2
- *Regordete, con pelo más oscuro. Más lánguido y llorón, ansía que le den consuelo y afecto pero es lento para corresponderlos.*

Características comunes
- *Se vuelve más vital a medida que avanza el día, pero se pone nervioso a la hora de acostarse y tiene miedo a la oscuridad.*
- *Sensible a los cambios climáticos, sobre todo al frío. Incluso un helado cuando hace calor puede provocar trastornos estomacales y dolor de oídos. Se debilita con el calor y se vuelve irritable y llorón.*
- *Propenso a resfríos con congestión y mucosidad excesiva. Se siente mucho mejor al aire libre.*
- *Se marea al mirar cualquier cosa alta.*

Aspecto físico
Las personas del tipo *Pulsatilla* suelen ser regordetas, de pelo rubio y ojos azules. Se ruborizan o se sofocan con facilidad.

Zonas débiles del cuerpo
- Venas
- Estómago
- Intestinos
- Vejiga
- Organos reproductores femeninos

SEPIA OFFICINALIS

SEPIA

Médico romano *Discórides (40-90 a.C) utilizó la tinta del calamar para tratar la caída del cabello.*

La tinta del calamar ha sido utilizada durante mucho tiempo como pigmento en las pinturas artísticas. Medicinalmente, fue utilizada en la antigüedad para tratar la gonorrea y los cálculos renales. En 1834, Hahnemann dio a conocer detalles sobre el remedio homeopático. Lo probó después de observar que un artista amigo que solía lamer su pincel mojado en sepia desarrolló una extraña enfermedad, y que esta había sido provocada por la tinta. Se trata de un excelente remedio para los trastornos de la mujer.

Usos clave

- Trastornos de la mujer, sobre todo malestares relacionados con un desequilibrio hormonal, como el sínfrome premenstrual y la menopausia
- Afecciones acompañadas de agotamiento.

Autoayuda

Menstruación abundante - ver pp. 204-205
Menopausia - ver pp. 206-207
Menstruación dolorosa - ver pp. 206-207
Síndrome premenstrual - ver pp. 204-205
Aftas - ver pp. 202-203.

Calamar *Este molusco blando está emparentado con el pulpo y la jibia. Cambia con frecuencia de color para fundirse con su entorno y lanza su tinta de color pardo negruzca para protegerse.*

Tinta de calamar

Perfil del remedio

Nombre común Calamar.
Fuente Se encuentra principalmente en el mar Mediterráneo.
Partes utilizadas Pigmentos puros de la tinta.

Enfermedades tratadas

La *Sepia* actúa sobre el útero, los ovarios y la vagina y se administra principalmente para los trastornos de la mujer, por ejemplo el SPM; menstruaciones dolorosas o abundantes; sofocos durante la menopausia; síntomas emocionales y físicos durante y después del embarazo; aftas, y prolapso de útero. Es un remedio excelente para mujeres que muestran aversión al acto sexual, o que sufren dolor durante el mismo o se sienten exhaustas después de realizarlo. Las mujeres a las que les disgusta que las toquen durante los días anteriores a la menstruación, o durante la menopausia, o como resultado de problemas emocionales, también se sienten aliviadas con este remedio.

La *Sepia* es eficaz para tratar afecciones acompañadas de agotamiento, como el dolor de espalda o en el costado del cuerpo debido a la debilidad muscular. También es buena para los siguientes trastornos: indigestión con leche y alimentos grasos, con flatulencia y sensibilidad abdominal; dolores de cabeza con náusea; mareos; caída del cabello; catarro con sabor salado debido a un resfrío o alergia, manchas cutáneas pardo-amarillentas, descoloridas y con escozor; sudoración abundante, y pies sudorosos. Este remedio también se administra en el tratamiento de problemas circulatorios, como sofocos de calor y accesos de frío, y venas varicosas.

Los síntomas mejoran Con lo templado; con el aire fresco; después de comer; con el ejercicio; con las ocupaciones; al dormir.

Los síntomas empeoran Con la fatiga mental y física; antes de la menstruación; por la mañana temprano y por la noche; con el tiempo tormentoso; al acostarse sobre el lado izquierdo.

Sepia - el tipo

Personalidad y temperamento

Las personas del tipo *Sepia* son irritables en casa aunque extrovertidas cuando están en compañía, y se sienten transformadas por la danza, que les encanta. Son muy obstinadas, detestan que las contradigan y cuando se sienten enfermas detestan la compasión y suelen mostrarse retraídas.

Aunque algunos hombres pueden pertenecer al tipo *Sepia*, por lo general se trata de mujeres que corresponden a una personalidad bien definida, o a la combinación de dos distintas. La primera es independiente, se preocupa por su carrera y busca la realización en su trabajo. Parece dura pero disimula bien su vulnerabilidad. La segunda se siente atrapada por su sentido del deber como esposa y madre y no puede expresar sus propias necesidades.

Preferencias alimentarias

Les gustan
- Los alimentos y las bebidas ácidas: encurtidos, limones, vinagre
- Los alimentos dulces
- El alcohol

Les disgustan (y les sientan mal)
- La leche y el cerdo

Temores

- Estar solos
- La pobreza
- La locura

Caracteristicas generales

Mejoran
- Con lo templado
- Con las ocupaciones
- Con el ejercicio enérgico
- Con el aire fresco

Empeoran
- Con el clima desapacible y tormentoso (aunque también les gustan las tormentas eléctricas)
- Antes de la menstruación
- A primera hora de la mañana y a la noche
- Al acostarse sobre el costado izquierdo

En general, las personas pertenecientes al tipo *Sepia* son mujeres. Suelen adoptar el papel de mártires en la vida y se sienten abrumadas por las responsabilidades. En consecuencia, abrigan un profundo resentimiento.

Ojos pardos

Cutis cetrino

Delgada y elegante

El niño Sepia

- *Piel cetrina y sudorosa.*
- *Sensible al frío y a los cambios climáticos.*
- *Se cansa fácilmente.*
- *Propenso a desmayarse cuando está de pie.*
- *Nervioso, y le disgusta estar solo.*
- *Suele ser negativo, malhumorado y holgazán.*
- *Le disgustan las fiestas, pero si se lo obliga a hacer un esfuerzo se animará, sobre todo si puede bailar.*
- *Come con glotonería. La leche le provoca trastornos digestivos.*
- *Suele estar estreñido y mojar la cama en la primera parte de la noche.*

Aspecto físico

Las personas del tipo *Sepia* de ambos sexos son altas y delgadas, de caderas delgadas, pelo oscuro y ojos pardos. La pigmentación que cubre la nariz y las mejillas puede parecer una montura amarillo parduzca. Las mujeres del tipo *Sepia* son atractivas y elegantes, de aspecto anguloso y ligeramente masculino. Pueden parecer abatidas y se sientan con las piernas cruzadas debido a una sensación de debilidad en la zona pélvica.

Zonas débiles del cuerpo
- Costado izquierdo del cuerpo
- Piel
- Circulación venosa
- Organos reproductores femeninos

SILICEA TERRA

SILICEA

El remedio Silicea *Elaborado a partir del sílice, este remedio es excelente para aquellas personas sumamente sensibles al frío y que se cansan con facilidad.*

El sílice se encuentra en toda la naturaleza. Es el principal componente de la mayoría de las rocas, y las plantas lo absorben por sus tallos, lo que les ayuda a conservarse fuertes. En el cuerpo humano, el sílice es lo que da fuerza a los dientes, el pelo y las uñas. Se encuentra también en el tejido conectivo, que es el material que mantiene unidas las diversas estructuras del cuerpo. El remedio homeopático se administra a personas que carecen de resistencia, tanto física como emocional.

USOS CLAVE

- Desnutrición general que conduce a infecciones recurrentes
- Afecciones de piel y huesos
- Eliminación de cuerpos extraños, como astillas
- Problemas del sistema nervioso

AUTOAYUDA

Migrañas - ver pp. 160-161
Astillas - ver p. 222.

Sílex *Las rocas de sílex se componen de sílice y son compactas, duras y muy fuertes.*

Cristal de roca *El cristal de roca es la variedad incolora del cuarzo. Este es uno de los minerales más comunes de la corteza terrestre y se encuentra en el mundo entero.*

PERFIL DEL REMEDIO

Nombres vulgares Sílice, cuarzo, cristal de roca, sílex.
Fuente Originalmente elaborada con cuarzo o sílex, ahora se prepara químicamente.
Partes utilizadas Sílice.

ENFERMEDADES TRATADAS

La *Silicea* se utiliza principalmente para casos de desnutrición que conduce al debilitamiento del sistema inmunológico y las infecciones recurrentes, por ejemplo resfríos, gripe e infecciones de oído. También es eficaz para los trastornos de piel y huesos, como cutis con granos y aspecto enfermizo; uñas débiles rodeadas de piel dura; fracturas que tardan en soldarse; crecimiento óseo lento, y fontanelas que tardan en cerrarse en los bebés. También es buena para eliminar astillas de los tejidos.

Los problemas del sistema nervioso, por ejemplo la incapacidad para eliminar las heces de modo que permanecen en el recto, y las migrañas en las que el dolor comienza en la nuca y se extiende por encima de un ojo, también se alivian con la *Silicea*.

También se administra para tratar el oído pegajoso (fluido en el oído medio); catarro crónico; sudoración abundante, y sueño alterado por el estrés y el exceso de trabajo.

Los síntomas mejoran Con el clima caluroso y húmedo en verano; al abrigarse, sobre todo cubriéndose la cabeza.

Los síntomas empeoran Por la mañana; con las corrientes de aire; con el frío húmedo; con la luna nueva; al desvestirse y enfriarse; si se suprime la transpiración; al mojarse y nadar; al acostarse sobre el lado izquierdo.

Silicea - el tipo

Aunque las personas del tipo *Silicea* son tenaces y obstinadas, parecen frágiles y pasivas. A pesar de ser amistosas y sensibles, tienen una actitud susceptible. Esto se debe principalmente a su falta de seguridad y al miedo a la responsabilidad, que las hace inflexibles y vacilantes a la hora de emprender nuevas tareas.

PERSONALIDAD Y TEMPERAMENTO

Las personas que pertenecen al tipo *Silicea* carecen de energía física y mental y temen sentirse abrumadas, aunque muestran gran tenacidad y determinación una vez aceptado un desafío. Cuando se concentran en una tarea son muy concienzudas y obsesivas con respecto a los pequeños detalles, y trabajan sin pausa hasta el punto del agotamiento o el insomnio. Su perspectiva y sus aspiraciones se ven limitadas por el temor al fracaso y por una tendencia a seguir siendo el eterno estudiante. Dado que no son decididos, pueden sentirse presionados y liberan sus propias frustraciones en sus subordinados. En las relaciones pueden no comprometerse por temor a dar demasiado de ellos mismos y sentirse heridos.

PREFERENCIAS ALIMENTARIAS

Les gustan
- Los alimentos fríos: verduras crudas, ensaladas, helados

Les disgustan
- La carne y el queso
- La leche (pueden haber sido reacios a tomar el pecho durante la infancia)
- Los alimentos calientes

TEMORES

- Estar solos
- La pobreza
- La locura

CARACTERISTICAS GENERALES

Mejoran
- Cuando están abrigados, sobre todo la cabeza
- En verano

Empeoran
- Con el frío y la humedad
- Con la luna nueva
- Si se suprime la transpiración
- Al bañarse o nadar
- Al acostarse sobre el lado izquierdo

Pelo fino y lacio

La cabeza es grande en relación al cuerpo

Piel pálida y delicada

Prefiere llevar la cabeza cubierta

EL NIÑO SILICEA

- *Cabeza grande y sudorosa, piel pálida y delicada y pelo fino.*
- *Pequeño para su edad pero bien proporcionado, con manos y pies pequeños.*
- *Es muy sensible al frío y tiene las extremidades frías y húmedas.*
- *Tímido, delicado y bien educado, pero obstinado y susceptible, le ofenden las interferencias y carece de energía.*
- *Inteligente, perspicaz y concienzudo, pero carece de seguridad.*
- *Pulcro por naturaleza y con tendencia a tener una fijación con los objetos pequeños, joyas o prendedores pequeños.*
- *Fuerte aversión e intolerancia a la leche.*

Aspecto físico
Las personas del tipo *Silicea* son delgadas y de huesos pequeños, pelo fino y lacio y aspecto pulcro y prolijo. Son propensas a tener los labios y las comisuras de la boca agrietados. Sus uñas pueden ser toscas, quebradizas y amarillentas. Cuando se rozan la piel, esta les supura con facilidad y tarda en cicatrizar.

Zonas débiles del cuerpo
- Sistema nervioso
- Glándulas
- Huesos
- Tejidos
- Piel

STRYCHNOS NUX VOMICA

NUX VOMICA

Médicos árabes *La* Strychnos nux vomica *la utilizaron medicinalmente los médicos árabes del siglo XI.*

Aunque sumamente venenosa, la estricnina, que se extrae de la semilla del árbol Strychnos nux vomica *fue utilizada como antídoto de la peste de la Edad Media. En pequeñas dosis favorece el apetito, ayuda a la digestión y aumenta la frecuencia de la micción. En dosis elevadas puede provocar problemas graves en el sistema nervioso. Los trastornos digestivos y la irritabilidad son los usos clave del remedio homeopático.*

USOS CLAVE

- Insomnio y trastornos digestivos causados por ira reprimida
- Resfríos y gripe

AUTOAYUDA

Resfríos - ver pp. 172-173
Estreñimiento - ver pp. 184-185
Calambres durante el embarazo - ver pp. 210-211
Cistitis - ver pp. 200-201
Micción frecuente durante el embarazo - ver pp. 210-211
Dolores de cabeza - ver pp. 160-161
Indigestión - ver pp- 180-181
Irritabilidad e ira - ver pp. 192-193
Insomnio - ver pp. 194-195
Dolores del parto - ver pp.212-213
Migrañas - ver pp. 160-161
Náuseas matinales - ver pp. 208-209
Cansancio - ver pp. 196-197

Semillas secas *Dentro de la pequeña y dura cáscara de la fruta hay una pulpa blanda, blanca y gelatinosa que contiene las semillas de color claro, parecidas a botones.*

Strychnos nux vomica *Los racimos de flores de color blanco verdoso son seguidas por frutos del tamaño de las manzanas. La estricnina está contenida en las hojas, las semillas y la corteza del árbol.*

PERFIL DEL REMEDIO

Nombres vulgares Nuez vómica, botón de cuáquero.
Fuente Crece en la India, Birmania, China, Tailandia y Australia.
Partes utilizadas Semillas.

ENFERMEDADES TRATADAS

La *Nux vomica* se administra principalmente en los casos de hipersensibilidad extrema e irritabilidad. Las personas que necesitan este remedio se sienten airadas y frustradas cuando sus expectativas no se cumplen y se enferman y se ponen nerviosas cuando reprimen la ira. Esto puede llevarlas a consumir demasiados estimulantes, lo que provoca insomnio.

Los trastornos digestivos como indigestión y vómitos, diarrea con calambres abdominales, náusea con dolor de cólico, estreñimiento y hemorroides que producen contracción rectal se ven aliviados por este remedio.

Estos trastornos pueden deberse a la supresión de emociones, sobre todo a la ira y la irritabilidad, o pueden estar provocados por el consumo excesivo de ciertos alimentos, alcohol y café.

La *Nux vomica* también es buena para resfríos con congestión nasal por la noche y con nariz goteante durante el día; gripe con fiebre y músculos rígidos, temblorosos y doloridos, y tos seca o acompañada de náusea y tos que produce picazón y dolor de laringe.

Los dolores de cabeza y migrañas, a menudo debido a una resaca, en los que la cabeza parece pesada o frágil al caminar, o como si se clavara un clavo en los ojos, disminuyen con este remedio.

En las mujeres, la *Nux vomica* se administra en casos de menstruaciones prematuras, abundantes o irregulares, y cuando se producen mareos antes de la menstruación. También se utiliza para tratar la cistitis; la micción frecuente, los calambres y mareos matinales durante el embarazo, y los dolores del parto.

Los síntomas mejoran Con lo templado; al aplicar una presión firme; con el lavado o las compresas; al dormir; al quedarse a solas; por la noche.
Los síntomas empeoran Con el clima frío, seco, invernal y ventoso; entre las 3 y las 4 de la madrugada; con los estimulantes; al comer; con los alimentos condimentados; con el tacto; con el ruido; con el agotamiento mental.

Nux vomica - el tipo

Muy nerviosos, enérgicos y competitivos, los individuos del tipo *Nux vomica* actúan y trabajan duramente. Intolerante con las críticas que les hacen, sin embargo son muy críticos con respecto a los demás e insistentes con la perfección.

PERSONALIDAD Y TEMPERAMENTO

Las personas del tipo *Nux vomica* son ambiciosas, les gustan los desafíos y la toma de decisiones y a menudo ocupan puestos de dirección y empresariales. Son mental y verbalmente ágiles y se expresan con gran claridad y con destellos de ironía. Son impacientes y estallan de ira con facilidad. En su impulso por alcanzar logros pueden consumir alcohol o drogas para facilitar su desempeño, o para relajarse. Suelen tener un fuerte impulso sexual. Cuando están enfermos, son descorteses y responden con brusquedad.

PREFERENCIAS ALIMENTARIAS

Les gustan
- Los alimentos suculentos y grasos: la carne grasa, la crema, el queso graso.

Les gustan (y les sientan mal)
- El alcohol
- El café
- Los alimentos condimentados; el chile, el curry

TEMORES

- Fracaso en la profesión
- Muerte
- Espacios públicos y multitudes

CARACTERISTICAS GENERALES

Mejoran
- Con lo templado y la humedad
- Al acostarse, con la siesta o después de dormir bien
- Por la noche
- Al aplicar una presión firme
- Con el lavado o las compresas

Empeoran
- Con el clima frío, seco, invernal o ventoso
- Con el tacto
- Con el ruido
- Entre las 3 y las 4 de la madrugada
- Después de comer
- Con los alimentos condimentados
- Con el agotamiento mental

EL NIÑO NUX VOMICA

- *Nervioso, irritable e hiperactivo*
- *Detesta que lo contradigan y propenso a tener rabietas terribles.*
- *Concienzudo y competitivo pero mal perdedor; se muestra celoso con facilidad.*
- *Malhumorado al despertarse.*
- *Sufre con frcuencia de dolor de estómago.*
- *De adolescente suele ser rebelde y desafiante.*
- *Fuerte sentido de la justicia y propenso a mostrarse idealista*

Aspecto físico
Las personas del tipo *Nux vomica* son delgadas, de aspecto tenso, atildados y con un aire irascible. Son propensos a tener arrugas en la cara y se enrojecen cuando se ponene nerviosos; tienen la piel cetrina y círculos oscuros debajo de los ojos.

Zonas débiles del cuerpo
- Estómago
- Intestinos
- Hígado
- Pulmones
- Nervios

SULPHUR

AZUFRE

Hospital del siglo XVI *En el pasado, las flores de azufre eran quemadas para fumigar las habitaciones ocupadas por personas con enfermedades infecciosas.*

El mineral azufre se encuentra en todas las células del organismo y está especialmente concentrado en el pelo, las uñas y la piel. Medicinalmente ha sido utilizado durante más de dos mil años. En el pasado, a muchos niños se les administraba azufre en forma de melaza para limpiar los intestinos y la piel. En la medicina ortodoxa, el azufre aún se aplica externamente para trastornos de la piel, por ejemplo el acné. El remedio homeopático también se utiliza para la piel y los trastornos digestivos.

USOS CLAVE

- Problemas de la piel, especialmente eczema en la que la piel aparece roja, inflamada, caliente y con picazón
- Trastornos digestivos
- Trastornos de la mujer
- Fatiga mental

AUTOAYUDA

Diarrea - ver pp. 184-185
Eczema - ver pp. 186-187
Sarpullido producido por pañales - ver pp. 216-217
Aftas - ver pp. 202-203.

Flores de azufre

Azufre

Azufre *Un polvo fino y amarillo llamado flores de azufre se extrae del azufre mineral y se utiliza para preparar el remedio homeopático. Cuando se calientan, las flores de azufre despiden bióxido de sulfuro, un desinfectante potente y de fuerte olor.*

PERFIL DEL REMEDIO

Nombre vulgar Flores de azufre.
Fuente El mineral azufre, que se encuentra cerca de los cráteres volcánicos y de los manantiales de aguas calientes en Italia, Sicilia y EE.UU.
Partes utilizadas Azufre.

ENFERMEDADES TRATADAS

El *azufre* se utiliza principalmente para tratar los problemas de la piel, por ejemplo eczema, aftas o sarpullido producido por pañales, en los que la piel parece permanentemente sucia y está seca, escamada y produce picazón, está caliente, roja y empeora al rascarse, y para el cuero cabelludo seco.

Los trastornos digestivos que se alivian con este remedio son: tendencia a vomitar los alimentos; indigestión que empeora al beber leche; vómitos y diarrea crónica que se producen a primeras horas de la mañana; hambre con sensación de debilidad en el estómago que se produce alrededor de las 11 de la mañana; hemorroides con picazón y ardor; enrojecimiento y picazón de la piel alrededor del ano y las fisuras anales.

En las mujeres, el *Azufre* es eficaz para los síntomas de síndrome premenstrual, por ejemplo dolores de cabeza, irritabilidad e insomnio, y síntomas de la menopausia como sofocos, mareos y sudores.

El *Azufre* también se administra en los casos de fatiga mental; falta de energía y fuerza de voluntad; falta de memoria; irritabilidad; depresión; sueño alterado por pesadillas; despertar prematuro e indecisión.

Otros problemas que se alivian con el uso del *Azufre* son: fiebre; dolores de cabeza; migrañas; conjuntivitis y ojo inyectados en sangre; catarro crónico con mucosidad verdosa; tos con estornudos; dolor en la región lumbar por estar mucho tiempo de pie, inclinado o sentado, o debido a la menstruación.

Cuando están enfermas, las personas que necesitan *azufre* son sensibles a los malos olores y tienen más sed que hambre.

Los síntomas mejoran Con el aire fresco, tibio y seco; al acostarse sobre el lado derecho.

Los síntomas empeoran Por la mañana y la noche; con el alcohol; con la humedad y el frío; en habitaciones mal ventiladas; al lavarse; con el calor de la cama; al llevar demasiada ropa; al estar demasiado tiempo sentado o de pie; alrededor de las 11 de la mañana.

Sulphur - el tipo

Aunque las personas pertenecientes al tipo *Sulphur* consumen gran cantidad de energías en el pensamiento imaginativo y en la inventiva, son ineptos en el nivel práctico. Son pedantes y egotistas, y tienen una enorme necesidad de reconocimiento.

PERSONALIDAD Y TEMPERAMENTO

Propensos a la beligerancia y a criticar los más insignificantes detalles, las personas del tipo *Sulphur* también pueden ser muy cordiales y entregar generosamente su tiempo y su dinero. Por lo general son ejecutivos del sexo masculino, llenos de ideas y planes, pero rodeados por el desorden. En los peores casos, son perezosos, carecen de fuerza de voluntad e iniciativa y no llegan a completar las tareas.

Aunque se encolerizan con facilidad, su ira disminuye muy pronto. Disfrutan con los debate animados, peros sólo cuando se trata de temas que les interesan especialmente. Dado que viven la vida en un nivel intelectual, sus sentimientos rara vez resultan demasiado afectados.

PREFERENCIAS ALIMENTARIAS

Les gustan
- Alimentos dulces
- Alimentos grasos: papas fritas, carne grasa, crema, queso
- Alimentos condimentados: curries
- Alimentos ácidos: encurtidos, limones
- Alcohol
- Alimentos crudos: ensaladas
- Ostras

Les disgustan (y les caen mal)
- Huevos y leche
- Bebidas calientes

TEMORES

- Alturas
- Fracaso en la profesión
- Fantasmas

CARACTERISTICAS GENERALES

Mejoran
- Con aire fresco, seco y tibio
- Con el agotamiento físico
- Al acostarse sobre el lado derecho

Empeoran
- En habitaciones mal ventiladas
- Con el calor de la cama
- Al lavarse
- Al estar mucho tiempo de pie
- Alrededor de las once de la mañana

Pelo seco y grueso

Piel seca y áspera

Adultos y niños tienen aspecto desprolijo

Tipo 1

EL NIÑO SULPHUR

Tipo 1
- *Bien alimentado y de estructura corpulenta, con pelo grueso, tez rojiza y labios, orejas y párpados rojos.*

Tipo 2
- *Delgado, de piernas largas y abdomen bastante grande. Piel pálida y seca con tendencia a agrietarse.*

Caractrísticas comunes
- *Muy buen apetito*
- *Aspecto desprolijo*
- *Brillante y curioso cuando es estimulado, con buena memoria. Le encantan los libros pero es descuidado con las tareas escolares.*
- *Muestra gran orgullo con respecto a sus posesiones.*
- *Suele alardear.*
- *Vivaz por la noche, y reacio a irse a dormir.*

Aspecto físico

Las personas del tipo *Sulphur* pueden presentar dos aspectos distintos: o bien corpulentos, de cara roja y actitud alegre, o bien delgados y desgarbados, altos, con los hombros caídos. Ambos tipos tienen el pelo grueso y sin brillo; la piel seca y escamosa; y parecen desaliñados, como si necesitaran darse un baño. Incluso cuando están elegantemente vestidos suelen mostrar algunos detalles desprolijos.

Zonas débiles del cuerpo
- Circulación
- Membranas mucosas de los intestinos y el recto
- Plantas de los pies
- Piel
- Costado izquierdo del cuerpo

TRIGONOCEPHALUS LACHESIS/LACHESIS MUTA

LACHESIS

Doctor Constantine Hering
(1800 - 1880) Experimentó en su propio organismo el veneno de la serpiente laquesida, probando así el remedio homeopático.

Cazadora agresiva, la serpiente laquesida recibe uno de sus nombres vulgares, surukuku, del zumbido que emite mientras espera a su presa. Si la mordedura de la serpiente alcanza directamente una vena, el efecto puede ser inmediatamente fatal debido a que las sustancias tóxicas del veneno actúan sobre el control nervioso del corazón. Una mordedura superficial produce hemorragia abundante y envenenamiento de la sangre. El remedio Lachesis *se utiliza para problemas circulatorios y afecciones vasculares.*

USOS CLAVE

- Problemas circulatorios y trastornos vasculares
- Síntomas menopáusicos y premenstruales
- Heridas que tardan en cicatrizar
- Afecciones del lado izquierdo que suelen empeorar al reprimir emociones o descargas del organismo

AUTOAYUDA

Menopausia - ver pp. 206-207

Serpiente laquesida *El veneno actúa sobre la sangre, haciéndola más fluida y provocando una tendencia a la hemorragia. A su vez, el remedio homeopático elaborado con el veneno se utiliza para las heridas que sangran generosamente y cicatrizan de manera lenta.*

Veneno seco

PERFIL DEL REMEDIO

Nombres vulgares: Laquesida, surukuku.
Fuente Originaria de Sudamérica
Partes utilizadas Veneno fresco

ENFERMEDADES TRATADAS
El remedio *Lachesis* actúa principalmente sobre la sangre y la circulación y se utiliza en el tratamiento de venas obstruidas y palpitantes, como venas varicosas. También resulta beneficioso cuando la piel de la cara, las orejas, los dedos de la mano y los dedos del pie tienen un tono azul purpúreo debido a problemas circulatorios. El corazón débil, el pulso rápido, débil e irregular, las palpitaciones, las anginas y las dificultades respiratorias son aliviados por *Lachesis*.

Se trata de un remedio clave para las mujeres durante la menopausia y se administra para los sofocos menopáusicos. También resulta eficaz en los casos de síndrome premenstrual y dolor menstrual espasmódico y congestivo que mejora con el flujo sanguíneo.

Este remedio también alivia las afecciones de garganta, inclusive cuando la garganta está inflamada y de color púrpura, el dolor se localiza en el costado izquierdo y en el oído izquierdo y empeora al tragar líquidos.

Lachesis se administra en casos de trastornos del sistema nervioso, como ataques de *petit mal* (una clase de ataque epiléptico) y desmayos. Otros trastornos que mejoran con *Lachesis* son: cicatrización lenta, heridas con borde azulado; forúnculos; hemorragias nasales; dolores de cabeza en el costado izquierdo; fiebre; sudores y temblores; sensaciones palpitantes en diversas partes del cuerpo; úlceras y dolor estomacal con vómitos en casos de apendicitis y trastornos gastrointestinales, y en hemorroides sangrantes.

Los síntomas mejoran Con las descargas físicas; con la comida; con el aire fresco; con las bebidas frías.

Los síntomas empeoran Con las bebidas calientes; con los baños calientes o tibios; al dormir; con la ropa ajustada; con el alcohol; con el calor o la luz directa del sol; durante la menopausia.

Lachesis - el tipo

Las personas del tipo *Lachesis* son perceptivas, creativas y ambiciosas. Viven intensamente y tienen una sensación de congestión física y mental que sólo puede ser aliviada mediante una forma de descarga, como la hemorragia nasal, o expresando sus puntos de vista.

Personalidad y temperamento

En las relaciones, las personas del tipo *Lachesis* suelen ser egocéntricas y celosas y a menudo oscilan entre el amor y el odio por su pareja. Estar de alguna manera encerradas les resulta muy difícil y pueden resistirse firmemente al compromiso. Los temas mundiales resultan de gran interés para los del tipo *Lachesis*, que suelen abrazar o rechazar una ideología determinada. Contradicen los puntos de vista de los demás. Aunque poseen gran energía creativa, esta puede ser esporádica e inconstante.

Preferencias alimentarias

Les gustan
- Alimentos ácidos: encurtidos, aceitunas.
- Alimentos con féculas: arroz, pan.
- Alcohol
- Ostras

Otros factores
- Les sientan mal el trigo y las bebidas calientes, aunque el tipo *Lachesis* es uno de los pocos que tolera bien el café, salvo durante la menopausia.

Temores

- Agua
- Envenenamiento
- Ladrones y extraños
- Asfixia y muerte

Caracteristicas generales

Mejoran
- Con las descargas físicas, como menstruación o evacuación intestinal.
- Con las bebidas frías
- Con el aire fresco

Empeoran
- Al dormir y con el tacto
- Con el calor o el sol directo
- Con bebidas calientes
- Al acostarse sobre el lado izquierdo
- Con ropas ajustadas
- Durante la menopausia

Mirada fija

Prefiere llevar el cuello y la garganta descubiertos.

Las enfermedades empeoran con la presión de las ropas ajustadas.

El niño Lachesis

- *Nervioso, charlatán e hiperactivo*
- *Propenso a problemas de comportamiento y emocionales, a menudo debido a los celos, por ejemplo después del nacimiento de un hermano.*
- *Posesivo con los amigos*
- *Puede poner a prueba a padres y maestros, por ejemplo, incitando a sus pares a la mala conducta, o robando, o atormentando a las mascotas.*
- *Puede ser muy hiriente con sus pares y mostrar la capacidad viperina de encontrar el punto más sensible de su víctima.*

Aspecto físico

Las personas del tipo *Lachesis* suelen ser pelirrojas y pecosas, excedidas en peso y con cierto aspecto hinchado, o bien de pelo oscuro, delgadas y enérgicas. Tienen cutis pálido con un matiz púrpura. Suelen pasarse la punta de la lengua a intervalos por el labio superior.

Zonas débiles del cuerpo
- Sistema nervioso
- Costado izquierdo del cuerpo
- Sangre y circulación
- Organos reproductores femeninos

REMEDIOS COMUNES

Los treinta remedios de este capítulo son ampliamente utilizados por los homeópatas. En general, la mayor parte de ellos se administran para el tratamiento de trastornos corrientes, aunque algunos también son adecuados para enfermedades crónicas y de largo plazo y afecciones clínicas. También se ofrecen descripciones de los tipos constitucionales más conocidos.

ACONITUM NAPELLUS

ACONITE

Esta planta mortal ha sido utilizada a lo largo de la historia para envenenar las flechas utilizadas en la cacería. Su nombre deriva de la palabra latina "acon", que significa dardo. El remedio homeopático fue probado por Hanemann en 1805 y ampliamente utilizado para fiebres y trastornos repentinos con dolor agudo, que hasta entonces habían sido tratados mediante sangrías.

Cazador sajón año 730 de nuestra era *Los cazadores impregnaban sus flechas en el jugo de la planta antes de salir a cazar lobos; de ahí su nombre vulgar, veneno de lobo.*

PERFIL DEL REMEDIO

Nombres vulgares Capucha de monje, gorra de fraile, veneno de lobo.
Fuente Originaria de las zonas montañosas de Europa
Partes utilizadas Raíz, flores y hojas frescas.

ENFERMEDADES TRATADAS

El acónito se utiliza para tratar enfermedades que se producen repentinamente y tienen carácter agudo, a menudo debido a un shock o un susto, por exposición a vientos secos y fríos y, de vez en cuando, al clima excesivamente caluroso. Este remedio suele ser necesario al comienzo de una infección, por ejemplo resfríos y tos y afecciones de garganta, ojos y oído. También se emplea para las inflamaciones oculares provocadas por una herida. Los síntomas de inflamación e infección que incluyen el sueño agitado; el rostro aparece rojo, caliente, arrebolado e hinchado, con dolor fuerte y ardiente, pero al levantarse se vuelve pálido.

Este remedio también se administra para el temor acompañado de agitación, por ejemplo en los ataques de pánico con palpitaciones, entumecimiento y hormigueo en el cuerpo. La persona parece muy ansiosa y tiene las pupilas dilatadas. Este temor a menudo está relacionado con un acontecimiento alarmante. Se trata de un remedio eficaz para las mujeres que temen morir durante el parto.

Los síntomas mejoran
Con el aire fresco; con lo templado.

Los síntomas empeoran
En habitaciones malventiladas; con música; al acostarse sobre la zona afectada.

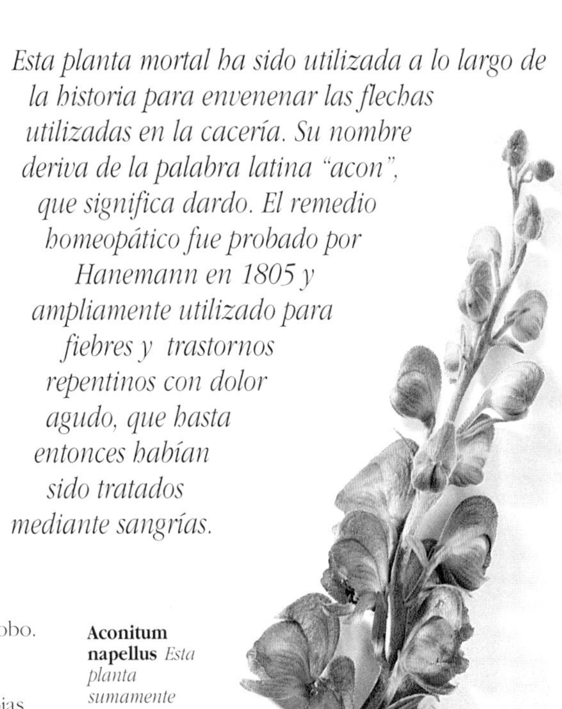

Aconitum napellus *Esta planta sumamente tóxica es la fuente de un remedio que se utiliza en los casos de infecciones que se producen repentinamente.*

USOS CLAVE

- Infecciones agudas con inicio repentino, sobre todo en personas sanas expuestas a cambios de clima bruscos.
- Temor, shock y miedo a morir cuando están enfermos.
- Dolor ardiente y entumecimiento

AUTOAYUDA

Falta de menstruación - ver pp. 206-207
Aflicción - ver pp. 192-193
Tos - ver pp. 174-175
Temor - ver pp. 192-193
Miedo al dentista - ver pp. 164-165
Fiebre infantil - ver pp. 218-219
Dolor de cabeza - ver pp. 158-159
Gripe - ver pp. 174-175
Insomnio - ver pp. 194-195
Laringitis - ver pp. 178-179
Shock - ver pp. 192-193
Dolor de garganta - ver pp. 176-177
Problemas dentales - ver pp. 216-21

La raíz contiene nueve veces más veneno que las hojas.

TIPO CONSTITUCIONAL

Los adultos y los niños del tipo Aconite *son fuertes, saludables y robustos. Cuando se sienten bien, las personas de este tipo desean compañía. Suelen carecer de autoestima y quieren probarse a sí mismos, y pueden ser insensibles y maliciosos. Cuando están enfermos, temen a la muerte incluso hasta el extremo de predecir la hora exacta de la misma. Estas personas reaccionan mal ante el shock y tienen miedos intensos, sobre todo a estar entre una multitud, y les disgusta salir.*

ALLIUM CEPA

ALLIUM

Tintura de Allium *La cebolla roja fresca es la fuente de una tintura utilizada para preparar el remedio* Allium.

La cebolla se encuentra entre las plantas cultivadas más antiguas del mundo, y es famosa en la India, China y Oriente Medio por sus propiedades curativas. La cebolla contiene un aceite volátil que estimula las glándulas lacrimales y las membranas mucosas de las vías respiratorias superiores, provocando la secreción de los ojos y la nariz. El remedio homeopático se utiliza para tratar cualquier enfermedad en la que los síntomas más importantes incluyen ojos llorosos y descarga nasal, como la fiebre del heno y los resfríos.

USOS CLAVE

- Dolor ardiente o neurálgico
- Trastornos con descarga ardiente y abundante, sobre todo de los ojos y la nariz.
- Síntomas o dolores que pasan de un costado al otro, por lo general de la izquierda a la derecha.

AUTOAYUDA

Fiebre del heno - ver pp. 168-169

PERFIL DEL REMEDIO

Nombre vulgar Cebolla roja
Fuente Originaria del sudeste de Asia, ahora se cultiva en el mundo entero.
Partes utilizadas El bulbo fresco de la cebolla roja.

ENFERMEDADES TRATADAS
EL *Allium* se utiliza para cualquier enfermedad acompañada de dolor ardiente o neurálgico que pasa de un costado al otro, o de una descarga abundante, transparente, acuosa y que produce escozor. Es especialmente bueno para resfríos y fiebre del heno con ojos llorosos, estornudos constantes y descarga nasal abundante y ardiente que hace que las fosas nasales y el labio superior queden rojos e irritados. La descarga puede pasar de un costado al otro y afectar una sola fosa por vez. Los párpados y los ojos se hinchan.

Este remedio también es eficaz para el dolor neurálgico y punzante asociado con el dolor de oído en los niños, los dolores de cabeza detrás de la frente y el dolor de los molares, que puede pasar de una pieza dental a otra. El *Allium* también se administra en las primeras etapas de la laringitis con ronquera y en la tos provocada por el aire frío, con una sensación de desgarramiento de la garganta.
Los síntomas mejoran Con el aire fresco; en un entorno fresco.
Los síntomas empeoran En habitaciones calientes y mal ventiladas; en un entorno frío y húmedo.

El bulbo está cubierto por una piel de color rojo púrpura parecida al papel, y compuesto por varias capas.

Bulbo de la cebolla *Los antiguos egipcios utiizaban la cebolla medicinalmente y también la veneraban; se consideraba que las capas concéntricas del bulbo simbolizaban el universo.*

Ojos llorosos *La cebolla produce lágrimas. El remedio homeopático elaborado con cebollas rojas se utiliza en trastornos que producen escozor o lagrimeo de los ojos, como la fiebre del heno.*

APIS MELLIFICA/ A. MELLIFERA

APIS

Apicultor *Las abejas se han utilizado para obtener miel, cera y propóleo, que es un antibiótico natural. En el pasado, el propóleo se administraba para curar las heridas.*

Las abejas son insectos notables y proporcionan una amplia variedad de sustancias medicinales. Se utilizan la abeja misma, la miel, la cera de abejas, el propóleo (resina pegajosa utilizada para pegar las cavidades de la colmena), la jalea real (una gelatina segregada para alimentar a las abejas reinas jóvenes), y el polen. En homeopatía, el remedio Apis *se utiliza para las inflamaciones con dolor ardiente y punzante, sobre todo en problemas de la piel en los que esta aparece hinchada, con escozor y sumamente sensible al tacto.*

USOS CLAVE

- Dolor ardiente y punzante que empeora con el calor y mejora con el frío.
- Hinchazones duras, semejantes a ampollas, sensibles al tacto y a la presión.
- Fiebre con falta de sed y piel seca.
- Síntomas que comienzan en el lado derecho y luego pasan al izquierdo.

AUTOAYUDA

Picaduras de insectos - ver p. 221
Dolor de garganta - ver pp. 176-177
Urticaria - ver pp. 188-189

Abejas *El remedio* Apis *se elabora con toda la abeja, incluido el aguijón. Uno de sus principales usos es el tratamiento de picaduras de insectos.*

Tamaño real

PERFIL DEL REMEDIO

Nombre vulgar Miel de abeja
Fuente Originaria de Europa, Canadá, Estados Unidos y muchos otros países.
Partes utilizadas Toda la abeja viva.

ENFERMEDADES TRATADAS

El *Apis* se utiliza para los problemas de la piel, como urticaria, mordeduras y picaduras en las que la piel se hincha, escuece o arde y es sensible al tacto. Se administra en las infecciones de las vías urinarias, como la cistitis, en las que se produce un dolor abasador y punzante con el paso de la orina y con la retención de la misma.

El edema (la retención de líquidos en los tejidos del cuerpo) y las afecciones alérgicas de ojos, boca y garganta (como la hinchazón de los párpados o de la boca que se extienden a la garganta y dificultan la respiración) se alivian con el empleo del *Apis*. También es adecuado para la fiebre con falta de sed y piel seca y sensible, dolores de garganta con dolores de cabeza violentos con sensación de calor y dolor punzante.

El Apis se administra en los casos de trastornos que afectan el revestimiento de articulaciones, pecho y abdomen, por ejemplo artritis, pleuresía y peritonitis.

Los síntomas mejoran Al lavarse; con compresas frías; en un entorno fresco

Los síntomas empeoran Con el tacto y la presión; al dormir; con el calor; en habitaciones mal ventiladas y calientes.

ADVERTENCIA Durante el embarazo debe evitarse el uso del remedio Apis por debajo de una potencia de 30c.

TIPO CONSTITUCIONAL

Las personas del tipo Apis *son frenéticamente sobreprotectoras de su entorno y celosas ante cualquier recién llegado. Pasan horas ordenando febrilmente las cosas, pero no suelen alcanzar demasiados logros. Son irritables, nerviosas, inquietas y difíciles de complacer, y a menudo se las describe como abejas reina porque les encanta organizar a todo el mundo pero tienen un aguijón para aquellos que las molestan.*

ARNICA MONTANA

ARNICA

St. Hildegard de Bingen *(1099 - 1179) Monja experta en medicina, St. Hildegard escribió exhaustivamente sobre la* Arnica montana.

La importancia de la Arnica montana *como hierba cicatrizante fue reconocida por primera vez en el siglo XVI. Era muy famosa entre los campesinos como remedio para los dolores musculares y los magullones. En la medicina ortodoxa se ha utilizado en los casos de disentería, gota, malaria y reumatismo.*

En la actualidad se utiliza internamente sólo en dosis homeopáticas para el shock, por ejemplo, después de una herida, y la crema de árnica se emplea externamente para magullones y esguinces.

USOS CLAVE

- Shock, dolor, magulladuras y otros daños, y hemorragias provocadas por daños.
- Shock emocional, por ejemplo por una pérdida.

AUTOAYUDA

Pérdida - ver pp. 192-193
Quemaduras y escaldaduras - ver p. 220
Calambres - ver pp. 156-157
Cortes y raspaduras - ver p. 220
Molestias después de un tratamiento dental - ver pp. 154-155
Heridas oculares - ver p. 223
Picaduras de insectos - ver p. 221
Hemorragias nasales - ver p. 221
Osteoartritis - ver pp. 154-155
Esguinces y torceduras - ver p. 223

PERFIL DEL REMEDIO

Nombres vulgares Veneno de leopardo, tabaco de montaña, milenrama.
Fuente Crece en las montañas de Europa y en Siberia.
Partes utilizadas Planta en flor entera y fresca.

ENFERMEDADES TRATADAS

La *Arnica* es un excelente remedio para primeros auxilios y se utiliza en los casos de shock físico y emocional y lesión, por ejemplo, después de una pérdida, un accidente, una operación quirúrgica, un tratamiento dental, o un parto. Si se administra internamente favorece la cicatrización del tejido dañado y ayuda a controlar la hemorragia.

Es un remedio eficaz tanto interna como externamente para los problemas articulares y musculares, como la osteoartritis, el dolor muscular debido a la falta de ejercicio, los calambres, los magullones y los esguinces.

También se administra internamente para problemas de la piel como eczema y forúnculos, conmoción cerebral y ojos morados, vista cansada y fiebre en la que la cabeza parece caliente y el cuerpo frío.

En los niños, la *Arnica* se administra en los casos de tos ferina y enuresis ocasionada por pesadillas.

Los síntomas mejoran Al empezar a moverse; al acostarse con la cabeza más baja que los pies;
Los síntomas empeoran Con el movimiento continuo; con una ligera presión; con el descanso prolongado; con el calor.
ADVERTENCIA No utilizar crema de árnica sobre las heridas de la piel, ya que puede producir erupción.

El olor de las flores recién trituradas produce estornudos.

Raíz fresca

Arnica montana *Según la leyenda, los escaladores de montañas solían masticar la planta fresca para aliviar los dolores musculares y los magullones provocados por las caídas. El remedio homeopático se elabora a partir de la planta fresca y florecida.*

TIPO CONSTITUCIONAL

Las personas que pertenecen al tipo Arnica *suelen ser inquietas, desesperadas, malhumoradas, y tener una imaginación morbosa. Al margen de lo enfermas que estén, niegan que les ocurre algo y no están dispuestas a consultar a un médico. Prefieren que las dejen tranquilas.*

ATROPA BELLADONNA

BELLADONNA

Las Moiras griegas *El nombre genérico,* Atropa, *deriva del nombre de la divinidad griega* Atropus, *que corta el hilo de la vida, una referencia a la naturaleza venenosa de la planta.*

Supuestamente, la Belladonna *se utilizaba en la Edad Media en la brujería y la magia. Las mujeres italianas la empleaban como colirio para dilatar sus pupilas y hacer que sus ojos resultaran más atractivos; bella donna significa mujer hermosa. La planta contiene los alcaloides atropina y hioscina, que se utilizan en la medicina ortodoxa para tratar los espasmos, las náuseas y el vértigo. Hahnemann probó el remedio en 1799 y lo utilizó para tratar la escarlatina.*

USOS CLAVE

- Afecciones agudas de inicio repentino y violento con enrojecimiento y palpitación debidos a un aumento de la circulación sanguínea, sobre todo en la cabeza.
- Fiebre alta con pupilas dilatadas y ojos desorbitados.
- Enfermedades acompañadas por sensibilidad extrema a la luz, el ruido, el tacto, la presión, el dolor y las sacudidas.

AUTOAYUDA

Forúnculos - ver pp. 188-189
Problemas de amamantamiento - ver pp. 212-213
Dolor de oídos - ver pp. 166- 167
Fiebre infantil - ver pp. 218-219
Dolor de cabeza - ver pp. 158-159
Gripe - ver pp. 174-175
Problemas dentales - ver pp. 216-217
Admigdalitis - ver pp. 178-179
Dolor de muelas - ver pp. 162-163

PERFIL DEL REMEDIO

Nombre vulgar Belladona
Fuente Crece en toda Europa.
Partes utilizadas Flores y hojas frescas.

ENFERMEDADES TRATADAS

La *Belladonna* se utiliza para tratar afecciones de inicio repentino e infecciones con inflamación, como fiebre aguda con ojos desorbitados, gripe, amigdalitis, dolor de garganta, tos seca y con picazón que empeora al hablar, y dolor de oídos (sobre todo del lado derecho) que empeora al mojarse o enfriarse la cabeza. Los síntomas incluyen: dolor palpitante; boca y labios pálidos; lengua roja y brillante; cara roja y caliente, piel seca y enrojecida y manos y pies fríos.

Entre otras afecciones que se alivian con el empleo de la *Belladonna*, se cuentan: dolores de cabeza con martilleo, que se intensifica con el más mínimo movimiento de los ojos; forúnculos; ataques; dolores del parto; pechos hinchados y rojos por amamantamiento; cistitis; nefritis (inflamación de los riñones) y sueño agitado. También se administra a los niños para el dolor de los dientes y para bajar la fiebre alta.

Los síntomas mejoran Con lo templado; al estar de pie o sentado en posición erguida; al aplicar compresas calientes en la zona afectada.

Los síntomas empeoran Al acostarse sobre el lado derecho; por la noche; con el movimiento, el ruido y las sacudidas; con la luz y el sol; al acostarse; con la presión; en un entorno fresco.

Para hacer el remedio homeopático, las hojas y las flores se pican y se machacan hasta que quedan convertidas en pulpa.

Atropa Belladonna *Aunque toda la planta es venenosa, se ha utilizado a lo largo de la historia para curar infecciones e inflamaciones.*

TIPO CONSTITUCIONAL

Las personas del tipo Belladonna *están en buen estado físico y son sanas, poseen una mente y un cuerpo resistentes y energéticos. Son personas vivaces y divertidas. Cuando enferman se vuelven violentas y obstinadas, y pueden golpear, morder o patear a quienes las rodean. Sus enfermedades siempre se caracterizan por una conducta agitada con gran sensibilidad a la luz, el ruido, el movimiento y el tacto.*

AURUM METALLICUM

AURUM MET.

Procesamiento del oro *El antiguo Egipto fue en otros tiempos el país más rico en oro, con más de cien minas en Nubia. Los ornamentos de oro eran símbolos de rango.*

El oro era apreciado por los médicos árabes del siglo XII para el tratamiento de afecciones cardiacas. Medicinalmente, no volvió a utilizarse hasta principios del siglo XX para el tratamiento de la tuberculosis y en el análisis sanguíneo para detectar la sífilis. Actualmente se utiliza en la medicina ortodoxa para tratar la artritis reumatoide y en el tratamiento del cáncer. El remedio homeopático Aurum met. *se administra en los casos de trastornos específicamente clínicos, desde la depresión hasta la enfermedad cardíaca.*

USOS CLAVE

- Depresión e ideas suicidas
- Congestión de la sangre en diversos órganos asociados con trastornos vasculares, incluida la enfermedad cardíaca
- Enfermedades caracterizadas por una hipersensibilidad general a ruidos, olores, tacto, sabor y música.

Oro *Este denso y brillante metal precioso se utiliza aún hoy en la medicina ortodoxa y en la odontología.*

Manufactura del remedio *Para preparar el remedio homeopático, el oro puro se muele hasta que queda convertido en un polvo fino.*

PERFIL DEL REMEDIO

Nombre vulgar Oro.
Fuente Se encuentra en Australia, Sudáfrica, Estados Unidos y Canadá.
Partes utilizadas Oro.

ENFERMEDADES TRATADAS

El *Aurum met.* se administra en el tratamiento de enfermedades mentales, como depresión con ideas de suicidio. Las personas que necesitan este remedio se sienten muy afectadas cuando las contradicen y pueden estallar de furia, enrojecer fácilmente y sufrir temblores.

También se utiliza para el aumento de la circulación sanguínea que provoca congestión de la sangre en la cabeza o en otros órganos, por ejemplo dolor de cabeza con evidente palpitación en las sienes. La enfermedad cardíaca también se ve aliviada por el *Aurum met.* Los síntomas cardíacos abarcan dificultad para respirar, dolor intermitente del pecho detrás del esternón, sensación de que los vasos sanguíneos están calientes y de que el corazón va a detenerse. El *Aurum met.* se administra en el tratamiento de problemas hepáticos, como la ictericia; sinusitis; y dolor de huesos asociado con pérdida de hueso, en la que este resulta muy sensible al tacto.

El remedio también se administra a jóvenes cuyos testículos no descienden, sobre todo del lado derecho, y en casos de inflamación crónica de los testículos.

Los síntomas mejoran Con el aire fresco; al lavarse con agua fría; al caminar; con el reposo.

Los síntomas empeoran Con los trastornos emocionales; con la concentración o la fatiga mental, sobre todo por la noche.

TIPO CONSTITUCIONAL

Las personas del tipo Aurum met. *se fijan metas elevadas y su ambición dominante los convierte en adictos al trabajo. Tienen un excesivo sentido del deber y siempre sienten que no han hecho las cosas tan bien como deberían; esto los hace vulnerables y sensibles a las opiniones de los demás. Si creen que han fracasado pueden desesperarse. En casos extremos, esto conduce a la depresión clínica grave y al suicidio.*

BRYONIA ALBA

BRYONIA

Hipócrates *(460-377 a.C.) Este médico de la Antigua Grecia incluía la brionia en su repertorio de remedios.*

La brionia fue utilizada medicinalmente por los romanos y los griegos de la antigüedad para el tratamiento de la epilepsia, el vértigo, la parálisis, la gota, la histeria, las heridas y la tos. La raíz de la brionia tiene olor y sabor amargos y es muy venenosa: provoca la muerte en un plazo de horas, por lo general debido a la inflamación del aparato digestivo. El remedio homeopático, que fue probado en 1834, se utiliza principalmente en las enfermedades de inicio lento en las que se siente dolor al menor movimiento.

USOS CLAVE

- Enfermedades agudas que se desarrollan lentamente con dolor al hacer el menor movimiento y mucha sed
- Enfermedades caracterizadas por sequedad, por ejemplo de la boca, los labios, el pecho y los ojos.

AUTOAYUDA

Dolor de mamas - ver pp. 210-211
Cólico en bebés - ver pp. 214-215
Tos - ver pp. 174-175
Dolores de cabeza - ver pp. 178-179
Gripe - ver pp- 174-175
Osteoartritis - ver pp. 174-175
Reumatismo - ver pp. 156-157

PERFIL DEL REMEDIO

Nombres vulgares Brionia blanca, brionia común, lúpulo silvestre.
Fuente Crece en el centro y el sur de Europa.
Partes utilizadas Raíz fresca.

ENFERMEDADES TRATADAS

La *Bryonia* se emplea para tratar catarros, gripe, dolores de cabeza violentos y otras enfermedades agudas que se desarrollan lentamente, con dolor al menor movimiento, sequedad y mucha sed. Este remedio también es eficaz para la inflamación del revestimiento de las articulaciones, del pecho y del abdomen y se administra en los casos de osteoartritis y reumatismo con calor e inflamación de las articulaciones.

Otros trastornos que se alivian con este remedio son: neumonía y pleuresía con dolor severo cerca de la caja torácica; estreñimiento y cólico. Los síntomas incluyen dolor punzante, sensación de pesadez en los párpados, sudoración excesiva y garganta oprimida.

Las mujeres embarazadas o que amamantan y tienen los pechos inflamados, duros y doloridos también se benefician con el uso de este remedio.

Cuando se enferman, las personas que necesitan *Bryonia* son reacias a moverse o a hablar y se sienten irritables y cansadas.

Los síntomas mejoran Con el reposo; al aplicar una presión sobre la parte afectada.

Los síntomas empeoran Con el movimiento; al inclinarse hacia adelante; con el ejercicio.

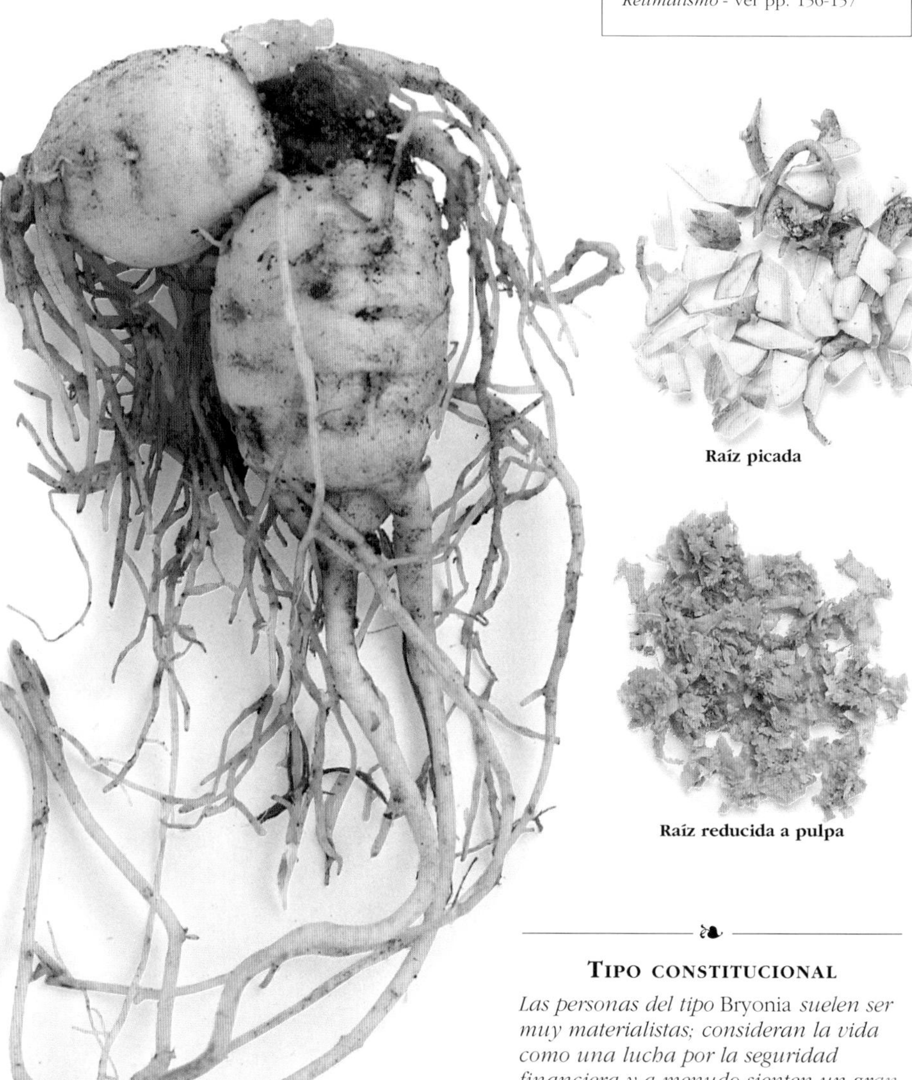

Bryonia alba *Para preparar el remedio homeopático se pica la raíz fresca y luego se reduce a pulpa.*

Raíz picada

Raíz reducida a pulpa

TIPO CONSTITUCIONAL

Las personas del tipo Bryonia *suelen ser muy materialistas; consideran la vida como una lucha por la seguridad financiera y a menudo sienten un gran temor por la pobreza, incluso si tienen éxito en las finanzas. Son individuos decentes, críticos, meticulosos y confiables. Si su seguridad material se ve amenazada, se vuelven irritables, ansiosos y deprimidos.*

CALCAREA PHOSPHORICA

CALC. PHOS.

Pulidor dental *El mineral fosfato de calcio ha sido utilizado durante mucho tiempo en odontología como polvo pulidor.*

La sal mineral fosfato de calcio es el principal componente de huesos y dientes. También se encuentra en la naturaleza en el mineral apatito. Mezclado con sulfato de calcio, el fosfato de calcio se utiliza como nutriente para plantas. También se utiliza en la fabricación de vidrio y porcelana. El remedio homeopático Calc. phos. *es una sal de tejido de Schlussler* *(ver p. 227)* *y es bueno para problemas de huesos y dientes, incluidos el dolor y el crecimiento lento de estos últimos.*

Usos clave

- Dolor de huesos y dientes
- Problemas asociados con el crecimiento en niños y adolescentes.
- Debilidad mental y física
- Problemas digestivos
- Sensación de descontento

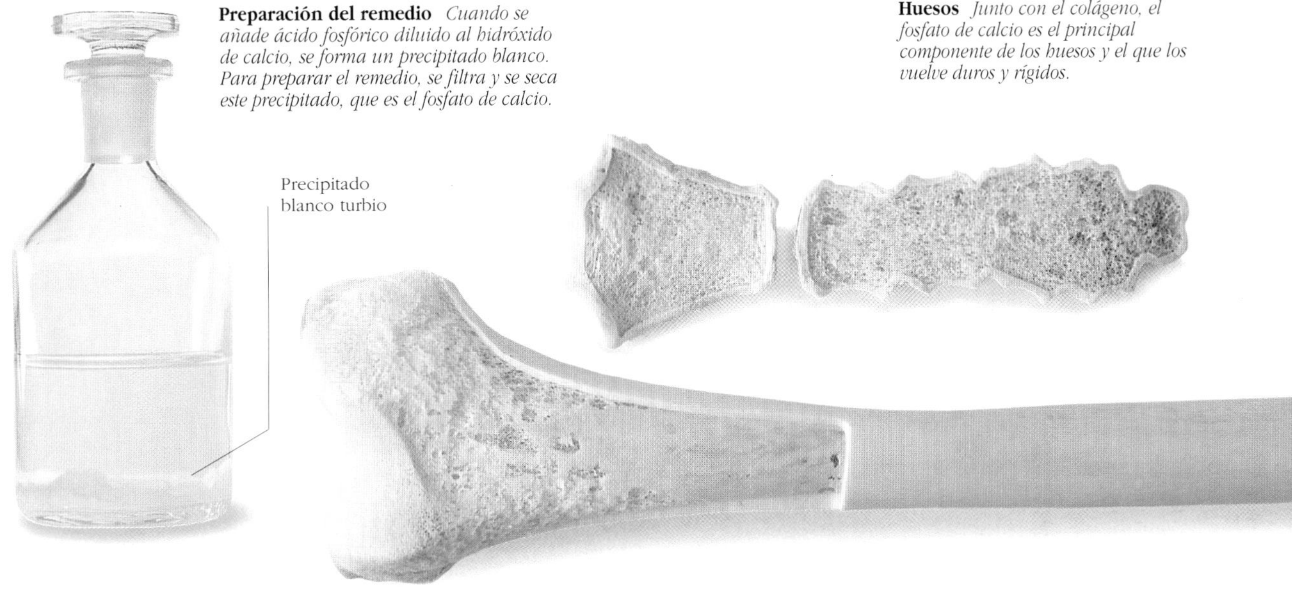

Preparación del remedio *Cuando se añade ácido fosfórico diluido al hidróxido de calcio, se forma un precipitado blanco. Para preparar el remedio, se filtra y se seca este precipitado, que es el fosfato de calcio.*

Precipitado blanco turbio

Huesos *Junto con el colágeno, el fosfato de calcio es el principal componente de los huesos y el que los vuelve duros y rígidos.*

Perfil del remedio

Nombre vulgar Fosfato de calcio
Fuente Preparado químicamente a partir del ácido fosfórico y el hidróxido de calcio diluidos.
Partes utilizadas Fosfato de calcio

Enfermedades tratadas

El fosfato de calcio es una sal mineral importante, esencial para el crecimiento sano de huesos, dientes y tejidos blandos. El remedio *Calc. Phos.* se usa principalmente para tratar trastornos de los huesos, por ejemplo, huesos y articulaciones doloridos o fracturas de curación lenta, y caries dentales. Este remedio también es aconsejable para problemas como crecimiento lento, dolores producidos por el crecimiento en los niños y adolescentes con sensación de entumecimiento y hormigueo en manos y pies. En los niños, el *Calc. phos.* es eficaz para los problemas asociados con el crecimiento, tales como una fontanela que tarda en cerrarse y dentición lenta o dificultosa.

La debilidad, el agotamiento y la fatiga posteriores a una enfermedad, pueden ser aliviados por el *Calc. phos.* También es un remedio clave para trastornos del aparato digestivo, como indigestión y diarrea con dolor después de comer, y se utiliza para las glándulas inflamadas que produce la amigdalitis o las infecciones de garganta recurrentes.

Las personas que necesitan *Calc. phos* se sienten desdichadas e insatisfechas. Cuando están enfermas pueden desear intensamente comer corteza de panceta.

Los síntomas mejoran En el verano; con clima cálido y seco.
Los síntomas empeoran Con el clima frío y húmedo; con las preocupaciones o la pena; con el agotamiento; con los excesos sexuales.

Tipo constitucional

Los bebés Calc. phos. *son irritables, necesitan atención constante y pueden ser lentos para aprender a caminar. A medida que crecen se vuelven más sensibles y muchas veces no pueden enfrentarse a la escuela. Pueden volverse fóbicos o desarrollar dolores de cabeza o de estómago. A menudo parecen aburridos y desdichados y se ponen furiosos sin motivo real. Los adultos* Calc. phos *continúan sintiendo el descontento y la desdicha que estaba presente en la infancia. No pueden comprender qué les ocurre, qué los hace sentirse irritables e insatisfechos. Aunque parecen amistosos y abiertos, constantemente se quejan de que nada sale bien. Son inquietos, les disgusta la rutina, necesitan estimulación y tienen problemas para levantarse por la mañana.*

CARBO VEGITABILIS

CARBO VEG.

Abedul *Las maderas de diferentes árboles permiten elaborar carbones vegetales con diferentes propiedades. Los abedules, las hayas y los álamos se utilizan en homeopatía.*

El carbón vegetal se consigue calentando madera sin aire. La madera parcialmente quemada es muy dura y en el pasado se utilizó para delimitar con estacas los límites de las propiedades. Medicinalmente, el carbón vegetal se considera desodorante y desinfectante, y se utiliza para los casos de flatulencia, alimentos mal digeridos en el estómago, enfermedades sépticas y ulceración. En la medicina ortodoxa aún se utiliza en forma de pastillas de carbón vegetal para las flatulencias del intestino grueso.

Usos clave

- Vitalidad escasa y agotamiento
- Piel fría y húmeda y sensación de calor en el interior del cuerpo, asociada con shock.
- Enfermedades que afectan la circulación venosa y la digestión

Autoayuda

Hinchazón y flatulencia - ver pp. 184-185
Manos y pies fríos - ver pp. 198-199
Indigestión - ver pp. 180-181

Carbón *Elaborado a partir de la madera parcialmente quemada, el carbón vegetal es una forma de carbono, un elemento que se encuentra en todas las materias vivas.*

Carbo veg. *Hahnemann probó este remedio después de enterarse de que los médicos utilizaban el carbón vegetal como enjuague bucal para las úlceras.*

Perfil del remedio

Nombre vulgar Carbón vegetal
Fuente Carbón vegetal elaborado a partir de haya, abedul o álamo, que crecen en el hemisferio norte.
Partes utilizadas Carbón vegetal

Enfermedades tratadas

El *Carbo veg.* se administra principalmente para el agotamiento, la debilidad y la poca vitalidad posteriores a una operación o una enfermedad. El shock, sobre todo después de una operación, cuando la piel parece fría y la persona está pálida pero siente calor interiormente, es aliviado por este remedio.

También se administra para la falta de oxigenación en los tejidos debida a una circulación venosa deficiente. Los síntomas incluyen resfrío, piel azulada en manos, pies y rostro, venas varicosas sangrantes o piernas frías e hinchadas. Puede haber lengua y aliento fríos, ronquera, falta de coordinación y disminución de la energía.

Los problemas digestivos producidos al margen de la dieta como flatulencia, indigestión y acidez son aliviados por este remedio. Los síntomas incluyen gusto salado en la boca, eructos agrios y vómito de los alimentos. El Carbo veg. también se utiliza para aliviar los dolores de cabeza que se producen por la mañana, sobre todo después de comer excesivamente y cuando la cabeza parece pesada y caliente, con náusea, mareo y tendencia a desmayarse.

Este remedio resulta útil para el asma y la tos espasmódica, como es el caso de la tos ferina, con asfixia, náuseas y vómito de mucosidad, y en las bronquitis de los ancianos.

Los síntomas mejoran Con los eructos; con el aire frío y fresco.
Los síntomas empeoran Con el clima cálido y húmedo; con los alimentos grasos, leche, café y vino; por la noche; al acostarse, a pesar de la debilidad y el cansancio.

Tipo constitucional

Las personas que pertenecen al tipo Carbo veg. *carecen de interés en los asuntos del momento, temen a lo sobrenatural, prefieren la luz del día a la oscuridad y suelen tener ideas fijas. Se quejan de no sentirse realmente bien desde que sufrieron una enfermedad o accidente determinados. A menudo se sienten muy cansados y en estado de colapso físico y mental; carecen de energía, tienen un proceso de pensamiento lento y memoria desigual.*

CEPHAELIS IPECACUANHA

IPECAC.

Dr. Helvetius (1625-1709) *En 1670 vendía un tratamiento herbáceo elaborado a partir de la* Ipecacuanha *para la náusea y los vómitos.*

El uso medicinal de la Cephaelis ipecacuanha, *que provoca el vómito, fue registrado por primera vez por un monje portugués que vivió en Brasil alrededor del año 1600. Fue llevada a Europa aproximadamente setenta años más tarde. En la actualidad, el remedio homeopático elaborado a partir de la raíz se utiliza sobre todo en los casos de náuseas y vómitos. En la medicina ortodoxa se utiliza una droga elaborada a partir de la planta para inducir el vómito en aquellas personas que han ingerido veneno o una sobredosis de droga.*

USOS CLAVE

- Náusea constante, con vómitos o sin ellos.
- Dificultad para respirar y sensación de ahogo.

AUTOAYUDA

Migrañas - ver pp. 160-161
Náusea matinal - ver pp. 208-209
Náusea y vómitos - ver pp. 182-283

Raíz seca

Cephaelis ipecacuanha *Este arbusto pequeño y perenne crece en los bosques tropicales. La raíz se recoge cuando la planta está en flor y luego se seca para elaborar el remedio homeopático.*

PERFIL DEL REMEDIO

Nombre vulgar Ipecacuanha
Fuente Crece en los bosques tropicales de América del Sur y Central.
Partes utilizadas Raíz seca

ENFERMEDADES TRATADAS

La *Ipecac.* es un remedio excelente para la náusea y los vómitos. Los síntomas físicos que alivia son: náusea persistente con palidez de rostro y labios; sudores fríos o calientes y sensación de viscosidad; náusea asociada con migrañas; náusea que no se alivia con vómitos; vómitos que empeoran al doblarse. Los malestares estomacales acompañados por pulso débil, falta de sed, desmayos y salivación constante también son aliviados por la *Ipecac.* Resulta eficaz para tratar las dificultades respiratorias, como el asma, la tos espasmódica que provoca ahogos y la necesidad de toser y vomitar al mismo tiempo.

Las hemorragias abundantes con pérdida de sangre brillante que tarda en coagular, por ejemplo en una hemorragia nasal, también son aliviadas por este remedio.

Una característica clave de todas las enfermedades es que la lengua parece limpia en lugar de pastosa. La persona puede sentir constantemente frío por fuera y calor por dentro. Quienes necesitan este remedio son ansiosos y temen a la muerte.

Los síntomas mejoran Con el aire fresco
Los síntomas empeoran En el invierno; con el movimiento; al acostarse; con la tensión o la confusión; con el calor.

CHINA OFFICINALIS/CINCHONA SUCCIRUBRA

CHINA

La atención del enfermo *Durante el siglo XVII los jesuitas introdujeron la quinina, que se extrae de la quina, como cura para la malaria.*

Elaborado a partir de la quina, el remedio China *tiene una importancia histórica especial para los homeópatas. La corteza fue la primera sustancia que Hanhemann probó en su propio organismo, regustrando así la primera prueba de un medicamento en homeopatía (ver pp. 12-15). Anotó que, en dosis elevadas, la quinina, que se extrae de la corteza, produce síntomas similares a la malaria, enfermedad que cura. En la actualidad, la* China *es un remedio importante para el agotamiento.*

Usos clave

- Agotamiento nervioso como consecuencia de trastornos debilitantes
- Debilidad que se produce por una gran pérdida de fluidos corporales, por ejemplo por sudoración, diarrea o vómitos.

Extracción de la corteza *La cinchona es un árbol perenne que crece en las zonas más tórridas del mundo. Para elaborar el remedio China, se extrae y se seca la corteza, que contiene quinina.*

Perfil del remedio

Nombres vulgares Quina, corteza de cinchona, corteza de jesuita.
Fuente Originaria de los bosques tropicales de América del Sur, ahora crece en la India, Sri Lanka, y el sudeste asiático.
Partes utilizadas Corteza seca.

Enfermedades tratadas

La *China* se utiliza sobre todo para el agotamiento nervioso que resulta de una enfermedad debilitante, la debilidad provocada por el amamantamiento o una pérdida excesiva de fluidos corporales, por ejemplo, por la transpiración, los vómitos o la diarrea.

Este remedio también es bueno para los siguientes trastornos: dolores de cabeza que mejoran al aplicar una presión firme sobre la zona dolorida, pero que empeoran con el roce ligero, como por ejemplo, el cepillado del pelo; neuralgia; convulsiones; mareos; zumbido (de los oídos); tirones musculares asociados con fatiga; y hemorragias nasales y de otro tipo.

También se administra en los casos de sudoración abundante, temblores y sofocos con fiebre o sin ella. Mientras transpira, la persona se niega a beber, pero desea hacerlo cuando siente escalofríos. La tez se ve amarillenta y cetrina y la piel se muestra muy sensible al más ligero roce.

La *China* también actúa sobre el aparato digestivo y es aconsejable para tratar la gastroenteritis, los problemas de vesícula y flatulencia exacerbada por el movimiento.

La China resulta útil para el tratamiento de síntomas mentales que incluyen falta de concentración, apatía e indiferencia, nerviosismo y estallidos de ira poco característicos. El sueño puede resultar agitado y difícil.

Las personas que necesitan este remedio pueden tener los tobillos hinchados, sufrir indigestión que no se alivia con los eructos y la sensación de que los alimentos están atascados detrás del esternón. Les disgustan la manteca y los alimentos grasos y desean consumir alcohol.

Los síntomas mejoran Al dormir; con lo templado; al aplicar una presión firme sobre las partes afectadas.
Los síntomas empeoran Con el frío y las corrientes; por la noche; en el otoño.

Tipo constitucional

Las personas del tipo China *suelen ser hipersensibles, idealistas, y se ofenden fácilmente. Su intensa personalidad artística hace que les resulte difícil expresar sus sentimientos a los demás. En lugar de eso, se expresan creativamente y son muy sensibles a la naturaleza. Les disgustan las charlas sociales y prefieren conversar de temas más significativos. Esta intensidad es en sí misma muy agotadora y puede volverlos perezosos, deprimidos, irritables, nerviosos, e incluso violentos. Las personas del tipo* China *son sumamente inaginativas, sobre todo por la noche, cuando forjan grandes planes para el futuro o fantasean con la realización de hazañas heroicas. Posteriormente, estas ideas los avergüenzan.*

CIMICIFUGA RACEMOSA/ACTAEA RACEMOSA

CIMIC.

Dr. Hughes *(1836-1902) Este homeópata inglés probó exhaustivamente el* Cimic. *como tratamiento para la rigidez del cuello causada por los dolores de cabeza.*

El rizoma de esta planta fue utilizado por los aborígenes americanos para curar las mordeduras de la serpiente de cascabel (de ahí su nombre vulgar, raíz de cascabel) y para los dolores menstruales y del parto. La raíz también se masticaba para utilizarla como sedante y para aliviar la depresión. El té elaborado con esta hierba se esparcía por las habitaciones para evitar la entrada de los malos espíritus. En herboristería, la raíz aún se utiliza como diurético, para suprimir el reflejo de la tos, y para reducir la inflamación y el dolor reumático.

USOS CLAVE

- Trastornos asociados con la menstruación, el embarazo y el alumbramiento y la menopausia.
- Dolores de cabeza y problemas en la nuca
- Suspiros y tristeza
- Enfermedades caracterizadas por una marcada sensibilidad al frío

AUTOAYUDA

Dolores de cabeza - ver pp. 160-161

Raíz fresca *El remedio homeopático se elabora a partir de la raíz negra fresca.*

Cimicifuga racemosa *En verano, esta planta alta produce flores blancas, largas y plumosas.*

PERFIL DEL REMEDIO

Nombres vulgares Veneno de insecto, raíz de cascabel
Fuente Crece en Estados Unidos y Canadá
Partes utilizadas Raíz fresca y rizoma

ENFERMEDADES TRATADAS

El *Cimic.* es principalmente un remedio para las mujeres, que actúa sobre los nervios y los músculos del útero. Se utiliza para los síntomas menstruales, como congestión de la cabeza antes de la menstruación y pesadez y calambres en la zona lumbar durante la menstruación. Este remedio es aconsejable en los casos de aborto natural, y también resulta útil para los trastornos corrientes del embarazo, como náuseas y vómitos, insomnio y dolor punzante del útero. La depresión posparto y los síntomas menopáusicos como desmayos y sofocos también se alivian con la ingestión de *Cimic.*

La rigidez del cuello provocada por los dolores de cabeza se ve aliviada con el *Cimic.*, lo mismo que los síntomas emocionales ocasionados por un desequilibrio hormonal, como la tendencia a suspirar, la tristeza, la ansiedad y la irritabilidad.

Los síntomas mejoran Al abrigarse; con el aire fresco; con la presión; con el movimiento suave y continuo.

Los síntomas empeoran Con el frío y la humedad; con las corrientes de aire; con el cambio de clima; con el alcohol; con el nerviosismo.

TIPO CONSTITUCIONAL

Las personas de este tipo suelen ser mujeres irritables, extrovertidas, enérgicas y conversadoras, que pasan de un tema a otro o tristes, depresivas y suspiradoras. Tienen una intensa vida emocional y marcados temores, como la muerte y la demencia (sobre todo durante la menopausia).

CITRULLUS COLOCYNTHIS

COLOCYNTHIS

Tintura de Colocynthis *Desde 1834, a partir de la tintura de colocynthis se ha elaborado un remedio para los trastornos digestivos.*

Los médicos de la antigua Grecia utilizaban esta fruta como purgante drástico y para tratar la hidropesía, los estados de letargo, la manía, y para provocar el aborto. Las semillas se consideran muy nutritivas, pero si se ingiere el resto de la fruta, se libera una sustancia resinosa llamada colocynthin, que actúa sobre los intestinos produciendo inflamación y retortijones. El remedio homeopático se utiliza para tratar esos mismos síntomas, lo mismo que los dolores de cólico y otros trastornos digestivos.

Usos clave

- Ira e indignación extremas que causan dolores de tipo cólico o neurálgicos.
- Trastornos digestivos
- Dolores de cabeza asociados con la ira o la turbación.

Autoayuda

Cólicos en bebés - ver pp. 214-215
Gastroenteritis - ver pp. 182-183

Raíz fresca *El remedio homeopático se elabora a partir de la raíz negra fresca.*

Citrullus colocynthis *Cuando está seca, la fruta se parece a una calabaza de color naranja. Para elaborar el remedio, se reduce a polvo la fruta seca, sin la semilla.*

Elíseo el profeta *Se dice que el profeta Elíseo convirtió la coloquíntida, una calabaza venenosa, en un fruto comestible durante la escasez que asoló Gilgal.*

Perfil del remedio

Nombres vulgares Coloquíntida.
Fuente Crece en las regiones cálidas y secas del mundo entero.
Partes utilizadas Fruta seca, sin las semillas.

Enfermedades tratadas

Las principales afecciones tratadas con *Colocynthis* se caracterizan por el dolor cólico o neurálgico provocado por la ira reprimida. Es muy eficaz para los dolores de cabeza, la neuralgia facial, los dolores estomacales acompañados por náuseas y vómitos, el dolor abdominal grave que se alivia al acostarse con las rodillas flexionadas, y el dolor abdominal con diarrea. Los dolores nerviosos alrededor de los riñones y los ovarios, la gota, la ciática (el dolor que se extiende a lo largo del nervio ciático), el reumatismo, y los mareos causados por la necesidad de mantener la cabeza de costado debido al reumatismo del cuello, son aliviados por este remedio.

Las personas que necesitan el *Colocynthis* padecen de ira contenida. A menudo esta ira o irritabilidad empeora por el cuestionamiento o la indignación.
Los síntomas mejoran Con lo templado; con la presión; con el café; con la flatulencia.
Los síntomas empeoran Después de comer y beber; con el clima frío y húmedo; al enfurecerse o indignarse.

Tipo constitucional

Las personas de este tipo son reservadas y tienen un marcado sentido de la justicia y de lo que es correcto e incorrecto. El hecho de que las contradigan las perturba notablemente, sobre todo si se sienten despreciadas o humilladas. Después de ponerse furiosas o indignarse pueden sufrir trastornos físicos, como calambres, problemas digestivos y neuralgia.

CUPRUM METALLICUM

CUPRUM MET.

Extracción *El cobre fue el primer metal utilizado para fabricar herramientas y armas. A menudo se mezcla con otros metales, por ejemplo, con estaño, para obtener bronce.*

Medicinalmente, el cobre se utilizó en otros tiempos como ungüento para curar heridas. El envenenamiento con cobre fue reconocido por primera vez por los caldereros en cobre, algunos de los cuales padecían cólicos, tos y desnutrición. En dosis elevadas, el cobre resulta tóxico y puede provocar convulsiones, parálisis e incluso muerte. En la actualidad, los problemas del sistema nervioso y las afecciones respiratorias son algunas de las enfermedades tratadas con este remedio homeopático, que fue probado en 1834.

Usos clave

- Calambres y espasmos musculares
- Cansancio o agotamiento por esfuerzo mental
- Problemas respiratorios

Autoayuda

Calambres - ver pp. 156-157

Cobre *Para elaborar el remedio homeopático, este metal de color dorado rojizo se reduce a polvo. El cobre, que se encuentra en muchos alimentos es esencial para el crecimiento de los huesos.*

Cobre en polvo

Raíz fresca *El remedio homeopático se elabora a partir de la raíz negra fresca.*

Perfil del remedio

Nombre vulgar Cobre
Fuente Se encuentra en las rocas del mundo entero
Partes utilizadas Cobre

Enfermedades tratadas

El *Cuprum met.* afecta principalmente el sistema nervioso y se utiliza para tratar los calambres que comienzan con tirones y espasmos en los dedos de los pies y que luego se extienden a pies, tobillos y pantorrillas. Este remedio resulta eficaz en el tratamiento de la epilepsia con espasmos musculares y convulsiones que comienzan en los dedos de las manos y los pies y se extienden hasta el centro del cuerpo. También es un remedio importante para el agotamiento provocado por un esfuerzo mental.

El *Cuprum met.* es beneficioso en el tratamiento de problemas respiratorios, como asma y tos ferina, en los que puede haber breves períodos durante los que la respiración parece detenerse. La persona se ve pálida y puede quedar azul; al beber pueden emitir un sonido borboteante.

Las personas que necesitan este remedio son variables y alternan la actitud complaciente con la obstinación. Pueden llorar antes de caer en la tristeza. La represión de cualquier emoción, como la ira, o las descargas corporales, como la transpiración con el uso de antitranspirantes, agravan estos síntomas.

Los síntomas mejoran Con las bebidas frías; con la transpiración.

Los síntomas empeoran Con el clima cálido; con los vómitos; con el roce; con las emociones reprimidas.

Tipo constitucional

Las personas del tipo Cuprum met. *son serias, autocríticas, y tienen emociones intensas muy reprimidas. Como no expresan sus sentimientos, parecen sumamente descorteses. Los problemas suelen comenzar en la adolescencia cuando reprimen sus necesidades sexuales. Los niños del tipo* Cuprum met. *pueden ser destructivos. No soportan que otros se acerquen a ellos y la ira y la furia les hará contener la respiración hasta quedar azules.*

DROSERA ROTUNDIFOLIA

DROSERA

John Gerard *(1545-1612) Según Gerard, la planta rocío de sol fue utilizada por los médicos del siglo XVI para tratar la tuberculosis.*

Esta pequeña planta carnívora atrapa insectos en el interior de sus hojas y los digiere con un fluido segregado por las glándulas de la superficie. La planta fue utilizada por los médicos asiáticos para curar las erupciones cutáneas y durante la Edad Media se empleó en el tratamiento de la peste. Cuando es ingerida por los ovinos, la planta fresca provoca una tos espasmódica y grave similar a la tos ferina. Esto condujo a las pruebas homeopáticas y a su utilización como remedio para la tos.

Usos clave

- Tos violenta con sonido cavernoso, como la tos ferina, que empeora despues de la medianoche.
- Dolores de crecimiento y de los huesos.
- Inquietud y obstinación

Perfil del remedio

Nombre vulgar Rocío de sol
Fuente Crece en Europa, la India, China, América del Sur y Estados Unidos.
Partes utilizadas Planta fresca y en flor, entera.

Enfermedades tratadas
La *Drosera* es principalmente un remedio para la tos y se utiliza en el tratamiento de la tos violenta acompañada de espasmos y sonido cavernoso, como la tos ferina. Lo que provoca la tos es la sensación de tener una pluma o una miga en la laringe. Empeora después de la medianoche y, en las etapas agudas, acaba provocando náuseas, vómitos, hemorragias nasales, y sudor frío seguidos de locuacidad.

Este remedio también es beneficioso para los dolores producidos por el crecimiento acompañados de sensación de hormigueo en los huesos de las piernas y dolor de huesos que mejora al estirarse. Otros síntomas que se alivian con el empleo de la *Drosera* son: voz ronca, profunda y apagada; agarrotamiento y tobillos rígidos.

Cuando enferman, las personas que necesitan este remedio se muestran inquietas, obstinadas, ansiosas si se quedan solas, tienen dificultades para concentrarse, temen a los fantasmas, tienen una sensación de persecución y sospechan que les darán malas noticias.
Los síntomas mejoran Con la presión; con el aire fresco; al caminar; con el movimiento; al erguirse en la cama; con el reposo.
Los síntomas empeoran Después de la medianoche; al acostarse; al hablar y cantar; después de tomar alimentos y bebidas fríos; con el llanto; con el calor de la cama.

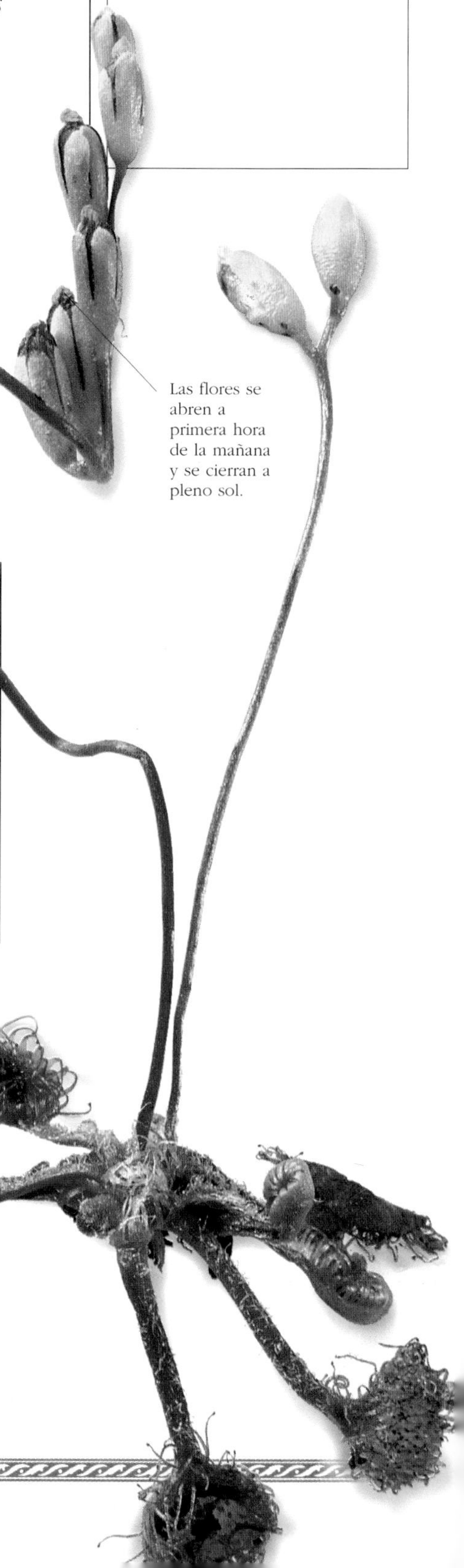

Drosera Rotundifolia *Originaria de pantanos y brizales, esta diminuta planta crece al nivel del suelo. El jugo de la planta fresca es cáustico y actúa sobre las vías respiratorias.*

Las flores se abren a primera hora de la mañana y se cierran a pleno sol.

Captura de un insecto *Cada uno de los pelos largos y rojos de las hojas de la planta rocío de sol contiene una glándula que segrega un fluido que atrapa y digiere los insectos. Esta secreción es más prolífica a pleno sol.*

EUPHRASYA OFFICINALIS /E. STRICTA

EUPHRASIA

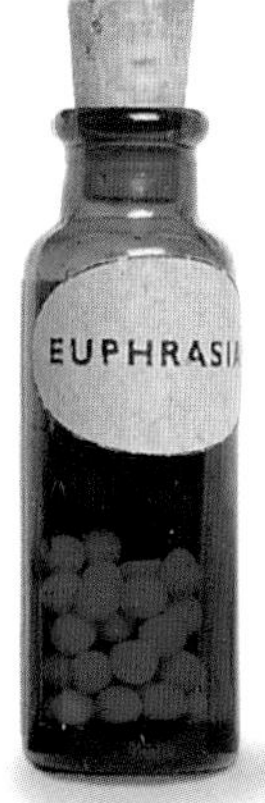

El remedio Euphrasia *Los homeópatas utilizan la* Euphrasia *principalmente para primeros auxilios de afecciones oculares, desde dolor, cansancio e inflamación de los ojos hasta heridas oculares.*

Esta pequeña flor silvestre fue mencionada por primera vez en 1305 como remedio para los ojos. En los siglos XIV y XV los habitantes de las montañas de Escocia utilizaban una infusión de Euphrasia officinalis *para las afecciones oculares. En el siglo XIX también se administraba en el tratamiento de tos, ronquera, dolor de oído y dolor de cabeza. En la actualidad, los herbolarios la utilizan como antiséptico y para reducir la inflamación.*

USOS CLAVE

- Afecciones oculares caracterizadas por lagrimeo y picazón de los ojos.
- Inflamacion o heridas oculares.
- Fiebre de heno con descarga ocular irritante y descarga nasal blanda.

AUTOAYUDA

Conjuntivitis - ver pp. 168-169
Heridas oculares - ver p. 223
Fiebre del heno - ver pp. 168-169

PERFIL DEL REMEDIO

Nombre vulgar Anagálides
Fuente Originaria de Europa y de Estados Unidos.
Partes utiizadas Planta fresca y en flor, entera.

ENFERMEDADES TRATADAS
La *Euphrasia* se utiliza principalmente para las afecciones de los ojos, como conjuntivitis, blefaritis (inflamación de los párpados), iritis (inflamación del iris), visión borrosa, intolerancia a la luz brillante, mucosidad pegajosa o pequeñas ampollas en la córnea (superficie del ojo) y ojos secos que acompañan la menopausia. También es eficaz para curar las heridas oculares, o cuando los ojos lagrimean o pican y se produce una descarga abundante, ardiente y pegajosa.

Los resfríos y la fiebre del heno acompañados de mejillas calientes y rojas y catarro acuoso se benefician con el uso de este remedio. Quienes padecen fiebre del heno y tienen afectados sobre todo los ojos encuentran alivio con el uso de la *Euphrasia*. Los ojos se hinchan y se irritan, pero se produce una descarga nasal blanda.

También se emplea en el tratamiento de dolores de cabeza con sensación de estallido, estreñimiento, y en las primeras etapas del sarampión. En las mujeres se administra para las menstruaciones breves y dolorosas en las que el flujo dura sólo una hora, un solo día, y en los hombres para el tratamiento de la inflamación de próstata.

Los síntomas mejoran Con el café; al acostarse en una habitación a oscuras.

Los síntomas empeoran Con el clima cálido y ventoso; con la luz brillante; al quedarse dentro de la casa; por la noche.

Euphrasia officinalis *Las delicadas flores de esta planta son blancas, liláceas o púrpuras y jaspeadas de amarillo. Han sido utilizadas durante mucho tiempo para curar las afecciones oculares.*

Las Tres Gracias Euphrasia, *que preserva la vista, deriva de "euphrosyne", la palabra griega que significa alegría. Euphrosyne, una de las Tres Gracias, era famosa por su alegría. Se cree que la planta recibió su nombre por su capacidad para favorecer la visión, lo que lleva felicidad a la vida del paciente.*

FERRUM PHOSPHORICUM

FERRUM PHOS.

Glóbulos rojos *El hierro se encuentra en los glóbulos rojos como parte de la hemoglobina, que lleva oxígeno a todo el organismo.*

Elaborado a partir del fosfato de hierro, el Ferrum phos. *es una sal de tejido de Schussler (ver p. 227). Schussler creía que el* Ferrum phos. *era más beneficioso en las primeras etapas de la inflamación, cuando fluye más sangre en los tejidos afectados y puede causar congestión. En esos casos fortalece las paredes de los vasos sanguíneos, reduciendo así las probabilidades de congestión. El remedio homeopático también se utiliza en las primeras etapas de las afecciones inflamatorias.*

Usos clave

- Las primeras etapas de inflamación, fiebre e infección antes de que aparezca cualquier otro síntoma definido.
- Tos y resfríos de comienzo lento.

Autoayuda

Resfríos - ver pp. 172-173
Fiebre infantil - ver pp. 218-219

Vivianita *Este mineral es una fuente natural de fosfato de hierro.*

Fosfato de hierro en polvo *Este polvo soluble de color azul pizarra se utiliza para preparar el remedio* Ferrum phos.

Perfil del remedio

Nombre vulgar Fosfato de hierro
Fuente Preparado químicamente a partir del sulfato de hierro, el fosfato de sodio y el acetato de sodio.
Partes utilizadas Fosfato de hierro.

Enfermedades tratadas

El *Ferrum phos.* se utiliza al comienzo de infecciones e inflamaciones. Las siguientes se alivian con su administración: resfríos que comienzan lentamente y pueden ir acompañados de hemorragia nasal; fiebres que comienzan lentamente y tos seca con dolor en el pecho; laringitis; dolores de cabeza que se alivian con compresas frías; dolor de oídos; reumatismo acompañado por temperatura y dolor punzante que disminuye con el ejercicio suave; indigestión con eructos agrios; gastritis con vómitos de alimentos no digeridos; primeras etapas de la disentería con sangre en las deposiciones.

Otros síntomas que se alivian con la administración de *Ferrum phos.* incluyen rostro pálido que se ruboriza fácilmente, pulso rápido y escalofríos que empiezan a primeras horas de la tarde.

En las mujeres, el *Ferrum phos.* se administra en los casos de ciclos menstruales cortos, dolor continuo del útero, sequedad vaginal e incontinencia por tensión durante la noche. A las personas que necesitan este remedio les desagrada la carne y la leche y les gusta mucho la cafeína.

Los síntomas mejoran Con el ejercicio suave; con compresas frías.
Los síntomas empeoran Con el calor; con el sol; con el movimiento y las sacudidas; con el tacto; al acostarse sobre el lado derecho; al suprimir la transpiración; por la noche; entre las 4 y las 6 de la mañana.

Tipo constitucional

Las personas que pertenecen al tipo Ferrum phos. *son delgadas, a menudo con un leve rubor en la piel. De carácter abierto y alerta, tienen infinidad de ideas. Suelen padecer problemas gastrointestinales y respiratorios.*

GELSEMIUM SEMPERVIRENS

GELSEMIUM

Jazmín de Carolina *Esta planta sorprendente crece junto a las corrientes y a lo largo de la costa marina, desde Virginia hasta Florida.*

Esta hermosa planta trepadora de flores amarillas perfumadas es venenosa. En dosis elevadas dificulta la respiración y el movimiento, provocando parálisis. Medicinalmente se ha utilizado desde la década del cuarenta del siglo pasado cuando, según se dice, un granjero que comió la raíz por error se curó la fiebre que padecía. Esta casual recuperación condujo finalmente al empleo de la planta para curar la fiebre y más tarde a ser probada por la homeopatía.

Usos clave

- Trastornos del sistema nervioso
- Dolores de cabeza y problemas oculares
- Resfríos y gripe
- Temores y fobias.

Autoayuda

Temor al dentista - ver pp. 164-165
Gripe - ver pp. 174-175
Shock - ver pp. 194-195
Dolor de garganta - ver pp. 176-177

Perfil del remedio

Nombres vulgares Jazmín de Carolina, jazmín amarillo, falso jazmín.
Fuente Originaria del sur de Estados Unidos.
Partes utilizadas Raíz fresca.

Enfermedades tratadas

El *Gelsemium* afecta principalmente el cerebro y la médula espinal, los nervios motores, los músculos, los párpados y las membranas mucosas. Alivia los siguientes trastornos: dolores de cabeza que se intensifican con el movimiento o la luz brillante y producen la sensación de tener la cabeza rodeada por una faja ajustada; cuero cabelludo lastimado debido a una inflamación nerviosa; dolor muscular asociado con fiebre; trastornos nerviosos como esclerosis múltiple; dolor uterino y menstruaciones dolorosas; languidez, párpados pesados; dolor del ojo derecho; dolor de garganta con amígdalas enrojecidas, dificultad para tragar y dolor de oído, y resfríos de verano.

Se administra para tratar los síntomas febriles, como rostro sudoroso y enrojecido, mal sabor de boca, lengua temblorosa y cubierta de sarro, músculos doloridos, fríos y con hormigueo, escalofríos con arrebatos de calor en la columna y falta de sed.

También se utiliza en el tratamiento de temores y fobias, por ejemplo a la cirugía o al dentista, y de temores después de un shock, todos acompañados de temblores. La sobreexcitación que hace que el corazón se saltee algún latido, la somnolencia y el insomnio también se alivian con el *Gelsemium*.

La raíz fresca despide un agradable aroma

El remedio Gelsemium *Este remedio es utilizado para el tratamiento de trastornos que van desde miedos y fobias hasta infecciones con síntomas febriles.*

Raíz de Gelsemium sempervirens *Amarga y sumamente tóxica, la raíz fresca actúa sobre la médula espinal y afecta el aparato respiratorio, volviendo más lenta la respiración.*

Los síntomas mejoran Después de orinar; con los estimulantes o el alcohol; al transpirar; al inclinarse hacia adelante.
Los síntomas empeoran Con el sol; con el calor y la humedad; con la niebla; con el humo del tabaco; con la excitación, la tensión o la preocupación ante los síntomas de una enfermedad o una actuación pública.

Tipo constitucional

Las personas que pertenecen al tipo Gelsemium *parecen tristes y abatidas, presentan un matiz azulado en la piel y suelen fumar en exceso. Su principal problema es la debilidad. Suelen ser cobardes y este remedio ha sido utilizado con frecuencia para contrarrestar la cobardía en el campo de batalla y también es uno de los principales remedios para los actores que sufren miedo al público. Debido a la debilidad mental, los temores y las fobias, las personas de este tipo pueden ser incapaces de llevar una vida activa.*

VIRGINIANA

HAMAMELIS

Hechicero *El hamamelis fue utilizado por primera vez por los aborígenes americanos*

La corteza de las ramas y la capa externa de la raíz del hamamelis, que une los tejidos del cuerpo, se utilizan en el herbalismo para tratar las venas inflamadas, como en el caso de las hemorroides. En la medicina ortodoxa, el hamamelis fue empleado en otros tiempos como loción para erupciones cutáneas menores, quemaduras y picaduras de insectos. El remedio homeopático fue probado por el Doctor Hering en 1850 (ver p. 17) y se utiliza en el tratamiento de venas varicosas y sabañones.

USOS CLAVE

- Venas débiles, inflamadas y sangrantes
- Dolores y sensación de magulladura
- Hemorragias nasales
- Debilidad por pérdida de sangre causada por una vena inflamada que estalla
- Depresión.

AUTOAYUDA

Hemorroides - ver pp. 184-185
Venas varicosas - ver pp. 198-199.

PERFIL DEL REMEDIO

Nombres vulgares Hamamelis, aliso moteado.
Fuente Originaria del este y el centro de Estados Unidos y Canadá, ahora crece en Europa.
Partes utilizadas Corteza fresca de las ramas y capa externa de la raíz.

ENFERMEDADES TRATADAS
El uso más importante del *Hamamelis* es el tratamiento de hemorroides y venas varicosas que aparecen débiles e inflamadas, y hemorragias venosas que tardan en interrumpirse, como el caso de las hemorragias nasales. También resulta eficaz en los casos de sabañones asociados con venas inflamadas.

Este remedio también alivia: dolores de cabeza que mejoran con las hemorragias nasales; dolor intenso causado por lesiones; ojos inyectados de sangre o en compota, acompañado de dolor, y tos con flema moteada de sangre.

El dolor durante la ovulación o debido a una menstruación abundante, con sensación de magulladura en el abdomen e inflamación del útero o los ovarios también se ve aliviado por este remedio.

El *Hamamelis* resulta útil en el tratamiento de la depresión, cuando la persona desea estar sola, desea que los demás muestren respeto y se siente inquieta e irritable, con ideas extravagantes.
Los síntomas mejoran Con el aire fresco; con la lectura, la reflexión o la conversación.
Los síntomas empeoran Con el aire cálido y húmedo; con la presión; con el movimiento.

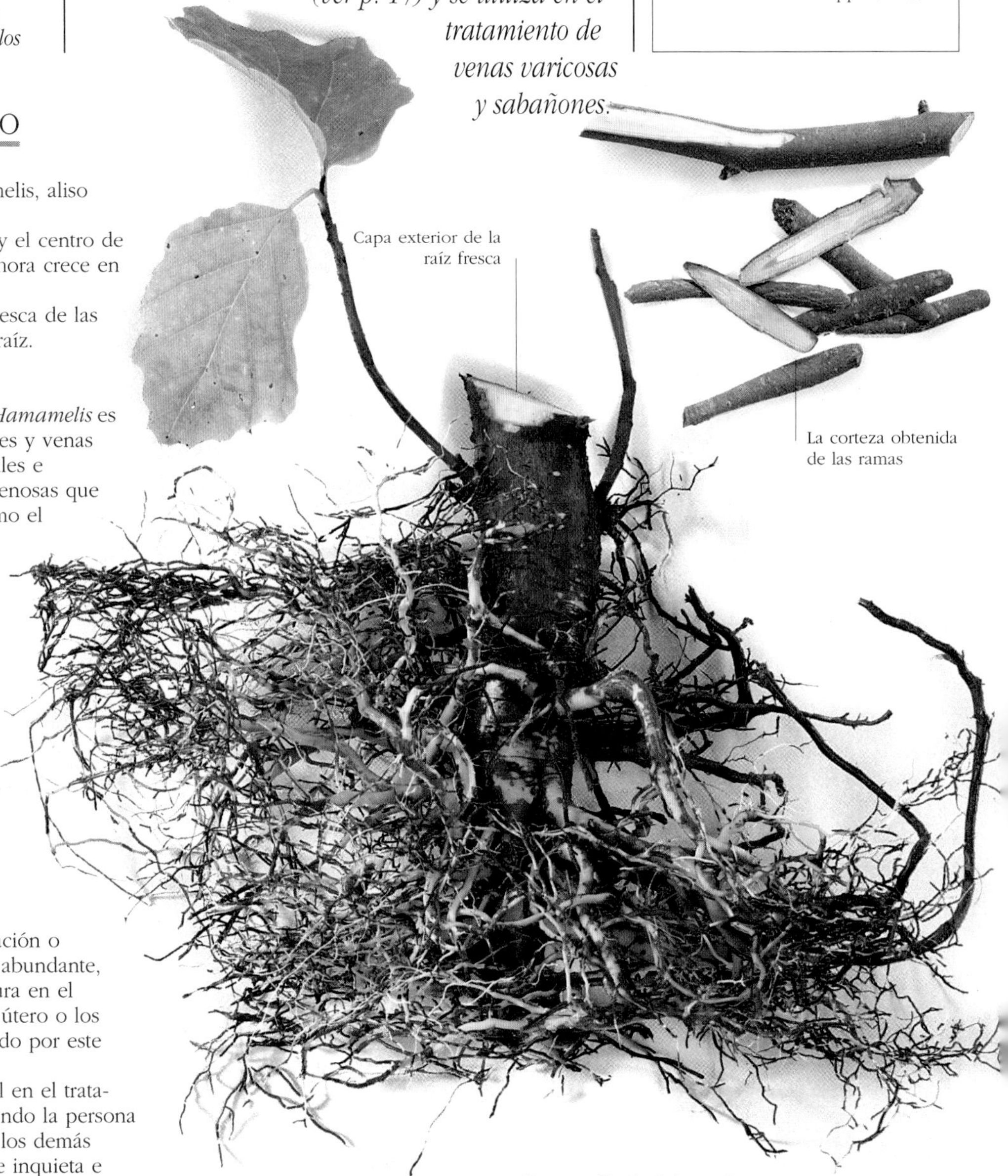

Capa exterior de la raíz fresca

La corteza obtenida de las ramas

Hamamelis virginiana *Para preparar este remedio se pica la corteza de las ramas y la capa exterior de la raíz fresca y se reducen a pulpa. Las propiedades astringentes y contractoras de la corteza hacen del hamamelis un excelente remedio para las hemorragias internas y externas.*

HEPAR SULPHURIS CALCAREUM

HEPAR SULPH.

Samuel Hahnemann *En 1794 preparó el sulfuro cálcico utilizando carbonato de calcio obtenido de las conchas de ostras y calentándolo con flores de sulfuro.*

Antes de Hahnemann, el sulfuro cálcico de cal se utilizaba externamente para tratar la sarna, el reumatismo, la gota, el bocio y los ganglios tuberculosos. En el siglo XVIII, Hahnemann aplicó el remedio homeopático elaborado a partir del sulfuro cálcico como antídoto para los efectos secundarios del mercurio, que se utilizaba ampliamente en el tratamiento de muchas enfermedades. En la medicina ortodoxa, el sulfuro cálcico se ha administrado para tratar acné y forúnculos.

Usos clave

- Infección, sobre todo con formación de pus
- Afecciones caracterizadas por dolor agudo, secreciones de olor agrio y sensibilidad al tacto, al dolor y al ruido
- Dolor de garganta con dolor de oído al tragar.

Autoayuda

Acné - ver pp. 188-189
Forúnculos - ver pp. 188-189
Dolor de oídos - ver pp. 166-167
Sinusitis - ver pp. 170-171
Amigdalitis - ver pp. 178-179

Flores de sulfuro

Polvo de concha de ostra

Preparación del remedio *El tradicional mortero y la mano se utilizan para moler y mezclar el polvo de concha de ostra y las flores de sulfuro y preparar así el remedio homeopático* Hepar sulph.

Perfil del remedio

Nombre vulgar Sulfuro cálcico crudo
Fuente Preparado químicamente calentando juntos polvo de concha de ostra y flores de sulfuro.
Partes utilizadas Sulfuro cálcico impuro.

Enfermedades tratadas

El *Hepar sulph.* se utiliza sobre todo cuando existe una infección, por ejemplo en la amigdalitis, el dolor de oídos y los trastornos de la piel en los que esta es sensible al tacto, a la humedad y supura fácilmente. Este remedio ayuda a expeler el pus, por ejemplo en los granos purulentos e infectados del acné o forúnculos muy sensibles al tacto y a punto de reventar. También se administra en las siguientes afecciones: dolor de garganta con dolor de oído al tragar y pérdida de voz o ronquera; sinusitis; ulceración o inflamación de los ojos; llagas y úlceras bucales; resfríos que comienzan con picazón de garganta; tos seca y ronca, o tos con flema floja que produce ruido en el pecho; tos de pecho provocada por la exposición al aire frío; gripe con fiebre, estornudos, sudores y necesidad de calor.

Cuando están enfermas, las personas que sienten alivio con este remedio son sensibles al aire frío, al tacto, al dolor y a cualquier tipo de malestar. Todas sus secreciones corporales, como la orina, la transpiración y las heces tienen olor agrio. Son ansiosas e irritables, tienen preferencias y aversiones irracionales, y suelen ser apresuradas y ofenderse con facilidad.

Los síntomas mejoran Con la comida; al aplicar compresas calientes en la zona afectada; con lo templado; al cubrirse la cabeza.

Los síntomas empeoran Con el frío; después de desvestirse, por un enfriamiento; al tocar las partes afectadas.

Tipo constitucional

Las personas que pertenecen a este tipo presentan exceso de peso, son fofas, pálidas, lentas y bastante depresivas. Producen la impresión de haber soportado muchas dificultades. Son vulnerables y sensibles al dolor y a menudo se quejan de una manera desproporcionada con su enfermedad. Son inquietas, pero esto queda oculto por una serenidad exterior y por su expresión de sufrimiento.

Caballero de San Juan *Se dice que la hierba de San Juan toma su nombre de los Caballeros de San Juan de Jerusalén.*

HYPERICUM PERFORATUM

HYPERICUM

El botánico del siglo XVI John Gerard describió esta hierba de flores brillantes como un remedio precioso para las heridas profundas . Dado que el jugo de las flores trituradas es de color rojo sangre, se pensó que era una hierba beneficiosa para las heridas. Actualmente se sigue utilizando en el herbalismo para tratar la ictericia y la fiebre, y como tónico para los riñones y el sistema nervioso. En homeopatía, su principal uso ha sido siempre, y aún es, el tratamiento del dolor nervioso posterior a una herida.

USOS CLAVE

- Lesiones de los nervios con dolor nervioso
- Severo dolor punzante que se desplaza hacia arriba
- Efectos de lesiones en la cabeza
- Asma que empeora con el tiempo brumoso

AUTOAYUDA

Cortes y rozaduras - ver p. 220
Molestias después de un tratamiento dental - ver pp. 164-165

PERFIL DEL REMEDIO

Nombre vulgar Hierba de San Juan.
Fuente Originaria de Europa y Asia, ahora crece en el mundo entero.
Partes utilizadas Toda la planta fresca en flor.

ENFERMEDADES TRATADAS
El *Hypericum* se utiliza para tratar el dolor nervioso punzante que suele desplazarse hacia arriba, y para las lesiones nerviosas, por ejemplo después de una operación o accidente. Es el remedio más importante que se puede utilizar cada vez que hay una herida en alguna parte del cuerpo con una alta concentración de terminaciones nerviosas, por ejemplo los dedos de las manos, los de los pies, la espina dorsal, los ojos, los labios, la base de las uñas y la cabeza. El *Hypericum* es eficaz en los casos de conmoción cerebral con sensaciones determinadas en la cabeza, como sensación de frío glacial y lesiones en los ojos. Actúa sobre los nervios de la columna y se administra en los casos de dolor de espalda intenso que asciende y desciende por la columna.

Es un excelente remedio para utilizar en los primeros auxilios en cualquier caso de herida por pinchazo, por ejemplo con uñas, astillas o mordeduras, y para los dedos lastimados de las manos o de los pies.

Otras afecciones para las que se emplea este remedio son: asma que empeora con el tiempo brumoso; dolor de muelas intenso, y malestar tras un tratamiento dental.

El *Hypericum* también se aplica en los casos de náusea, indigestión acompañada de lengua sucia con la punta limpia; diarrea; hemorroides sangrantes y dolorosas; dolor nervioso en el recto, y menstruación tardía acompañada de dolor de cabeza. Resulta útil en el tratamiento de la depresión y la apatía.
Los síntomas mejoran Al echar la cabeza hacia atrás.
Los síntomas empeoran Con el tiempo frío, húmedo y brumoso; en habitaciones calientes y mal ventiladas; con el tacto; después de desvestirse, debido al enfriamiento.

Cuando se machacan, las flores producen un jugo rojo.

Hypericum perforatum *Las hojas de color verde oscuro están llenas de diminutos agujeros, que son glándulas que segregan el aceite esencial de color rojo sangre. La tintura (ver p. 221) es buena para cortes, rasguños y raspones.*

KALI BICHROMICUM

KALI BICH.

Dr. John H. Clark *(1853-1931) Este famoso homeópata demostró que el* Kali bich. *es un buen remedio para los vómitos.*

La fuente del Kali bich., *el bicromato de potasio, es un compuesto cáustico y corrosivo. Se utiliza ampliamente en la industria en la fabricación de colorantes, en el estampado del percal, en fotografía y en baterías eléctricas. El remedio homeopático fue probado por primera vez en 1844. Como muchos de los remedios "Kali", es excelente en el tratamiento de la mucosidad y otros tipos de descarga, por ejemplo de la vagina, la uretra y el estómago.*

USOS CLAVE

- Mucosidad espesa, viscosa, amarilla o blanca y otras formas de descarga
- Dolor que pasa rápidamente de una parte del cuerpo a otra y aparece y desaparece con regularidad.

AUTOAYUDA

Oído pegajoso - ver pp. 218-219
Sinusitis - ver pp. 170-171.

Vivianita *Este mineral es una fuente natural de fosfato de hierro.*

Bicromato de potasio *El remedio se elabora a partir de las partículas de color naranja brillante del bicromato de potasio puro.*

PERFIL DEL REMEDIO

Nombre vulgar Bicromato de potasio.
Fuente Preparado químicamente añadiendo cromato de potasio amarillo en una solución a un ácido más fuerte.
Partes utilizadas Bicromato de potasio.

ENFERMEDADES TRATADAS

El *Kali bich.* suele administrarse en los casos de trastornos que afectan las membranas mucosas, sobre todo de la nariz, la garganta, la vagina, la uretra y el estómago. Es un remedio importante para los problemas catarrales, resfríos que se transforman en sinusitis con presión en la nariz y abundante secreción, y oído pegajoso (fluido en el oído medio) con sensación de abundancia en el mismo.

También se utiliza para tratar los problemas de articulaciones con dolor reumático que aparece y desaparece de repente, se mueve rápidamente alrededor de la parte afectada y se ve agravado por el paso brusco al calor. Los trastornos digestivos como náusea y vómito de mucosidad amarilla también se benefician con el uso del *Kali bich.*

Las migrañas que empiezan por la noche o mejoran con una presión firme en la base de la nariz pero empeoran al doblarse, también se alivian con este remedio.

Cuando están enfermas, las personas que necesitan el *Kali bich.* son muy sensibles al frío. Sin embargo, se sienten peor con el calor del verano.

Los síntomas mejoran Con el calor; con el movimiento; con la comida; después de vomitar.

Los síntomas empeoran Entre las 3 y las 5 de la mañana; con el clima frío y húmedo; en el verano; al despertarse; después de desvestirse, por enfriamiento; con el alcohol.

TIPO CONSTITUCIONAL

Las personas del tipo Kali bich. *son conservadoras, correctas, prosaicas y muy honradas. Conceden gran importancia a los detalles y quieren que todo se haga de manera ordenada. En consecuencia, su vida tiene que seguir una estricta rutina. Comen, duermen y trabajan siguiendo un horario rígido. Muy conformistas, suelen tener miras bastante estrechas y ser egoístas.*

KALI PHOSPHORICUM

KALI PHOS.

Wilhelm Schussler *(1821-1898)*
Destacado homeópata alemán, Schussler fundó en 1873 el sistema de la medicina de las sales de tejido.

El fosfato de potasio es un nutriente esencial. El organismo utiliza el potasio -que se encuentra en el cerebro y en las células nerviosas- de diversas maneras, por ejemplo para ayudar a almacenar energía en las células y para asegurar un funcionamiento saludable de los huesos. En la medicina ortodoxa, el fosfato de potasio se administra a pacientes que han sido alimentados por vía intravenosa. El Kali phos. *es una sal de tejido de Schussler (ver pp. 227) y un remedio homeopático clave para los trastornos del sistema nervioso y el agotamiento.*

Usos clave

- Agotamiento físico y mental acompañado de aversión a la compañía y marcada sensibilidad al frío.
- Descargas con pus.

Autoayuda

Síndrome de fatiga crónica - ver pp. 196-197.

Perfil del remedio

Nombres vulgares Fosfato de potasio, fosfato de potasa.
Fuente Preparado químicamente añadiendo ácido fosfórico diluido a una solución de carbonato de potasio.
Partes utilizadas Fosfato de potasio.

Enfermedades tratadas
El *Kali phos.* se administra en los casos de agotamiento mental y físico con nerviosismo causado por un estrés o agotamiento excesivos. A menudo resulta necesario para los estudiantes que se han preparado arduamente y sufren un fracaso. Quienes se encuentran en estado de agotamiento pueden acobardarse ante el menor sonido, se vuelven tímidos y prefieren estar solos. Incluso pueden desarrollar aversión a su propia familia. La debilidad es frustrante y los vuelve irritables y furiosos.

Los síntomas físicos del agotamiento incluyen: sensibilidad al frío; lengua sucia y amarillenta; descarga amarilla o con pus proveniente de la vagina, la vejiga o en las deposiciones; debilidad muscular extrema; el levantarse a las 5 de la mañana con hambre y retortijones de estómago.

A las personas que sufren agotamiento o síndrome de fatiga crónica y necesitan este remedio les suele transpirar la cara o la cabeza a causa de la excitación o después de las comidas, pero por lo demás no transpiran fácilmente. Cuando tienen hambre les duele la cabeza y tienen sensación de nerviosismo en el estómago. Suele disgustarles el pan y consumen alimentos dulces.

Cuando el ácido fosfórico diluido se añade a una solución de carbonato de potasio se produce una reacción efervescente.

Fosfato de potasio *Para preparar el remedio* Kali phos. *se añade ácido fosfórico diluido a una solución de carbonato de potasio. Este último deriva de la manera en que se quema hasta que no queda carbón sino sólo un polvo blanco llamado potasa.*

Carbonato de potasio

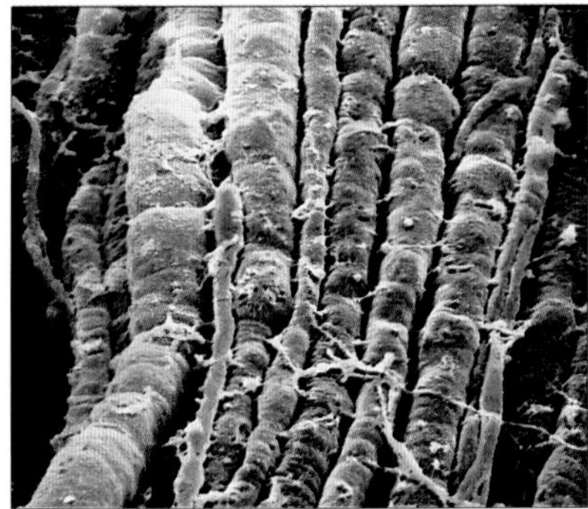

Nervios humanos *El potasio es esencial para el correcto funcionamiento del sistema nervioso. Es responsable del paso de los impulsos a lo largo de los nervios.*

Los síntomas mejoran Con la comida; con el tiempo nublado; con el calor; con el movimiento suave.
Los síntomas empeoran Con la más leve excitación mental; con las preocupaciones; con el tacto; con el sufrimiento; con el aire frío y seco; con las bebidas frías; con el esfuerzo físico; antes y después de dormir; en el invierno; con el ruido; al hablar.

Tipo constitucional

Las personas del tipo Kali phos. *tienen una visión conservadora, con frecuencia son extrovertidas y ven las cosas con claridad. Las malas noticias, o las noticias sobre el hambre o la violencia en lugares distantes del mundo los perturban con facilidad. Quedan muy pronto agotados por el estrés y el exceso de trabajo.*

LEDUM PALUSTRE

LEDUM

Karl Linnaeus *(1707-1778) Este botánico sueco fue el primero en utilizar el* Ledum palustre *en forma medicinal para las infecciones de garganta y la tos.*

El romero silvestre recibe su nombre genérico de la palabra griega ledos , que significa túnica aterciopelada y hace referencia a los pelos aterciopelados que hay debajo de las hojas de la planta. La hierba fresca tiene un olor antiséptico y desde el siglo XIII ha sido utilizada por los finlandeses para combatir los insectos y bichos. En 1773, después de que el infame impuesto al té fuera introducido en las colonias americanas, el Ledum palustre *se convirtió durante un tiempo en un sucedáneo del té.*

Usos clave

- Prevenir infecciones de heridas
- Picaduras, cortes y raspaduras
- Heridas oculares
- Dolor reumático que asciende, con marcada sensación de frío en la zona afectada.

Autoayuda

Cortes y raspaduras - ver p. 220
Heridas oculares - ver p. 223
Picaduras de insectos - ver p. 221

Las hojas contienen un aceite volátil que tiene olor a alcanfor

Para preparar el remedio homeopático, se recoge la planta fresca cuando florece, en verano, y luego se seca y se reduce a polvo

Ledum palustre *El romero silvestre posee cualidades antisépticas y el remedio homeopático elaborado a partir del mismo tiene muchas aplicaciones en los primeros auxilios.*

Perfil del remedio

Nombres vulgares Romero silvestre, té de los pantanos.
Fuente Crece en el hemisferio norte, sobre todo en Canadá y Estados Unidos, Escandinavia e Irlanda.
Partes utilizadas Planta fresca en flor, seca y reducida a polvo.

Enfermedades tratadas
El *Ledum* ayuda a evitar infecciones. Es un importante remedio para utilizar en primeros auxilios y se usa internamente. Es especialmente beneficioso en trastornos agudos como picaduras de insectos, ojos morados y otras heridas oculares, cortes y raspones y heridas con perforación.

El *Ledum* también se administra en los siguientes casos: dolor reumático que comienza en los pies y asciende; articulaciones rígidas y doloridas en las que la persona siente calor por dentro pero el miembro afectado está frío al tacto y se alivia con compresas frías; dolor en la punta del dedo gordo del pie a causa de la gota; y tendones doloridos, hinchados y rígidos.

Cuando están enfermas, las personas que necesitan este remedio sufren sudores nocturnos y apartan las mantas. Pueden sentir intensa picazón en pies y tobillos, y son propensos a torcerse los tobillos. Pueden sentir ira, impaciencia, timidez, y preferir estar a solas.
Los síntomas mejoran Al aplicar compresas frías en la zona afectada.
Los síntomas empeoran Por la noche; con el calor; con el tacto.

LYCOSA TARENTULA/TARENTULA HISPANICA

TARENTULA

Efectos del tarantismo *Se decía que las personas afectadas por esta enfermedad mostraban una conducta maníaca y saltaban, bailaban y gritaban.*

La araña lobo recibe su nombre de especie, tarántula, de Tarento, ciudad de Italia en la que abunda. A diferencia de la tarántula de América del Sur, que si pica provoca manía, contracción nerviosa y una sensación de asfixia, la araña lobo no es peligrosa para los humanos. Sin embargo, en otros tiempos se creía que si uno era picado por la araña podía producirse tarantismo una enfermedad que podría provocar melancolía o manía.

Usos clave

- Inquietud extrema, tanto física como mental
- Trastornos cardíacos
- Problemas ováricos
- Genitales sensibles en las mujeres
- Afecciones que se caracterizan por una tendencia a girar de un costado a otro para aliviar los síntomas, y que mejoran con la música.

Perfil del remedio

Nombres vulgares Araña lobo, araña española
Fuente Se encuentra en Europa.
Partes utilizadas Toda la araña viva.

Enfermedades tratadas

Las alteraciones del sistema nervioso, por ejemplo inquietud mental y física, y manía con impaciencia e inquietud extremas son los trastornos más comúnmente tratados con la *Tarentula*. También se emplea para tratar afecciones cardíacas, como angina y enfermedad cardíaca.

En las mujeres, este remedio se administra en el tratamiento de problemas ováricos en los que la paciente empeora al acostarse sobre el lado izquierdo, y de picazón de la vulva y la vagina, que quedan secas, y en carne viva después de rascarse y de una menstruación abundante. La *Tarentula* también se utiliza para los dolores de cabeza con sensación de agujas clavadas en el cerebro, y problemas respiratorios, por ejemplo tos.

Todas las afecciones tratadas con la *Tarentula* se caracterizan por síntomas físicos que incluyen: nerviosismo e incapacidad de quedarse quieto, con nerviosismo en las piernas que empeora al caminar; tirones y contracciones nerviosas, y una tendencia a girar de un costado a otro en un intento por aliviar los síntomas.

Las personas que necesitan este remedio pueden sufrir cambios de humor repentinos cuando están enfermas, por ejemplo pueden reír y un instante después adoptar una actitud malévola y destructiva.

El remedio Tarentula *Este remedio se elabora con la araña viva entera y se utiliza en los casos de inquietud y nerviosismo.*

Lycosa tarentula *Se le llama comúnmente araña lobo porque persigue a su presa en lugar de atraparla en una telaraña.*

Los síntomas mejoran Al ver colores brillantes; con la música; con el aire fresco; girando de un costado a otro; y, curiosamente, fumando.
Los síntomas empeoran Todos los años en la misma época; con el movimiento; con el tacto; con el ruido; al ver a otras personas en apuros.

Tipo constitucional

Las personas del tipo Tarentula *padecen una sobreestimulación del sistema nervioso. Al principio esto parece una conducta hiperactiva y una incapacidad de dejar de trabajar, pero a medida que aumenta la sensación de prisa y la impaciencia, se desarrollan síntomas mentales como una inquietud extrema y cambios de humor que hacen pasar de la risa maníaca a la violencia y la destructividad. Las personas de este tipo también suelen ser manipuladoras.*

LYTTA VESICATORIA/CANTHARIS VESICATORIA

CANTHARIS

Marqués de Sade *(1740-1814) Procesado por el asesinato de mujeres, el marqués daba* Lytta vesicatoria *a sus víctimas; se decía que esta era afrodisíaca.*

Este escarabajo de color verde brillante segrega una sustancia irritante llamada cantaridina, que ha sido utilizada desde tiempos inmemoriales para extirpar verrugas. También se ha empleado para tratar problemas reumáticos y como afrodisíaco en filtros de amor. La cantaridina es un potente veneno si se toma en dosis elevadas, y ataca principalmente las vías urinarias causando vómitos violentos y dolor ardiente. El remedio homeopático se administra en los casos de trastornos con síntomas de ardor.

Usos clave

- Trastornos caracterizados por un dolor ardiente y punzante y mucha sed sin deseos de beber
- Quemaduras y picaduras
- Malestares que empeoran rápidamente.

Autoayuda

Ampollas - ver p. 222
Quemaduras y escaldaduras - ver p. 220
Cistitis - ver pp. 200-201.

Perfil del remedio

Nombre vulgar Cantárida.
Fuente Se encuentra principalmente en el sur de Francia y España.
Partes utilizadas Todo el escarabajo vivo.

Enfermedades tratadas
El *Cantharis* se utiliza sobre todo para tratar la cistitis grave con dolor ardiente y escaldante que empeora a medida que pasa la orina. También se administra en el tratamiento de otras infecciones del tracto urinario y para escaldaduras y quemaduras que mejoran con compresas frías.

Este remedio también es eficaz para: irritación del aparato digestivo que provoca distensión del abdomen; dolor ardiente y diarrea escaldante; sensación de ardor en las plantas de los pies por la noche; manos heladas con uñas rojas y calientes; erupción con pus en las manos, y picaduras de color negro en el centro. Otra de sus aplicaciones es el tratamiento de malestares que empeoran rápidamente..

Otros síntomas físicos aliviados por este remedio incluyen falta de apetito, sensación de quemazón en la garganta y mucha sed sin deseo de beber.

Los problemas mentales que se alivian con el *Cantharis* incluyen el deseo excesivo de realizar el acto sexual, ataques de furia, irritabilidad que conduce a la violencia, ansiedad grave, gritos e insolencia.

Los síntomas mejoran Con el calor; con el masaje suave; después de eructar y liberando la flatulencia; por la noche.

Los síntomas empeoran Con el movimiento; con el café y el agua fría.

El remedio Cantharis *La cantárida es la fuente del remedio* Cantharis, *que se emplea para tratar el dolor ardiente y punzante.*

Cantártidas *Estos escarabajos venenosos y muy irritantes han sido utilizados medicinalmente desde la antigüedad.*

Tamaño real

RHUS TOXICODENDRON/R. RADICANS

RHUS TOX.

Tintura de Rhus tox. *Las hojas frescas de hiedra venenosa se utilizan para preparar la tintura del remedio* Rhus tox.

Si se toca, la hiedra venenosa provoca una violenta erupción cutánea, a menudo con fiebre, pérdida de apetito, dolor de cabeza e inflamación de las glándulas. La hiedra venenosa se utilizó por primera vez en medicina en el siglo XVIII, cuando un médico observó que un paciente se curaba el herpes de la cintura después de quedar envenenado con la hiedra. La planta se ha utilizado en la medicina ortodoxa para tratar el reumatismo. El remedio homeopático se administra sobre todo para el dolor reumático y los problemas cutáneos.

USOS CLAVE

- Afecciones cutáneas con picazón de la piel, que aparece roja, hinchada y ardiente
- Trastornos articulares y musculares en los que la rigidez y el dolor mejoran con el movimiento continuo pero empeoran al empezar a moverse.

AUTOAYUDA

Ampollas - ver p. 222
Sarpullido por pañales - ver pp. 216-217
Osteoartritis - ver pp. 154-155
Nerviosismo en las piernas - ver pp. 156-157
Reumatismo - ver pp. 156-157
Torceduras y esguinces - ver p. 223.

PERFIL DEL REMEDIO

Nombres vulgares Hiedra venenosa, roble venenoso.
Fuente Originaria de todo el territorio canadiense y Estados Unidos.
Partes utilizadas Hojas frescas.

ENFERMEDADES TRATADAS
El *Rhus tox.* se utiliza principalmente para tratar las afecciones cutáneas que producen ardor, picazón, piel roja e hinchada y tendencia a la escamación, como herpes, sarpullido producido por los pañales, ampollas y eczemas, y problemas musculo-esqueléticos como osteoartritis, reumatismo, nerviosismo en las piernas, calambres, esguinces y torceduras.

Otros síntomas físicos tratados, por ejemplo la fiebre reumática, la gripe y otras infecciones virales, incluyen: temperatura alta con confusión y delirio; mareos que empeoran al estar de pie o caminar; Ojos hinchados con lágrimas que producen ardor, cuero cabelludo sensible, nariz obstruida por la noche, lengua seca, agrietada, parduzca y con la punta roja; sabor amargo en la boca; tos irritante que se alivia al hablar o cantar; rigidez en la zona lumbar; entumecimiento de brazos y piernas; náuseas y vómitos, y dolor semejante a puntadas que empeoran con el frío y la humedad.

Los problemas de la mujer que se alivian con este remedio incluyen: menstruación abundante, prolongada y prematura, dolor ardiente en la vagina y dolor abdominal que se alivia al acostarse. Las personas que necesitan este remedio pueden mostrarse irritables; deprimidas con inclinación al suicidio; y pueden llorar sin motivo. No experimentan placer sensual; son ansiosas y temen quedar envenenadas por los medicamentos y son sumamente sensibles al frío y la humedad.
Los síntomas mejoran Con el movimiento continuo y los frecuentes cambios de posición; con el calor seco.
Los síntomas empeoran Con el reposo; al empezar a moverse después del reposo; al desvestirse, por un enfriamiento; con el clima ventoso y tormentoso; por la noche.

El más leve contacto con las hojas frescas puede producir un sarpullido intenso

Las hojas contienen una savia lechosa sumamente venenosa

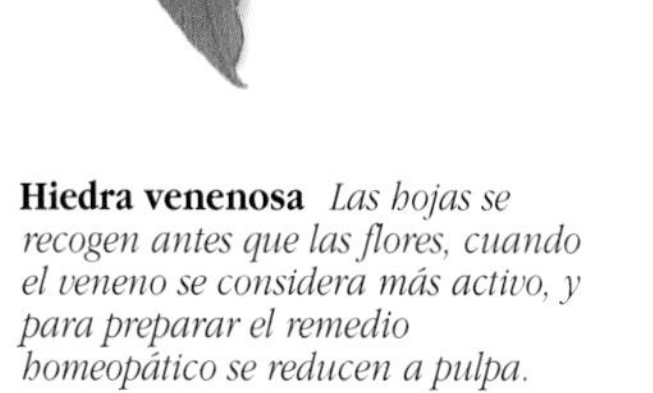

Hiedra venenosa *Las hojas se recogen antes que las flores, cuando el veneno se considera más activo, y para preparar el remedio homeopático se reducen a pulpa.*

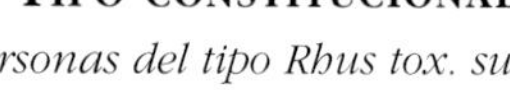

TIPO CONSTITUCIONAL

Las personas del tipo Rhus tox. suelen ser alegres, vivaces, bromistas, ingeniosas y una compañía ideal, aunque al principio un poco tímidas. Suelen ser serias, trabajadoras y bastante impulsivas. Pueden sentir inquietud y agitación interior y volverse irritables, frustradas, deprimidas y taciturnas si padecen una enfermedad prolongada, porque el sufrimiento las agota. Pueden mostrar una conducta compulsiva y ritualista.

RUTA GRAVEOLENS

RUTA GRAV.

Miguel Angel *(1475-1564) Este grandioso pintor del Renacimiento creía, lo mismo que otros pintores, que la ruda mejoraba la visión.*

La ruda fue utilizada por los antiguos griegos para curar la indigestión y desde entonces ha sido utilizada en la medicina popular para curar tos, crup, cólicos, dolores de cabeza y como antídoto en el envenenamiento con setas, mordeduras de serpientes y picaduras de insectos. En dosis elevadas provoca malestar gástrico con vómitos, hinchazón de la lengua, confusión y contracciones nerviosas convulsivas. El remedio homeopático elaborado con la ruda ha sido utilizado desde los años veinte del siglo pasado.

USOS CLAVE

- Huesos y músculos magullados y doloridos
- Vista cansada debido al trabajo detallado

AUTOAYUDA

Vista cansada - ver pp. 166-167
Reumatismo - ver pp. 156-157
Torceduras y esguinces - ver p. 223

PERFIL DEL REMEDIO

Nombres vulgares Ruda, hierba amarga.
Fuente Originaria del sur de Europa, ahora crece en el mundo entero.
Partes utilizadas Jugo extraído de la planta fresca entera antes de que florezca.

ENFERMEDADES TRATADAS
La *Ruta grav.* es un remedio importante para las contusiones del periostio (el revestimiento de los huesos) con dolor intenso, reumatismo, lesiones en tendones, magullones doloridos y ciática (dolor en el nervio ciático) que empeora por la noche y al acostarse. También se utiliza para aliviar la vista cansada, con ojos enrojecidos y dolor de cabeza provocado por la vista cansada, a menudo a causa de leer letra pequeña.

El remedio también se utiliza para tratar la debilidad del pecho y las dificultades respiratorias con dolor en el esternón, como en la tos y el crup; infección del alvéolo dental después de una extracción; prolapso del recto que empeora al agacharse y ponerse en cuclillas; estreñimiento alternado con deposiciones blandas y mezcladas con sangre y mucosidad; y dolor desgarrador o punzante en el recto, como en el caso del prolapso de recto.

Cuando están enfermas, las personas que necesitan *Ruta grav.* pueden sentirse deprimidas y no experimentar satisfacción personal. También pueden mostrarse críticas con los demás y ansiosas.
Los síntomas mejoran Con el movimiento.
Los síntomas empeoran Al acostarse; con el reposo; con el frío y la humedad.

La savia de la planta puede irritar la piel

Las hojas contienen un aceite picante que posee una amplia variedad de aplicaciones

Ruta graveolens *Esta planta ha sido empleada medicinalmente a lo largo de la historia. El remedio homeopático elaborado a partir de ella constituye un tratamiento clave para el dolor agudo.*

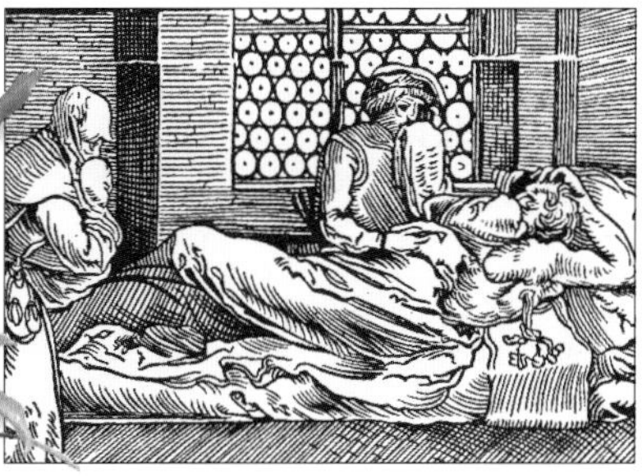

La planta contra la peste *Durante la Edad Media, la ruda se utilizó para combatir la peste. La planta posee un olor sumamente potente y nocivo.*

THUJA OCCIDENTALIS

THUJA

Sacrificio a los dioses *El* arbor vitae *se quemaba en los sacrificios paganos.*

El nombre genérico de esta conífera, Thuja, *deriva de la palabra griega thero , que significa fumigar o sacrificar. Aunque los nativos norteamericanos utilizaban las hojas y las ramas para el tratamiento de la malaria, la tos, la gota y el reumatismo, los extractos del árbol nunca se han utilizado en la medicina ortodoxa. En aromaterapia, el aceite esencial de* Thuja occidentalis *se utiliza para tratar la caída del cabello y el acné.*

USOS CLAVE

- Verrugas y otros problemas cutáneos
- Problemas en las uñas
- Trastornos del tracto genito-urinario
- Enfermedades caracterizadas por catarro verde o verde amarillento.

AUTOAYUDA

Verrugas - ver pp. 188-189.

La planta fresca *Las ramas y las hojas aromáticas de la* Thuja occidentalis *se reducen a pulpa para elaborar el remedio homeopático y también se preparan en forma de crema, que alivia el reumatismo.*

Las ramas frescas y frondosas poseen un aroma acre que recuerda el del alcanfor

Thuja occidentalis *Las hojas y las ramas jóvenes de esta planta perenne de crecimiento lento han sido utilizadas en remedios herbáceos durante siglos.*

PERFIL DEL REMEDIO

Nombre vulgar Arbor vitae, árbol de la vida, cedro blanco.
Fuente Originario de Estados Unidos y Canadá
Partes utilizadas Hojas y ramas frescas.

ENFERMEDADES TRATADAS

Además de ser un remedio clave para las verrugas, la *Thuja* se utiliza en el tratamiento de otros problemas cutáneos como piel grasa, y para tratar las uñas débiles. También actúa sobre el tracto genito-urinario y se administra en los casos de infección uretral y vaginal.

Los síntomas físicos a los que se aplica incluyen: transpiración maloliente; dolores de cabeza ocasionados por el estrés; exceso de excitación y de agotamiento; caries dentales y encías inflamadas; catarro crónico verde o verde amarillento, y falta de apetito por la mañana. La *Thuja* también es eficaz para los problemas menstruales, como hemorragias prematuras y escasas y calambres.

Las personas que necesitan este remedio son muy sensibles y paranoides y piensan que los demás intentan manipularlas, duermen mal y hablan en sueños.

Los síntomas mejoran Con el movimiento.
Los síntomas empeoran Con el frío y la humedad; al acostarse sobre el lado izquierdo; por la noche.

TIPO CONSTITUCIONAL

Las personas que pertenecen al tipo Thuja *tienen una notable falta de autoestima. Al principio consumen gran cantidad de energía tratando de mostrar una imagen agradable y saludable al mundo, pero se sienten muy perturbadas por las reacciones negativas, lo que las vuelve reservadas y depresivas y pierden interés en su aspecto. Sin embargo, tienen ideas fijas con respecto a la impresión que dan. Su piel es pálida, grasa y cerosa.*

Los niños pertenecientes al tipo Thuja *suelen ser menudos, de huesos pequeños, y les resulta difícil expresarse. Son manipuladores.*

URTICA URENS

URTICA

Lámparas egipcias *En el antiguo Egipto, el aceite exprimido de las semillas de la ortiga se quemaba en lámparas.*

Las ortigas se han utilizado medicinalmente a lo largo de la historia. El botánico del siglo XVI John Gerard la utilizó como antídoto para el envenenamiento y, curiosamente, el jugo de la ortiga proporciona un excelente antídoto para su propia picadura. Esta hierba común todavía se utiliza en el herbalismo para tratar hemorroides, problemas estomacales, diabetes y hemorragias nasales. La urticaria, de aspecto muy similar a la picadura de ortiga, se trata con el remedio homeopático.

USOS CLAVE

- Trastornos cutáneos con ardor y picazón
- Dolor reumático
- Quemaduras con picazón e hinchazón
- Picaduras de insectos

AUTOAYUDA

Quemaduras y escaldaduras - ver p. 220
Urticaria - ver pp. 188-189.

PERFIL DEL REMEDIO

Nombre vulgar Ortiga enana
Fuente Una semilla común que crece en el mundo entero
Partes utilizadas Toda la planta fresca.

ENFERMEDADES TRATADAS
Este remedio, que tiene un uso interno o se aplica externamente en forma de ungüento, se utiliza principalmente para los problemas cutáneos, sobre todo si la piel arde y pica debido a una reacción alérgica. La *Urtica* es un remedio excelente para la erupción cutánea, por ejemplo la urticaria causada por picaduras de insectos y por la ingestión de mariscos, como camarones. Las quemaduras en las que la piel está caliente y ampollada, y la eczema, sobre todo si la piel pica y está manchada, se ven aliviadas con el uso de este remedio. Las erupciones de la piel que se eliminan con ungüentos esteroides, por ejemplo, pueden provocar diarrea, que se alivia con este remedio.

La *Urtica* también es un remedio eficaz para el reumatismo y se administra en los casos de gota aguda, neuritis (inflamación de los nervios) y neuralgia.

En las mujeres, la *Urtica* es un remedio adecuado para la picazón vulvar y para la escasa producción de leche en las que amamantan.

También es buena para la picazón producida por la orina y puede estar asociada a la cistitis.

Los síntomas mejoran Al frotar la zona afectada; al acostarse.
Los síntomas empeoran Con el aire frío y húmedo; al estar en el agua y la nieve; con el tacto; al comer mariscos.

Pelo urticante

Urtica urens *Toda la planta está cubierta por pelos blandos y vellosos, cada uno de los cuales contiene una espina. Estas espinas contienen un fluido volátil que provoca picazón e inflamación con el roce. A pesar de sus cualidades irritantes, las hojas jóvenes son muy nutritivas y cocidas representan una buena fuente de vitamina C.*

REMEDIOS MENORES

Los 105 remedios menores incluyen aquellos muy apreciados por sus características específicas clínicas y aquellos cuyo total potencial curativo aún se debe descubrir. Aunque no son muy accesibles, y unos pocos tienen tipos constitucionales, muestran claramente la amplia variedad de fuentes de las que la homeopatía obtiene su poder de curación.

AETHUSA CYNAPIUM

AETHUSA

El nombre de la planta deriva de "ai", una palabra árabe que significa quemar, y que refleja su tendencia a provocar ardor y dolor. Su nombre vulgar, cicuta menor, corresponde a su uso homeopático para la incapacidad de pensar con claridad o concentrarse.

Nombre vulgar Cicuta menor
Fuente Una semilla común originaria de Europa, que ahora crece en Estados Unidos y Canadá.
Partes utilizadas Planta fresca en flor.

ENFERMEDADES TRATADAS
La *Aethusa* afecta principalmente el sistema nervioso y el sistema gastrointestinal. Se utiliza para tratar los casos de vómitos violentos, dolores, convulsiones e incluso delirio, trastornos que conducen al agotamiento y la somnolencia. Los bebés que no pueden digerir la leche y padecen diarrea, sobre todo en la época de la dentición o con el calor, suelen sentirse aliviados con la *Aethusa*. Este remedio también se utiliza para fortalecer la mente cuando está debilitada y cuando la concentración se vuelve difícil.

AETHUSA CYNAPIUM *Conocida como cicuta menor, esta hierba se distingue del perejil de huerto por el olor peculiar y desagradable de sus hojas.*

Los síntomas mejoran Con el aire fresco; con la compañía.
Los síntomas empeoran Con el calor; por la noche; entre las 3 y las 4 de la mañana; en el verano.

AGARICUS MUSCARIUS/AMANITA MUSCARIA

AGARICUS

Este hongo común y tóxico recibe el nombre de mosca agárica porque también se utiliza para matar moscas. Es muy venenoso y alucinógeno y fue utilizado por los médicos siberianos para favorecer estados visionarios.

Nombres vulgares Mosca agárica.
Fuente Crece en zonas de Escocia, Escandinavia y otras regiones de Europa, así como en Asia y Estados Unidos.
Partes utilizadas Todo el hongo fresco.

ENFERMEDADES TRATADAS
Este es un remedio homeopático importante para los sabañones y las alteraciones nerviosas en las que predominan las contracciones nerviosas, los temblores y la picazón, por ejemplo en la epilepsia y la corea. También se administra en los casos de delirium tremens asociado con alcoholismo y para los efectos de la demencia senil, o cuando hay un marcado vértigo, un impulso de caer hacia atrás, enrojecimiento e hinchazón de la cara sin calor, y aumento del apetito. Los que necesitan el *Agaricus* son sensibles al frío, sobre todo cuando se encuentran enfermos.
Los síntomas mejoran Con el movimiento lento.
Los síntomas empeoran Con el frío; en un entorno fresco; antes de las tormentas eléctricas; con la comida.
Advertencia Está prohibido en Australia y Nueva Zelanda.

PRINCIPALES USOS DE AUTOAYUDA
Sabañones - ver pp. 198-199.

AGARICUS MUSCARIUS *Antes de usarlos, los hongos se cuelgan del tallo para que se sequen.*

AILANTHUS GLANDULOSA/A. ALTISSIMA

AILANTHUS

Este árbol de hoja caduca es popular en los centros urbanos. Las observaciones sobre su uso homeopático fueron registradas por primera vez en 1953 por un homeópata norteamericano que describió la variedad de enfermedades digestivas que se producían en aquellos que inhalaban el espantoso olor de sus flores.

Nombres vulgares Zumaque chino, árbol del cielo, árbol de sombra, copal.
Fuente Originario de China, ahora crece en el mundo entero.
Partes utilizadas Flores frescas.

ENFERMEDADES TRATADAS
El *Ailanthus* se utiliza para tratar la fiebre glandular con hinchazón característica y enrojecimiento de las amígdalas, mucosidad blanca y garganta muy dolorida que hace que tragar resulte difícil y doloroso. La fiebre

glandular puede ir acompañada de dolor de cabeza, fatiga crónica y dolores musculares.
Los síntomas mejoran Con la presión.
Los síntomas empeoran Por la mañana; con el aire fresco; al acostarse; con la luz; al inclinarse hacia adelante; al tragar.

ALOE SOCOTRINA/ A. FEROX

ALOE

El Aloe ha sido utilizado desde antiguo en medicina como purgante y también como tónico. Los griegos y los romanos pensaban que el aloe era bueno para estimular el flujo biliar con el fin de curar los trastornos abdominales. En la primera parte del siglo XX, el aloe se utilizó con frecuencia como purgante. El remedio homeopático fue probado por primera vez en 1864 por Constantine Hering (ver p. 17).

Nombre vulgar Aloe.
Fuente Crece en el sur de Africa.
Partes utilizadas Resina en polvo. La resina se elabora a partir del jugo desecado.

TIPO CONSTITUCIONAL

Las personas que mejoran con el uso del *Aloe* suelen ser irritables, sobre todo con tiempo nublado. Se sienten insatisfechas y furiosas con ellas mismas, sobre todo cuando están estreñidas. Se sienten cansadas y no están dispuestas a trabajar. Curiosamente, las personas de este tipo ansían beber cerveza, a pesar de que les cae mal.

ENFERMEDADES TRATADAS

Este remedio se utiliza para tratar la congestión, sobre todo de los órganos de la pelvis, el abdomen y la cabeza; por ejemplo, el prolapso menor de útero, los problemas prostáticos, el estreñimiento y los dolores de cabeza. También resulta útil en los casos de diarrea con micción dolorosa provocada por intolerancia a los alimentos. Es un remedio común para personas que llevan una vida sedentaria, sobre todo los ancianos y quienes sufren fatiga. El *Aloe* también es útil para aquellos que han bebido demasiado alcohol, sobre todo cerveza.

Los síntomas mejoran Con el clima frío; con compresas frías; con la flatulencia.
Los síntomas empeoran En el verano; con clima seco y cálido; a primeras horas de la mañana; con la comida o la bebida.

PRINCIPALES USOS DE AUTOAYUDA
Diarrea - ver pp. 182-183.

ALUMINIUM OXIDE

ALUMINA

Por sus efectos antiácidos, el aluminio se utiliza ampliamente como remedio para la indigestión. También se emplea para fabricar utensilios de cocina. Se cree que, dado que el aluminio se encuentra en grandes cantidades en el cerebro de las personas que padecen el mal de Alzheimer, puede ser en parte responsable de esta enfermedad. Resulta interesante el hecho de que el remedio homeopático se administra para tratar la demencia senil.

Nombre vulgar Alúmina
Fuente La bauxita, que se encuentra en Francia, Italia, Hungría, Ghana, Estados Unidos, Jamaica, Indonesia y Rusia.
Partes utilizadas Oxido de aluminio.

TIPO CONSTITUCIONAL

Este remedio se utiliza para las personas mayores que están confundidas o seniles y tienen mala memoria. Suelen ser delgadas, de piel seca y gris. Son especialmente sensibles a la visión de objetos puntiagudos y cuchillos y a causa de eso temen a la demencia. Tienen la impresión de que va a ocurrir algo horrible que los sumirá en una profunda desesperación. Las personas del tipo *Alúmina* desean ingerir cosas que no son comestibles, como lápices, tiza, granos de café y hojas de té, pero les disgusta la carne y la cerveza.

ENFERMEDADES TRATADAS

La pereza es la clave que caracteriza a la *Alúmina*. Es un excelente remedio para el estreñimiento grave en el que los intestinos son perezosos y resulta difícil eliminar incluso las heces pequeñas y blandas. Esto es común en las mujeres embarazadas y en los niños.

La *Alumina* también se utiliza para el mareo que se produce al cerrar los ojos, la sensación de tener telarañas en la cara, pesadez, falta de coordinación y parálisis en las extremidades como en la esclerosis múltiple, y dificultad para orinar debido a la pereza.

ALUMINIUM OXIDE *El remedio* alumina *se hace a partir de la bauxita, una piedra compuesta por óxidos de aluminio hidratados.*

Los síntomas mejoran Por la noche; con compresas frías; con el aire fresco.
Los síntomas empeoran Con el aire frío; por la mañana; con los alimentos salados y con féculas.

Principales usos de autoayuda
Estreñimiento - ver pp. 184-185.

AMMONIUM CARBONICUM

AMMON. CARB.

El carbonato de amonio se utilizó en otros tiempos como sal aromática para reanimar a los desmayados. También se empleó durante siglos para tratar el envenenamiento de la sangre a causa de la escarlatina. Hahnemann descubrió que cuando se potencia posee una variedad más amplia de aplicaciones.

Nombres vulgares Carbonato de amonio, sal volátil.
Fuente Se prepara químicamente a partir del carbonato de sodio y el cloruro de amonio.
Partes utilizadas Carbonato de amonio.

TIPO CONSTITUCIONAL

Las personas que pertenecen al tipo *Ammon. carb.* suelen ser olvidadizas, malhumoradas, taciturnas y lloronas, sobre todo con tiempo nuboso. Suelen ser robustas y sufren una marcada fatiga.

ENFERMEDADES TRATADAS

Este remedio se utiliza cuando existe una falta de oxigenación en los tejidos, por ejemplo en problemas respiratorios y fallo cardíaco leve. También se ha administrado en los casos de síndrome de fatiga crónica.
Los síntomas mejoran Con la presión; en una habitación caliente y seca; al levantar los pies.
Los síntomas empeoran Con tiempo nuboso; con el movimiento continuo.

AMMONIUM MURIATICUM

AMMON. MUR.

Cuando fue introducido en Occidente en el siglo II, el cloruro de amonio adquirió gran importancia para los alquimistas. En la actualidad se utiliza como un electrolito en baterías y para galvanizar, cubrir con estaño y soldar. También se utiliza en los remedios ortodoxos para la tos y el resfrío. Hasta el siglo IX, el cloruro de amonio se obtenía de una sola fuente, la Montañade Fuego, en Asia Central; ahora se elabora químicamente.

Nombres vulgares Cloruro de amonio, sal amoniaca.
Fuente Se prepara químicamente.
Partes utilizadas Cloruro de amonio.

TIPO CONSTITUCIONAL
Las personas que pertenecen al tipo *Ammon. mur.* suelen ser gordas e hinchadas, aunque de piernas y brazos delgados. Son melancólicos, llorones, temen a la oscuridad y suelen sentir una extraña antipatía por ciertas personas. Físicamente su circulación es irregular y esto les produce un dolor abrasador y palpitante. Existe un dolor o úlcera característicos en el talón.

ENFERMEDADES TRATADAS
El *Ammon. mur.* se administra en los casos de afecciones pulmonares, como bronquitis, tos y neumonía, en los que se produce una mucosidad espesa y tenaz. Los síntomas incluyen la sensación de tener algo viscoso en la boca y en la garganta, y glándulas y cuello inflamados, dolor en la región lumbar y sensación de tensión en los tendones, como si fueran demasiado cortos. Este remedio también se administra en los casos de lumbago y ciática que empeoran al acostarse sobre el lado izquierdo.
Los síntomas mejoran Con el aire fresco; con el movimiento rápido.
Los síntomas empeoran Por la mañana y la tarde; entre las 2 y las 4 de la mañana.

AMMONIUM MURIATICUM *Este mineral es el cloruro de amonio, o sal amoníaca. El remedio se elabora a partir del clorudo de amonio preparado químicamente.*

ANACARDIUM ORIENTALE/ SEMECARPUS ANACARDIUM

ANACARD. OR.

Los frutos de este árbol han sido utilizados por los hindúes para toda clase de problemas cutáneos. El jugo azul y acre, que se encuentra entre la corteza externa y el fruto, se utilizaba para quemar verrugas y limpiar úlceras de las piernas. Los hindúes también la mezclaban con tiza para hacer una tinta con la que marcaban el lino. Los árabes empleaban el jugo, sobre todo, para tratar la enfermedad mental, la pérdida de memoria, la parálisis y el espasmo.

Nombre vulgar Nogal marcador.
Fuente Crece principalmente en las Indias Orientales y otras regiones de Asia.
Partes utilizadas Jugo negro oleoso que rodea la nuez.

TIPO CONSTITUCIONAL
El *Anacard. or.* se administra a personas que tienen un complejo de inferioridad y trabajan duramente para demostrar sus aptitudes. En general han sido degradadas en la infancia y carecen de confianza en ellas mismas. Esto las hace sentir desapego por su propia persona, como si estuvieran divididos en dos voluntades. Este remedio suelen necesitarlo los estudiantes que abandonan los estudios debido a la falta de memoria. Las personas de este tipo pueden mostrar una conducta cruel y confunden la realidad con la fantasía.

ENFERMEDADES TRATADAS
Este remedio se utiliza cuando existe una sensación de dolor limitado, como si el intestino o el ano estuvieran atascados, y existe la sensación de que el cuerpo está rodeado por unas fajas apretadas. Estos síntomas pueden estar asociados a las hemorroides y la indigestión. El *Anacard. or.* también se administra en los casos de estreñimiento, reumatismo y úlcera de duodeno que mejora al comer pero provoca una aguda molestia una vez que la comida ha sido digerida.
Los síntomas mejoran Con el ayuno.
Los síntomas empeoran Después de comer; con los baños y las compresas calientes; alrededor de la medianoche.

ANTIMONIUM TARTARICUM

ANTIM. TART.

El tartrato de antimonio de potasio se utiliza en la industria textil para fijar las tinturas a las telas. En otros tiempos se utilizó como expectorante, para provocar el vómito y en el tratamiento de infecciones fungales y lombrices.

Nombres vulgares Tartrato de antimonio de potasio, vomitivo tártaro.
Fuente Se prepara químicamente a partir del óxido de antimonio y del tartrato de potasio.
Partes utilizadas Tartrato de antimonio de potasio.

ENFERMEDADES TRATADAS
Este remedio se administra a los muy ancianos o los muy jóvenes que padecen de asma pero son demasiado débiles para eliminar la flema, apáticos e irritables. También se utiliza para los dolores de cabeza que producen la sensación de tener una faja apretada alrededor de la misma, y que empeoran con la tos. Por lo general, estas afecciones se caracterizan por la sensación de frío en la cara y de tener la lengua viscosa y roja en el centro y en los costados. Por lo general no hay sed. Las piernas pueden estar hinchadas por la retención de líquidos. La náusea se alivia vomitando.
Los síntomas mejoran Con el aire frío; en una posición erguida.
Los síntomas empeoran En una habitación caliente; con el frío y la humedad; con el movimiento; al acostarse.

ARANEA DIADEMA *El remedio elaborado a partir de esta araña se usa sobre todo para alteraciones del sistema nervioso.*

ARANEA DIADEMA/A. DIADEMATUS

ARANEA DIAD.

Esta araña utiliza veneno, que acarrea en pequeñas cavidades de su mandíbula, para paralizar a sus víctimas. El remedio homeopático fue probado por primera vez por el homeópata alemán von Grauvogl a mediados del siglo XIX. Presentó la Aranea diad. *como un remedio clave para personas con una sensibilidad anormal al frío y la humedad.*

Nombre vulgar Araña de la cruz papal.
Fuente Se encuentra comúnmente en el hemisferio norte.
Partes utilizadas Toda la araña viva.

ENFERMEDADES TRATADAS
La *Aranea diad.* se utiliza principalmente para tratar los trastornos del sistema nervioso caracterizados por neuralgia con dolor súbito y agudo que obliga a hacer muecas de dolor y se produce a intervalos regulares. La neuralgia facial es un ejemplo. El dolor nervioso agudo y abrasador afecta la mejilla, los labios, las encías o la barbilla de un costado de la cara. Otros síntomas de neuralgia incluyen entumecimiento y sensación de pesadez.
Los síntomas mejoran En el verano; y, curiosamente, fumando.
Los síntomas empeoran Con el frío húmedo; con compresas frías.

ARGENTUM METALLICUM

ARGENT. MET.

La plata pura rara vez aparece sola en la naturaleza pero suele encontrarse en depósitos minerales con otros minerales como cobre, hierro y zinc. Se utiliza en la conducción térmica y eléctrica, en la película fotográfica y en la fabricación de espejos. En la medicina ortodoxa, se administró como diurético y para las palpitaciones y el mal aliento.

Nombre vulgar Plata
Fuente Depósitos minerales, que se encuentran principalmente en Estados Unidos y América del Sur.
Partes utilizadas Plata.

ENFERMEDADES TRATADAS
El *Argent. met.* se utiliza para la artritis y el reumatismo cuando las articulaciones de manos, dedos, pies y dedos de los pies están doloridas. También se administra en el caso de dolor intenso de los órganos internos. Por lo general, el dolor aumenta poco a poco pero desaparece repentinamente. Este remedio también puede aliviar la laringitis, el asma y la bronquitis.
Los síntomas mejoran Por la noche; con el aire fresco; con el reposo; con la presión.
Los síntomas empeoran Hacia el mediodía; con el movimiento.

ARGENTUM METALLICUM *La plata se ha extraído desde antiguo. El remedio elaborado con ella se utiliza para la artritis.*

ARSENICUM IODATUM

ARSEN. IOD.

No existen usos conocidos en la medicina ortodoxa para esta sustancia, que fue utilizada homeopáticamente para la tuberculosis en el siglo XIX y principios del XX. También se ha utilizado para el cáncer linfático.

Nombre vulgar Yoduro de arsénico.
Fuente Preparado químicamente a partir del arsénico metálico y el yodo.
Partes utilizadas Yoduro de arsénico.

ENFERMEDADES TRATADAS
El *Arsen. iod.* es beneficioso para los niños hiperactivos que suelen ser apasionados (aunque algunos son fríos). También se utiliza en el tratamiento de la psoriasis y las afecciones de pecho, como la bronquitis. Las descargas nasales son abundantes; esto es muy evidente en la fiebre del heno o la rinitis alérgica, en la que el labio superior queda irritado. El asma puede acompañar a la fiebre del heno. Este remedio también se administra en los casos de ganglios linfáticos duros debido a la psoriasis y la eczema.
Los síntomas mejoran Con el aire fresco.
Los síntomas empeoran Por la noche, sobre todo después de la medianoche.

PRINCIPALES USOS DE AUTOAYUDA
Fiebre del heno - ver pp. 168-169.

ARUM TRIPHYLLUM

ARUM TRIPH.

Esta planta de hoja perenne, nativa de América del Norte, se destaca por la forma inusual de sus hojas y tiene una flor silvestre famosa que aparece a finales de la primavera. Arum deriva de ar, palabra árabe que significa fuego.

Nombres vulgares Nabo silvestre, nabo indio.
Fuente Originaria de Canadá y Estados Unidos.
Partes utilizadas Raíz fresca.

ENFERMEDADES TRATADAS
El *Arum triph.* se utiliza principalmente para tratar la fiebre del heno, sobre todo cuando la fosa nasal izquierda es la más afectada, y los resfríos. Los síntomas incluyen enrojecimiento alrededor de la boca y la parte inferior de la cara, con labios agrietados, doloridos y sangrantes. La nariz y el interior de la boca también están agrietados y sangrantes y hay grietas en las comisuras de los labios. La descarga nasal es caliente, lo mismo que la saliva. Además, este remedio se administra en los casos de ronquera crónica y pérdida de la voz causada por una exposición al frío, al clima ventoso, y por cantar excesivamente.
Los síntomas mejoran Con el café; por la mañana.
Los síntomas empeoran Con el tiempo frío y ventoso; al acostarse.

AVENA SATIVA

AVENA

La avena silvestre fue descubierta por primera vez en Europa Occidental como una hierba que crecía entre la cebada, y ha sido cultivada desde entonces. La mayor parte de las avenas se utilizan para alimentar al ganado, pero algunas se procesan para obtener alimentos apropiados para el desayuno. La avena es muy nutritiva y se utiliza como tónico para los nervios, tanto en el herbalismo, como en homeopatía.

Nombre vulgar Avena silvestre
Fuente Crece en las regiones templadas del mundo.
Partes utilizadas Planta fresca en flor.

ENFERMEDADES TRATADAS
La *avena* se utiliza principalmente como una tintura para fortalecer los nervios, en los casos de agotamiento nervioso, o para las preocupaciones y la ansiedad. También se dice que ayuda en los casos de impotencia y resulta muy útil para tratar el nerviosismo y el insomnio en personas alcohólicas y bebedoras.
Los síntomas mejoran Con el sueño.
Los síntomas empeoran Con el alochol.

AVENA SATIVA *Las avenas silvestres se utilizan para elaborar un remedio que se administra en los casos de agotamiento nervioso, insomnio y ansiedad.*

BAPTISIA TINCTORIA

Baptisia

En dosis elevadas esta planta de hoja perenne es venenosa y afecta principalmente los intestinos. Originaria de Estados Unidos y Canadá, sus propiedades medicinales fueron descubiertas por los indios norteamericanos, que también la utilizaban como tintura. La raíz se usa aún hoy en herboristería, como antibacteriano, antiséptico y como agente refrigerante, por ejemplo para tratar las infecciones de garganta.

Nombre vulgar Indigo silvestre.
Fuente Crece en todo el territorio de Canadá y de Estados Unidos.
Partes utilizadas Raíz fresca, incluida la corteza.

ENFERMEDADES TRATADAS
El uso más importante de la Baptisia es el tratamiento de afecciones agudas, sobre todo enfermedades con fiebre. Se utiliza ampliamente para la gripe grave y la fiebre tifoidea. Los síntomas de las enfermedades agudas tratadas incluyen el quedarse dormido mientras se responde a una pregunta y la incapacidad de volver a dormir porque la mente parece que delira y está dispersa. La lengua aparece marrón y seca en el centro, hay llagas en las encías, el aliento tiene un olor absolutamente horrible y la diarrea maloliente e indolora puede producirse de repente.
Los síntomas mejoran Al caminar al aire fresco
Los síntomas empeoran Con el calor húmedo

BARYTA CARBONICA

BARYTA CARB.

El carbonato de bario (también llamado witerita) se utiliza para elaborar el remedio Varita carb. *La witerita fue descubierta por Willian Withering en 1783. Medicinalmente se administraba en los casos de tuberculosis e inflamación glandular. El bario es un elemento que se encuentra en la corteza terrestre, en minerales como la baritina y la witerita. Brilla en la oscuridad si se la calienta y sus componentes se utilizan en radiología. También se emplea para fabricar cristalería fina y vidrio óptico.*

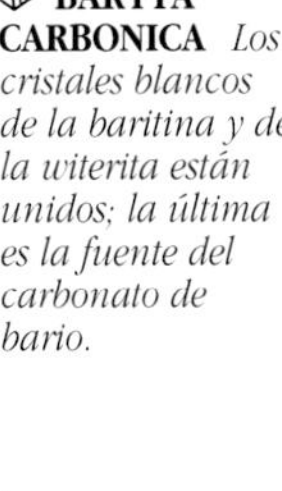

BARYTA CARBONICA *Los cristales blancos de la baritina y de la witerita están unidos; la última es la fuente del carbonato de bario.*

Nombres vulgares Carbonato de bario, witerita.
Fuente Witerita, que se encuentra en Escocia, Inglaterra, Italia y Estados Unidos.
Partes utilizadas Carbonato de bario

TIPO CONSTITUCIONAL

Emocionalmente, las personas del tipo *Baryta carb.* suelen carecer de confianza en ellas mismas y son infantiles, tímidas, inseguras e incapaces de tomar decisiones. El sudor de sus pies tiene un olor repugnante y se muerden las uñas. De vez en cuando experimentan una extraña sensación, como si estuvieran inhalando humo.

ENFERMEDADES TRATADAS

Baryta carb. se administra principalmente a niños y ancianos. La clave del remedio es un lento desarrollo físico, intelectual o emocional. Tanto los niños como los ancianos que necesitan *Baryta carb.* pueden tener un nivel intelectual dudoso.

Los niños que necesitan este remedio suelen ser lentos para aprender a caminar y a hablar, y suelen tener la cabeza grande. Es posible que los genitales y otras partes del cuerpo no crezcan como correponde. Pueden ser de estatura baja o padecer el síndrome de Down. Dado que son susceptibles a las infecciones, padecen de amigdalitis aguda y crónica.

Los ancianos que necesitan este remedio pueden sufrir demencia senil, o haber padecido un ataque de apoplejía con un posible handicap .
Los síntomas mejoran Al abrigarse; al caminar al aire fresco.
Los síntomas empeoran Con la más mínima exposición al frío y a la humedad.

BELLIS PERENNIS

BELLIS

La raíz y las hojas de la margarita de jardín se utilizaron durante la Edad Media para curar heridas. La planta era considerada adecuada para quitar la sangre de los magullones. En la actualidad todavía se utiliza para aliviar el dolor de los magullones.

Nombres vulgares Margarita europea, margarita de jardín.
Fuente Crece en toda Europa y en las regiones del este de Estados Unidos.
Partes utilizadas Planta fresca en flor.

ENFERMEDADES TRATADAS

Este remedio se administra en los casos de magullones y dolor, para aliviar este y acelerar la recuperación, por ejemplo después de una lesión u operación. También puede ayudar a prevenir la infección y se utiliza para tratar abscesos. El *Bellis* resulta muy útil después de accidentes que provocan la inflamación de los ganglios linfáticos, o que hacen que los miembros se inflamen y se enfríen. Los trastornos generalmente empeoran al enfriarse repentinamente cuando hay un exceso de calor.

En las mujeres, el *Bellis* es excelente para el dolor uterino durante el embarazo.
Los síntomas mejoran Con el movimiento; frotando la zona afectada.
Los síntomas empeoran Al mojarse; con las bebidas frías cuando se tiene exceso de calor; al transpirar; si se tiene demasiado abrigo en la cama.

BELLIS PERENNIS *A pesar de su aspecto delicado, la margarita común es una planta muy potente. Es la fuente de un remedio especialmente eficaz para el tratamiento de magullones y lesiones.*

Las hojas contienen un jugo acre

BENZOICUM ACIDUM

BENZ. AC.

El ácido benzoico se encuentra en el benjuí, una resina vegetal. Cuando el ácido benzoico se mezcla con sales de sodio, forma el benzoato de sodio, que es ampliamente utlizado como conservante alimentario. Las pruebas homeopáticas han demostrado que las personas sensibles al ácido benzoico pueden desarrollar problemas médicos si consumen demasiado benzoato de sodio.

Nombre vulgar Acido benzoico
Fuente Benjuí, que se encuentra naturalmente en algunas plantas y también se prepara químicamente.
Partes utilizadas Acido benzoico

ENFERMEDADES TRATADAS
El ácido benzoico se utiliza principalmente para tratar la artritis y la gota, cuando las articulaciones crujen al moverse. También se administra en el tratamiento de cálculos renales. Estas afecciones se caracterizan por una combinación de dolor desgarrador, orina maloliente y sensibilidad al frío.
Los síntomas mejoran Con el calor.
Los síntomas empeoran Con el aire fresco; al desvestirse, a causa de un enfriamiento.

BERBERIS VULGARIS

BERBERIS

Esta planta fue utilizada por médicos griegos y árabes, así como por Gerard, el botánico del siglo XVI. Se creía que refrescaba la sangre durante le fiebre y se utilizaba para las hemorragias, la ictericia, la diarrea y la disentería. En la actualidad aún se emplea para tratar la ictericia, además de los cálculos biliares y otros problemas del hígado.

Nombre vulgar Baya del laurel.
Fuente Crece en toda Europa.
Partes utilizadas Raíz fresca.

ENFERMEDADES TRATADAS
El principal uso del *Berberis* es el tratamiento de las infecciones renales, sobre todo cuando hay sensibilidad en la zona de los riñones. La orina puede ser oscura o anormal por algún otro motivo. El movimiento repentino, el pisar demasiado fuerte al bajar las escaleras o al levantarse después de estar sentado, pueden agravar la debilidad y el dolor de la zona lumbar. Este remedio también se administra en los casos de cálculos biliares que desembocan en cólico biliar e ictericia con deposiciones de color claro. Las personas que necesitan el *Berberis* son pálidas y tienen las mejillas y los ojos hundidos. Las membranas mucosas están secas, y sus síntomas pueden cambiar rápidamente.
Los síntomas mejoran Al estirarse o ejercitar los músculos.
Los síntomas empeoran Al estar de pie.

BOTHROPS LANCEOLATUS/LACHESIS LANCEOLATUS

BOTHROPS

Se trata de una serpiente sumamente venenosa. Es gris o marrón y está marcada por una serie de rombos ribeteados de negro, a menudo bordeados por un color más claro. Su mordedura puede ser mortal para los humanos. Si el mordisco se produce en un miembro, este se hincha rápidamente, alcanza un tamaño enorme, se infecta y queda gangrenado.

Nombre vulgar Crótalo amarillo, mapanare.
Fuente Se encuentra en la isla de Martinica, en el Caribe.
Partes utilizadas Veneno fresco.

ENFERMEDADES TRATADAS
El *Bothrops* se administra principalmente en los casos de trombosis o hemorragias. También puede utilizarse para los ataques de apoplejía del lado izquierdo con parálisis del lado derecho e incapacidad para articular o recordar las palabras correctas. Por lo general, las personas que necesitan este remedio son perezosas o se sienten fatigadas, y sufren un temblor nervioso.
Los síntomas mejoran Por factores no especificados
Los síntomas empeoran Sobre el lado derecho

BUFO RANA

BUFO

Cuando se lo molesta, el sapo común expele un veneno que irrita los ojos y las membranas mucosas. El veneno puede afectar a animales tan grandes como perros, provocando parálisis e incluso la muerte. Los chinos han utilizado desde antiguo el veneno seco del sapo para tratar diversas enfermedades. Cuando el doctor Kent, homeópata norteamericano, (ver p. 17) probó por primera vez este remedio notó que producía un desagradable conjunto de síntomas , desde la imbecilidad y la indecencia a la apatía.

Nombre vulgar Sapo común
Fuente Se encuentra en todo el mundo, excepto en Australia y Madagasar.
Partes utilizadas Veneno.

ENFERMEDADES TRATADAS
El *Bufo* se utiliza principalmente en los casos de epilepsia seguida de dolor de cabeza intenso. Los síntomas incluyen la posibilidad de que la lengua se doble y la intolerancia a la música o a los objetos brillantes antes de un ataque epiléptico; el dolor sigue la línea de los vasos linfáticos. Las personas del tipo *Bufo* suelen sufrir de retención de líquidos y parecen hinchadas y atontadas. Si se las malinterpreta, se enfurecen.
Los síntomas mejoran Por la mañana; al acostarse.
Los síntomas empeoran Por la noche; al quedarse dormido; durante la menstruación.
ADVERTENCIA Prohibido en Australia y Nueva Zelanda.

Zona levantada detrás del ojo

BUFO RANA
Las glándulas que segregan veneno se encuentran en las verrugas, principalmente en las zonas elevadas, detrás de los ojos.

CACTUS GRANDIFLORUS/SELINESEREUS GRANDIFLORUS

CACTUS GRAND.

Este cactus posee tallos grandes y carnosos. El remedio Cactus grand. *fue probado por primera vez en 1862, por el doctor Rubins. Los síntomas que él notó incluían sensaciones de severa opresión en el corazón con dolor en el pecho, y por ello el Cactus Grand. es un importante remedio cardíaco. Algunas variedades de cactus han sido utilizadas en la medicina popular.*

Nombre vulgar Pitajaña
Fuente Crece en las regiones secas y desérticas de Estados Unidos y América del Sur.
Partes utilizadas Flores y tallos jóvenes y tiernos.

ENFERMEDADES TRATADAS
El *Cactus grand.* se utiliza en los casos de angina con dolor intenso y opresivo. EL pecho parece muy tenso, como si fuera apretado por una mano de hierro, sobre todo cuando el corazón trabaja arduamente, por ejemplo durante el ejercicio o cuando está sometido a tensión. EL dolor es intenso, empeora al acostarse sobre el lado izquierdo y puede ir acompañado de palpitaciones. También puede haber inflamación o una sensación de hormigueo en la mano izquierda. Los pacientes sienten que morirán y que no tienen cura.
Los síntomas mejoran Al acostarse sobre el lado derecho con la cabeza en alto.
Los síntomas empeoran A las once de la mañana y a las once de la noche.

CACTUS GRANDIFLORUS *El remedio elaborado a partir de las flores y los tallos jóvenes y tiernos es beneficioso para la angina.*

CALCAREA FLUORICA *Este mineral es la fluorita, o fluoruro de calcio, que también está presente en el organismo humano.*

CALCAREA FLUORICA

CALC. FLUOR.

El fluoruro de calcio, o fluorita, es una sal de tejido de Schussler (ver p. 227). En el organismo se encuentra en la superficie de los huesos, en el esmalte de los dientes, en las células cutáneas y en las fibras elásticas de los vasos sanguíneos y del tejido conectivo. EL remedio homeopático se utiliza para mantener la elasticidad de los tejidos.

Nombres vulgares Fluouro de calcio, fluorita.
Fuente Fluorita, que se encuentra en Italia, México, Inglaterra, Brasil, Noruega, Canadá y Estados Unidos.
Partes utilizadas Fluoruro de calcio.

TIPO CONSTITUCIONAL
Mentalmente, las personas pertenecientes a este tipo suelen preocuparse por su salud y temen a la pobreza. Aunque son rápidas para comprender y puntuales, no son trabajadores eficaces y suelen producir un trabajo irregular, y necesitan la guía y el apoyo de los demás. Son indiscretos y, aunque inteligentes pueden cometer errores por falta de previsión.

Las personas que necesitan *Calc. fluor.* tienen problemas con las fibras elásticas de las venas y las glándulas. Son propensos a las venas varicosas, a las hemorroides y a la linfoadenopatía (nódulos linfáticos inflamados). Físicamente, carecen de coordinación pero son sumamente flexibles y tienen ligamentos y músculos elásticos y son propensos a las torceduras de ligamentos. Caminan con rapidez y de manera espasmódica.

CALCAREA FLUORICA *continúa en la p. 122.*

CALCAREA FLUORICA *continuación*

ENFERMEDADES TRATADAS
El *Calc. fluor.* se utiliza sobre todo para mantener la elasticidad de los tejidos y disolver las excrecencias de hueso duro. También es aconsejable para los músculos, ligamentos y articulaciones distendidos, las deficiencias en el esmalte dental, el lumbago y otros dolores de espalda, y los adenoides dilatados que se vuelven duros después de las infecciones recurrentes de oído, nariz y garganta.
Los síntomas mejoran Con el movimiento continuo; con el calor; al aplicar compresas calientes.
Los síntomas empeoran Al empezar a moverse; con el frío y la humedad; con las corrientes de aire.

CALCAREA SULPHURICA

CALC. SULPH.

El Calc. sulph., *comúnmente conocido como sulfato de calcio, se utiliza para preparar yeso, cemento y pigmento blanco. Schussler, que lo identificó como una sal de tejido (p. 227), creía que una deficiencia de sulfato de calcio evitaba que los glóbulos rojos agotados se debilitaran, haciendo que los tejidos quedaran infectados y llenos de pus.*

Nombres vulgares Sulfato de calcio, yeso, yeso blanco.
Fuente Yeso, que se encuentra en Canadá, Estados Unidos, Italia y Francia.
Partes utilizadas Sulfato de calcio.

TIPO CONSTITUCIONAL
Una característica clave de las personas que pertenecen al tipo *Calc. sulph.* son los celos. Esto puede conducir a un estado de melancolía e irritabilidad. Curiosamente, las personas de este tipo desean la fruta verde. No toleran el calor y prefieren estar destapados incluso cuando hace frío.

ENFERMEDADES TRATADAS
Este remedio se utiliza cada vez que se produce una supuración, o en heridas que tardan en cicatrizar, por ejemplo, abscesos, forúnculos, carbunclo, quistes o eczema infectada. Los síntomas asociados incluyen color amarillento en la base de la lengua, glándulas inflamadas y sensación de ardor en las plantas de los pies.

Los síntomas mejoran Con el aire fresco; al comer; al beber té.
Los síntomas empeoran Con el tiempo frío y húmedo.

CALENDULA OFFICINALIS

CALENDULA

La Calendula officinalis *es una planta de jardín común. Sus propiedades antisépticas y antiinflamatorias han sido aprovechadas desde antiguo para tratar una variedad de trastornos, desde problemas cutáneos hasta cáncer. En la actualidad es una de las hierbas medicinales más comúnmente utilizadas, sobre todo para los problemas cutáneos. Además del remedio, la tintura se utiliza externamente para curar cortes.*

CALENDULA OFFICINALIS
La crema que se prepara con esta hierba es un buen antiséptico.

Nombres vulgares Caléndula, maravilla.
Fuente Originaria de Francia, ahora crece en el mundo entero.
Partes utilizadas Flores y hojas frescas.

ENFERMEDADES TRATADAS
La *Caléndula*, que se administra sobre todo externamente en forma de crema o tintura, es un popular antiséptico homeopático y puede utilizarse para favorecer la cicatrización, incluso cuando la piel está abierta. Ayuda a controlar la hemorragia, por ejemplo en cortes menores, arañazos y raspones. Se utiliza ampliamente en obstetricia para tratar los desgarramientos perineales, después del parto.

Las propiedades antisépticas de la tintura la convierten en un eficaz gargarismo para úlceras bucales y dolores de garganta, y ayuda a controlar la hemorragia después de las extracciones dentales. La caléndula ha sido administrada internamente en los casos de ictericia y fiebre acompañadas de irritabilidad y nerviosismo y oído agudo.
Los síntomas mejoran Al quedarse completamente quieto; al caminar.
Los síntomas empeoran Con el tiempo húmedo y nublado; con las corrientes de aire; con la comida.

CAPSICUM FRUTESCENS

CAPSICUM

El remedio homeopático Capsicum *se elabora a partir del pimiento chile, que aún se conoce en homeopatía con el nombre de* C. annuum. *Medicinalmente, los chiles son un estimulante poderoso para todo el organismo, que aumentan el flujo sanguíneo y favorecen la transpiración. En el pasado se utilizaron para curar infecciones.*

Nombres vulgares Pimiento chile, pimiento rojo de cayena.
Fuente Originario de las Indias orientales y occidentales y América del sur, ahora crece en el mundo entero.
Partes utilizadas Semillas y cápsulas secas del fruto maduro.

TIPO CONSTITUCIONAL
Las personas que pertenecen al tipo *Capsicum* tienen pelo claro y ojos azules. Suelen estar en malas condiciones físicas o excedidas de peso, y tienen músculos fláccidos.

Demasiada estimulación, ya sea por el trabajo o por un exceso de cafeína, alcohol, alimentos condimentados o tabaco los vuelve perezosos. Los niños suelen ser torpes, los adultos son desgarbados y ambos tienen tendencia a ser holgazanes, sucios, tristes, nostálgicos y propensos a la melancolía.

ENFERMEDADES TRATADAS
Las enfermedades que se alivian con este remedio se caracterizan por un dolor punzante en la vejiga, los muslos, la espalda, los oídos, el cuello y, al toser, en el pecho. El dolor recuerda la sensación de ardor que provoca el comer o tocar pimientos picantes. El *Capsicum* se administra en el tratamiento de úlceras, diarrea, hemorroides, acidez, reumatismo y dolor de garganta. Las personas que necesitan Capsicum ansían estimulantes como el café, a pesar de que estos acentúan el dolor abrasador.

CAPSICUM FRUTESCENS *Los chiles, o pimientos rojos de cayena, se utilizan medicinalmente por sus propiedades estimulantes.*

Los síntomas mejoran Con el movimiento continuo; al comer; con el calor.
Los síntomas empeoran En un entorno frío; al empezar a moverse; con las corrientes de aire.

PRINCIPALES USOS DE AUTOAYUDA
Acidez durante el embarazo - ver pp. 210-211

CAULOPHYLLUM THALICTROIDES

CAULOPHYLLUM

La raíz de esta planta fue utilizada como un remedio herbáceo por los indios norteamericanos para evitar los dolores de parto prolongados y para acelerar el alumbramiento. La planta aún se utiliza en la medicina herbal como tónico y estimulante uterino. El Caulophyllum *fue introducido por primera vez en la homeopatía en 1875 por el doctor Hale, un famoso homeópata norteamericano.*

Nombres vulgares Raíz de India, raíz de paposo.
Fuente Crece en Canadá y en Estados Unidos
Partes utilizadas Raíz fresca

ENFERMEDADES TRATADAS
EL *Caulophyllum* tiene dos usos importantes en homeopatía: el primero en casos de reumatismo que afecta las articulaciones pequeñas de manos y pies, con dolor irregular, punzante y parecido a un calambre; el segundo las ayuda en un parto que no se desarrolla adecuadamente, por ejemplo cuando hay dolores de parto débiles e irregulares, o contracciones muy dolorosas pero inefacaces. También se administra en los casos de falso dolor de parto.

Este remedio puede ayudar a prevenir los abortos habituales y a aliviar el dolor agudo posterior al alumbramiento y el dolor menstrual. Debido a que es un estimulante uterino, puede provocar la menstruación en mujeres que sufren de falta de la misma.
Los síntomas mejoran Con lo templado.
Los síntomas empeoran Con el embarazo; con la falta de menstruación.

CAULOPHYLLUM THALICTROIDES
La raíz se utiliza para elaborar el remedio.

CAUSTICUM HAHNEMANNI

CAUSTICUM

El Causticum *es un compuesto de potasio singular de la homeopatía. Fue elaborado y probado por Hahnemann a principios del siglo XIX; notó que provocaba una sensación astringente y un sabor abrasador en la parte posterior de la lengua.*

Nombre vulgar Hidrato de potasio
Fuente Se prepara químicamente destilando lima recién quemada, bisulfato de potasio y agua.
Partes utilizadas Destilado transparente

TIPO CONSTITUCIONAL
Las personas del tipo *Causticum* tienen pelo y ojos oscuros y piel cetrina. Son personas débiles, rígidas en su manera de pensar, que padecen efectos prolongados de una aflicción y son compasivas ante el sufrimiento de los demás. Suelen ser sensibles al frío y tener verrugas alrededor de las uñas, y en los párpados, la cara y la nariz.

ENFERMEDADES TRATADAS
Este remedio se utiliza principalmente para la debilidad o la parálisis de los nervios y los músculos de la vejiga, la laringe, las cuerdas vocales, los párpados superiores o el costado derecho de la cara. Cuando afecta la vejiga, puede provocar enuresis, sobre todo si la persona tiene mucho frío, y pérdida de orina al estornudar, toser, caminar o sonarse la nariz. La ronquera y la laringitis suelen ir asociadas a una tos seca y profunda en la que es difícil producir mucosidad. Es característico el dolor abrasador, sobre todo en el reumatismo y en la acidez durante el embarazo.
Los síntomas mejoran Con las bebidas frías; con lo templado; al lavarse.
Los síntomas empeoran Con el viento seco y frío; por la noche; después de un esfuerzo

PRINCIPALES USOS DE AUTOAYUDA
Mojar la cama - ver pp. 218-219
Acidez durante el embarazo - ver pp. 210-211
Laringitis - ver pp. 178-179
Reumatismo - ver pp. 156-157
Incontinencia por estrés - ver pp. 200-201

CEANOTHUS AMERICANUS

CEANOTHUS

Las hojas de esta planta alta y de hoja caduca se utilizaron como sustituto del té durante la revolución norteamericana. Su uso homeopático fue descubierto a mediados del siglo XIX, pero sólo en 1900, después de nuevos estudios, se hizo famosa como remedio para el dolor y la dilatación del bazo.

Nombre vulgar Raíz de té de Jersey.
Fuente Originaria de Estados Unidos y Canadá.
Partes utilizadas Hojas frescas de la planta en flor.

ENFERMEDADES TRATADAS
El *Ceanothus* se utiliza principalmente para el dolor, la inflamación y la dilatación o para una sensación de plenitud en el costado izquierdo del abdomen, y para el dolor cortante que empeora al acostarse sobre el lado izquierdo. Las personas que necesitan este remedio son muy sensibles al frío y para mantener la temperatura necesitan sentarse cerca de una fuente de calor.
Los síntomas mejoran Con el reposo
Los síntomas empeoran Al acostarse sobre el lado izquierdo; con el movimiento.

CEANOTHUS AMERICANUS *Las hojas de este arbusto ornamental se utilizan para preparar un remedio que se emplea sobre todo para los dolores abdominales.*

CHELIDONIUM MAJUS

CHELIDONIUM

Según la Doctrina de las Sintonías (ver p. 11) el jugo amarillo de esta planta indicaba que era buena para problemas hepáticos como la ictericia. En realidad, el jugo es venenoso. Comúnmente conocido como hierba verrugosa por su poder para eliminar verrugas, pertenece a la misma familia que la amapola.

Nombres vulgares Celidonia mayor, hierba verrugosa.
Fuente Originaria de Europa, ahora crece en muchos países.
Partes utilizadas Planta fresca en flor.

TIPO CONSTITUCIONAL
Las personas del tipo *Chelidonium* suelen ser delgadas, rubias, y letárgicas, con tendencia a sentirse deprimidas, ansiosas, pesimistas y desalentadas. Son mentalmente lentas y no están dispuestas a hacer ningun esfuerzo. Suelen padecer dolores de cabeza acompañados de letargo y pesadez y ansían consumir queso y bebidas calientes.

ENFERMEDADES TRATADAS
Este remedio se administra en los casos de trastornos hepáticos y biliares, por ejemplo cálculos biliares, indigestión, ictericia y hepatitis. Por lo general suelen sentir un dolor intenso en la parte inferior del omóplato derecho, con estómago revuelto, náuseas, vómitos y tal vez distensión de la parte superior del abdomen. Los síntomas abdominales, que se alivian al eliminar las heces, suelen presentarse del lado derecho. Externamente, el remedio se utiliza para curar verrugas.

Cuando están enfermas, las personas que necesitan este remedio, por lo general, se sienten descompuestas o con náuseas, y deprimidas, con un dolor de cabeza sordo. Tienen tez cetrina y amarillenta. Pueden tener un pie frío y el otro caliente.
Los síntomas mejoran Con la leche y las bebidas calientes; después de comer; con la presión firme.
Los síntomas empeoran Con el calor; con los cambios de clima; a primera hora de la mañana; alrededor de las 4 de la mañana y de las 4 de la tarde.

CICUTA VIROSA

CICUTA

La medicina ortodoxa aún utiliza esta planta de vez en cuando en el tratamiento de la gota. La raíz fresca es sumamente tóxica y provoca síntomas de envenenamiento similares al envenenamiento con estricnina, con espasmos, salivación y sudoración excesiva e hiperoxigenación.

Nombre vulgar Cicuta de agua
Fuente Crece en Euoropa, Siberia, Estados Unidos y Canada.
Partes utilizadas Raíz fresca

ENFERMEDADES TRATADAS
La cicuta se administra en los casos de contracciones nerviosas y espasmódicas, sobre todo cuando la cabeza queda echada hacia atrás, por ejemplo en la epilepsia, la meningitis, la eclampsia, y la parálisis, y para los efectos secundarios de las lesiones en la cabeza. Las personas que necesitan este remedio pueden sentir el deseo de ingerir cosas no comestibles, por ejemplo tiza.
Los síntomas mejoran Con el calor; al liberar la flatulencia.
Los síntomas empeoran Con el movimiento o el tacto; en un entorno fresco.

COFFEA ARABICA/C. CRUDA

COFFEA

Supuestamente, el café se bebió por primera vez en Persia y fue introducido en Adén en el siglo XV. La cafeína, su principal ingrediente, ha sido utilizada medicinalmente como estimulante, analgésico, diurético y tónico digestivo. En la actualidad aún se utiliza en combinación con la aspirina y con otros analgésicos comunes.

Nombre vulgar Café
Fuente Originario de Arabia y Etiopía, ahora crece en las Indias Occidentales y en América Central.
Partes utilizadas Granos de café sin tostar.

ENFERMEDADES TRATADAS
La Coffea se utiliza en los casos de actividad mental excesiva que conduce al insomnio y de extrema sensibilidad al dolor, por ejemplo en los casos de dolor de muelas o dolores del parto. Los cinco sentidos del paciente se agudizan y cualquier ruido resulta insoportable. La *Coffea* también se administra para la menopausia y la sobreexcitación .
Los síntomas mejoran Con agua helada en la boca; con el reposo
Los síntomas empeoran Con el clima frío y ventoso; con el ruido, los olores y el tacto.

PRINCIPALES USOS DE AUTOAYUDA
Insomnio - ver pp. 194-195
Dolores del parto - ver pp. 212-213
Insomnio en los niños - ver pp. 216-217
Dolor de muelas - ver pp. 162-163

COFFEA ARABICA *Las bayas maduras y rojas contienen granos de café. Estos se utilizan para preparar el remedio* Coffea, *que se administra en los casos de insomnio.*

COLCHICUM AUTUMNALE

COLCHICUM

Los antiguos griegos descubrieron que esta planta era inestimable para el tratamiento de la gota y el reumatismo, y le llamaron el alma de las articulaciones . También ha sido utilizada en bronquitis, hidropesía, fiebre, enfermedades venéreas, neurosis y convulsiones.

COLCHICUM AUTUMNALE *Con el bulbo fresco se elabora el remedio.*

Nombre vulgar Azafrán de la pradera, damas desnudas.
Fuente Crece en Europa, Asia Menor, Estados Unidos y Canadá.
Partes utilizadas Bulbo fresco.

ENFERMEDADES TRATADAS
El *Colchicum* es usado en los casos de gota, cuando el dolor es agudo y el tacto o el más leve movimiento resultan insoportables. Por lo general, el dedo gordo del pie es el más afectado y el dolor produce sensibilidad extrema.

El *Colchicum* se utiliza también para tratar trastornos digestivos como acidez, náusea, vómitos y diarrea, que mejoran al inclinarse hacia adelante. También ayuda a aliviar los problemas cardíacos y las afecciones musculares y articulares.
Los síntomas mejoran Con el calor; con el reposo y la inmovilidad.
Los síntomas empeoran Con el movimiento; con el tacto; con el frío y la humedad, sobre todo en otoño.

CONIUM MACULATUM

CONIUM

También conocida como cicuta, esta hierba tóxica fue utilizada por los antiguos griegos como un veneno de estado para matar criminales; Sócrates fue obligado a beber su jugo. Los romanos, Dioscórides y Plinio la utilizaban medicinalmente para los trastornos cutáneos, las enfermedades del sistema nervioso y el hígado, los tumores de mama y el cáncer, para calmar el deseo sexual y como analgésico.

Nombres vulgares Cicuta común, cicuta manchada.
Fuente Crece en Europa, en Asia oriental, Estados Unidos, Canadá y Chile.
Partes utilizadas El jugo exprimido de las hojas y de los tallos en flor.

TIPO CONSTITUCIONAL
Emocionalmente, las personas que necesitan este remedio tienen un punto de vista limitado que los conduce a una sensación de pesadez, de indiferencia a las impresiones externas y de depresión con ideas fijas y supersticiones. Esta parálisis emocional puede ser causada por el exceso sexual o por la frustración sexual. Se sienten deprimidos cuando pierden a sus compañeros sexuales.

ENFERMEDADES TRATADAS
El *Conium* se utiliza en los casos de dilatación glandular como es el caso de los tumores cancerosos, sobre todo en el pecho, y los trastornos nerviosos con parálisis gradual de los músculos desde los pies hacia arriba. Esta parálisis puede ir acompañada de sensibilidad a la luz.

El remedio se utiliza también para el mareo que empeora al acostarse o mover la cabeza; el dolor de los pechos antes y durante la menstruación y en el embarazo; la eyaculación precoz, y la dilatación de la próstata.
Los síntomas mejoran Con la presión; con la flatulencia; con el movimiento continuo.
Los síntomas empeoran Al mirar objetos en movimiento; con el alcohol; con los excesos sexuales o el celibato.
Advertencia Uso limitado en Australia y Nueva Zelanda.

PRINCIPALES USOS DE AUTOAYUDA
Dolor de mamas - ver pp. 210-211.

CROCUS SATIVUS

CROCUS

Los estigmas largos y rojos del Crocus *sativus, que son la fuente del azafrán, fueron utilizados medicinalmente por primera vez por Hipócrates como purgante y emoliente, y por sus propiedades afrodisiacas. Los antiguos árabes utilizaban el azafrán para ayudar el parto difícil y para tratar las enfermedades del hígado. Desde entonces ha sido empleado en la medicina ortodoxa para una amplia variedad de enfermedades, incluida la enfermedad mental, la artritis y el asma.*

Nombre vulgar Azafrán
Fuente Originario de Asia occidental, ahora crece en toda Europa.
Partes utilizadas Estigma y parte del estilo.

ENFERMEDADES TRATADAS

El *Crocus* se utiliza para tratar los síntomas emocionales como el inicio repentino de la tristeza, incluso mientras se está leyendo algo absorbente e interesante. El estado de ánimo pasa de la ira a la calma y del buen humor a la tristeza. Existe la extraña sensación de que todo el cuerpo pica, que puede ser un síntoma de enfermedad mental, como la esquizofrenia.

Otros síntomas tratados incluyen menstruación o hemorragia nasal en la que la sangre es negra, coagulada y viscosa.
Los síntomas mejoran Con el aire fresco; después del desayuno.
Los síntomas empeoran Con la música; en habitaciones caldeadas.

CROTALUS HORRIDUS

CROTALUS HOR.

*La serpiente de cascabel produce con su cola el sonido de un cascabel cuando está por atacar. El remedio homeopático fue probado por primera vez por el Dr. Hering en 1837 (**ver p. 17**) y en la actualidad se emplea en el tratamiento de una serie de enfermedades graves.*

Nombres vulgares Serpiente de cascabel, crótalo.
Fuente Se encuentra en las regiones áridas de Canadá, Estados Unidos y América del Sur.
Partes utilizadas Veneno fresco.

ENFERMEDADES TRATADAS

El *Crotalus hor.* ayuda a detener las hemorragias, cuando son lentas y la sangre es oscura, poco densa y no se coagula. Se utiliza en casos de ictericia, septicemia y colapso total. También en el tratamiento de apoplejía del lado derecho, cáncer y problemas cardíacos en los que la persona empeora al acostarse sobre el lado izquierdo y el dolor se extiende a la mano izquierda. A veces se recomienda cuando hay hinchazón de todo el cuerpo, por ejemplo en los ataques de hígado o envenenamiento de la sangre. También puede aliviar el alcoholismo.
Los síntomas mejoran Con aire fresco.
Los síntomas empeoran Con el tiempo caluroso y húmedo; los trastornos suelen presentarse del lado derecho, pero se ven agravados al acostarse sobre el lado izquierdo; al usar ropas ajustadas.

CROTALUS HORRIDUS *El veneno de esta serpiente es la fuente de un remedio utilizado para tratar enfermedades graves, como ataques de apoplejía.*

CYCLAMEN EUROPAEUM

CYCLAMEN

Esta planta florida fue ampliamente utilizada por los médicos griegos, romanos y árabes para el catarro, la dilatación del bazo, enfermedades del hígado como ictericia y hepatitis, y para favorecer la menstruación.

CYCLAMEN EUROPAEUM *La raíz larga y tuberosa fue utilizada en el herbalismo como purgante por ser sumamente amarga.*

Nombre vulgar Pamporcino.
Fuente Crece en el sur de Europa y en el norte de Africa.
Partes utilizadas Jugo de la raíz fresca.

ENFERMEDADES TRATADAS

El *Cyclamen* se utiliza para regular el ciclo menstrual y para tratar los dolores de cabeza intensos que provocan parpadeo. También es bueno para el dolor abrasador de la piel y los músculos. Las personas que necesitan este remedio pueden sentir aversión a las comidas grasas y desear cosas no comestibles como tiza, tierra y gusanos. Con frecuencia se sienten deprimidas y dominadas por los remordimientos.
Los síntomas mejoran Con el movimiento; con el llanto.
Los síntomas empeoran Con el aire fresco.

DATURA STRAMONIUM

STRAMONIUM

Esta planta es sumamente narcótica y se ha usado en medicina principalmente como analgésico para el reumatismo, la neuralgia y la ciática. En el siglo XVI, en Europa, fue ingerida por los soldados para aplacar sus emociones antes de la batalla. Es venenosa y provoca sedación y alucinaciones.

Nombres vulgares Baya del espino, higuera loca.
Fuente Crece en Europa, Asia y Estados Unidos.
Partes utilizadas Jugo exprimido de la planta fresca antes de que florezca, o las semillas.

ENFERMEDADES TRATADAS
El *Stramonium* se utiliza principalmente para los trastornos del sistema nervioso acompañados por miedos y espasmos musculares violentos, calambres e incluso convulsiones. Los principales temores son a la oscuridad, el agua y la violencia. Se administra como remedio para los terrores nocturnos o para los trastornos que se producen después de un susto, sobre todo en los niños. Los niños y los adultos que necesitan este remedio suelen tartamudear debido al nerviosismo. Otros síntomas pueden incluir disminución de la orina o la transpiración, y contracciones nerviosas recurrentes y tirones como en el caso de nerviosismo en las piernas, epilepsia, meningitis y apoplejía, y mucha sed, sobre todo de bebidas ácidas. También es un remedio importante para la fiebre alta en los niños.
Los síntomas mejoran Con la luz; con la compañía; con el calor.
Los síntomas empeoran Después de dormir, sobre todo después de un largo sueño; con tiempo nuboso; al estar a solas; al intentar tragar, sobre todo líquidos.

DELPHINIUM STAPHYSAGRIA

STAPHYSAGRIA

Este remedio fue conocido por los romanos y los griegos antiguos. Se administraba para provocar el vómito y purgar los intestinos, y se utilizaba externamente en forma de ungüento como antídoto para picaduras y mordeduras.

Nombres vulgares Hierba piojera, consuelda palmeada.
Fuente Crece en el sur de Europa y Asia.
Partes utilizadas Semillas.

TIPO CONSTITUCIONAL
Las personas pertenecientes a este tipo han reprimido profundamente sus emociones, sobre todo la ira. Parecen bondadosos y complacientes, pero son muy sensibles a la brutalidad y a los insultos. Temen perder el control y suelen tener un marcado impulso sexual. Su transpiración, sus deposiciones y su flatulencia pueden oler a huevos podridos. Son adictos al trabajo y desean el alcohol y los alimentos dulces.

ENFERMEDADES TRATADAS
El remedio se emplea con mayor frecuencia en los trastornos relacionados con los nervios, como neuralgia, problemas dentales, cistitis, orzuelos, blefaritis (inflamación de los párpados) y dolores de cabeza que producen la sensación de tener un peso que presiona la frente. También es útil para mujeres con nuevos compañeros sexuales, que sufren dolor durante el acto sexual.
Los síntomas mejoran Con el calor
Los síntomas empeoran Después de una siesta; después del desayuno; al reprimir las emociones.

PRINCIPALES USOS DE AUTOAYUDA
Cistitis - ver pp. 200-201
Orzuelos - ver pp. 168-169.

DIGITALIS PURPUREA

DIGITALIS

La dedalera fue utilizada por los antiguos britanos para curar heridas. Muchos cientos de años más tarde, en 1785, el Dr. William Witherin descubrió sus propiedades para tratar la hidropesía. Aún se emplea en la medicina ortodoxa para tratar ataques cardíacos e irregularidades del pulso cardíaco, y en homeopatía es un remedio clave para el corazón.

Nombre vulgar Dedalera.
Fuente Originaria de Europa.
Partes utilizadas Jugo exprimido de las hojas nuevas y frescas.

ENFERMEDADES TRATADAS
La *Digitalis* se administra en el tratamiento del pulso lento o irregular e intermitente asociado a los siguientes trastornos: ataque cardíaco, debilidad con desmayo y sensación de vacío en el estómago, y náusea al ver u oler la comida. El corazón parece a punto de dejar de latir cuando se realiza el menor movimiento. Pueden asociarse problemas de hígado, como hepatitis.
Los síntomas mejoran Con el aire fresco; con el estómago vacío.
Los síntomas empeoran Al incorporarse; con la comida; con la música.
ADVERTENCIA Uso limitado en Australia y Nueva Zelanda.

Esta planta bienal tiene flores grandes, colgantes y de color púrpura.

DIGITALIS PURPUREA *Las hojas de dedalera recogidas en primavera antes de que la planta florezca son la fuente de un eficaz remedio para el corazón.*

ELAPS CORALLINUS/MICRURUS CORALLINUS

ELAPS

La serpiente coral no suele morder cuando se la sujeta, pero su veneno puede matar a los humanos. Actúa como anticoagulante (impide que la sangre se coagule), lo que desemboca en hemorragia. El remedio homeopático, que se elabora a partir del veneno, fue probado por primera vez en el siglo XIX por un homéopata norteamericano. Se administra en el tratamiento de hemorragias y apoplejía.

Nombre vulgar Serpiente coral
Fuente Las verdaderas serpientes de coral sólo se encuentran en Canadá, Estados Unidos y América del Sur, sobre todo en Brasil, pero se encuentran formas similares en Asia y Africa.
Partes utilizadas Veneno fresco.

ENFERMEDADES TRATADAS

El *Elaps* se utiliza en las hemorragias abundantes y las descargas oscuras, como hemorragias nasales y menorragia (excesiva pérdida de sangre durante la menstruación) y para tratar los ataques de apoplejía del lado derecho, sobre todo cuando hay espasmos seguidos de parálisis. Los síntomas de estos trastornos se asocian a una sensación de frío interno y el deseo de ingerir naranjas y hielo. Curiosamente, las bebidas y los alimentos fríos, la fruta, la proximidad de las tormentas eléctricas, la humedad y el calor en la cama agravan los síntomas. Las personas que necesitan este remedio temen a la lluvia, a quedarse solas, a las serpientes, la apoplejía y la muerte.
Los síntomas mejoran Por la noche.
Los síntomas empeoran Al caminar; al acostarse sobre el abdomen; con las bebidas frías.

EQUISETUM HIEMALE Y E. ARVENSE

EQUISETUM

Esta planta prehistórica está relacionada con árboles que crecían en la tierra durante el período carbonífero. Aunque venenosa para el ganado, ha sido utilizada desde tiempos inmemoriales para curar heridas. Los médicos chinos emplearon la hierba para tratar las afecciones oculares, la disentería, la gripe y las hemorroides.

Nombres vulgares Cola de caballo; rabo de mula
Fuente La *E. hiemale* crece en Oriente, sobre todo en China. La *E. arvense* crece en muchos lugares, salvo en Australasia.
Partes utilizadas Toda la planta fresca.

ENFERMEDADES TRATADAS

El *Equisetum* se administra en el tratamiento de síntomas asociados con vejiga irritable, por ejemplo: dolor que empeora al final de la micción; sensación de presión con vejiga dolorida, llena y sensible; deseo constante de orinar, y goteo de la orina o mucosidad en la misma. Aunque los síntomas son similares a la cistitis, no existe infección. El remedio también es bueno para los niños que mojan la cama, trastorno que se produce durante los sueños o pesadillas.
Los síntomas mejoran Al acostarse de espaldas.
Los síntomas empeoran Con el movimiento; con la presión; al tacto.

PRINCIPALES USOS DE AUTOAYUDA
Mojar la cama - ver pp. 218-219.

ELAPS CORALLINUS *La serpiente de coral es muy venenosa y se destaca por sus franjas de tres colores. Su veneno causa hemorragia y el remedio que se elabora a partir del mismo se utiliza en las hemorragias abundantes.*

EUPATORIUM PERFOLIATUM *Esta planta aromática es la fuente de un excelente remedio para la fiebre, que se administra en los casos de fiebre acompañada de dolor muscular y de huesos.*

EUPATORIUM PERFOLIATUM

EUPATOR.

El eupatorio se utilizó tradicionalmente para la fiebre y se cree que ha sido un importante remedio para la malaria, originario de América. Fue conocido por los colonos europeos y utilizado en Nueva York en 1830 para tratar la malaria. También se cree que, en la antigüedad, fue recomendado por Dioscórides para úlceras, disentería, mordeduras de serpientes, fiebre crónica y enfermedad cardíaca. La planta se utiliza ampliamente en la medicina herbal para la gripe acompañada de dolores.

Nombre vulgar Eupatorio.
Fuente Originaria de Canadá y Estados Unidos, ahora crece en Europa.
Partes utilizadas Planta fresca entera, en flor.

ENFERMEDADES TRATADAS

El *Eupator.* se usa sobre todo para tratar la gripe y otras dolencias febriles que se caracterizan por un fuerte dolor de huesos y fiebre con escasa sudoración e inquietud a causa del dolor. Con frecuencia parece que los huesos están rotos. La cabeza, los globos oculares y el pecho están doloridos y se siente el deseo de tomar agua helada y alimentos fríos. Puede presentarse tos que agrava los síntomas

y puede aliviarse caminando en cuatro patas.
Los síntomas mejoran Al aire libre; con la conversación; al vomitar bilis.
Los síntomas empeoran Con el aire fresco; con el movimiento; entre las 7 y las 9 de la mañana.

FERRUM METALLICUM

FERRUM MET.

El hierro es ampliamente utilizado en la medicina ortodoxa en forma de complemento alimenticio. Una deficiencia de hierro en la dieta o en su absorción conduce a la anemia con el resultado de fatiga y falta de aliento. Aunque no existe relación directa entre una carencia dietética de hierro y el remedio homeopático, algunos homeópatas creen que el remedio ayuda al organismo a absorber y utilizar el hierro en la dieta más eficazmente.

Nombre vulgar Hierro
Fuente Hierro, de minerales como la hematites, que se encuentra en Canadá, Estados Unidos y Venezuela.
Partes utilizadas Hierro.

ENFERMEDADES TRATADAS

El *Ferrum met.* suele ser necesario para personas bien formadas que parecen sanas pero suelen ser débiles y sensibles al frío y padecen problemas circulatorios o anemia. Esta debilidad los afecta mentalmente y hace que se muestren muy sensibles al frío, que no soporten que los contradigan y que tengan un humor voluble. Les disgusta moverse porque se fatigan y prefieren quedarse sentados; pero curiosamente el dolor y la inquietud los obligan a moverse. A las personas del tipo *Ferrum met.* les disgustan los huevos y los alimentos grasos, que pueden alterar su digestión, pero les gustan los tomates y los alimentos agrios.
Los síntomas mejoran Con el movimiento suave.
Los síntomas empeoran Por la noche.

FERRUM METALLICUM *La hematites se considera el mineral de hierro más importante porque contiene hasta el 70 por ciento de hierro.*

FLUORICUM ACIDUM

FLUOR. AC.

El Fluoricum acidum, *comúnmente conocido como ácido fluorhídrico, se usa en grandes cantidades en la industria para limpiar metales y para pulir, esmerilar y grabar cristal. El ácido fluorhídrico contiene flúor, que se encuentra en los dientes y los huesos. Una deficiencia de flúor puede provocar caries dentales. El fluoruro, un compuesto de flúor, se añade al agua corriente para evitar las caries dentales.*

Nombre vulgar Acido fluorhídrico.
Fuente Preparado químicamente mediante la destilación del fluoruro de calcio (la sal de calcio de flúor) con ácido sulfúrico para producir gas hidrofluoruro, que se disuelve en el agua para obtener ácido fluorhídrico.
Partes utilizadas Acido fluorhídrico.

TIPO CONSTITUCIONAL

Las personas del tipo *Fluor. ac.* son materialistas y tienen muy pocos valores espirituales, son dominantes y obsesivas con respecto al sexo. Suelen ser egoístas y no prestan atención a los seres queridos ni a la familia. Esto puede significar que se aíslan de los demás, o puede deberse a que se sienten satisfechos con ellos mismos y no desean comprometerse con nadie ni asumir responsabilidades. Las personas de este tipo están llenas de energías, no sienten el frío y no sufren de fatiga muscular. Un sueño corto los hace revivir.

ENFERMEDADES TRATADAS

Los trastornos que afectan los tejidos fibrosos, como venas y huesos, se tratan con el *Fluor. ac.* Estos incluyen: venas varicosas, dolor en el coxis y enfermedades más graves como tumores óseos. Este remedio también se emplea para las caries.
Los síntomas mejoran Con compresas frías; con el aire fresco.
Los síntomas empeoran Con el calor.

GLONOINUM

GLONOIN.

El glonoinum, o trinitrato de gliceril, es un líquido incoloro, oleoso y tóxico. Fue descubierto por un químico italiano, A. Sobrero, en 1846. En 1867 el científico sueco Alfred Nobel le añadió kieselgur para obtener dinamita, uno de los explosivos más potentes. El trinitrato de gliceril tiene un poderoso efecto sobre la circulación y se utiliza en la medicina ortodoxa para tratar la angina.

Nombres vulgares Trinitrato de gliceril, nitroglicerina.
Fuente Preparado químicamente añadiendo glicerina a una mezcla de ácido nítrico y sulfúrico.
Partes utilizadas Trinitrato de gliceril.

ENFERMEDADES TRATADAS

Este remedio se utiliza sobre todo para trastornos como insolación, que implica el control nervioso de la

GLONOINUM *continúa en la página 130*

HYDRASTIS CANADENSIS *Los indios norteamericanos utilizaban la raíz como un remedio contra la fiebre y para tratar los trastornos digestivos.*

El jugo amarillo extraído de la raíz fue utilizado en otros tiempos como tintura

GLONOINUM *continuación*

circulación a la cabeza y al corazón. Los síntomas incluyen sofocos repentinos debidos al aumento de la circulación sanguínea que va a la cabeza. Se produce una sensación de plenitud y un dolor de cabeza semejante a un estallido que el paciente intenta detener apretándose la cabeza. El remedio también se emplea para el cansancio producido por el sol y al comienzo de la insolación.

Los síntomas mejoran Con el aire fresco.

Los síntomas empeoran Con el calor, sobre todo el del sol; con el movimiento, por ejemplo al sacudir la cabeza.

PRINCIPALES USOS DE AUTOAYUDA

Golpe de calor - ver p. 222.

HYDRASTIS CANADENSIS

HYDRASTIS

La gruesa raíz amarilla de esta hierba fue utilizada originalmente por los cheroquíes, una tribu de indígenas norteamericanos, como tónico para la digestión y en el tratamiento del cáncer; otras tribus de indios norteamericanos la empleaban para tratar los trastornos de hígado, fiebre y problemas cardíacos. Fue introducida por primera vez en Europa en 1760. El remedio fue probado en 1875 por el Dr. Hale, un homeópata norteamericano.

Nombres vulgares Raíz naranja, sanguinaria amarilla.
Fuente Crece en Canadá, Estados Unidos y Europa.
Partes utilizadas Raíz fresca o rizoma.

ENFERMEDADES TRATADAS

Las enfermedades de las membranas mucosas, como el catarro, la sinusitis, los dolores de garganta y las alteraciones del sentido del gusto se tratan con este remedio. Los síntomas incluyen: gran cantidad de descargas espesas, amarillas y viscosas de las membranas mucosas, por ejemplo de la nariz, la garganta y el pecho. También se utiliza para los trastornos estomacales en los que la digestión es débil y suele sentirse vacío en el estómago, que no se alivia con la comida. Puede haber estreñimiento. Este remedio resulta especialmente útil para personas que han sufrido una considerable pérdida de peso debido a enfermedades crónicas degenerativas.

Los síntomas mejoran Con el descanso; con lo templado.

Los síntomas empeoran Al respirar aire frío; por la noche.

PRINCIPAL USO DE AUTOAYUDA

Catarro - ver pp. 170-171.

HYOSCYAMUS NIGER

HYOSCYAMUS

Se cree que los romanos introdujeron esta planta en Europa. Se utilizaba en la medicina ortodoxa como sedante, analgésico y anticonvulsivo. La droga extraída, la hioscina, aún se emplea como antiespasmódico en enfermedades del tracto gastrointestinal.

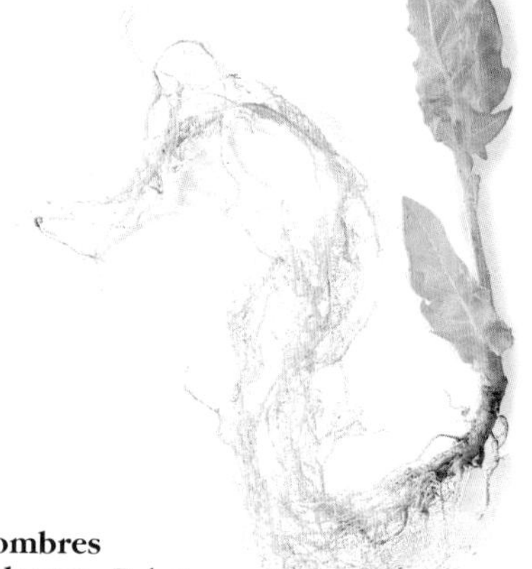

HYOSCYAMUS NIGER *El jugo de la planta es tóxico y provoca mareos, manía y alucinaciones.*

Nombres vulgares Beleño común, beleño negro
Fuente Crece en toda Europa, en algunas zonas de Asia, y en Canadá y Estados Unidos.
Partes utilizadas Jugo, exprimido de la planta fresca en flor.

ENFERMEDADES TRATADAS

El *Hyoscyamus* se administra en el tratamiento de trastornos emocionales, como celos, suspicacia y paranoia. Las personas que necesitan este remedio pueden sentir que son envenenadas o vigiladas, y que los demás están decididos a engañarlos o estafarlos. Pueden sentirse ajenos y conversar o permanecer en silencio durante horas, sentados y con la vista fija. Se producen estallidos violentos y existe un elemento sexual, incluso en los niños, con el empleo de lenguaje obsceno sólo para escandalizar. El remedio también se administra para la tos espasmódica y

seca, la epilepsia y otras afecciones en las que se producen contracciones nerviosas, tirones y calambres.
Los síntomas mejoran Al incorporarse
Los síntomas empeoran Con los trastornos emocionales; con el tacto; al acostarse.

IODUM

IODUM

El yodo es esencial para el normal funcionamiento del organismo humano. La deficiencia de yodo provoca síntomas como piel seca, caída del cabello; cara y glándula tiroides inflamadas, músculos débiles, aumento de peso, pereza mental y fatiga. Estos trastornos son raros en Occidente porque el yoduro de potasio (una sal de yodo) se añade a la sal de mesa.

IODUM *En el pasado, el yodo se utilizó como antiséptico local. Aún se emplea con ese propósito en forma de yodo povidine (una mezcla de alcohol y yodo).*

Nombre vulgar Yodo.
Fuente Deriva en gran parte de los depósitos de algas y salitre, sobre todo de Chile.
Partes utilizadas Yodo.

ENFERMEDADES TRATADAS
El *Iodum* se utiliza principalmente para tratar los síntomas asociados a una tiroides hiperactiva. Estos incluyen: dolor de ojos, dilatación de las glándulas y apetito voraz, aunque con tendencia a perder peso y a sentirse débil a causa del hambre. El más mínimo esfuerzo físico provoca transpiración.

Las personas que necesitan este remedio tienen un deseo obsesivo por desarrollar una actividad frenética porque cuando deben sentarse y quedarse quietas tienen pensamientos aterradores. Sin embargo, su actividad excesiva no es organizada y las vuelve sumamente olvidadizas, lo que las obliga a la comprobación constante, por ejemplo para asegurarse de que han cerrado las puertas por la noche. Son personas conversadoras y muy inquietas mentalmente.

El *Iodum* también se emplea en el tratamiento de alteraciones de las membranas mucosas (sobre todo las de la laringe) y del corazón y los vasos sanguíneos. También se administra en los casos de dolores de huesos que surgen por la noche y para la tos fuerte y seca.
Los síntomas mejoran Al comer; con el aire fresco; con el movimiento.
Los síntomas empeoran En habitaciones caldeadas.

KALI BROMATUM

KALI BROM.

El bromuro de potasio es una sal cristalina blanca que se utiliza en fotografía. En la medicina ortodoxa fue utilizada en otros tiempos en dosis elevadas en los casos de epilepsia grave y otros trastornos convulsivos. También se administraba a hombres que experimentaban un deseo sexual excesivo y a prisioneros del sexo masculino para reducir sus necesidades sexuales.

Nombre vulgar Bromuro de potasio.
Fuente Un sólido cristalino que se prepara químicamente.
Partes utilizadas Bromuro de potasio.

TIPO CONSTITUCIONAL
Las personas pertenecientes a este tipo viven un conflicto constante entre moralidad e inmoralidad y son nerviosas y suspicaces. Creen ser objeto de la venganza divina y se preocupan porque han sido elegidas para recibir un castigo. Tienen una marcada sensación de impotencia e inseguridad, sobre todo durante la pubertad, cuando pueden mostrarse obsesionadas por una conciencia culposa con respecto a sus necesidades sexuales. Esto hace que se sientan inquietas y deseosas de estar siempre ocupadas.

ENFERMEDADES TRATADAS
El *Kali brom.* se administra en el tratamiento de enfermedades que afectan el sistema nervioso, como la epilepsia, y trastornos cutáneos, sobre todo acné que deja marcas antiestéticas. Las personas que necesitan este remedio son propensas al acné, sobre todo en la pubertad y durante la menstruación. Son personas de sangre caliente, pero a veces se sienten entumecidas.

KALI BROMATUM *El remedio* Kali brom. *se elabora a partir del bromuro de potasio blanco.*

Los síntomas mejoran Con la actividad constante.
Los síntomas empeoran Durante la menstruación.

PRINCIPALES USOS DE AUTOAYUDA
Acné - ver pp. 186-187.

KALI CARBONICUM

KALI CARB.

El carbonato de potasio es un compuesto que utilizaban los egipcios hace más de 3.000 años, para fabricar vidrio. Se encuentra en la naturaleza como un álcali de los vegetales y en las estructuras de todas las plantas. El carbonato de potasio se obtiene de las cenizas de la madera y las plantas quemadas, o se prepara industrialmente.

Nombre vulgar Carbonato de potasio.
Fuente Carbonato de potasio, que se obtiene de las cenizas de la madera.
Partes utilizadas Carbonato de potasio.

TIPO CONSTITUCIONAL
Las personas que necesitan este remedio (junto con otros tipos *Kali)* tienen valores morales muy elevados, con sentido del deber y un marcado temor a perder el control. Son muy posesivos, tanto en cuestiones materiales como emocionales. Esto puede hacer que la vida resulte muy difícil para quienes están cerca. Las personas del tipo *Kali carb.* son propensas a reaccionar mal ante las perturbaciones emocionales y, por lo general, las sentirán como un golpe en el estómago.

ENFERMEDADES TRATADAS
Este remedio se administra en el tratamiento de los trastornos de músculos y columna, como dolor de espalda, sobre todo en el región lumbar; problemas menopáusicos y menstruales, y alteraciones de las membranas mucosas, sobre todo del pecho, como bronquitis y tos. El dolor suele ser como una puntada. Las personas que necesitan este remedio son muy sensibles al frío y tienen una hinchazón característica bajo los párpados superiores. Transpiran mucho y al enfriarse pueden sentir frío fácilmente, lo que los hace más propensos a los resfríos y la gripe.
Los síntomas mejoran Con lo templado; con el clima seco y cálido.
Los síntomas empeoran Con el reposo; en un entorno frío; antes de la menstruación; con el esfuerzo; entre las 2 y las 3 de la mañana; al inclinarse hacia adelante.

KALI IODATUM

KALI IOD.

El yoduro de potasio es el compuesto que se añade a la sal de mesa y a los alimentos animales como protección contra la deficiencia de yodo (ver Iodum en p. 131). La Organización Mundial de la Salud recomienda que se añada una parte de yoduro de potasio cada 100.000 partes de sal. El yoduro de potasio fue utilizado en otros tiempos para tratar la sífilis.

Nombre vulgar Yoduro de potasio
Fuente Preparado químicamente a partir del yoduro y el hidróxido de potasio.
Partes utilizadas Yoduro de potasio.

TIPO CONSTITUCIONAL
Las personas del tipo *Kali iod.* tienen un desarrollado sentido de lo correcto y lo incorrecto y suelen ver las cosas en blanco y negro. Resulta difícil convivir con ellas, son irritables y muy malhumoradas e incluso pueden ser crueles con los demás. Prefieren el clima frío.

ENFERMEDADES TRATADAS
Este remedio se administra en el tratamiento de afecciones glandulares, como inflamación de glándulas acompañada de gripe, dolor de garganta y problemas prostáticos. El dolor no es localizado sino difuso. Las personas que necesitan este remedio suelen padecer fiebre del heno y sinusitis, sobre todo con el calor, y tienen mucosidad espesa y verde, o descargas nasales agrias y acuosas.
Los síntomas mejoran Con el aire fresco; con el movimiento.
Los síntomas empeoran Entre las 2 y las 5 de la mañana; con el calor; con el tacto.

KALI MURIATICUM

KALI MUR.

El cloruro de potasio es un sólido o un polvo cristalino blanco, y la más abundante de las sales de potasio que se encuentran en la naturaleza y está presente sobre todo en el mineral silvita. Es una sal de tejido de Schussler (ver p. 227) que se utiliza en la segunda etapa de las enfermedades inflamatorias. Una deficiencia de esta sal afecta la fibrina del organismo, que es un componente importante en la coagulación sanguínea.

Nombre vulgar Cloruro de potasio.
Fuente Silvita, que se encuentra en Alemania, Canadá y Estados Unidos.
Partes utilizadas Cloruro de potasio.

ENFERMEDADES TRATADAS
El *Kali mur.* se administra en el tratamiento de la inflamación de las membranas mucosas con descarga viscosa. Es especialmente adecuado para las infecciones del oído medio y las Trompas de Eustaquio (que conectan la cavidad del oído medio con la parte posterior de la nariz), sobre todo cuando las secreciones son blancas, espesas, pegagosas y viscosas; también se utiliza para la sordera temporaria originada por el catarro de las Trompas de Eustaquio. Este remedio también se administra en los casos de oído pegajoso (líquido en el interior del oído), mucosidad que desciende por detrás de la garganta y amigdalitis, cuando tragar sólo es posible girando el cuello y las amígdalas están cubiertas por una capa blanca.
Los síntomas mejoran Con las bebidas frías; frotando la zona afectada.
Los síntomas empeoran Con el aire fresco; con el clima frío y húmedo; con los alimentos suculentos y grasos; durante la menstruación.

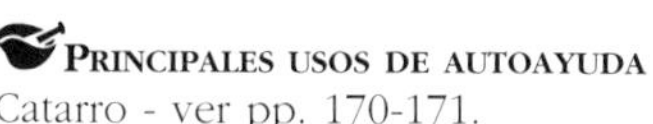

PRINCIPALES USOS DE AUTOAYUDA
Catarro - ver pp. 170-171.

KALI MURIATICUM
La silvita es la fuente del remedio Kali mur.

LAC CANINUM

LAC CAN.

La leche de perra es una medicina antigua y fue recomendada por Plinio para estimular la expulsión de los fetos muertos y para tratar el dolor de ovarios y los problemas cervicales y uterinos. Sextus, un médico de la Antigua Grecia, descubrió que era útil para la intolerancia hacia la luz y para la inflamación del oído interno.

Nombre vulgar Leche de perra
Fuente Perras mestizas
Partes utilizadas Leche de la perra.

TIPO CONSTITUCIONAL
Las personas del tipo *Lac. can.* suelen ser muy sensibles (hasta el extremo de la histeria), carecen de confianza en ellas mismas y tienen una imaginación prolífica. También son temerosas, sobre todo con respecto a las serpientes. Pueden ser distraídas y agresivas.

ENFERMEDADES TRATADAS
Los dolores de garganta, la amigdalitis y la erosión cervical (el desgaste de las células que recubren la cerviz) se tratan con este remedio. Resulta muy útil cuando los síntomas pasan de un lado del cuerpo al otro. Por ejemplo, en el caso de la garganta, el dolor puede comenzar en el lado derecho, pasar luego al izquierdo y volver al derecho. También es un remedio común para la inflamación de los pechos antes de la menstruación y para los trastornos que ocasiona el amamantamiento. Las personas que necesitan este remedio pueden tener la sensación de que flotan en el aire, y desean alimentos salados y picantes y bebidas calientes.
Los síntomas mejoran Con el aire fresco.
Los síntomas empeoran Con el tacto.

LACTRODECTUS MACTANS

LACTRODECTUS MAC.

La viuda negra tiene un veneno sumamente tóxico que puede resultar mortal para humanos y animales. Los síntomas de envenenamiento incluyen calambres musculares, espasmos vasculares, sudor frío y dolor en el pecho semejante a la angina. El remedio homeopático, elaborado a partir del veneno de la araña hembra, se utiliza para tratar el dolor agudo de pecho asociado a la angina y a los ataques cardíacos.

Nombre vulgar Araña viuda negra
Fuente Se encuentra en zonas cálidas del mundo, sobre todo en Estados Unidos.

LACTRODECTUS MACTANS *La viuda negra hembra es la fuente de un remedio que se administra en el tratamiento de la angina y la ansiedad.*

Partes utilizadas Toda la araña hembra viva.

ENFERMEDADES TRATADAS
El dolor de pecho intenso que acompaña los ataques cardíacos y la angina se tratan con este remedio. La angina puede ir acompañada de entumecimiento que se extiende al brazo y la mano derechos. También se administra en casos de colapso, ansiedad, inquietud, y de temor a quedarse sin aliento.
Los síntomas mejoran Al quedarse sentado y quieto; con un baño caliente.
Los síntomas empeoran Por la noche; con el clima húmedo; antes de las tormentas.

LILIUM TIGRINUM

LILIUM

El lirio tigre, una planta erecta de hoja perenne, con flores en forma de embudo y fruta en forma de cápsula, pertenece al género Lilium, que comprende unas ochenta especies. Es una popular planta cultivada y fue introducida en occidente desde China y Japón. El remedio homeopático fue probado en 1869.

Nombre vulgar Lirio tigre
Fuente Originaria de China y Japón, pero ahora crece en el mundo entero.
Partes utilizadas Planta fresca en flor.

TIPO CONSTITUCIONAL
Las personas de este tipo sienten un enorme conflicto entre sus intensas necesidades sexuales y sus elevados valores morales. Este conflicto puede volverlos muy sensibles a la crítica y hacer que se ofendan fácilmente.

Son precipitados, impacientes e intentan hacer demasiadas cosas diferentes al mismo tiempo, lo que les provoca temor a la demencia. Las personas del tipo *Lilium* quieren ser el centro de atención y se enfurecen si no lo logran. En otros momentos están llenos de remordimientos -sobre todo de naturaleza religiosa- con respecto a su conducta y se atormentan constantemente.

LILIUM TIGRINUM *Las manchas de color naranja distinguen las flores de este lirio, que es la fuente de un importante remedio para el dolor uterino.*

ENFERMEDADES TRATADAS
Este remedio se administra principalmente en el tratamiento de trastornos de los órganos reproductores femeninos, como inflamación de ovarios, picazón de las vulvas y prolapso de útero. También se emplea en mujeres que padecen menstruaciones dolorosas o fibromas (tumores uterinos benignos), con dolor y pesadez de la pelvis y necesidad constante de orinar.

El *Lilium* también es útil en los casos de angina en los que los síntomas incluyen palpitaciones, sensación de que el corazón es apretado y entumecimiento del brazo derecho. Los trastornos del recto, la vejiga y la circulación venosa también se alivian con el *Lilium*. Las personas que necesitan este remedio prefieren el clima frío y tienen sensación de ardor en las manos.
Los síntomas mejoran Con el aire fresco; al acostarse sobre el lado izquierdo.
Los síntomas empeoran Con lo templado; por la noche.

LYCOPUS VIRGINICUS

LYCOPUS

Esta planta ha sido usada como sustituto de la hierba Digitalis purpurea (ver p. 127) para tratar las enfermedades cardíacas y se dice que es uno de los narcóticos más suaves y mejores que existen. En otros tiempos fue utilizado para estimular la expectoración de sangre, por ejemplo en la tuberculosis o el ataque cardíaco debido a la enfermedad de las válvulas del corazón.

Nombres vulgares Consuelda media, marrubio de Virginia.
Fuente Crece en Estados Unidos.
Partes utilizadas Planta fresca en flor.

ENFERMEDADES TRATADAS
El *Lycopus* se utiliza como remedio cardíaco para tratar el aneurisma (inflamación de las arterias, más comúnmente de la aorta y de las arterias que suministran sangre al cerebro), la pericarditis (la inflamación de la membrana que rodea el corazón), el ataque cardíaco y el ritmo anormal del pulso cardíaco. Resulta especialmente útil cuando el corazón está débil pero se experimentan sensaciones violentas como latidos fuertes (palpitaciones). El pulso puede ser débil o muy fuerte. Este remedio también se administra en los casos de globo ocular saltón debido al bocio.
Los síntomas mejoran Con la presión.
Los síntomas empeoran Con la excitación; con el calor; con el esfuerzo; después de dormir.

MAGNESIA CARBONICA

MAG. CARB.

El carbonato de magnesio tiene una larga historia como laxante. Aún se utiliza en la industria farmacéutica como compuesto espesante en formulaciones en polvo y como ingrediente de algunos antiácidos. En la industria se utiliza para fabricar ladrillos, compuestos aislantes, y como tapaporos para pinturas de papel y plásticas. El remedio fue probado por Hahnemann.

Nombre vulgar Carbonato de magnesio
Fuente Magnesita, que se encuentra en Austria, China y Estados Unidos.
Partes utilizadas Carbonato de magnesio

TIPO CONSTITUCIONAL
Las personas que pertenecen al tipo *Mag. carb.* necesitan estar en un entorno apacible y pueden sentirse abandonadas u olvidadas. Suelen tener tez pálida y no toleran la leche. Sienten el cuerpo cansado y dolorido, sobre todo las piernas y los pies. Tienen sabor agrio en la boca y su transpiración y otras secreciones del cuerpo huelen mal.

ENFERMEDADES TRATADAS
El *Mag. carb.* se utiliza para tratar los trastornos del sentido del gusto, por ejemplo el sabor amargo en la boca con mucosidad blanca y espesa en la lengua. También es eficaz para los trastornos digestivos acompañados por un deseo de bebidas ácidas, como estreñimiento, indigestión, diarrea y acedía, cuando la acidez llega hasta el esófago. También se administra a niños con dificultades en su crecimiento, aumento de peso limitado, desarrollo muscular tardío e incapacidad para mantener la cabeza erguida.
Los síntomas mejoran Con el aire fresco; al caminar.
Los síntomas empeoran Por la noche; con el reposo; con tiempo ventoso; con el tacto.

MAGNESIA CARBONICA *El mineral magnesita es carbonato de magnesio.*

MAGNESIA PHOSPHORICA

MAG. PHOS

El fosfato de magnesio es una sal de tejido de Schussler (ver p. 227). El creía que el remedio homeopático era bueno para las enfermedades que afectan las terminaciones nerviosas de los músculos o el tejido muscular propiamente dicho. Y tenía razón, ya que una carencia de magnesio en el organismo da como resultado síntomas tales como espasmos y calambres.

MAGNESIA PHOSPHORICA *A partir de estos dos componentes se elabora un remedio.*

Sulfato de magnesio

Phosphato de sodio.

Nombre vulgar Fosfato de magnesio
Fuente Preparado químicamente a partir del sulfato de magnesio y el fosfato de sodio.
Partes utilizadas Fosfato de magnesio

ENFERMEDADES TRATADAS
Este remedio se utiliza en el tratamiento de trastornos que afectan los nervios y los músculos, como dolores con calambres, dolor neurálgico y sensación de opresión. También es un remedio excelente para los cólicos, en los que el dolor mejora con la presión fuerte, al doblarse y con el calor, y empeora con el tacto y el frío. Las enfermedades tratadas suelen presentarse en el costado derecho del cuerpo y el paciente suele ser sensible al frío. Las personas que necesitan este remedio pueden ser muy sensibles o intelectuales.
Los síntomas mejoran Con lo templado; con compresas calientes; con la presión.
Los síntomas empeoran En un entorno fresco; con el tacto; por la noche; al quedar agotado.

PRINCIPALES USOS DE AUTOAYUDA
Cólico - ver pp. 214-215

MATRICARIA RECUTITA

CHAMOMILLA

El empleo de la manzanilla en la medicina es antiguo y se remonta a los tiempos de Hipócrates. En la medicina herbal ha sido utilizada para tratar afecciones como eczema, asma e insomnio, y durante el parto para fortalecer el útero. La hierba aún se utiliza ampliamente para los trastornos cutáneos y como calmante.

Nombres vulgares Manzanilla
Fuente Crece en Europa y en Estados Unidos.
Partes utilizadas Jugo exprimido de la planta fresca en flor.

TIPO CONSTITUCIONAL
Las personas que necesitan este remedio tienen sueños angustiosos y gimen o lloran mientras duermen. Por la noche sacan los pies de debajo de la ropa para refrescarlos y se sienten absolutamente furiosas si se despiertan de repente.

ENFERMEDADES TRATADAS
La *Chamomilla* es adecuada para las personas que tienen un bajo umbral de dolor, que suelen enojarse, impacientarse, y quejarse cuando están enfermas. El más leve dolor provoca sudores y mareos, sobre todo en las mujeres y los niños.

Es especialmente adecuado para los problemas dentales de la infancia, acompañados por fiebre, y cuando los niños insisten en ser llevados en brazos y gritan cuando los bajan. También se administra en los casos de dolores de muelas que mejoran con el frío pero se agudizan con el calor. Una mejilla se pone roja y la otra pálida.

Este remedio también se utiliza en los dolores de oído con sensación de obstrucción; en menstruaciones abundantes con fuertes calambres; en pezones inflamados de las mujeres que amamantan; y en cólicos e insomnio de los niños.
Los síntomas mejoran Con el tiempo cálido y húmedo; con el ayuno.
Los síntomas empeoran Con la ira; con el calor; con el viento frío; con el aire fresco.

PRINCIPALES USOS DE AUTOAYUDA
Problemas del amamantamiento - ver pp. 212-213
Cólicos - ver pp. 214-215
Insomnio en bebés - ver pp. 216-217
Problemas de dentición - ver pp. 216-217
Dolor de muelas - ver pp. 162- 163

MATRICARIA RECUTITA *La manzanilla, una hierba medicinal muy conocida, es la fuente de un remedio homeopático adecuado para los trastornos de la infancia.*

MEDORRHINUM

MEDORRHIMUN

La gonorrea es una infección de transmision sexual provocada por una bacteria. El remedio homeopático Medorrhinum, que se elabora a partir de la descarga gonorreica, se utiliza para tratar una variedad de enfermedades, incluidas las ginecológicas. La infección, llamada gonorrea por el médico romano Galeno, probablemente también fue conocida por los egipcios y los chinos de la antigüedad. En otros tiempos se trató con inyecciones de nitrato de plata y Hahnemann la consideró responsable del miasma sicótico, uno de los tres miasmas o rasgos heredados (ver p. 19).

Nombre vulgar Gonorrea
Fuente Pacientes aquejados de gonorrea
Partes utilizadas Descarga uretral

ENFERMEDADES TRATADAS

Las enfermedades crónicas y recurrentes de la pelvis, como la inflamación de pelvis, las menstruaciones dolorosas y el dolor de ovarios se tratan con este remedio. El *Medorrhinum* también se utiliza en el tratamiento de enfermedades que afectan los nervios, la columna, los riñones y las membranas mucosas, o de problemas de índole emocional. Puede administrarse si una persona o sus padres tienen antecedentes de gonorrea, o antecedentes de enfermedad cardíaca precoz. Por lo general los trastornos desaparecen junto al mar.

Pscicológicamente, las personas que necesitan este remedio son precipitadas y tienen una sensación de anticipación. Se sienten interiormente vacías, olvidadas, abandonadas y en un estado onírico, como si todo fuera irreal. Curiosamente, las plantas de sus pies son sumamente sensibles.

Este remedio se emplea para tratar personas que muestran conductas extremas; personas egoístas y egocéntricas por un lado, que sin embargo pueden mostrarse retraídas, distraídas y muy sensibles a las cosas bellas, sobre todo las de la naturaleza.
Los síntomas mejoran Al atardecer; al acostarse sobre el abdomen, o ponerse en cuatro patas; junto al mar.
Los síntomas empeoran Con la humedad; entre las 3 y las 4 de la mañana; después de orinar; con el calor; con el más leve movimiento.

MERCURIUS CORROSIVUS

MERC. COR.

El cluoruro de mercurio es un poderoso veneno que fue utilizado en los siglos XVII y XVIII como antiséptico local. Actualmente se emplea como baño fungicida para tratar bulbos y tuberosidades, y en la industria química para la manufactura de plásticos. Si se ingiere, provoca la muerte de las células y un dolor abrasador en la garganta y el estómago.

Nombre vulgar Cloruro de mercurio, un sublimado corrosivo del mercurio.
Fuente Cloruro de mercurio, que es una sal que se encuentra en Alemania, México, la ex Yugoslavia y Estados Unidos.
Partes utilizadas Cloruro de mercurio

ENFERMEDADES TRATADAS
Este remedio se administra en el tratamiento de úlceras, sobre todo si estas afectan los intestinos, como la colitis ulcerante, en la que se produce diarrea con hemorragia y una gran tensión para eliminar pequeñas cantidades de mucosidad o sangre. Una urgencia similar, y tal vez hemorragia y descarga de mucosidad, se produce en la vejiga. El *Merc. cor.* también se recomienda en los casos de úlcera asociada con agotamiento, en la garganta, la boca y la parte exterior de los ojos. Los síntomas pueden incluir dolor cortante en la parte posterior de la nariz que se extiende hasta los oídos, salivación excesiva y sensación de que los dientes están flojos.
Los síntomas mejoran Después del desayuno; con el reposo.
Los síntomas empeoran Con los alimentos ácidos o grasos; al caminar; al atardecer.

MERCURIUS DULCIS

MERC. DULC.

El uso del calomel como laxante se remonta al siglo XVI. Fue utilizado en la medicina ortodoxa para cualquier afección que se creía provocada por un desequilibrio hepático. En la actualidad se emplea en una serie de insecticidas y fungicidas.

Nombre vulgares Calomel, Cloruro mercurioso.
Fuente Calomel, que se encuentra en Alemania, México, Estados Unidos y la ex Yugoslavia.
Partes utilizadas Cloruro mercurioso.

MERCURIUS DULCIS *continúa en p. 136*

MERCURIUS DULCIS *continuación*

MERCURIUS DULCIS *El calomel, o cloruro mercurioso, es la fuente de un remedio que se utiliza para la supuración de oídos en.los niños.*

ENFERMEDADES TRATADAS
El *Merc. dulc.* se administra a niños pálidos y delgados que tienen inflamadas las glándulas del cuello y suelen producir descargas espesas, blancas y pegajosas de sus membrana mucosas, sobre todo en el oído medio y las trompas de Eustaquio (que conectan la cavidad del oído medio con la parte posterior de la nariz). Es uno de los remedios más importantes para el oído pegajoso (fluido que se forma en el mismo) y también se utiliza para el catarro. El *Merc. dulc.* también se emplea en los casos de ojos secos y rojos.
Los síntomas mejoran Sin motivo específico
Los síntomas empeoran Por la noche; con el ejercicio.

MOSCHUS MOSCHIFERUS

MOSCHUS

El almizclero macho segrega almizcle para atraer a las hembras. El olor del almizcle es tan fuerte que algunas personas pueden desmayarse por el solo hecho de olerlo. Ha sido utilizado durante siglos en la perfumería, y en otros tiempos se daba a los enfermos agonizantes una esencia aromatica elaborada a partir del almizcle. Hahnemann advirtió que las personas que usaban el almizcle como perfume estaban debilitando su resistencia a la enfermedad. Insistió en que el olor del almizcle permanecía durante muchos años y que las personas afectadas por una enfermedad crónica debían evitarlo.

Nombre vulgar Almizclero
Fuente Almizcle contenido en una bolsa peluda situada exactamente debajo del ombligo del almizclero macho, que se encuentra en las regiones montañosas de Asia.
Partes utilizadas Almizcle seco

ENFERMEDADES TRATADAS
El *Moschus* se administra a personas que sufren de excitación histérica y son hipocondríacas. Se utiliza en el tratamiento de desmayos, mareos, agotamiento y vértigo, y es un remedio para la neurosis. Las personas que se benefician con el uso de este remedio sienten que todos los demás se oponen a ellas, hablan excitadamente y son precipitados y torpes. Son sensibles al frío (aunque pueden tener una sensación de calor interior) y a menudo necesitan respirar profundamente. Se sienten más cansados cuando hacen reposo que cuando se mueven de un lado a otro, y pueden sentir calor en un costado del cuerpo y frío en el otro.
Los síntomas mejoran Con lo templado; después de eructar.
Los síntomas empeoran Con la excitación; en un entorno frío; con aire fresco.

NAJA NAJA *La cobra dilata los nervios del cuello formando una capucha antes de atacar.*

MYGALE LASIODORA/M. AVICULARIA/ARANEA AVICULARIA

MYGALE LAS.

Los efectos de la mordedura de esta enorme araña incluyen inflamación y una decoloración violeta que se vuelve verde y se expande desde la mordedura, por el sistema de drenaje linfático. Otros síntomas incluyen escalofríos seguidos de fiebre, boca seca, sed intensa, temblores, dificultad para respirar, desaliento y temor a la muerte.

Nombre vulgar Araña cubana
Fuente Originaria de Cuba
Partes utilizadas Araña viva, entera.

ENFERMEDADES TRATADAS
EL *Mygale las.* se utiliza para tratar trastornos nerviosos como la corea, en la que se producen tirones y movimientos convulsivos en los miembros, sobre todo en la parte superior del cuerpo. Este está en movimiento constante y los músculos se contraen. El *Mygale las.* también ha sido utilizado para tratar enfermedades venéreas.
Los síntomas mejoran Al dormir
Los síntomas empeoran Por la mañana

NAJA NAJA/ N. TRIPUDIANS

NAJA

Se trata de una serpiente sumamente venenosa y su mordedura resulta mortal en aproximadamente el 10 por ciento de los humanos. El veneno puede ser precisamente dirigido a los ojos de la víctima, desde una distancia de más de dos metros, y puede provocar ceguera transitoria, o incluso permamente, salvo que la zona sea lavada de inmediato. En la India, el veneno se utilizó en otros tiempos para los trastornos nerviosos y problemas de la sangre.

Nombre vulgar Cobra
Fuente Se encuentra en Africa y en Australasia
Partes utilizadas Veneno fresco

Veneno seco

TIPO CONSTITUCIONAL
Las personas que pertenecen a este tipo son nerviosas, depresivas, suicidas, y reflexionan constantemente sobre problemas imaginarios de sus órganos sexuales. Temen quedarse solas, a la lluvia y al fracaso.

ENFERMEDADES TRATADAS
La *Naja* actúa principalmente sobre el corazón, los pulmones, los nervios y el ovario izquierdo. Se usa principalmente en los problemas vasculares del corazón con dolores típicos de la angina que se expanden hacia el omóplato izquierdo y la mano izquierda. También puede existir dolor en el ovario izquierdo que se irradia hasta la zona cardiaca. La *Naja* también se administra para tratar el asma que sigue a la fiebre del heno.
Los síntomas mejoran Al estornudar
Los síntomas empeoran Al acostarse sobre el lado izquierdo; con ropas ajustadas; con el sueño y el alcohol; con el aire frío y las corrientes; después de la menstruación.

NATRUM CARBONICUM

NAT. CARB.

El carbonato de sodio se emplea en la fabricación de vidrio, jabones y detergentes, y para ablandar el agua. En la medicina ortodoxa se aplicaba externamente para curar quemaduras y eczemas, y para el catarro nasal y la descarga vaginal.

Nombres vulgares Carbonato de sodio.
Fuente En otros tiempos se extraía de las cenizas de algas, pero ahora se prepara químicamente.
Partes utilizadas Carbonato de sodio

TIPO CONSTITUCIONAL
Las personas de este tipo son sumamente solemnes, delicadas, desinteresadas y fieles a sus seres queridos. Son compasivas y sufren en silencio y siempre intentan parecer alegres, incluso cuando están tristes. Son muy sensibles al ruido, a la música y a las tormentas eléctricas. En el aspecto físico, tienen un aparato digestivo débil y muestran una fuerte intolerancia a la leche. Sus tobillos son débiles y se los tuercen constantemente.

ENFERMEDADES TRATADAS
El *Nat. carb.* se administra en el tratamiento de problemas digestivos como indigestión, trastornos nerviosos que incluyen dolor de cabeza y afecciones cutáneas como herpes, verrugas, lunares, forúnculos y callos.
Los síntomas mejoran Con comida

Los síntomas empeoran Con el calor; bajo el sol; con el clima húmedo.

NATRUM PHOSPHORICUM

NAT. PHOS.

El fosfato de sodio es una sal de tejido de Schussler (ver p. 227). Está presente en las células de los tejidos y ayuda a regular el nivel de acidez del organismo y a disolver los ácidos grasos. El remedio Nat. phos. se utiliza en las enfermedades provocadas por un exceso de ácido láctico o ácido úrico, como la gota, y también para la indigestión provocada por una ingestión excesiva de alimentos grasos y ácidos.

NATRUM PHOSPHORICUM *La indigestión y la gota se tratan con un remedio elaborado a partir de cristales de fosfato de sodio.*

Nombre vulgar Fosfato de sodio
Fuente Se prepara químicamente a partir del ácido fosfórico y el carbonato de sodio .
Partes utilizadas Fosfato de sodio.

TIPO CONSTITUCIONAL
Las personas del tipo *Nat. phos.* son refinadas, temerosas y se sonrojan fácilmente. Les disgusta que les den consejos, aunque sean bienintencionados, y suelen ser bastante inquietas e impacientes a pesar de su agotamiento y su debilidad nerviosa.

ENFERMEDADES TRATADAS
Este remedio se emplea para tratar la indigestión con eructos ágrios provocados por alimentos grasos y ácidos, o por un exceso de ácido en el estómago, sobre todo en el caso de los niños que han tomado demasiada leche y azúcar. También es bueno para la gota y la rigidez posterior a un esfuerzo.
Los síntomas mejoran En un entorno frío; con aire fresco
Los síntomas empeoran Con la leche; con alimentos ácidos y dulces; con las tormentas.

NATRUM SULPHURICUM

NAT. SULPH.

El sulfato de sodio es un sólido o polvo cristalino blanco que se emplea en la manufactura de papel, cartón, vidrio y detergentes. Es una sal de tejido de Schussler (ver p. 227) y está presente en el organismo en las células de los tejidos, y ayuda a mantener el equilibro del agua. El remedio homeopático es bueno para las personas fofas que se sienten peor con el clima húmedo, cerca del agua y en habitaciones húmedas.

Nombre vulgar Sulfato de sodio, sal mirabile, sal de Glauber
Fuente Sulfato de sodio, que se encuentra en lagos de agua salada y en la estepa Kalunda de Rusia.
Partes utilizadas Sulfato de sodio

TIPO CONSTITUCIONAL
Las personas de este tipo pueden ser muy serias y responsables, cerradas y depresivas, e incluso suicidas. Aunque suelen ser bastante materialistas, pueden tener una gran sesibilidad y llorar al oír música. Algunas son menos limitadas y más artísticas, y necesitan estimulación. Las personas *Nat. sulph.* son fofas, prefieren el clima frío y se sienten peor con la humedad. Suelen padecer asma, provocada por la humedad, y por lo general tienen descargas abundantes con mucosidad verde amarillenta, poco densa o espesa.

ENFERMEDADES TRATADAS
Las enfermedades tratadas con este remedio incluyen afecciones del hígado como ictericia, problemas torácicos como asma y bronquitis, y heridas en la cabeza que pueden provocar depresión, sentimientos suicidas u otros cambios emocionales.
Los síntomas mejoran Con el aire fresco; al cambiar de posición; en un entorno seco.
Los síntomas empeoran A últimas horas de la tarde; por la mañana; al acostarse de espaldas; en un entorno húmedo.

NATRUM SULPHIRICUM *El sulfato de sodio se ha utilizado durante mucho tiempo para preparar el* Nat. sulph.

NICOTIANA TABACUM *Medicinalmente, se decía que el tabaco tenía afectos analgésicos. Los botánicos lo utilizaban para mordeduras y picaduras.*

NICOTIANA TABACUM

TABACUM

La planta del tabaco recibió su nombre de Jean Nicot, un embajador francés en América del Sur que la introdujo en Europa alrededor de 1560. Sin embargo, los indígenas americanos la utilizaban mucho tiempo antes de esa fecha. El tabaco contiene nicotina, un veneno que puede causar náuseas, vómitos, sudores, mareos y palpitaciones graves. El remedio homeopático se utiliza para tratar esos síntomas.

Nombre vulgar Tabaco
Fuente Originaria de Estados Unidos, América del Sur y las Indias Occidentales.
Partes utilizadas Hojas frescas

ENFERMEDADES TRATADAS

El *Tabacum* se administra principalmente en los casos de náuseas, vómitos y mareos graves. Los síntomas aparecen repentinamente e incluyen salivación excesiva, dolor, sudor frío, ansiedad y vértigo. El más mínino movimiento empeora la náusea y el vómito. También es bueno para la náusea grave que acompaña otras enfermedades.
Los síntomas mejoran Con el frío; con el aire fresco; después de vomitar; con compresas frías.
Los síntomas empeoran Con el movimiento; con el calor; al abrir los ojos; con el olor del humo del tabaco.

PRINCIPALES USOS DE AUTOAYUDA
Mareos durante los viajes - ver p. 222

NITRIC ACIDUM

NITRIC AC.

Este líquido incoloro, humeante y sumamente corrosivo se ha utilizado para quemar verrugas y, en forma diluida, se administraba en los casos de fiebre, bronquitis y otras infecciones de pecho, para la sífilis y para disolver los cálculos renales y de la vesícula. Comercialmente se emplea sobre todo en la fabricación de explosivos y fertilizantes. El humo es muy irritante y, si se inhala, provoca la muerte.

Nombre vulgares Acido nítrico, *aqua fortis.*
Fuente Se prepara químicamente a partir del nitrato de sodio y del ácido sulfúrico.
Partes utilizadas Acido nítrico.

TIPO CONSTITUCIONAL

Las personas de este tipo son egoístas, amargas, críticas e implacables con los demás. Se ofenden fácilmente y pueden estallar de ira. Tienen tendencia a hablar detalladamente de experiencias pasadas y desagradables. Son sumamente sensibles y están convencidas de que han ofendido a todo el mundo y de que los demás tienen la intención de defraudarlas. Si soportan un largo período de sufrimiento, pueden enfermar. Cuando están enfermas se muestran ansiosas por su salud y temen a la muerte.

ENFERMEDADES TRATADAS

Se administra en el tratamiento del dolor lacerante que puede aparecer y desaparecer de repente, por ejemplo, en la garganta irritada, las úlceras bucales y las aftas. También resulta beneficioso para las hemorroides con dolor punzante en el recto. Las descargas son abrasadoras y repugnantes. La orina tiene un olor fuerte. Las personas que necesitan el *Nitric. ac.* son muy sensibles al frío y suelen tener verrugas, piel agrietada y úlceras en el estómago, la vagina y el recto.
Los síntomas mejoran Con el movimiento; con el clima benigno; con compresas calientes.
Los síntomas empeoran Por la noche; con el más leve roce o movimiento; con el frío y la humedad; con el aire fresco; con la leche.

NUX MOSCHATA/MYRISTICA FRAGRANS

NUX MOSCH.

La nuez moscada ha sido ampliamente utilizada desde el año 540 de nuestra era, cuando fue llevada desde la India hasta Constantinopla. Se empleaba como cosmético para eliminar las pecas. Medicinalmente, fue mencionada por primera vez en el siglo XI por Avicena, que le llamó "La nuez de Banda". Se administraba para los trastornos estomacales, los dolores de cabeza y para aliviar la flatulencia. También se tomaba como alucinógeno. EL aceite esencial es bueno para los dolores reumáticos.

NUX MOSCHATA *Los herbalistas administraban nuez moscada para mejorar la visión.*

Nombre vulgar Nuez moscada
Fuente Se encuentra principalmente en Banda, en las islas Molucas, que forman parte de la República Indonesia, en la India y Lejano Oriente.
Partes utilizadas Semilla sin la macis (corteza exterior).

ENFERMEDADES TRATADAS

La *Nux mosch.* se administra en los casos de enfermedad mental, histeria, problemas del sistema nervioso y trastornos digestivos. También trata los mismos síntomas alucinogénicos provocados por dosis elevadas de nuez moscada, como la somnolencia con mareos, desmayos y falta de coordinación. Estos síntomas pueden presentarse después de un ataque de apoplejía o en la epilepsia.

También es buena para la flatulencia con estreñimiento e hinchazón del tracto digestivo, asociada con indigestión y

gastritis (inflamación del revestimiento estomacal). Las personas que necesitan este remedio están notabemente deshidratadas, pero no tienen sed.
Los síntomas mejoran Con la humedad; en habitaciones calientes; al abrigarse.
Los síntomas empeoran Con los cambios de estación; en un entorno frío; con la irritación nerviosa; con los trastornos emocionales.

OLEUM PETRAE

PETROLEUM

El petróleo es un aceite líquido y sin refinar que surge de debajo de la superficie de la tierra. En el pasado se utilizó en la construcción de barcos y caminos y se quemaba como combustible. En la actualidad el petróleo es uno de los recursos más importantes de la tierra como combustible. En la medicina ortodoxa se utilizaba para curar heridas, pero sólo la homeopatía lo ha convertido en una medicina ampliamente utilizada.

Nombres vulgares Petróleo, aceite de carbón.
Fuente Petroleum, que se forma por la descomposición de plantas y animales.
Partes utilizadas Aceite crudo purificado.

ENFERMEDADES TRATADAS
Este remedio se utiliza sobre todo para tratar afecciones cutáneas como la eczema, en las que la piel está seca y presenta grietas profundas y sangrantes, sobre todo en las manos y las puntas de los dedos. El requebrajamiento de la piel empeora con el frío. También se utiliza para náuseas, diarreas y vómitos, sobre todo cuando van asociados a mareos. A pesar de la náusea y los vómitos, la persona puede sentir hambre constantemente.

Quienes necesitan este remedio pueden tener una transpiración maloliente y les disgustan los alimentos grasos. Padecen de indigestión provocada por alimentos que causan flatulencia. Mentalmente pueden ser excitables, pendencieros, y sentirse confundidos.
Los síntomas mejoran Con el aire tibio; con el clima seco; después de comer.
Los síntomas empeoran Con el movimiento; con el clima frío, sobre todo en invierno; durante las tormentas eléctricas.

PRINCIPALES USOS DE AUTOAYUDA
Eczema - ver pp. 186-187

PAEONIA OFFICINALIS

PEONIA

En la actualidad, la peonía se cultiva principalmente como planta ornamental. Se cree que recibió su nombre de Paeon, que fue médico durante la Guerra de Troya. En el año 77 de nuestra era, Plinio afirmó que la peonía se utilizaba para evitar pesadillas. El botánico Culpeper (1610-1654) afirmó que la raíz de la peonía macho colgada del cuello de un niño evitaría la epilepsia. La hierba también se administraba después del parto. Aún hoy la utilizan los herbalistas como antibacteriana, antiespasmódica, sedante, y para reducir la tensión sanguínea y la hichazón.

Nombre vulgar Peonía
Fuente Originaria de Europa y Asia
Partes utilizadas Raíz fresca.

ENFERMEDADES TRATADAS
La peonía se administra sobre todo en el tratamiento de hemorroides con intensa picazón que hacen que el ano se inflame ligeramente. Puede haber fisuras anales. Al igual que el herbalismo, el remedio homeopático se utiliza para los trastornos del sueño, como modorra por la tarde, pesadillas e insomnio debido a los problemas digestivos.
Los síntomas mejoran Transitoriamente, frotando y rascando la zona afectada.
Los síntomas empeoran Al mediodía; por la noche.

PAPAVER SOMNIFERUM

OPIUM

El opio ha sido utilizado como analgésico desde los tiempos de los griegos y los romanos. Imita la acción de sustancias químicas que existen naturalmente en el cerebro, llamadas endorfinas, que ayudan a inducir el sueño y a crear una sensación de bienestar. En la medicina ortodoxa se utilizan derivados como la morfina y la codeína.

Nombre vulgar Adormidera de opio.
Fuente Crece en Asia, Turquía, Irán y la India.
Partes utilizadas Jugo lechoso disecado de las cápsulas de las semillas aún verdes.

ENFERMEDADES TRATADAS
El opio se utiliza para dos clases de estados mentales que pueden producirse después de un susto o shock, como la muerte de un ser querido. Uno es la apatía y la indiferencia, como si los sentidos hubieran quedado embotados; la persona no se queja. El segundo es un estado de sobreexcitación con insomnio grave. El sentido del oído es tan agudo que resulta posible oír cosas como el caminar de los insectos.

El remedio también se administra en los casos de estreñimiento y problemas respiratorios, como la respiración irregular. Resulta muy beneficioso después de un ataque de apoplejía y en los casos de delirium tremens provocados por la abstinencia del alcohol.
Los síntomas mejoran En un entorno frío; con el movimiento.
Los síntomas empeoran Con el calor; durante y después del sueño.
ADVERTENCIA Uso limitado en Australia y Nueva Zelanda.

PAPAVER SOMNIFERUM *Las flores varían del blanco al rojo púrpura. De las cápsulas de las semillas aún verdes se extrae un jugo lechoso.*

PHOSPHORICUM ACIDUM

PHOS. AC.

El ácido fosfórico se utiliza en la elaboración de drogas farmacéuticas, fertilizantes y detergentes. También se usa en la refinación del azúcar y para dar un sabor afrutado y ácido a las bebidas suaves. En la medicina ortodoxa, el ácido fosfórico se utilizó en otros tiempos para estimular la digestión. En la actualidad, se emplea para reducir los niveles de calcio de la sangre en personas que tienen tumores cancerosos o benignos en las glándulas paratiroides (que se encuentran en el cuello).

Nombre vulgar Acido fosfórico
Fuente El ácido fosfórico es un sólido transparente y cristalino que se prepara químicamente a partir de fosfatos minerales como la apatita.
Partes utilizadas Acido fosfórico diluido.

ENFERMEDADES TRATADAS
Este es uno de los remedios homeopáticos más eficaces para personas que sufren apatía y decaimiento. Estos pueden ser el resultado de demasiado estudio o tensión. La pereza y el letargo también pueden producirse después de una seria pérdida de líquidos a causa de la disentería o la gastroenteritis.

Los síntomas físicos asociados con el decaimiento y la apatía incluyen: sensibilidad al frío, pérdida de apetito, deseo intenso de comer frutas jugosas o bebidas refrescantes de frutas, transpiración, sensación de peso aplastante sobre la cabeza y mareos que se producen al anochecer, después de estar mucho tiempo de pie o al caminar. El *Phos. ac.* es adecuado para los niños que crecen muy rápidamente y en consecuencia sufren de dolor de huesos, o que se sienten afligidos por la masturbación y los orgasmos involuntarios durante el sueño.
Los síntomas mejoran Por el calor, después de un sueño breve.
Los síntomas empeoran Con el frío y las corrientes; con el ruido.

PHYTOLACCA DECANDRA

PHYTOLACCA

La hierba carmín se utilizaba en la medicina popular europea para los problemas glandulares como la mastitis (inflamación del tejido mamario) y los tumores pequeños y duros de mamas. Los indios norteamericanos la utilizaban para los problemas cutáneos, para provocar el vómito y como estimulante cardíaco y purgante.

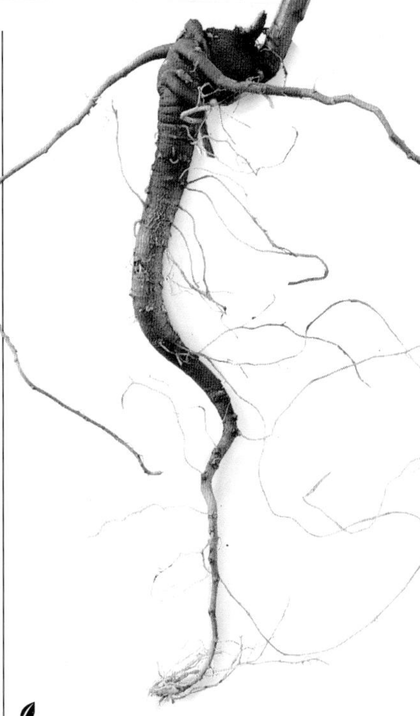

PHYTOLACCA DECANDRA *Los herbalistas utilizan aún hoy la raíz de esta hierba por sus propiedades antiinflamatorias.*

Nombre vulgar Hierba carmín de Virginia
Fuente Crece en Estados Unidos, Canadá, las Azores, Norte de Africa y China.
Partes utilizadas Raíz gruesa fresca

ENFERMEDADES TRATADAS
La *Phytolacca* se utiliza principalmente para los problemas glandulares, sobre todo los de mama, como tumores (cancerosos o benignos) o mastitis con dolores semejantes a puntadas. Las mamas están hinchadas y duras y el dolor puede extenderse por todo el cuerpo. También se administra en los casos de admigdalitis y faringitis en los que la garganta tiene un color rojo oscuro y el dolor se extiende hasta el oído al tragar.
Los síntomas mejoran Con las bebidas frías; con el reposo; con el calor; con el tiempo seco.
Los síntomas empeoran Al empezar a moverse; con el movimiento prolongado; al tragar; con las bebidas calientes; con el clima frío y húmedo.

PICRICUM ACIDUM

PICRIC AC.

Este veneno fue descubierto en 1788. Tiene un potente efecto sobre el hígado y provoca ictericia y pérdida de peso. El remedio homeopático, que fue probado en 1868, se utiliza para tratar la fatiga mental grave y las enfermedades degenerativas de la médula espinal.

Nombre vulgar Acido pícrico
Fuente El ácido pícrico se prepara químicamente a partir del ácido fénico, el ácido nítrico y el ácido sulfúrico.
Partes utilizadas Acido pícrico

ENFERMEDADES TRATADAS
El uso clave de este remedio es el tratamiento de la fatiga mental grave posterior a una tensión mental prolongada, en la que la indiferencia y la falta de fuerza de voluntad aparecen acompañadas por la incapacidad de emprender acciones nuevas o de hablar o pensar con claridad. Este trastorno, que puede provocar una sensación abrasadora y entumecida a lo largo de la espina dorsal, es común entre los estudiantes que se han preparado intensamente para los exámenes. Existe una sensación general de pesadez en todo el cuerpo. Esta puede ir acompañada por dolores de cabeza y forúnculos en el oído externo. La fatiga mental grave también puede ser ocasionada por una aflicción.
Los síntomas mejoran Con el reposo; en un entorno frío; con el sol.
Los síntomas empeoran Con el esfuerzo mental o físico; con el calor.

PLATINUM METALLICUM

PLATINO

El platino, que significa como la plata, fue descubierto en el siglo XVIII en América del Sur. Se utiliza para fabricar joyas y aleaciones dentales y también en pinzas quirúrgicas y contactos eléctricos. En el siglo XIX, el platino fue utilizado brevemente como tratamiento contra la sífilis. En la homeopatía ha sido y es utilizado ampliamente para el tratamiento de trastornos de la mujer.

Nombre vulgar Platino.
Fuente Se encuentra principalmente en América del Sur.
Partes utilizadas Platino.

TIPO CONSTITUCIONAL
Las personas del tipo *Platino* suelen ser mujeres muy idealistas que fijan para ellas y sus compañeros pautas demasiado elevadas. Como ninguno de ellos puede satisfacer pautas tan exaltadas, estas mujeres se sienten decepcionadas, viven en el pasado y se sienten abandonadas, o se muestran arrogantes o despreciativas con los demás.

ENFERMEDADES TRATADAS
Este es, esencialmente, un remedio para las afecciones de los órganos reproductores femeninos y del sistema nervioso. Se administra en los casos de ausencia de menstruación o

menstruación abundante, picazón de las vulvas, dolor de ovarios, incapacidad de realizar el acto sexual debido al vaginismo (espasmos de los músculos vaginales) y neuralgia.

Los síntomas físicos incluyen entumecimiento de la piel, sensación de opresión y frío. Las mujeres que necesitan este remedio tienen una sensibilidad especial en los órganos sexuales; pueden sentir horror a un examen pélvico debido a esta acentuada sensibilidad.

Los síntomas mejoran Con el aire fresco.

Los síntomas empeoran Con las perturbaciones emocionales; con el tacto; con el agotamiento nervioso; al anochecer.

PLUMBUM METALLICUM

PLUMBUM MET.

Los romanos utilizaron el plomo para las tuberías de las instalaciones sanitarias y para hacer horquillas y vales para entrar en las arenas. Los síntomas de envenenamiento con plomo incluyen caída de la muñeca (debilidad de los músculos que controlan la muñeca) y dolor abdominal semejante al cólico. Estos síntomas fueron observados en aquellas personas que bebían agua con un elevado contenido de plomo. El remedio homeopático se administra en el tratamiento del dolor cólico y de lesiones nerviosas.

PLUMBUM METALLICUM *El plomo se ha extraído a lo largo de siglos. El remedio elaborado a partir de él se usa en enfermedades que presentan endurecimiento del tejido.*

Nombre vulgar Plomo

Fuente Se encuentra en Estados Unidos, Africa, Australia y zonas de Europa.

Partes utilizadas Plomo, el acetato o el carbonato.

TIPO CONSTITUCIONAL

Las características mentales de las personas que pertenecen al tipo *Plumbum met.* son similares a las de aquellas que sufren de arteriosclerosis. La capacidad de expresar sus pensamientos es lenta, hay pérdida de memoria y la percepción resulta difícil. Las personas de este tipo pueden ser apáticas e irritables.

ENFERMEDADES TRATADAS

El *Plumbum met.* es un remedio importante para las enfermedades que tardan mucho tiempo en aparecer, por ejemplo las enfermedades escleróticas o aquellas que presentan tejidos endurecidos, como la arteriosclerosis, la esclerosis múltiple y el mal de Parkinson. El remedio produce efectos amplios en los tejidos, sobre todo en músculos y nervios. Se administra en casos de debilidad, espasmos y temblores musculares. Los síntomas de debilidad muscular incluyen retención de orina y estreñimiento con dolor cólico.

Los síntomas mejoran Con el calor; con el masaje; con la presión.

Los síntomas empeoran Por la noche; con el movimiento.

PODOPHYLLUM PELTATUM

PODOPHYLLUM

Los indios norteamericanos utilizaban la raíz de esta planta para expeler gusanos y curar la sordera. La primera prueba homeopática se realizó en el siglo XIX y el remedio se emplea para tratar problemas digestivos.

PODOPHYLLUM PELTATUM *Utilizada por los indios norteamericanos para provocar el vómito, esta hierba actúa poderosamente sobre el hígado y los intestinos. En homeopatía se utiliza para los problemas digestivos.*

Nombre vulgar Podófilo

Fuente Crece en Canadá y Estados Unidos

Partes utilizadas Raíces recogidas después que el fruto ha madurado, o toda la planta fresca.

ENFERMEDADES TRATADAS

El *Podophyllum* actúa principalmente sobre el duodeno, el intestino delgado, el hígado y el recto. Se administra en los casos de gastroenteritis con dolor cólico, vómitos con bilis y diarrea, o si la zona del hígado se encuentra sensibilizada debido a la inflamación o los cálculos biliares. Las personas que necesitan el *Podophyllum* suelen apretar y rechinar los dientes y es un remedio eficaz para la dentición difícil. Y para los trastornos típicos como estreñimiento o diarrea.

Los síntomas mejoran Al acostarse sobre el abdomen; al frotar el abdomen.

Los síntomas empeoran Con el clima caluroso; a primeras horas de la mañana; en la etapa de la dentición.

PSORINUM

PSORINUM

El remedio Psorinum*, derivado de la sarna, fue probado por Hahnemann. Pensaba que, en algunas personas, las ampollas producidas por el ácaro de la sarna eran el reflejo de un malestar más profundo. Aunque las ampollas podían desaparecer, la persona no quedaba completamente curada, y la enfermedad seguía atacando órganos internos. El fenómeno de una enfermedad contenida llegó a conocerse como miasma y psora fue el primero de los tres miasmas básicos (ver p. 19)*

Nombre vulgar Sarna
Fuente Infección de la sarna, que produce ampollas y pústulas en la piel.
Partes utilizadas Líquido de las ampollas de la sarna.

TIPO CONSTITUCIONAL

Las personas del tipo *Psorinum* son ansiosas, carecen de energía y ambición, tienen una visión de la vida bastante pesimista y temen al fracaso, a la pobreza y a la muerte. Se sienten olvidados y abandonados. Incluso en verano son sumamente sensiles al frío y a las corrientes. Transpiran fácilmente; están siempre hambrientos y sufren dolores de cabeza que se alivian al comer. Experimentan una marcada sensación de bienestar exactamente antes del inicio de la enfermedad, que puede presentarse a intervalos regulares.

ENFERMEDADES TRATADAS

Este remedio actúa principalmente sobre la piel y en menor medida sobre los intestinos y las vías respiratorias. Se emplea para tratar trastornos de la piel que supuran con facilidad, como eczema, úlceras, acné y forúnculos. Todos esos trastornos empeoran con el clima invernal pero se agravan con el calor; por ejemplo, con el calor de la cama, con el exceso de ropa y el esfuerzo físico. Los problemas intestinales tratados incluyen diarrea acompañada de síndrome del intestino irritable, gastroenteritis y diverticulitis. El *Psorinum* también se administra en el tratamiento de afecciones del sistema respiratorio, incluida fiebre del heno y asma, y puede resultar útil para la debilidad producida por una enfermedad aguda.
Los síntomas mejoran En habitaciones caldeadas; en verano; al acostarse con los brazos abiertos.
Los síntomas empeoran Con el café; en invierno; con los cambios de clima.

PYROGENIUM

PYROGENIUM

El Pyrogenium *fue introducido en la homeopatía en 1880 por el Dr. Drysdale. Se elaboró mezclando carne de vaca con agua y dejándola reposar durante tres semanas. La mezcla se filtró y así se obtuvo un líquido de color ámbar claro llamado sepsina. Esta se mezcló con glicerina y el resultado se llamó pirogeno. Drysdale llegó a la conclusión de que si el pirogeno se administraba en dosis altas producía en la sangre y en los tejidos cambios análogos a los del envenenamiento de la sangre posterior a las heridas, pero en dosis más pequeñas lograba una recuperación total.*

Nombre vulgar Pyrogenium
Fuente Carne de vaca
Partes utilizadas Solución que queda después de filtrar, evaporar y diluir una mezcla de carne de vaca magra y agua.

ENFERMEDADES TRATADAS

El *Pyrogenium* actúa principalmente sobre la sangre y se emplea en el tratamiento de síntomas de envenenamiento de la sangre. Estos incluyen: sudores fríos y fiebre alta, con pulso anormalmente acelerado en relación a la fiebre. Los huesos duelen mucho y se siente todo el cuerpo magullado. Se experimenta una enorme inquietud y la lengua está seca, agrietada, roja y brillante.

Este remedio suele administrarse en los casos de trastornos sépticos o cuando existen antecedentes de septicemia de los que el paciente nunca ha logrado recuperarse plenamente. Pueden producirse sensaciones de intenso ardor, por ejemplo asociadas con un absceso. Todas las descargas corporales son sumamente repugnantes.
Los síntomas mejoran Con el movimiento; al cambiar de posición; con un fuerte movimiento oscilante.
Los síntomas empeoran Con el frío.

RADIUM BROMATUM

RADIUM BROM.

El radio se utiliza en la medicina ortodoxa como radioterapia para el tratamiento contra el cáncer. Fue descubierto en 1898 por Pierre y Marie Curie en el mineral uraninita. Pierre Curie identificó la propiedad de desintegración activa del radio cuando puso un poco de sal de radio en una cápsula y la sujetó a su brazo. Cuando se la quitó tenía la piel roja y la herida resultante tardó meses en curar y le dejó la piel arrugada alrededor de una cicatriz blanca.

Nombre vulgar Bromuro de radio.
Fuente Preparado químicamente a partir del radio.
Partes utilizadas Bromuro de radio.

La uraninita es altamente radiactiva.

RADIUM BROMATUM *El elemento radiactivo radium, que se utiliza para elaborar el remedio* Radium brom.*, se encuentra en la uraninita.*

ENFERMEDADES TRATADAS
El *Radium brom.* se utiliza para los trastornos cutáneos como acné, lunares, cáncer de piel, úlceras, eczema, dermatitis, acné rosáceo, (enrojecimiento del rostro y síntomas similares a los del acné que aparecen en la edad mediana). Los síntomas incluyen piel ardiente y picazón, con posible ulceración e intenso deseo de aire fresco. El dolor afecta un costado u otro del cuerpo. Este remedio también se utiliza para el cáncer de huesos, el lumbago y la artritis con dolor sordo en los huesos y articulaciones.
Los síntomas mejoran Con el aire fresco; con el movimiento continuo; con un baño caliente; al acostarse.
Los síntomas empeoran Al levantarse, después de estar acostado un rato; por la noche.

RHODODENDRON CHRISANTHEMUM

RHODODENDRON

Esta planta fue introducida en Europa desde Siberia, donde había sido utilizada tradicionalmente como tratamiento herbal para el reumatismo y la gota; el remedio homeopático fue probado en 1831. Las personas que necesitan este remedio, que se emplea para una serie de enfermedades, quedan seriamente afectadas por la proximidad de las tormentas eléctricas.

Nombres vulgares Rododendro siberiano, rosa amarilla de la nieve.
Fuente Zonas montañosas de Siberia, Europa y Asia.
Partes utilizadas Hojas frescas

RHODODEMDRON CHRYSANTHEMUN *La gota es un uso clave del remedio elaborado a partir de las hojas.*

ENFERMEDADES TRATADAS
La gota, la artritis y el reumatismo son las principales enfermedades tratadas con el *Rhodondendron*. Los síntomas incluyen inflamación y dolor reumático desgarrador en los ligamentos, el cartílago y en el tejido de las articulaciones. También se administra en los casos de fiebre, delirio, dolores de cabeza, dolor neurálgico en los ojos e inflamación de los testículos.

Las personas que necesitan este remedio son nerviosas y temen a las tormentas. Cualquiera de los síntomas que sufren empeora antes de una tormenta, y mejora cuando esta se desata.
Los síntomas mejoran Con el calor; al comer; después de las tormentas.
Los síntomas empeoran Por la noche; antes de las tormentas; con el reposo; al empezar a moverse; al estar mucho tiempo de pie.

SABADILLA OFFICINARUM/ ASAGRAEA OFFICINALIS

SABADILLA

Los usos de esta planta fueron descritos por primera vez en el siglo XVI. Se utilizó casi exclusivamente para eliminar los piojos y para combatir las lombrices. La sabadilla produce síntomas similares a los de un resfrío o fiebre del heno y se utiliza en los tratamientos homeopáticos.

Nombre vulgar Cebadilla
Fuente Crece en Mexico, Venezuela, Guatemala y Estados Unidos.
Partes utilizadas Semillas

ENFERMEDADES TRATADAS
Este remedio actúa sobre las membranas mucosas de la nariz y las glándulas lagrimales y se emplea en el tratamiento de resfríos y fiebre del heno con estornudos espasmódicos, nariz goteante que pica, cosquilleo en el paladar y ojos acuosos y ardientes con dolor de cabeza con sensación de estallido a la altura de los ojos; la garganta parece seca y dolorida, y tragar resulta doloroso. Las bebidas calientes suavizan. La *sabadilla* también se utiliza para las lombrices en los niños.

Los síntomas mejoran Con el calor; al abrigarse.
Los síntomas empeoran Con aire frío

PRINCIPALES USOS DE AUTOAYUDA
Fiebre del heno - ver pp. 168-169

SABAL SERRULATA

SABAL

En 1885 el doctor Hale, un homeópata norteamericano, observó que durante el verano, cuando los alimentos eran escasos, los animales salvajes comían bayas verdes de palmito serrucho, y aumentaban rápidamente de peso. En el siglo XIX, otro homeópata norteamericano afirmó que si se ingerían con regularidad, las bayas servían para aumentar el peso y el tamaño de los pechos.

SABAL SERRULATA *El remedio elaborado a partir de las bayas se administra en los casos de trastornos prostáticos y mastitis.*

Nombre vulgar Palmito serrucho
Fuente Crece en Estados Unidos.
Partes utilizadas Bayas y semillas frescas y maduras.

ENFERMEDADES TRATADAS
El sabal se utiliza para tratar la dilatación de la glándula prostática que va acompañada de dolor punzante y agudo en la uretra, de dificultad para orinar, sensación de frío en los genitales con falta de libido, debilidad e irritabilidad nerviosa. También se administra en los casos de inflamación de los testículos.

En las mujeres, el remedio es útil para la mastitis (inflamación del tejido mamario) que puede producirse con el amamantamiento, y para el dolor y la sensibilidad de los pechos hinchados antes de la menstruación. También se administra en los casos en que los pechos se vuelven más pequeños y arrugados debido a un desequilibrio hormonal.

Las personas que necesitan este remedio tienen miedo de quedarse dormidas.
Los síntomas mejoran Con lo templado.
Los síntomas empeoran Con el clima frío y húmedo; con la compasión.

PRINCIPALES USOS DE AUTOAYUDA
Dilatación de próstata - ver pp. 200-201

SANGUINARIA CANADENSIS

SANGUINARIA

Esta planta contiene un poderoso alcaloide llamado sanguinaria, que puede provocar náusea y vómitos y dolor estomacal con ardor. En dosis elevadas resulta mortal. La cualidad quemante de la planta es muy significativa en el remedio homeopático.

Nombres vulgares Sanguinaria, nevadilla roja
Fuente Originaria de Estados Unidos y Canadá.
Partes utilizadas Raíz fresca, hojas, semillas, jugo o fruta reducida a polvo.

SANGUINARIA CANADENSIS *Los indios norteamericanos teñían sus ropas y pintaban sus cuerpos con el jugo rojo de la raíz*

Hoja fresca

La raíz bulbosa y gruesa contiene un jugo de color rojo anaranjado.

ENFERMEDADES TRATADAS
La *Sanguinaria* se utiliza para problemas respiratorios como asma, bronquitis, inflamación de la faringe (que se encuentra entre las admígdalas y la laringe) y pólipos nasales y de laringe. Los primeros síntomas incluyen sequedad, sensibilidad y ardor de las membranas mucosas, y los últimos catarro. Este remedio también se administra en los casos de indigestión, de tos típicamente seca y espasmódica, por ejemplo después de la tos ferina o la gripe, y fiebre del heno con ardor y sequedad de nariz y garganta. Un síntoma clave de todas estas afecciones es el dolor de pecho con ardor que se extiende hasta el hombro derecho, lo que puede hacer difícil levantar el brazo.

La sanguinaria también se utiliza para el reumatismo del hombro derecho, los sofocos de la menopausia y los dolores de cabeza palpitantes y migrañas localizadas sobre el ojo derecho.

Los síntomas suelen aparecer en el costado derecho.

Los síntomas mejoran Al acostarse sobre el lado izquierdo; al dormir; al atardecer.
Los síntomas empeoran Con el frío y la humedad; con el movimiento y el tacto; al acostarse sobre el lado derecho; con los alimentos dulces.

PRINCIPALES USOS DE AUTOAYUDA
Migraña - ver pp. 160-161

SANICULA AQUA

SANICULA

Sanicula es el nombre de un mamantial del estado de Illinois. En 1890, el remedio homeopático fue probado accidentalmente por una familia que bebió el agua del manantial durante un año y sufrió diversos efectos secundarios. El agua posee naturalmente sales y una rara combinación de minerales, muchos de los cuales se utilizan para hacer remedios homeopáticos individuales. El remedio Sanicula *es una mezcla de esos remedios.*

Nombre vulgar Agua de manantial
Fuente Ottawa, en el estado de Illinois.
Partes utilizadas Sal evaporada

TIPO CONSTITUCIONAL
La *Sanicula* es, sobre todo, un remedio para niños. Los que se benefician con su uso, suelen tener aspecto demacrado, a pesar de su buen apetito, y manos y pies sudorosos. Pueden tener un marcado temor al movimiento descendente y una tendencia a los cambios de humor bruscos, de la risa a la ira.

ENFERMEDADES TRATADAS
Los principales usos de este remedio abarcan los siguientes problemas: enuresis; estreñimiento con tensión dolorosa que origina una deposición que vuelve a introducirse en el recto; diarrea inmediatamente después de comer; y mareos con náusea, vómitos y sed intensa. Existe la tendencia a vomitar cuando los líquidos llegan al estómago.
Los síntomas mejoran Con el reposo; al destaparse.
Los síntomas empeoran Con los brazos hacia atrás y hacia abajo; con el movimiento descendente.

SECALE CORNUTUM

SECALE

El cornezuelo es producido por un hongo que crece en el centeno y otros cereales. Posee diversos alcaloides de efectos medicinales y tóxicos. Las epidemias de envenenamiento con cornezuelo (provocadas por la ingestión de harina contaminada) se produjeron en el año 857 de nuestra era. Los síntomas incluyen la sensación de tener hormigas deslizándose debajo de la piel, delirio, ardor intenso, gangrena, convulsiones y espasmos uterinos. En la actualidad, el cornezuelo se utiliza en una droga que controla la pérdida de sangre posterior al parto o al aborto.

Nombres vulgares Cornezuelo, centeno trepador.
Fuente Un hongo que crece en los granos de centeno y otros cereales que se encuentran en Europa, Asia, Canadá y Estados Unidos.
Partes utilizadas Cornezuelo inmaduro recogido antes de la cosecha de grano.

ENFERMEDADES TRATADAS
Este remedio se utiliza para los problemas circulatorios en los que las fibras musculares de las arterias se contraen hasta provocar espasmos. Esto conduce a una palidez y frialdad agudas de las extremidades con entumecimiento, similar al síndrome de Raynaud, calambres intermitentes en los músculos de la pantorrilla y, en los casos graves, gangrena. Los síntomas típicos incluyen piel helada al tacto pero sensación interna de calor abrasador. El remedio también se utiliza para tratar la contracción de las fibras musculares del útero, que provoca dolor y hemorragia. Los

síntomas incluyen calambres menstruales con hemorragias irregulares, oscuras y abundantes y pérdida continua de sangre acuosa hasta la siguiente menstruación. Otros síntomas tratados incluyen las contracciones débiles del parto.
Los síntomas mejoran Con el aire frío.
Los síntomas empeoran Con el calor; al cubrir las zonas afectadas.

PRINCIPALES USOS DE AUTOAYUDA
Manos y pies fríos - ver pp. 198-199

Cornezuelo

SECALE CORNUTUM *El cornezuelo es producto de un hongo que crece en los cereales, incluido el centeno. Se utiliza para elaborar el remedio* Secale *que resulta adecuado para los problemas circulatorios.*

SMILAX OFFICINALIS/ S. MEDICA

SARSAPARILLA

La palabra sarsaparilla deriva del castellano "zarza" y "parrilla" o parra. Se cree que la planta fue llevada a España desde América del Sur como medicina aproximadamente en 1573. Uno de sus primeros usos fue el tratamiento de la sífilis. También se utilizó en el tratamiento del reumatismo crónico y las afecciones cutáneas.

Nombre vulgar Zarzaparrilla
Fuente Crece en las laderas de la Sierra Madre mexicana y en Estados Unidos.
Partes utilizadas Raíz fresca.

ENFERMEDADES TRATADAS
La *sarsaparilla* se utiliza principalmente para el aparato urinario y es un remedio importante para la cistitis y el cólico renal que producen los cálculos renales. Los síntomas de la cistitis incluyen un deseo constante de orinar y dolor en la vejiga mientras pasan las últimas gotas de orina. Además, puede haber goteo e incontinencia, sobre todo al sentarse. La orina es turbia y puede ser sanguinolenta y contener arenilla o pequeños cálculos renales.

Este remedio también es bueno para la eczema con grietas profundas y sangrantes en las manos, sobre todo a los costados de los dedos. El dolor reumático que empeora con el clima húmedo y por la noche también se trata con *Sarsaparilla*. Las personas que necesitan este remedio son muy sensibles al frío y suelen tener manchas escamosas, que pican, y que quedan cubiertas de costra, sobre todo en la primavera.
Los síntomas mejoran Al estar de pie; al destapar el cuello o el pecho.
Los síntomas empeoran Durante la noche; con el clima frío y húmedo.

SOLANUM DULCAMARA

DULCAMARA

El Solanum Dulcamara tiene una larga historia como medicina que se remonta a la antigua Roma. Se utilizaba para tratar neumonías, faltas de menstruación, ictericia, reumatismo, calambres, eczema, psoriasis, asma y catarro. En homeopatía es similar a los remedios Belladonna, Capsicum, Hyoscyamus *y* Stramonium, *que también se administran a personas muy sensibles al frío y la humedad.*

Nombre vulgar Hierba mora leñosa
Fuente Crece en toda Europa
Partes utilizadas Hojas y brotes verdes de la planta fresca en flor.

ENFERMEDADES TRATADAS
Los trastornos que se producen como consecuencia de una exposición al tiempo frío y húmedo, o a los cambios bruscos de temperatura, o al enfriamiento muy rápido después de transpirar son aliviados por este remedio. Las personas que necesitan la *Dulcamara* son decididas, dominantes y posesivas. Son sumamente sensibles al frío y a la humedad y susceptibles a los resfríos, que pueden conducir a otras enfermedades, por ejemplo conjuntivitis, cistitis, tos asmática o diarrea. Tienen abundante mucosidad espesa y amarilla.

Este remedio también se utiliza para los problemas cutáneos como la urticaria, la tiña, las erupciones con picazón y costra en el cuero cabelludo y el rostro con tendencia a sangrar si se rascan, y verrugas grandes, lisas y chatas.
Los síntomas mejoran Con lo templado; con el movimiento.
Los síntomas empeoran Con el frío y la humedad; con las temperaturas extremas.

PRINCIPALES USOS DE AUTOAYUDA
Dolor de garganta - ver pp. 176-177

SPIGELIA ANTHELMIA

SPIGELIA

Esta planta fue introducida en 1751 por el doctor Browne, quien comentó "produce sueño con la misma eficacia que el opium". También se sabía que tenía propiedades tóxicas similares a las de la estricnina, y fue utilizada en el siglo XVII como ingrediente clave de los venenos. La planta fresca tiene un olor repugnante, que puede ejercer un efecto narcótico en un espacio cerrado.

Nombres vulgares Raíz rosada, lombriz anual de la hierba.
Fuente Crece en Estados Unidos, América del Sur y las Indias Occidentales.
Partes utilizadas Planta seca

ENFERMEDADES TRATADAS
Este remedio se utiliza principalmente para tratar problemas cardíacos con dolor típico de la angina, como enfermedad de la arteria coronaria, además de migrañas, neuralgia e iritis (inflamación del iris) cuyos síntomas incluyen dolor agudo, extendido, punzante o palpitante, que por lo general afecta la sien y el ojo izquierdos. Cuando están enfermas, las personas que necesitan este remedio sienten temor a los objetos puntiagudos, por ejemplo las agujas.
Los síntomas mejoran Con el clima seco; con el reposo; después de la puesta del sol; al acostarse sobre el lado derecho con la cabeza en alto.
Los síntomas empeoran Con el tacto; al acostarse sobre el lado izquierdo; con el movimiento; con los cambios de clima, sobre todo después de una tormenta.

SPIGELIA ANTHELMIA *El remedio elaborado a partir de esta planta disecada se utiliza para el dolor típico de la angina que suele localizarse en el costado izquierdo.*

SPONGIA TOSTA

SPONGIA

La esponja se destacó por primera vez en la medicina en el siglo XIV, cuando se utilizó como tratamiento para el bocio producido por una deficiencia de yodo (ver p. 131). Unos quimientos años más tarde se llegó a la conclusión de que la esponja contiene cantidades significativas de yodo y bromo, lo que explica su éxito en el tratamiento del bocio y otras afecciones tiroideas.

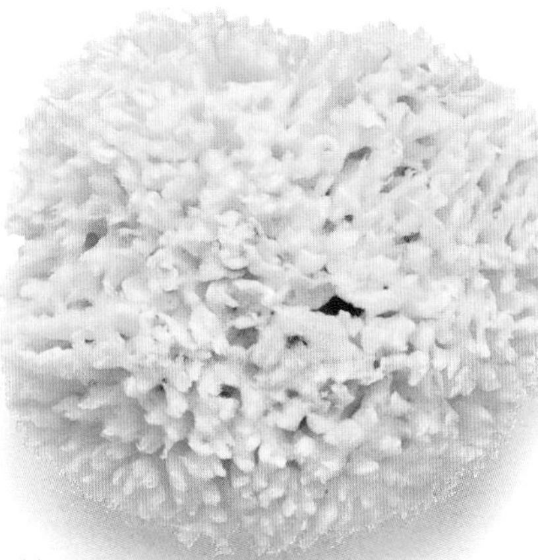

SPONGIA TOSTA *La esponja fresca se tuesta para elaborar un remedio que se administra en los casos de inflamación de la glándula tiroides y tos.*

Nombre vulgar Esponja
Fuente El mar Meditarráneo y otros.
Partes utilizadas Esponja tostada.

TIPO CONSTITUCIONAL
Las personas que se benefician con el uso de este remedio tienen pelo rubio y tez pálida, ojos azules y contextura delgada. Cuando están enfermas, temen morir.

ENFERMEDADES TRATADAS
Por lo general, este remedio se emplea para tratar síntomas que derivan del bocio, como palpitaciones, falta de respiración y enrojecimiento. También se utiliza para los siguientes trastornos: tos aguda, seca y espasmódica; asma; y enfermedad cardíaca. Los síntomas asociados con estas afecciones incluyen una sensación de agotamiento y pesadez después de un esfuerzo mínimo, palpitaciones violentas con dolor agudo en el pecho, similar al de la angina, rostro o cuello enrojecidos, y una sensación de ahogo que suele despertar a la persona poco después de la medianoche.

También se administra en los casos de laringitis con sensación de sequedad y ardor de garganta, que es sumamente sensible al tacto. Resulta especialmente útil cuando existen antecedentes familiares de tuberculosis o afecciones torácicas.

Los síntomas mejoran Al sentarse en posición erguida; con bebidas y alimentos calientes.
Los síntomas empeoran Con el movimiento; al tocar las zonas afectadas; al hablar; al acostarse con la cabeza baja; con alimentos dulces y bebidas frías.

STANNUM METALLICUM

STANNUM MET.

El estaño es un metal dúctil, de color blanco plateado con un matiz azulado. En medicina popular se utilizaba para tratar la tenia y se administraba en forma de limaduras que, según se pensaba, eliminaban la tenia con sus puntas pesadas y cortantes, o atontándola. Sin embargo, tiempo después se descubrió que los probables beneficios se debían al purgante administrado al paciente después de las limaduras de estaño.

Nombre vulgar Estaño
Fuente Casiterita, que se encuentra en Europa, Africa, China y Lejano Oriente .
Partes utilizadas Estaño.

ENFERMEDADES TRATADAS
Este remedio se emplea para tratar afecciones torácicas como bronquitis, asma y traqueítis (inflamación de la tráquea con síntomas como tos seca y ronquera). Los síntomas de estas enfermedades incluyen tos muy fuerte, con esputo verde de sabor dulzón, debilidad del pecho acompañada de llanto. Las personas que necesitan este remedio pueden sufrir de ronquera o tos que sobrevienen después de hablar, reír o cantar.

Otras enfermedades tratadas con el *Stannum met.* incluyen dolores de cabeza y neuralgia localizados en el costado izquierdo. Los síntomas aparecen de forma gradual y desaparecen lentamente.

Los síntomas mejoran Con la presión fuerte; al toser y expulsar flema
Los síntomas empeoran Al acostarse sobre el lado derecho; con las bebidas tibias.

SYPHILINUM

SYPHILINUM

La sífilis, a partir de la cual se elabora este remedio, es una infección bacteriana que se transmite por vía sexual y que apareció en Europa por primera vez en el siglo XV. Se creía que había sido trasladada desde el continente americano por los primeros exploradores. Los tratamientos originales, realizados con preparaciones de mercurio y arsénico, eran tan peligrosos como la propia enfermedad. Según Hanhemann, la sífilis también era un miasma o rasgo heredado (ver p. 19).

Nombre vulgar Sífilis
Fuente Pacientes con lesión sifilítica o chancro.
Partes utilizadas Secreción del chancro.

TIPO CONSTITUCIONAL
Los individuos que tienen probabilidades de beneficiarse con el uso del *Syphilinum* suelen ser mentalmente confusos y tienen poca concentración y memoria, niveles elevados de ansiedad y tendencia a pensar o comportarse de manera compulsiva, por ejemplo comprobando las cosas una y otra vez y lavándose las manos de manera obsesiva. Suele haber una dependencia del alcohol, el tabaco o las drogas.

ENFERMEDADES TRATADAS
El *Syphilinum* se administra en el tratamiento de ulceraciones crónicas aunque relativamente indoloras con abscesos recurrentes, por lo general en la ingle. También se emplea en

Los cristales de casiterita van del pardo al negro.

STANNUM METALLICUM *la casiterita es el mineral principal del estaño*

enfermedades crónicas como asma, estreñimiento, menstruaciones dolorosas, iritis (inflamación del iris) y neuralgia. Los síntomas aparecen de forma gradual y desaparecen muy lentamente.
Los síntomas mejoran Durante el día; en un entorno de montaña; al caminar lentamente.
Los síntomas empeoran Por la noche; junto al mar; con el calor o el frío extremos; durante una tormenta.

TARENTULA CUBENSIS

TARENTULA CUB.

Cuando esta araña pica, la víctima no se da cuenta hasta el día siguiente, cuando aparece una mancha inflamada bordeada de rojo. La mancha se hincha y se expande y a continuación se produce fiebre y un absceso. Durante el tiempo transcurrido entre la picadura de la araña y el inicio de los síntomas se produce el envenenamiento de la sangre. El remedio homeopático se emplea para tratar síntomas asociados con trastornos sépticos.

Nombre vulgar Tarántula
Fuente Se encuentra en Cuba y en los estados del sur de Estados Unidos.
Partes utilizadas Araña entera, viva.

ENFERMEDADES TRATADAS
Los trastornos sépticos, sobre todo los abscesos o carbunclos que producen intenso ardor con un matiz azulado se alivian con este remedio. También se administra para la picazón de la vulva y el nerviosismo persistente de los pies.
Los síntomas mejoran Curiosamente, fumando.
Los síntomas empeoran Por la noche; con bebidas frías; con el esfuerzo.

TEREBINTHINAE OLEUM

TEREBINTH.

La trementina se utiliza en la elaboración de diluyentes de pintura, aceite de pino y alcanfor. Cuando se salpica sobre la piel y se deja durante un tiempo, la trementina produce una sensación de ardor. Cuando se inhala produce estornudos y falta de respiración, y si se traga provoca quemaduras en la boca y el estómago, vómitos y diarrea. Se utilizó en la medicina ortodoxa para tratar la gonorrea, la descarga vaginal y la descarga de la vejiga. El remedio homeopático fue probado en el siglo XIX.

Nombre vulgar Trementina
Fuente Coníferas, sobre todo el pino que se encuentra en el hemisferio norte.
Partes utilizadas Aceite destilado de la oleorresina (trementina)

ENFERMEDADES TRATADAS
Las membranas mucosas de la vejiga y los riñones son las principales beneficiadas por este remedio. Se administra en los casos de infección o inflamación de la uretra o los riñones, o en la cistitis con agudo dolor abrasador que produce la sensación de un tirón en la uretra, la vejiga o los riñones, junto con orina turbia u oscura, de olor dulce. Va acompañada de dolor de espalda y una sensación de contracción y frío en la zona umbilical. El *Terebinth.* también se utiliza para el edema (retención de líquido en los tejidos) asociado con la enfermedad renal.
Los síntomas mejoran Al caminar al aire fresco
Los síntomas empeoran Con la humedad; por la noche.

TEUCRIUM MARUM VERUM

TEUCRIUM MAR.VER.

A pesar de su nombre vulgar, el almaro pertenece al mismo género que la familia de la menta. Esta planta muy aromática ha sido utilizada durante mucho tiempo por los herbalistas porque es astringente y actúa como estimulante. El remedio homeopático se administra en casos de trastornos catarrales y pólipos (excrecencias de las membranas mucosas). El doctor Stapf, un amigo íntimo de Hanhemann, probó el remedio en 1846.

Nombre vulgar Almaro
Fuente Crece en el mundo entero.
Partes utilizadas Planta fresca entera.

ENFERMEDADES TRATADAS
Este remedio se utiliza sobre todo cuando aparecen pólipos, por ejemplo en la nariz, el oído, la vejiga o el recto. También es eficaz para eliminar las lombrices y en el tratamiento del catarro nasal crónico y de nariz obstruida, con olfato deficiente y descarga frecuente de costras verdes, que producen dolor en las fosas nasales. El sonarse la nariz o estornudar no logra producir alivio.
Los síntomas mejoran Con el aire fresco.
Los síntomas empeoran Con los cambios de clima; con el frío y la humedad; con el calor excesivo en la cama.

Cuando se frotan, las hojas y las flores de color rosa oscuro, exhalan un olor aromático.

TEUCRIUM MARUM VERUM *Esta hierba de olor acre se utiliza para elaborar un remedio que se administra en los casos de trastornos catarrales.*

THERIDION CURASSAVICUM

THERIDION

La araña tiene aproximadamente el tamaño de un carozo de cereza, manchas de color naranja en el lomo y una mancha amarilla y grande en el vientre. Su veneno es especialmente virulento y provoca nerviosismo, debilidad, temblores, frío, ansiedad, desmayo y sudor frío. El remedio homeopático fue probado e introducido por el doctor Hering (ver p. 17) en 1832.

Nombre vulgar Araña naranja
Fuente Originaria de las Indias occidentales, sobre todo Curaçao.
Partes utilizadas Araña viva entera.

ENFERMEDADES TRATADAS
El *Theridion* actúa principalmente sobre los nervios, la columna y los huesos. Se administra en los casos de afecciones como inflamación de la columna, dolor de muelas, vértigo, mareo, debilitamiento de los huesos y enfermedad de Ménière (un trastorno del oído interno). Todas estas afecciones se caracterizan por una sensibilidad extrema al ruido y la vibración que penetra en el cuerpo y provoca dolor. La columna es especialmente sensible y las personas que necesitan este remedio no soportan el movimiento repetido que se produce al caminar. Se sientan de costado para evitar la presión sobre la zona inferior de la columna. Debido a esta hipersensibilidad, los viajes o el movimiento les producen náuseas o vértigo que empeoran al cerrar los ojos.

Los síntomas mejoran Con el descanso; con el calor; al beber agua tibia.
Los síntomas empeoran Con el ruido; con el tacto; con la presión; al viajar; con el movimiento; con los ojos cerrados; al inclinarse hacia adelante; por la noche.

TUBERCULINUM KOCH Y T. BOVUM

TUBERCULINUM

En 1882, Robert Koch descubrió que una preparación del bacilo tuberculinum inactivo podía utilizarse para evitar y tratar la tuberculosis (TB). Entre 1885 y 1890 Burnett llevó a cabo una serie de experimentos utilizando tejido pulmonar de los pacientes aquejados de TB y probó el remedio homeopático, que se utiliza para tratar enfermedades que afectan el tracto respiratorio.

Nombre vulgar Tuberculosis
Fuente Tejido tuberculoso humano o animal esterilizado.
Partes utilizadas Bacterias

TIPO CONSTITUCIONAL
En los individuos del tipo *Tuberculinum* existe una constante necesidad de cambio, por ejemplo, de trabajos, compañeros o decoración del hogar, una afición a los viajes y a menudo un profundo anhelo romántico, pero falta de satisfacción. Estas personas suelen tener el pelo rubio y ojos azules, son altas y delgadas y por lo general carecen de energía. Pueden sentir un marcado temor a perros y gatos y un intenso deseo de ingerir alimentos ahumados y leche fría.

VERATRUM ALBUM
Todas las partes de esta planta son venenosas, incluso cuando está seca. El remedio elaborado a partir de la raíz se administra en los casos de desmayo.

ENFERMEDADES TRATADAS
Las personas que tienen una marcada susceptibilidad a los resfríos, y aquellas que tienen antecedentes de tuberculosis, alergias o trastornos respiratorios crónicos encuentran alivio en este remedio. El *Tuberculinum* se administra principalmente en los casos de tos, fiebre con sudores nocturnos, aspecto demacrado y dolores agudos que pueden sentirse en la zona superior del pulmón izquierdo. Los ganglios del cuello están dilatados. Los síntomas cambian y pasan de una parte del cuerpo a otra, o comienzan y terminan bruscamente.

Los síntomas mejoran Con el aire fresco; en un entorno frío y seco.
Los síntomas empeoran Con el frío húmedo; con los esfuerzos.

VERATRUM ALBUM

VERAT. ALB.

La manía, la melancolía y la epilepsia fueron tratadas con esta planta, que fue utilizada por Hipócrates para curar un caso parecido al cólera asiático. El remedio homeopático fue probado por primera vez entre 1826 y 1830 por Hahnemann.

Nombre vulgar Vedegambre
Fuente Crece en las zonas montañosas de Europa.
Partes utilizadas Raíz fresca.

TIPO CONSTITUCIONAL
Las personas que pertenecen a este tipo son ambiciosas y crueles, aunque temerosas con respeto a su posición en la sociedad, lo que las lleva a ejercer una manipulación engañosa.

ENFERMEDADES TRATADAS
Este remedio se administra en los casos de desmayo o colapso cuando la persona está pálida, fría, empapada en sudor (especialmente en la frente) y deshidratada. Semejante estado de colapso puede ser consecuencia de un temor agudo, de vómitos violentos con diarrea y calambres, sobre todo durante el embarazo, o ir acompañado de agudo dolor menstrual.
Los síntomas mejoran Con las bebidas calientes y los alimentos tibios; al acostarse.
Los síntomas empeoran Con las bebidas frías; con el movimiento; por la noche.

PRINCIPALES USOS DE AUTOAYUDA
Calambres durante el embarazo - ver pp. 210-211

VIPERA COMMUNIS

VIPERA

Esta serpiente de cuerpo robusto se alimenta de lagartos y pequeños mamíferos. Aunque rara vez mortal para los humanos, su mordedura produce inflamación y hemorragia de los vasos sanguíneos. Las venas se hinchan y quedan doloridas, sobre todo cuando el miembro afectado cuelga. El remedio homeopático se utiliza cuando se presentan síntomas similares.

Nombre vulgar Víbora común
Fuente Abunda en toda Europa y Asia.
Partes utilizadas Veneno fresco

ENFERMEDADES TRATADAS
La inflamación dolorosa de las venas, como venas varicosas y flebitis (venas inflamadas) se trata sobre todo con este remedio. Por lo general, cuando las piernas cuelgan se sienten tan hinchadas que se tiene la sensación de que van a estallar.
Los síntomas mejoran Al levantar el miembro afectado.
Los síntomas empeoran Con el cambio de clima; con la presión; con el tacto.

VIPERA COMMUNIS *La víbora suele ser gris con una línea negra en zig zag en el lomo y manchas pardas a los costados. Su veneno es la fuente de un remedio que se utiliza para las venas inflamadas.*

VITEX AGNUS CASTUS

AGNUS CASTUS

Las ramas de este arbusto aromático son muy flexibles y se utilizan en cestería, mientras sus frutos rojos se utilizan como condimento. Los herbalistas aun utilizan las bayas para aumentar la producción de hormonas durante el síndrome premenstrual o la menopausia. El remedio fue probado por Hanhemann entre 1826 y 1830.

Nombres vulgares Agnocasto, pimiento silvestre, lavanda silvestre.
Fuente Originaria de Europa y Asia, sobre todo de las costas del Mediterráneo, y actualmente cultivada en Estados Unidos.
Partes utilizadas Bayas frescas y maduras.

ENFERMEDADES TRATADAS
Este remedio es muy eficaz para la menopausia y para tratar el deterioro físico que se produce como resultado del abuso del alcohol o las drogas, y de un exceso de relaciones sexuales. Se administra en los casos de depresión, ansiedad y fatiga con torpeza mental y deseperación. Los síntomas incluyen eyaculación precoz, sobre todo en hombres que previamente tenían un impulso sexual intenso, y pérdida de libido en las mujeres, por ejemplo durante la menopausia. El *Agnus castus* también es beneficioso en los casos de pérdida de leche materna después del alumbramiento, acompañada de depresión posparto.
Los síntomas mejoran Con la presión.
Los síntomas empeoran Con el movimiento; por la mañana; después de orinar.

VITEX AGNUS CASTUS *Los herbalistas emplean este arbusto para estimular la glándula pituitaria.*

ZINCUM METALLICUM

ZINC. MET.

En el cuerpo humano, el zinc está presente como un microelemento esencial para el crecimiento normal. Interviene en el funcionamiento de la hormona insulina, que resulta vital para un metabolismo saludable. En medicina, el óxido de zinc se utiliza como ungüento para trastornos locales, como úlceras y fisuras cutáneas, y los complementos de zinc se administran oralmente en los casos de afecciones con fiebre, histeria, neuralgia, convulsiones y tétano.

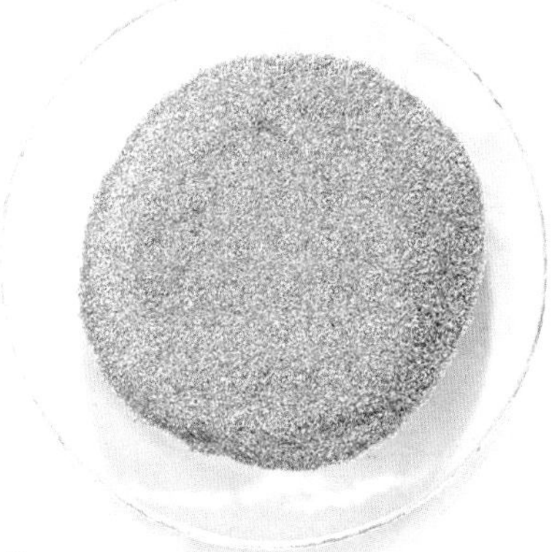

ZINCUM METALLICUM *Para preparar el* Zinc. met. *se tritura este metal blanco azulado* *(ver p. 20).*

Nombre vulgar Zinc.
Fuente Sulfuro de zinc, que es común en la naturaleza y se encuentra en Estados Unidos, América del Sur y Australasia.
Partes utilizadas Zinc.

ENFERMEDADES TRATADAS
El *Zinc. met.* se utiliza principalmente en casos de extrema debilidad mental o física, o agotamiento con movimientos inquietos y agitados, como nerviosismo en las piernas. Estos síntomas pueden presentarse por un exceso de tensión y falta de sueño. Además de estar abatida y agotada en general, la persona puede sufrir fatiga cerebral con tendencia a repetir una pregunta antes de responderla, e irritabilidad y nerviosismo, sobre todo en respuesta al ruido o al tacto.

Los síntomas empeoran si se suprimen las descargas, por ejemplo con el uso de jarabes que suprimen la tos.
Los síntomas mejoran Con el inicio de descargas como menstruación, orina y evacuación intestinal.
Los síntomas empeoran Con el alcohol, sobre todo el vino; con el ruido.

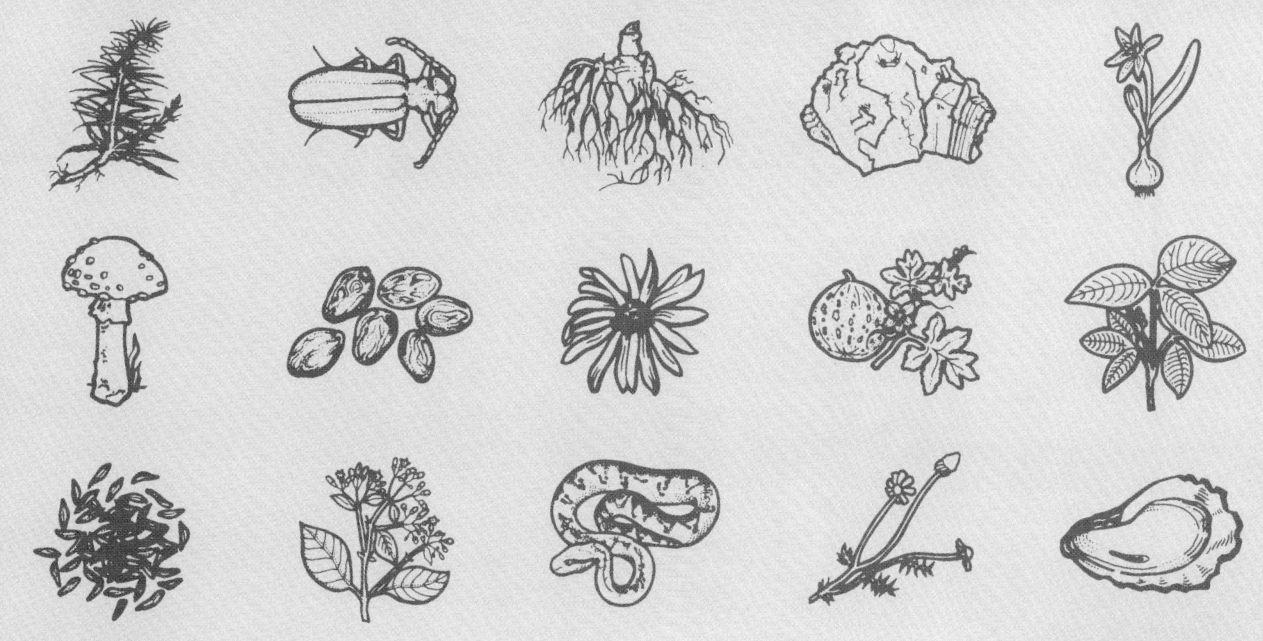

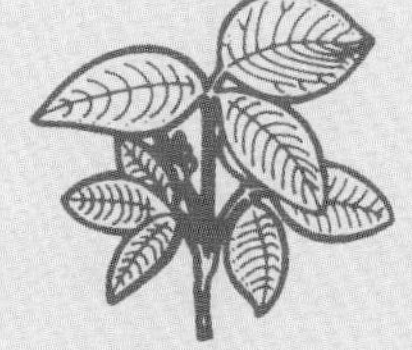

REMEDIOS
PARA
ENFERMEDADES COMUNES

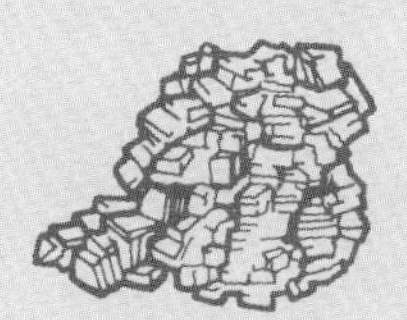

La homeopatía puede ser utilizada fácil y eficazmente para tratar una amplia variedad de enfermedades comunes y corrientes. Siga siempre la dosis indicada y consulte a un profesional de la medicina si la enfermedad empeora.

COMO UTILIZAR ESTE CAPITULO

Las enfermedades comunes que se mencionan en este capítulo pueden ser fácilmente tratadas con la homeopatía en casa. Están agrupadas según las partes del cuerpo, los sistemas del organismo o problemas especiales, como la salud de la mujer. Para cada grupo de enfermedades, por ejemplo resfríos, tos y gripe, hay una introducción con información sobre causas generales, síntomas y otras características. Las enfermedades especiales aparecen destacadas en tablas. Para cada enfermedad, por ejemplo un resfrío que avanza lentamente, se ofrece información detallada sobre los síntomas, causa e inicio, y factores que mejoran o empeoran el trastorno. Para determinar con precisión cuál es el mejor remedio, encuentre la mayor semejanza posible entre la información ofrecida en la tabla de la enfermedad y la causa y el inicio de su enfermedad y los síntomas. Si sus síntomas cambian, consulte otra vez la tabla de la enfermedad y pruebe con otro remedio.

Para enfermedades que no se mencionan en este capítulo, o afecciones crónicas y de largo plazo, o para enfermedades que empeoran, consulte con un profesional de la medicina. Las enfermedades recurrentes pueden necesitar un tratamiento constitucional y en ese caso debería consultar con un homeópata cualificado (ver pp. 24-25).

MUESTRA

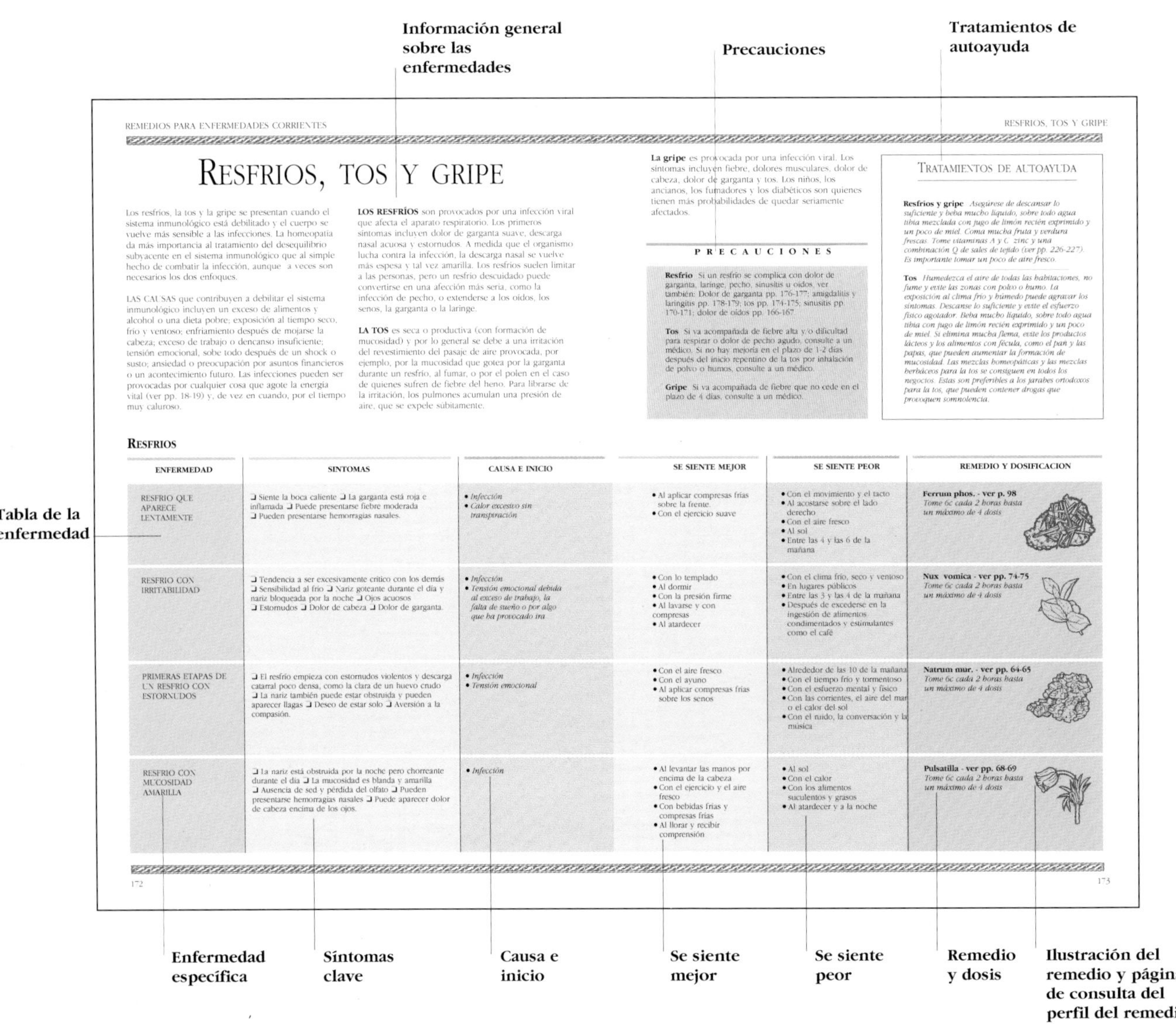

REMEDIOS PARA ENFERMEDADES CORRIENTES — RESFRIOS, TOS Y GRIPE

RESFRIOS, TOS Y GRIPE

Los resfríos, la tos y la gripe se presentan cuando el sistema inmunológico está debilitado y el cuerpo se vuelve más sensible a las infecciones. La homeopatía da más importancia al tratamiento del desequilibrio subyacente en el sistema inmunológico que al simple hecho de combatir la infección, aunque a veces son necesarios los dos enfoques.

LAS CAUSAS que contribuyen a debilitar el sistema inmunológico incluyen un exceso de alimentos y alcohol o una dieta pobre; exposición al tiempo seco, frío y ventoso; enfriamiento después de mojarse la cabeza; exceso de trabajo o dencanso insuficiente; tensión emocional, sobe todo después de un shock o susto; ansiedad o preocupación por asuntos financieros o un acontecimiento futuro. Las infecciones pueden ser provocadas por cualquier cosa que agote la energía vital (ver pp. 18-19) y, de vez en cuando, por el tiempo muy caluroso.

LOS RESFRÍOS son provocados por una infección viral que afecta el aparato respiratorio. Los primeros síntomas incluyen dolor de garganta suave, descarga nasal acuosa y estornudos. A medida que el organismo lucha contra la infección, la descarga nasal se vuelve más espesa y tal vez amarilla. Los resfríos suelen limitar a las personas, pero un resfrío descuidado puede convertirse en una afección más seria, como la infección de pecho, o extenderse a los oídos, los senos, la garganta o la laringe.

LA TOS es seca o productiva (con formación de mucosidad) y por lo general se debe a una irritación del revestimiento del pasaje de aire provocada, por ejemplo, por la mucosidad que gotea por la garganta durante un resfrío, al fumar, o por el polen en el caso de quienes sufren de fiebre del heno. Para librarse de la irritación, los pulmones acumulan una presión de aire, que se expele súbitamente.

La gripe es provocada por una infección viral. Los síntomas incluyen fiebre, dolores musculares, dolor de cabeza, dolor de garganta y tos. Los niños, los ancianos, los fumadores y los diabéticos son quienes tienen más probabilidades de quedar seriamente afectados.

PRECAUCIONES

Resfrío Si un resfrío se complica con dolor de garganta, laringe, pecho, sinusitis u oídos, ver también: Dolor de garganta pp. 176-177; amigdalitis y laringitis pp. 178-179; tos pp. 174-175; sinusitis pp. 170-171; dolor de oídos pp. 166-167.

Tos Si va acompañada de fiebre alta y/o dificultad para respirar o dolor de pecho agudo, consulte a un médico. Si no hay mejoría en el plazo de 1-2 días después del inicio repentino de la tos por inhalación de polvo o humos, consulte a un médico.

Gripe Si va acompañada de fiebre que no cede en el plazo de 4 días, consulte a un médico.

TRATAMIENTOS DE AUTOAYUDA

Resfríos y gripe *Asegúrese de descansar lo suficiente y beba mucho líquido, sobre todo agua tibia mezclada con jugo de limón recién exprimido y un poco de miel. Coma mucha fruta y verdura frescas. Tome vitaminas A y C, zinc y una combinación Q de sales de tejido (ver pp. 226-227). Es importante tomar un poco de aire fresco.*

Tos *Humedezca el aire de todas las habitaciones, no fume y evite las zonas con polvo o humo. La exposición al clima frío y húmedo puede agravar los síntomas. Descanse lo suficiente y evite el esfuerzo físico agotador. Beba mucho líquido, sobre todo agua tibia con jugo de limón recién exprimido y un poco de miel. Si elimina mucha flema, evite los productos lácteos y los alimentos con fécula, como el pan y las papas, que pueden aumentar la formación de mucosidad. Las mezclas homeopáticas y las mezclas herbáceos para la tos se consiguen en todos los negocios. Estas son preferibles a los jarabes ortodoxos para la tos, que pueden contener drogas que provoquen somnolencia.*

RESFRIOS

ENFERMEDAD	SINTOMAS	CAUSA E INICIO	SE SIENTE MEJOR	SE SIENTE PEOR	REMEDIO Y DOSIFICACION
RESFRIO QUE APARECE LENTAMENTE	❑ Siente la boca caliente ❑ La garganta está roja e inflamada ❑ Puede presentarse fiebre moderada ❑ Pueden presentarse hemorragias nasales.	• *Infección* • *Calor excesivo sin transpiración*	• Al aplicar compresas frías sobre la frente. • Con el ejercicio suave	• Con el movimiento y el tacto • Al acostarse sobre el lado derecho • Con el aire fresco • Al sol • Entre las 4 y las 6 de la mañana	**Ferrum phos. - ver p. 98** *Tome 6c cada 2 horas hasta un máximo de 4 dosis*
RESFRIO CON IRRITABILIDAD	❑ Tendencia a ser excesivamente crítico con los demás ❑ Sensibilidad al frío ❑ Nariz goteante durante el día y nariz bloqueada por la noche ❑ Ojos acuosos ❑ Estornudos ❑ Dolor de cabeza ❑ Dolor de garganta.	• *Infección* • *Tensión emocional debida al exceso de trabajo, la falta de sueño o por algo que ha provocado ira*	• Con lo templado • Al dormir • Con la presión firme • Al lavarse y con compresas • Al atardecer	• Con el clima frío, seco y ventoso • En lugares públicos • Entre las 3 y las 4 de la mañana • Después de excederse en la ingestión de alimentos condimentados y estimulantes como el café	**Nux vomica - ver pp. 74-75** *Tome 6c cada 2 horas hasta un máximo de 4 dosis*
PRIMERAS ETAPAS DE UN RESFRIO CON ESTORNUDOS	❑ El resfrío empieza con estornudos violentos y descarga catarral poco densa, como la clara de un huevo crudo ❑ La nariz también puede estar obstruida y pueden aparecer llagas ❑ Deseo de estar solo ❑ Aversión a la compasión.	• *Infección* • *Tensión emocional*	• Con el aire fresco • Con el ayuno • Al aplicar compresas frías sobre los senos	• Alrededor de las 10 de la mañana • Con el tiempo frío y tormentoso • Con el esfuerzo mental y físico • Con las corrientes, el aire del mar o el calor del sol • Con el ruido, la conversación y la música	**Natrum mur. - ver pp. 64-65** *Tome 6c cada 2 horas hasta un máximo de 4 dosis*
RESFRIO CON MUCOSIDAD AMARILLA	❑ La nariz está obstruida por la noche pero chorreante durante el día ❑ La mucosidad es blanda y amarilla ❑ Ausencia de sed y pérdida del olfato ❑ Pueden presentarse hemorragias nasales ❑ Puede aparecer dolor de cabeza encima de los ojos.	• *Infección*	• Al levantar las manos por encima de la cabeza • Con el ejercicio y el aire fresco • Con bebidas frías y compresas frías • Al llorar y recibir comprensión	• Al sol • Con el calor • Con los alimentos suculentos y grasos • Al atardecer y a la noche	**Pulsatilla - ver pp. 68-69** *Tome 6c cada 2 horas hasta un máximo de 4 dosis*

172 — 173

Clave de la muestra

Nota importante

Para seleccionar el mejor remedio intente combinar lo más exactamente posible la causa y el inicio y los síntomas que más se parezcan a los suyos. No es necesario que tenga todos los síntomas mencionados, ni los mismos factores por los que se siente mejor o peor. Si no experimenta mejoría dentro del tiempo recomendado para la ingestión del remedio, consulte a un profesional de la medicina.

Introducción Información sobre los síntomas y causas generales de los trastornos. (No todos los síntomas mencionados aquí figurarán necesariamente entre los síntomas enumerados para las enfermedades específicas de las tablas.)
Enfermedad Breve descripción de una clase específica de enfermedad.
Síntomas Síntomas físicos clave y síntomas emocionales para enfermedades específicas.
Causa e inicio Causas específicas de la enfermedad, por ejemplo infección viral, y otros factores que provocan el inicio de una enfermedad, como el estar expuesto a cambios súbitos de temperatura o tensión emocional.
Se siente mejor Factores que mejoran los síntomas de una enfermedad o hacen que se sienta mejor cuando está enfermo.
Se siente peor Factores que empeoran los síntomas de una enfermedad o hacen que se sienta peor cuando está enfermo.
Remedio y dosificación El remedio apropiado, junto con la potencia (6c o 30c) y la frecuencia de la dosificación. También hay una página de referencia al *Indice de remedios homeopáticos*, que proporciona un perfil completo del remedio.
Precauciones Lea siempre las precauciones antes de tratar una enfermedad. Si los trastornos se complican o los síntomas empeoran, se recomienda solicitar ayuda profesional.
Tratamientos de autoayuda Suplementos alimenticios, remedios herbáceos y otras medidas de autoayuda que pueden aliviar una enfermedad.

Pautas para el empleo de los remedios homeopaticos

Potencia y dosis

Bajo el título *Remedio y dosificación* de las tablas de enfermedades hay instrucciones sobre el tiempo y la frecuencia con que debe tomarse un remedio. Como regla general, los remedios homeopáticos, al igual que los medicamentos ortodoxos, sólo deberían tomarse cuando son necesarios y dejarse en cuanto dejan de serlo. La eficacia de los remedios depende de que la similitud de los síntomas experimentados con la información del remedio sea lo más exacta posible.

El empeoramiento de los síntomas (lo que los homeópatas llaman agravamiento) puede ser señal de que un remedio está actuando y ha puesto en acción su fuerza vital (ver pp. 18-19). Este empeoramiento sólo debería durar unas horas y luego usted tendría que empezar a sentirse mejor. Si experimenta un agravamiento, deje de tomar el remedio y permita que su sistema inmunológico combata la enfermedad por sus propios medios. Si los síntomas originales se repiten, vuelva a tomar el remedio. Si aun así no hay mejoría, deje de tomar el remedio y consulte con un profesional de la medicina.

¿Son seguros los remedios?

- Los remedios homeopáticos son absolutamente seguros porque están diluidos varias veces. Si un niño se tragara un frasco entero de pastillas, podría sufrir una diarrea pasajera a causa de la lactosa (el azúcar de la leche), pero ningún efecto adverso ni de largo plazo.

- Los remedios son seguros para los ancianos y las madres que amamantan. También son seguros para usar durante el embarazo, aunque es mejor tomarlos sólo si es absolutamente necesario (ver pp. 208-209).

- Los remedios pueden darse sin problemas a bebés y niños. La información sobre dosificación de las tablas de enfermedades es adecuada para bebés y niños.

- Las medicinas tradicionales o herbáceas pueden tomarse además de los remedios homeopáticos. No emprenda un autotratamiento con remedios homeopáticos mientras sigue un tratamiento médico recetado sin buscar antes consejo profesional.

Como tomar los remedios

- No toque ni manipule los remedios. Use una cucharita limpia y seca para colocarlos sobre la lengua limpia.
- No tome los remedios con alimentos ni bebidas. Para tomarlos espere que transcurran al menos 30 minutos desde que termina de comer.
- Evite: café, alcohol, tabaco, alimentos condimentados y cualquier cosa con sabor a menta, sobre todo pasta dentífrica.
- Cuando tome un remedio no use perfumes fuertes ni productos de limpieza de olor fuerte.
- Algunos aceites esenciales actúan como antídoto, sobre todo el de alcanfor, eucaliptus, menta, romero y tomillo. El aceite esencial de lavanda sólo debería utilizarse en una solución de menos del 2%.
- Es mejor no tomar más de un remedio por vez.

Clases de remedios existentes

Los remedios se elaboran impregnando la potencia con lactosa (azúcar de la leche). Se consiguen en forma de pastillas, píldoras, glóbulos y polvo. Si usted es alérgico a la lactosa utilice remedios líquidos (se consiguen en las farmacias homeopáticas). Los glóbulos y el polvo son adecuados para bebés y niños porque se disuelven rápidamente en la lengua y no se pueden escupir. Como alternativa, disuelva las píldoras en un poco de agua hervida y enfriada y deles una cucharadita de las de té de la solución resultante.

Almacenamiento

Los remedios deberían guardarse en un sitio fresco y oscuro, lejos de alimentos y otros productos de color fuerte. Asegúrese de que las tapas de los envases están bien cerradas. Si se almacenan correctamente, los remedios pueden durar varios años. Como es habitual con todos los medicamentos, mantenga los remedios homeopáticos fuera del alcance de los niños.

ACHAQUES Y DOLORES

El dolor de huesos, articulaciones, músculos, tendones y ligamentos es muy común y da lugar a muchas horas de trabajo perdidas. Una causa común del dolor de huesos es la gripe. Otras causas, como fracturas, deberían ser descartadas por un médico. El dolor de músculos y articulaciones puede ser consecuencia de una posición inadecuada en el trabajo, de inactividad, de una mala postura o del envejecimiento, o sintomática de un problema emocional subyacente, por ejemplo la ansiedad. El dolor agudo de músculos, articulaciones, tendones y ligamentos puede deberse a una lesión que daña las fibras musculares, los tendones y los ligamentos y provoca rigidez, hinchazón o falta de movimiento.

LA OSTEOARTRITIS se produce por el desgaste del cartílago que cubre las articulaciones como resultado del envejecimiento, la obesidad, las lesiones o el uso excesivo. La consecuencia es el movimiento limitado, el dolor y, de vez en cuando, la inflamación aguda. Muchas personas de más de cuarenta años padecen algún grado de osteoartritis, a menudo en las articulaciones que soportan el peso del cuerpo, como las caderas, las rodillas y la columna. Es común que la osteoartritis comience en los dedos, sobre todo durante la menopausia.

EL REUMATISMO es un término general que abarca achaques y dolores musculares. Los síntomas pueden ser el resultado de una infección viral o una alergia a algún alimento, o pueden indicar la existencia de una afección articular subyacente. El dolor puede ser constante o variar en intensidad según el clima, o con los cambios hormonales. La tensión muscular debida al estrés, las preocupaciones y la ansiedad también pueden agravar el reumatismo.

LOS CALAMBRES se producen por un espasmo en los músculos debido a la falta de oxígeno y a una acumulación de productos de desecho. Acostarse en una posición inusual, hacer demasiado ejercicio o estar mucho tiempo sentado o de pie son causas comunes. La sudoración excesiva también puede provocar calambres debido a la pérdida de sales de sodio que se produce con la transpiración. Los calambres también pueden producirse durante el embarazo.

OSTEOARTRITIS

ENFERMEDAD	SINTOMAS	CAUSA E INICIO
DOLOR CON RIGIDEZ	❑ Inquietud e irritabilidad ❑ Tendencia a soñar con ejercicios ❑ Gran rigidez y dolor de las articulaciones afectadas, sobre todo por la mañana, al despertarse	• *Inactividad* • *Clima frío y lluvioso*
DOLOR AGUDO AL MOVERSE	❑ Articulaciones calientes e inflamadas que duelen atrozmente con el menor movimiento.	• *Uso excesivo o lesión*
DOLOR ACOMPAÑADO DE LLANTO	❑ Emotivo y lloroso ❑ El dolor de las articulaciones pasa de un lado a otro ❑ Deseo de comprensión y consuelo.	• *Cambios hormonales asociados con el ciclo menstrual*
DOLOR AGRAVADO POR LESIONES	❑ Dolor machacón que se agudiza con el tacto ❑ El movimiento es difícil ❑ Todo el cuerpo parece en leve estado de shock por la lesión ❑ Deseo de estar solo ❑ Tendencia a tener sueños desagradables.	• *Lesión, como una caída o una torcedura grave*

EL NERVIOSISMO EN LAS PIERNAS incluye síntomas como cosquilleo, hormigueo, sensación de ardor o dolor, sobre todo en la parte inferior de las piernas, que puede provocar tirones y espasmos en las piernas. El trastorno suele deberse a problemas del sistema nervioso y en parte puede ser hereditario. Es más común en personas mayores, en fumadores, y si los músculos han realizado un esfuerzo excesivo y están fatigados, sobre todo con tiempo frío y húmedo. El nerviosismo en las piernas puede ser resultado de la diabetes, de una deficiencia de vitamina B, de un exceso de cafeína, de la abstinencia de la droga o de una alergia a un alimento. La medicina ortodoxa aún no ha identificado la causa exacta de este trastorno, pero se ha demostrado que la mayoría de quienes lo padecen presentan una deficiencia de hierro.

PRECAUCIONES

Si el dolor de músculos, huesos o articulaciones se agudiza o es persistente, consulte a un médico en el plazo de 12 horas. Si no existe deterioro pero el dolor no responde al remedio homeopático adecuado en el plazo de 14 días, consulte a un médico.

TRATAMIENTOS DE AUTOAYUDA

Osteoartritis *Muchas personas que sufren esta afección consideran beneficiosa una dieta alcalina (ver p. 228). Si tiene una articulación inflamada, elimine el peso que esta soporta, si es necesario con el uso de un bastón. Si está excedido en peso, intente adelgazar un poco. Duerma sobre una cama firme. Hay una serie de suplementos alimenticios y herbáceos que pueden ser beneficiosos, entre otros: aceite de hígado de bacalao, cobre, garra de diablo, extracto de mejillón verde, hierro, alga marina, manganeso, selenio, vitamina A, complejo B, C y E y zinc (ver pp. 224-227).*

Reumatismo *Intente hacer una dieta alcalina (ver pp. 228) y tome calcio, magnesio y vitamina B_6 (ver pp. 224-226).*

Calambres *Estire los músculos y masajéelos para aumentar el riego sanguíneo. Levante las patas de la cama unos 10 cm. Tome un suplemento de magnesio (ver p. 225).*

Nerviosismo en las piernas *Póngase medias al acostarse o use bolsa de agua caliente. Asegúrese de que su dieta contiene suficiente ácido fólico y vitamina E, y tome un suplemento de hierro y vitaminas del complejo B (ver pp. 225-226). Elimine la cafeína (té, café y bebidas con cola).*

SE SIENTE MEJOR	SE SIENTE PEOR	REMEDIO Y DOSIFICACION
• Con el calor • Con el movimiento constante • Con el clima seco	• Al empezar a moverse • Al desvestirse, por un enfriamiento • Con tiempo lluvioso, frío, ventoso y tormentoso • Por la noche	**Rhus tox. - ver p. 108** *Tome 6c, 4 veces por día hasta un máximo de 14 días.* 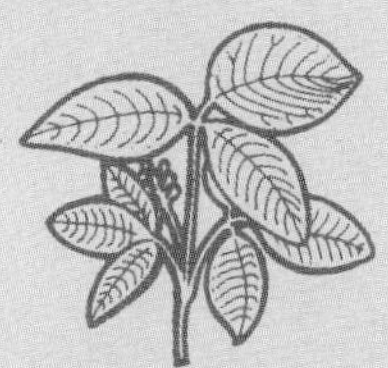
• Al aplicar compresas frías y una presión firme sobre la parte afectada	• Con el calor • Con el menor movimiento • Alrededor de las 9 de la noche y las 3 de la mañana • Con una leve presión	**Bryonia - ver p. 88** *Tome 6c, 4 veces por día hasta un máximo de 14 días.* 
• Al llorar • Con el ejercicio suave • Con compresas frías • Con la comprensión	• Con el calor • Con los alimentos suculentos y grasos • Al acostarse sobre el lado dolorido • Al atardecer y a la noche	**Pulsatilla - ver pp. 68-69** *Tome 6c, 4 veces por día hasta un máximo de 14 días.* 
• Con el movimiento suave, durante un breve período	• Con el movimiento prolongado • Con el calor • Después del reposo • Con una ligera presión	**Arnica - ver p. 85** *Tome 6c, 4 veces por día hasta un máximo de 14 días.* 

Reumatismo

ENFERMEDAD	SINTOMAS	CAUSA E INICIO
DOLOR PROVOCADO POR EL MOVIMIENTO	❑ Los achaques y dolores se agravan con el menor movimiento y mejoran con el reposo ❑ La presión sobre las articulaciones afectadas ayuda ❑ El dolor está acompañado por una sensación sorda ❑ Tendencia a soñar con el trabajo.	• *Movimiento* • *Preocupación por el trabajo o las finanzas*
DOLOR CON LLANTO	❑ El dolor pasa de una articulación a otra y va acompañado de depresión y trastorno emocional ❑ Deseo de mucha comprensión y consuelo.	• *Cambios hormonales asociados con el ciclo menstrual*
RIGIDEZ PROVOCADA POR CONTRACCIÓN DE LOS TENDONES	❑ El dolor con espasmos musculares, sobre todo en la mandíbula y el cuello, se debe a la contracción de los tendones ❑ Cuello rígido después de estar en una corriente de aire ❑ Dolor desgarrador y agudo en los músculos, a menudo del lado derecho.	• *Exposición al clima frío y seco*
DOLOR ALIVIADO CON EL MOVIMIENTO SUAVE PROLONGADO	❑ El dolor y la rigidez son lo primero que se siente al despertarse ❑ El dolor empeora al empezar a moverse, y se alivia con el movimiento continuo ❑ Inquietud absoluta.	• *Inmovilidad*
DOLOR EN LOS TENDONES	❑ El dolor aparece después de una lesión en los tendones, o cuando el revestimiento de los huesos ha quedado magullado y dañado.	• *Lesión*

Calambres

ENFERMEDAD	SINTOMAS	CAUSA E INICIO
CALAMBRES GRAVES EN LOS PIES O LAS PIERNAS	❑ El calambre comienza con un tirón en los músculos y lleva a espasmos musculares violentos en los dedos de los pies, los tobillos y las piernas.	• *Pérdida de sal del organismo después de transpirar o vomitar* • *Escalofríos repentinos, por ejemplo después de nadar*
CALAMBRES POR FATIGA MUSCULAR	❑ El dolor del calambre se produce como consecuencia de un esfuerzo excesivo ❑ Tiene la sensación de que le han golpeado las extremidades.	• *Fatiga muscular ocasionada por un exceso de ejercicio*

Nerviosismo en las piernas

ENFERMEDAD	SINTOMAS	CAUSA E INICIO
LOS SÍNTOMAS MEJORAN CON EL MOVIMIENTO CONTINUO	❑ Nerviosismo que mejora con el movimiento constante ❑ Sensación de cosquilleo como si tuviera hormigas debajo de la piel ❑ Sensación de ardor y picazón.	• *Esfuerzo excesivo, esguince muscular* • *Exposición al tiempo frío y húmedo*

SE SIENTE MEJOR	SE SIENTE PEOR	REMEDIO Y DOSIFICACION
• Al aplicar una presión sobre la parte afectada • Con el descanso	• Con el tiempo frío, seco y ventoso • En las corrientes de aire • Con el movimiento • Alrededor de las 3 de la mañana	**Bryonia - ver p. 88** *Tome 6c, 4 veces por día hasta un máximo de 14 días.*
• Al llorar y recibir comprensión • Con el ejercicio suave • Con el aire fresco • Con compresas frías	• Con el calor • Con los alimentos suculentos y grasos • Al acostarse sobre el lado dolorido • Al anochecer y a la noche • Con un trastorno emocional	**Pulsatilla - ver pp. 68-69** *Tome 6c, 4 veces por día hasta un máximo de 14 días.*
• Con el tiempo cálido y húmedo	• Con el tiempo frío, seco y ventoso • Con las corrientes de aire • Después de una pérdida o un susto • Con los dulces y el café	**Causticum - ver p. 123** *Tome 6c, 4 veces por día hasta un máximo de 14 días.*
• Con el movimiento continuo • Con el calor	• Por la mañana • Después de dormir o descansar • Con el tiempo frío y húmedo	**Rhus tox. - ver p. 108** *Tome 6c, 4 veces por día hasta un máximo de 14 días.*
• Con el movimiento	• Con el tiempo frío y húmedo • Después de descansar	**Ruta grav. - ver p. 109** *Tome 6c, 4 veces por día hasta un máximo de 14 días.*
• Al aplicar una presión firme sobre la parte afectada	• Con el movimiento y la presión suave	**Cuprum met. - ver p. 95** *Tome 6c, 4 veces por día hasta un máximo de 14 días.*
• Al empezar a moverse	• Con el calor y la presión suave • Con el movimiento prolongado	**Arnica - ver p. 85** *Tome 6c, 4 veces por día hasta un máximo de 14 días.*
• Con el movimiento continuo	• Con el reposo • Al empezar a moverse • Con el tiempo frío y húmedo	**Rhus tox. - ver p. 108** *Tome 6c, 4 veces por día hasta un máximo de 14 días.*

DOLORES DE CABEZA Y MIGRAÑAS

Salvo que estén provocados por lesiones, los homeópatas consideran que los dolores de cabeza y las migrañas, sobre todo si son persistentes, son sintomáticos de un desequilibrio subyacente en el organismo en general. Para tratar con éxito las migrañas y los dolores de cabeza crónicos, los homeópatas analizan a la persona como un todo. Además de los síntomas inmediatos, se evalúan los factores ambientales y generales como la dieta, la forma física y la estructura emocional para ver qué puede predisponer al paciente a los dolores de cabeza. El homeópata utilizará esta información para recetar un remedio que se asemeje al tipo constitucional de la persona (ver pp. 24-25).

Los remedios homeopáticos recomendados aquí son eficaces para el tratamiento de diversas clases de dolores de cabeza y migrañas.

LOS DOLORES DE CABEZA son un trastorno absolutamente corriente. La mayoría se debe a la tensión muscular de la cabeza, el cuello o los hombros, o a la congestión de los vasos sanguíneos que proporcionan sangre al cerebro o a los músculos. Aunque los dolores de cabeza pueden ser síntoma de una grave afección subyacente, suelen tener causas más mundanas. Entre otros: falta de sueño; demasiada cafeína o abstinencia repentina de la misma; alergia alimenticia; vista cansada; fiebre; bajo nivel de azúcar (acompañado por una disminución de la energía si ha pasado algún tiempo desde que comió); ansiedad, tensión y miedo. El reumatismo del cuello, la sinusitis o la tensión premenstrual también pueden ser causas.

LAS MIGRAÑAS son dolores de cabeza fuertes. Suelen afectar un costado y pueden ir acompañados de síntomas como intolerancia a la luz, visión dificultosa, náusea o vómitos y, de vez en cuando, entumecimiento y cosquilleo en los brazos. El dolor se debe a que los vasos sanguíneos que llegan al cerebro se estrechan y luego se dilatan, tal vez como consecuencia de la tensión, el agotamiento o la intolerancia a algún alimento.

DOLOR DE CABEZA

ENFERMEDAD	SINTOMAS	CAUSA E INICIO
DOLOR DE CABEZA INTENSO QUE SE PRODUCE REPENTINAMENTE	❏ Dolor fuerte que se produce repentinamente ❏ El cerebro parece demasiado grande para la cabeza, y siente que tiene una gorra o faja ajustada alrededor de la cabeza ❏ Ansiedad grave con temor a morir, incluso hasta el extremo de predecir el momento de la muerte.	• *Exposición al viento frío o las corrientes de aire* • *Shock o susto*
DOLOR DE CABEZA PALPITANTE A CAUSA DEL CALOR	❏ Dolor de cabeza con sensación de estallido, palpitaciones y tamborileo ❏ La cara se enrojece y las pupilas se dilatan, por lo que parece tener la mirada fija ❏ Si es muy fuerte, el dolor de cabeza puede ir asociado al delirio ❏ A menudo es peor del costado derecho.	• *Calor, ya sea por fiebre o por exposición al calor del sol* • *La cabeza se enfría, se humedece o está muy caliente*
DOLOR DE CABEZA CON SENSACIÓN DE ESTALLIDO Y TRITURACIÓN	❏ Dolor agudo y punzante como consecuencia del más leve movimiento del ojo ❏ Deseo de no hablar con nadie ❏ La cabeza parece a punto de romperse en pedazos.	• *Tensión o preocupación, sobre todo por el trabajo* • *Exposición al viento frío y seco* • *Reumatismo en el cuello*
DOLOR DE CABEZA PROVOCADO POR TENSIÓN EMOCIONAL	❏ El dolor es muy fuerte, como si se introdujera un clavo por el costado de la cabeza ❏ Sensación de tener una faja ajustada a la altura de la frente.	• *Provocado por una tensión emocional como una pérdida o la ruptura con un ser amado*

La migraña es una afección muy común que afecta a una de cada diez personas, y a tres veces más mujeres que hombres. En el caso de las primeras puede existir una causa hormonal. Las migrañas suelen empeorar en el momento de la menstruación y pueden ser provocadas por los anticonceptivos orales. La menopausia también puede agravar las migrañas en mujeres susceptibles a la misma.

PRECAUCIONES

Si el dolor de cabeza se produce después de una lesión en la cabeza o comienza repentinamente con náuseas, vómitos, somnolencia e intolerancia a la luz, llame una ambulancia y administre *Arnica* 30c cada 15 minutos hasta que llegue el médico.

Si el dolor de cabeza es fuerte y va acompañado de más de 38° de fiebre e intolerancia a la luz, o si el dolor se localiza detrás de un ojo y la visión es borrosa, llame a un médico en el plazo de 2 horas.

Si el dolor de cabeza se prolonga más que unos pocos días, empeora por la mañana y va acompañado de náuseas y vómitos, llame a un médico en el plazo de 12 horas.

TRATAMIENTOS DE AUTOAYUDA

Dolores de cabeza y migrañas *Evitar el estrés, la fatiga y la tensión física y aprender a relajarse puede ayudar a evitar y reducir la frecuencia de los dolores de cabeza y las migrañas. Para los dolores de cabeza tome suplementos de potasio y vitamina* B^3 *(ver pp. 225-226) y evite los suplementos de vitamina A.*

Otra manera de evitar las migrañas es prescindir de los alimentos y las bebidas que las provocan (ver p. 229). Elimínelos de a uno por vez durante unas 4 semanas y vuelva a introducirlos gradualmente para ver si alguno de ellos le provoca migraña. Evite toda clase de aditivos alimenticios. Si la migraña empeora en los días de la menstruación, evite los alimentos salados, tome bocados de alimentos ricos en proteínas o hidratos de carbono en lugar de comidas abundantes (ver p. 229), y haga ejercicios al aire libre todos los días durante 30 minutos.

Las personas que padecen migraña también deberían dejar de fumar y de tomar anticonceptivos orales y evitar el uso de perfumes y de productos perfumados. Tome aceite de prímula y vitaminas B^6*, C y E (ver pp. 225-226) y añada jengibre fresco a la comida. Si la migraña está empezando, enjuáguese la cara con agua fría durante unos minutos, recuéstese en una habitación oscura y tranquila e intente dormir. Si la migraña no responde al tratamiento, aplique compresas calientes en la frente.*

SE SIENTE MEJOR	SE SIENTE PEOR	REMEDIO Y DOSIFICACION
• Con el aire fresco y tibio	• Con el tiempo muy caluroso • Después de la exposición al clima seco y frío • Con el humo del tabaco	**Aconite - ver p. 82** *Tome 30c cada 10-15 minutos, hasta un máximo de 10 dosis* 
• Al estar de pie o sentado en posición erguida • Con lo templado	• Con el más leve golpe • Con el movimiento o el ruido • Al acostarse • Con la luz brillante o el sol • Por la noche	**Belladonna - ver p. 86** *Tome 30c cada 10-15 minutos hasta un máximo de 10 dosis.* 
• Al aplicar sobre la cabeza una presión firme y fresca	• Con la excitación o el ruido • Con el tacto o el movimiento • Después de comer o con la luz brillante	**Bryonia - ver p. 88** *Tome 30c cada 10-15 minutos hasta un máximo de 10 dosis.* 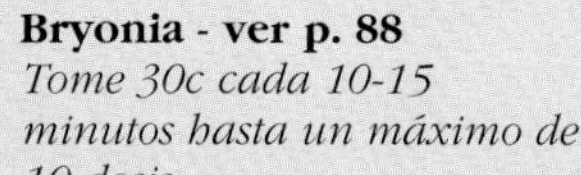 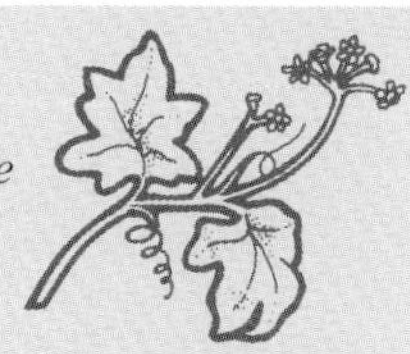
• Al comer • Después de orinar • Al caminar o descansar • Al acostarse sobre el lado dolorido • Con el calor y la presión firme	• Con el aire fresco • Con el frío • Con el café o el alcohol • Con el humo del tabaco • Con los olores fuertes	**Ignatia - ver pp. 58-59** *Tome 30c cada 10-15 minutos hasta un máximo de 10 dosis* 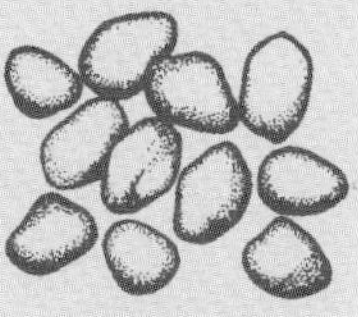 DOLORES DE CABEZA *continúa*

DOLORES DE CABEZA *continuación*

ENFERMEDAD	SINTOMAS	CAUSA E INICIO
DOLOR DE CABEZA POR TENSION MUSCULAR EN EL CUELLO	❑ Dolor de cabeza en la parte superior de la cabeza o que se extiende hacia o desde el cuello ❑ Sensación de presión en la parte superior de la cabeza o sensación de plenitud como si fuera a abrirse ❑ Dolor de ojos ❑ Rigidez del cuello que se extiende a los hombros ❑ Espasmos en el cuello.	• *Espasmos en los músculos del cuello y la espalda* • *Tensión emocional, sobre todo en las mujeres* • *Lesión en la espalda* • *Vista cansada*
DOLOR DE CABEZA POR RESACA, CON NÁUSEA	❑ Dolor de cabeza con sensación de gran peso sobre la misma ❑ Irritabilidad extrema y tendencia a ser hipercrítico ❑ Mareo.	• *Consumo excesivo de alcohol o café*

MIGRAÑAS

ENFERMEDAD	SINTOMAS	CAUSA E INICIO
MIGRAÑA QUE EMPEORA DEL LADO IZQUIERDO	❑ Dolor de cabeza acompañado de náuseas y vómitos serios ❑ El dolor puede extenderse a la cara, la boca, los dientes o la raíz de la lengua ❑ Los vómitos no alivian el dolor ❑ La lengua se siente limpia y no espesa, a pesar de la náusea constante.	• *Estrés* • *Alimentos indigestos*
MIGRAÑA CON DESLUMBRAMIENTO Y PALPITACIÓN	❑ A menudo comienza con entumecimiento y cosquilleo de los labios y la lengua ❑ El dolor es fuerte y palpitante ❑ Siente que hay demasiada sangre en la cabeza.	• *Provocado por la tensión de las emociones reprimidas* • *Pena* • *Cambios hormonales provocados por el SPM o la menopausia*
MIGRAÑA ACOMPAÑADA DE LLANTO	❑ A menudo asociada con mal humor y emociones cambiantes ❑ La cabeza parece a punto de estallar ❑ La más ligera perturbación le provoca llanto.	• *Cambios hormonales, sobre todo en mujeres que padecen SPM* • *Tensión emocional* • *Ingestión de alimentos suculentos y grasos*
MIGRAÑA QUE SE LOCALIZA SOBRE EL OJO DERECHO	❑ El dolor de cabeza suele comenzar por la mañana en la nuca y se extiende poco a poco hacia arriba, hasta la frente, encima del ojo derecho ❑ Las venas de las sienes parecen dilatadas ❑ El dolor es agudo y repentino y puede irradiarse hasta el hombro derecho.	• *Cambios hormonales, sobre todo durante la menopausia*
MIGRAÑA CON UN GRAN DESEO DE CUBRIR LA CABEZA	❑ El dolor comienza en la nuca y se desplaza hacia arriba, localizándose sobre un ojo ❑ Empeora alrededor del mediodía ❑ Es posible que la cabeza transpire, a menudo del lado derecho ❑ El dolor se alivia al aplicar una presión y al orinar.	• *Estrés* • *Agotamiento*

SE SIENTE MEJOR	SE SIENTE PEOR	REMEDIO Y DOSIFICACION
• Con lo templado • Con la comida	• Durante la menstruación • En las corrientes de aire • Con el frío	**Cimic. - ver p. 93** *Tome 6c cada hora, hasta un máximo de 6 dosis* 
• Con lo templado • Al dormir • Al aplicar una presión firme sobre la zona afectada • Al lavarse la cabeza	• Con el clima frío y ventoso • Con el ruido • Con más alcohol • Con el tacto • Entre las 3 y las 4 de la mañana	**Nux vomica - ver pp. 74-75** *Tome 6c cada hora, hasta un máximo de 6 dosis* 
• Con el reposo • Al aplicar una presión firme sobre la zona afectada • Con los ojos cerrados	• Con los alimentos suculentos • Con la cáscara de limón, los helados, las pasas y las ensaladas • Con el movimiento • Al vomitar o toser	**Ipecac. - ver p. 91** *Tome 6c cada 15 minutos, hasta un máximo de 10 dosis* 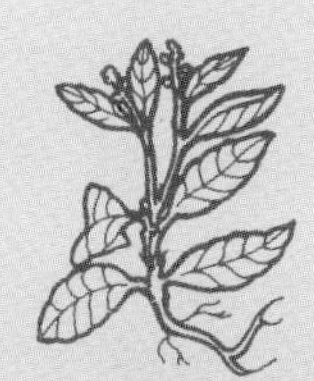
• Con el aire fresco • Con el ayuno • Al dormir en una cama firme • Al aplicar compresas frías sobre la zona afectada	• Con la fatiga mental • Con el esfuerzo físico • Con la conversación, el ruido o la música • Con lo templado • Con la luz brillante o el calor del sol • Con demasiada compasión • Con el aire del mar o el tiempo tormentoso	**Natrum mur - ver pp. 64-65** *Tome 6c cada 15 minutos, hasta un máximo de 10 dosis* 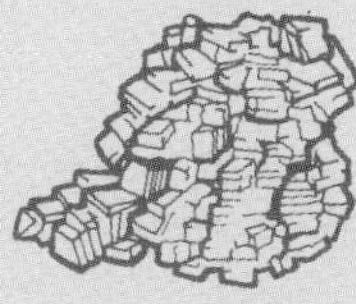
• Con la presión firme y compresas frías • Al llorar y recibir comprensión • Al levantar las manos por encima de la cabeza • Con el ejercicio suave • Con el aire fresco y las bebidas frías	• Con el calor y al sol • Con las temperaturas extremas • Con los alimentos suculentos y grasos • A partir de las primeras horas de la noche	**Pulsatilla - ver pp. 68-69** *Ante la primera señal de ataque, tome 6c cada 15 minutos hasta un máximo de 10 dosis* 
• Con las bebidas y los alimentos ácidos • Al dormir • Al acostarse en una habitación a oscuras	• Con los alimentos dulces • Con el tacto • Al sol	**Sanguinaria - ver p. 144** *Ante la primera señal de ataque, tome 6c cada 15 minutos hasta un máximo de 10 dosis* 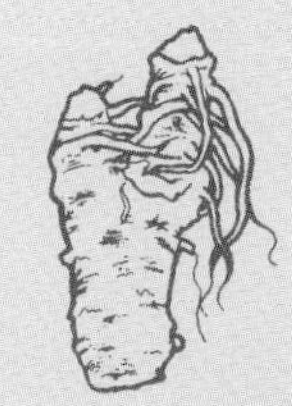
• Al abrigarse la cabeza • Después de orinar • Con el clima cálido y húmedo	• Al acostarse sobre el lado izquierdo • Después de desvestirse • Al suprimir la transpiración • Con el tiempo frío y ventoso	**Silicea - ver pp. 72-73** *Ante la primera señal de ataque, tome 6c cada 15 minutos hasta un máximo de 10 dosis*

DIENTES, BOCA Y ENCIAS

Los problemas de dientes, boca y encías son muy corrientes, pero pueden prevenirse con una buena higiene bucal, controles regulares y con el consumo de alimentos ricos en fibra, que requieran masticación y con bajo contenido de azúcar. Los alimentos blandos, ácidos, refinados y dulces pueden provocar caries.

EL DOLOR DE MUELAS suele ser una señal de caries y requiere una visita al dentista. También puede ser síntoma de infección, como un absceso, un problema en las encías o sinusitis.

LA GINGIVITIS (INFLAMACION DE ENCIAS) se produce por una acumulación de placa en la dentadura, debido a un mal cepillado. Las encías sangran y se vuelven más oscuras, se inflaman y quedan infectadas. Con menor frecuencia puede deberse a una deficiencia de vitaminas, a una alteración sanguínea grave, al efecto secundario de un medicamento o al debilitamiento del sistema inmunológico que se produce por tensión o pena.

LAS ULCERAS BUCALES se producen por un cepillado descuidado, al morderse accidentalmente el costado de la boca o por tomar alimentos muy picantes. También pueden derivar del estrés, de una alergia o del agotamiento, y pueden verse agravados por los alimentos ácidos o condimentados.

LAS LLAGAS se producen por una infección viral que puede ser provocada por un estado de agotamiento, por la exposición al sol fuerte o al tiempo frío y ventoso.

LA HALITOSIS (MAL ALIENTO) puede deberse a caries, gingivitis, indigestión, amigdalitis, diabetes o ayuno. El fumar es una causa muy común.

DOLOR DE MUELAS

ENFERMEDAD	SINTOMAS	CAUSA E INICIO
DOLOR DE MUELAS CON DOLOR PUNZANTE FUERTE	❑ Reacción excesiva al dolor ❑ Estado de agitación a causa del dolor ❑ El dolor hace difícil conciliar el sueño ❑ Incapacidad para relajarse ❑ La mente está hiperactiva.	• *Caries*
DOLOR DE MUELAS CON DOLOR INSOPORTABLE	❑ Irritabilidad ❑ Facilidad para el enojo ❑ Deseo de quedarse a solas y no ser molestado por nada.	• *Caries*
DOLOR DE MUELAS CON DOLOR PALPITANTE	❑ Las encías y las mejillas están hinchadas, doloridas y calientes al tacto ❑ El dolor puede bajar desde el oído ❑ El dolor aumenta gradualmente hasta un nivel atroz y luego disminuye.	• *Infección*

GINGIVITIS (INFLAMACION DE ENCIAS)

ENFERMEDAD	SINTOMAS	CAUSA E INICIO
ENCIAS SANGRANTES CON MAL ALIENTO	❑ Las encías están blandas, esponjosas y sangran fácilmente ❑ Exceso de saliva, que gotea sobre la almohada al dormir ❑ Se sienten los dientes flojos.	• *Higiene bucal deficiente* • *Sistema inmunológico debilitado a causa del estrés* • *Trastornos de encías*
ENCIAS INFLAMADAS Y SANGRANTES CON ULCERAS	❑ Sabor a pus en la boca ❑ Los dientes son muy sensibles al calor y al frío ❑ Posibles úlceras bucales y llagas ❑ Deseo de quedarse a solas.	• *Sistema inmunológico debilitado debido a la tensión emocional o a una aflicción.*

EL TEMOR AL DENTISTA y a los tratamientos dentales es muy común. La homeopatía puede ayudar a calmar los nervios y hacer la espera más soportable.

LAS MOLESTIAS POSTERIORES AL TRATAMIENTO DENTAL suelen estar provocadas por lesiones o heridas alrededor del diente. El dolor puede producirse cuando la anestesia deja de hacer efecto. Si persiste, quizá se deba a que hay infección.

PRECAUCIONES

Dolor de muelas Si tiene fiebre o las encías o la cara inflamadas, o siente que tiene un diente flojo, consulte a un dentista en el plazo de 12 horas. Si siente el diente sensible a los alimentos y a las bebidas calientes, frías o dulces, o si siente dolor al morder, consulte a un dentista en el plazo de 48 horas.

Tratamiento dental Si el dolor persiste después del efecto de la anestesia, consulte a un dentista.

TRATAMIENTOS DE AUTOAYUDA

Dolor de muelas *Frote aceite de clavo sobre el diente afectado y la encía que lo rodea, salvo cuando tome un remedio homeopático, ya que el primero puede actuar como antídoto.*

Gingivitis *Utilice una solución de caléndula e hypericum como enjuague bucal (ver p. 227).*

Ulceras bucales *Evite los alimentos condimentados, dulces y ácidos (ver p. 229). Enjuague la boca con una solución tibia de sal varias veces al día. Tome vitaminas del complejo B (ver pp. 226).*

Llagas *Tome bioflavonoides, lisina, vitamina C y zinc (ver pp. 224-226). Evite los alimentos que contienen arginina (ver p. 229).*

Halitosis *Deje de fumar. Evite los alimentos condimentados y el alcohol.*

SE SIENTE MEJOR	SE SIENTE PEOR	REMEDIO Y DOSIFICACION
• Con agua helada en la boca	• Con el calor • Al tomar comidas calientes	**Coffea - ver p. 125** *Tome 6c cada 5 minutos, hasta un máximo de 10 dosis*
• Al recibir comprensión	• Por la noche • Si se enoja • Con los alimentos y las bebidas tibios • Con el aire frío	**Chamomilla - ver pp. 134-135** *Tome 6c cada 5 minutos hasta un máximo de 10 dosis*
• Con los alimentos, aunque comer es doloroso	• Si lo tocan • Después de comer • Por la noche • Con el aire fresco	**Belladonna - ver p. 86** *Tome 30c cada 5 minutos hasta un máximo de 10 dosis*
• Con el reposo • Al abrigarse	• Con las temperaturas extremas • Después de transpirar por la noche	**Merc. sol. - ver pp. 62-63** *Tome 6c cada 4 horas hasta un máximo de 3 días*
• Con el aire fresco • Con el ayuno	• Con el esfuerzo mental y físico • Con el calor y el sol • Con el ruido o el movimiento	**Natrum mur. - ver pp. 64-65** *Tome 6c cada 4 horas hasta un máximo de 3 días*

ULCERAS BUCALES

ENFERMEDAD	SINTOMAS	CAUSA E INICIO
ULCERAS BUCALES QUE ARDEN	❑ Siente la boca seca ❑ Dolor punzante ❑ Inquietud y ansiedad.	• *Estrés y preocupación* • *Agotamiento*

LLAGAS

ENFERMEDAD	SINTOMAS	CAUSA E INICIO
LLAGAS EN LOS LABIOS Y ALREDEDOR DE LA BOCA	❑ Siente la boca muy seca ❑ Los labios están hinchados y arden, y hay ampollas como perlas sobre las llagas ❑ Grieta profunda y dolorosa en medio del labio inferior ❑ El esfuerzo mental o físico agudiza la molestia ❑ Depresión ❑ Deseo de quedarse a solas	• *Infección* • *Tensión emocional* • *Pesar*

HALITOSIS (MAL ALIENTO)

ENFERMEDAD	SINTOMAS	CAUSA E INICIO
MAL ALIENTO ASOCIADO CON CARIES Y GINGIVITIS	❑ El aliento y la transpiración tienen mal olor ❑ Exceso de saliva que gotea sobre la almohada mientras duerme ❑ La lengua está amarilla y espesa	• *Caries dental* • *Amigdalitis* • *Sinusitis* • *Gingivitis*

TEMOR AL DENTISTA

ENFERMEDAD	SINTOMAS	CAUSA E INICIO
PANICO AGUDO	❑ Intensos sentimientos de ansiedad y pánico que pueden ser suficientemente graves para temer a la muerte como resultado de un tratamiento dental pendiente.	• *Inicio repentino del temor*
TEMOR CON TEMBLORES	❑ Aprensión extrema que hace que todo el cuerpo tiemble ❑ Siente las piernas temblorosas y débiles, como si no pudieran soportar el cuerpo.	• *Inicio gradual del temor*

MOLESTIAS DESPUES DEL TRATAMIENTO DENTAL

ENFERMEDAD	SINTOMAS	CAUSA E INICIO
MOLESTIA INMEDIATA	❑ Molestias inmediatamente después de cualquier tipo de tratamiento dental, sobre todo cuando ha habido muchas heridas	• *Heridas o pérdida de sangre durante el tratamiento dental*
DOLOR PERSISTENTE	❑ El dolor continúa después del tratamiento inicial o vuelve cuando la anestesia deja de hacer efecto.	• *Heridas en un nervio provocadas por un tratamiento dental*

SE SIENTE MEJOR	SE SIENTE PEOR	REMEDIO Y DOSIFICACION
• Con un enjuague bucal tibio • Al aplicar compresas tibias en la cara	• Con bebidas y alimentos fríos • Con el tiempo frío, seco y ventoso • Entre la medianoche y las 2 de la mañana	**Arsen alb. - ver pp. 52-53** *Tome 6c, 4 veces por día hasta un máximo de 5 días.* 
• Con el aire fresco • Con el ayuno	• Alrededor de las 10 de la mañana • Con el tiempo frío y tormentoso • Con el aire de mar, el sol y las corrientes • Con lo templado • Con la música, el ruido, el movimiento o la conversación	**Natrum mur. - ver pp. 64-65** *Tome 6c, 4 veces por día hasta un máximo de 5 días* 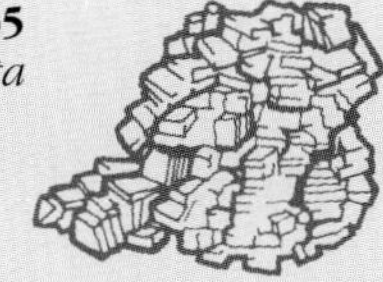
• Con el reposo • Si se abriga	• Con el frío y las temperaturas extremas • Después de transpirar durante la noche 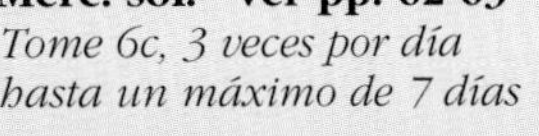	**Merc. sol. - ver pp. 62-63** *Tome 6c, 3 veces por día hasta un máximo de 7 días* 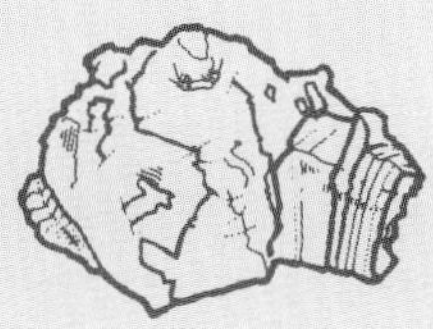
• Con aire fresco	• Al pensar en una visita al dentista • Con lo templado	**Aconite - ver p. 82** *Tome 30c cada hora mientras sea necesario.* 
• Con aire fresco • Después de orinar • Con el ejercicio • Con el alcohol • Al inclinarse hacia adelante	• Cuanto más piensa en una visita al dentista • Con el calor • A primera hora de la mañana	**Gelsemium - ver p. 99** *Tome 30c cada hora mientras sea necesario.* 
• Con el movimiento • Al acostarse con la cabeza más baja que los pies	• Con el calor • Al aplicar una presión sobre la zona afectada	**Arnica - ver p. 85** *Tome 30c cada hora hasta un máximo de 10 dosis.* 
• Al echar la cabeza hacia atrás	• Con el clima frío o húmedo • En habitaciones tibias y mal ventiladas • Con el tacto	**Hypericum - ver p. 102** *Tome 6c cada 30 minutos hasta un máximo de 10 dosis y luego 4 veces por día hasta un máximo de 5 días.* 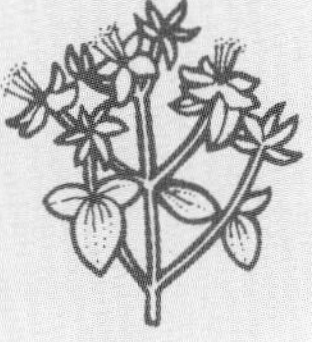

TRASTORNOS DE OIDOS, OJOS Y NARIZ

Los oídos, los ojos y la nariz son continuamente agredidos por partículas de polvo, esporas, sustancias químicas, virus, bacterias, humo y contaminación, todos los cuales pueden causar problemas. Las corrientes, las temperaturas extremas, la humedad en la cabeza, la tensión emocional y física y la fatiga agravan los trastornos de esos órganos debilitando la capacidad del sistema inmunológico para combatir la infección.

EL DOLOR DE OÍDO puede deberse a una acumulación de cera o a una infección del oído externo, medio o interno, por ejemplo después de un resfrío. La exposición a temperaturas extremas puede hacer que al poder de curación del organismo le resulte más difícil combatir la infección.

EL CANSANCIO DE LA VISTA puede deberse al exceso de trabajo o al trabajar con poca luz. El estrés, sobre todo después de una alteración emocional o como consecuencia de una pena, puede debilitar los músculos del ojo y provocar cansancio.

LA CONJUNTIVITIS, o inflamación del revestimiento del párpado, es provocada por una infección o una alergia.

LOS ORZUELOS son pequeñas ampollas de pus que se forman en la base de las pestañas. Son provocados principalmente por una infección y pueden verse agravados por el cansancio.

LA FIEBRE DEL HENO, o rinitis alérgica, es una reacción alérgica estacional a los irritantes que transporta el aire, sobre todo el polen de las flores, la hierba y los árboles. Si continúa a lo largo de todo el año, lo más probable es que se deba al polvo de la casa o al pelo de un animal.

EL CATARRO es una descarga de mucosidad acuosa o viscosa que puede bloquear la nariz, provocando dolor. Puede ser provocado por una infección o una alergia. La contaminación irrita las membranas mucosas causando un aumento de la mucosidad en un intento por lubricar las membranas y eliminar la irritación; el

DOLOR DE OIDO

ENFERMEDAD	SINTOMAS	CAUSA E INICIO
DOLOR DE OÍDO AGUDO	❑ Dolor agudo ❑ El oído afectado está muy sensible al tacto ❑ Irritabilidad.	• *Exposición al aire frío y las corrientes*
DOLOR DE OÍDO PALPITANTE CON ENROJECIMIENTO	❑ El oído afectado tiene un color rojo brillante ❑ Dolor palpitante ❑ Puede haber fiebre alta y boca y garganta secas ❑ Los ojos pueden estar muy abiertos y fijos.	• *Infección* • *La cabeza se enfría, por ejemplo después del lavado*

CANSANCIO DE LA VISTA

ENFERMEDAD	SINTOMAS	CAUSA E INICIO
DOLOR DE OJOS CON EL MOVIMIENTO	❑ Dolor sordo y agudo en los ojos al mirar arriba, abajo o a los costados ❑ Disgusto ante la compasión y el consuelo.	• *Demasiado estudio o lectura* • *Trabajar con poca luz*
ARDOR DE OJOS	❑ Los ojos arden y están cansados después de mucho estudiar o leer ❑ Los ojos están rojos y parecen calientes ❑ Posible dolor de cabeza.	• *Demasiado estudio o lectura* • *Trabajar con poca luz*

ejercicio enérgico hace que las membranas mucosas produzcan más mucosidad.

LA SINUSITIS se presenta cuando los senos (las cavidades llenas de aire de los huesos que rodean la nariz) se irritan o se inflaman. Pueden llenarse de fluido, lo que provoca presión y causa dolor. Puede ser originada por la contaminación, el humo del tabaco o una infección viral.

PRECAUCIONES

Dolor de oídos Siempre que se presenta un dolor de oídos, sobre todo en los niños, debería consultarse a un médico.

Conjuntivitis Si no hay mejoría en un plazo de 24 horas, consulte a un médico.

Orzuelos Si no hay mejoría en un plazo de 7 días, consulte a un médico.

Sinusitis Si el dolor es muy agudo, consulte a un médico en el plazo de 12 horas.

TRATAMIENTOS DE AUTOAYUDA

Conjuntivitis Lave los ojos con un enjuague de tintura de euphrasia (ver p. 227). Descanse la vista.

Orzuelos Evite tocar o frotar los ojos, sobre todo con las manos sucias. No apriete el orzuelo. Descanse la vista.

Fiebre del heno o rinitis alérgica Coma muchas verduras y frutas frescas y crudas. Tome magnesio, vitamina C y una combinación H de sales de tejido (ver pp. 225-227).

Catarro Tome hierro, vitaminas C y del complejo B, zinc y una combinación Q de sales de tejido (ver pp. 225-227). No ingiera ningún producto lácteo durante dos semanas y anote cualquier cambio. Beba mucho líquido.

Sinusitis Humedezca todas las habitaciones e intente una inhalación de vapor. Suénese la nariz muy suavemente, una fosa nasal por vez. Tome hierro, vitaminas C y del complejo B, zinc y una combinación Q de tejidos de sales (ver pp. 225-227) y beba mucho líquido. Deje de fumar y evite los anticongestivos.

SE SIENTE MEJOR	SE SIENTE PEOR	REMEDIO Y DOSIFICACION
• Con lo templado • Al aplicar compresas tibias en la frente • Al abrigarse la cabeza	• Con el aire frío y las corrientes • Después de desvestirse, debido a un enfriamiento • Al tocar el oído afectado • Al acostarse sobre el lado afectado	**Hepar sulph. - ver p. 101** *Si el dolor no va acompañado de fiebre o descarga, tome 6c cada 30 minutos hasta que consulte al médico.*
• Al ponerse de pie o sentarse en posición erguida • Al aplicar compresas frías en la frente	• Con el movimiento, el ruido, la luz y la presión • Al acostarse sobre el lado derecho • Por la noche	**Belladonna - ver p. 86** *Tome 30c cada 30 minutos hasta que consulte al médico.* 
• Con el aire fresco • Con el ayuno • Al aplicar compresas frías sobre el ojo afectado	• Con clima frío y tormentoso y junto al mar • Con el esfuerzo mental o físico • En las corrientes y al sol • Con la tensión emocional o la pena	**Natrum mur. ver pp. 64-65** *Tome 6c, 4 veces al día hasta un máximo de 7 días.* 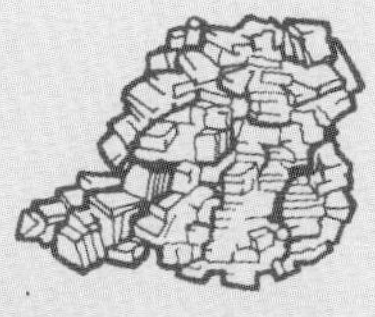
• Con el movimiento	• Con el clima frío y húmedo • Con el reposo o al acostarse • Con el alcohol	**Ruta grav. - ver p. 109** *Tome 6c, 4 veces por día hasta un máximo de 7 días.* 

CONJUNTIVITIS

ENFERMEDAD	SINTOMAS	CAUSA E INICIO
PARPADOS HINCHADOS CON DESCARGA ARDIENTE	❑ Los ojos lloran constantemente, lo que irrita la piel de debajo ❑ Los párpados están hinchados y arden y se siente la necesidad de parpadear con frecuencia ❑ Dentro de los párpados pueden formarse pequeñas ampollas ❑ La descarga nasal es blanda.	• *Alergia* • *Infección*

ORZUELOS

ENFERMEDAD	SINTOMAS	CAUSA E INICIO
OJOS HINCHADOS CON PICAZON DE PÁRPADOS	❑ Los ojos están rojos e inflamados y los párpados pican ❑ Los pequeños forúnculos de los párpados pueden tener una punta de pus ❑ Los síntomas físicos pueden ir acompañados de depresión y actitud de autocompasión.	• *Infección*
OJOS DOLORIDOS, HINCHADOS Y ENROJECIDOS	❑ Los orzuelos comienzan como pequeños forúnculos y luego desarrollan una punta de pus.	• *Infección* • *Curiosamente, los orzuelos pueden aparecer cuando se experimenta un profundo resentimiento o enojo con un ser amado*

FIEBRE DEL HENO (O RINITIS ALERGICA)

ENFERMEDAD	SINTOMAS	CAUSA E INICIO
FIEBRE DEL HENO CON DESCARGA NASAL ARDIENTE	❑ Descarga nasal abundante y ardiente que suele comenzar en la fosa nasal izquierda y se mueve a la derecha, lastimando el labio superior ❑ Dolor en la frente ❑ Sensación de que en la laringe hay ganchos ❑ Ojos llorosos con descarga blanda.	• *Alergia*
FIEBRE DEL HENO CON DESEO CONSTANTE DE ESTORNUDAR	❑ Descarga nasal espesa de color miel que se produce después de tres o cuatro días de estornudos constantes y violentos que no causan alivio ❑ Las fosas nasales están lastimadas, rojas y doloridas ❑ Ardor de garganta y tos irritante ❑ Ansiedad y preocupación.	• *Alergia*
FIEBRE DEL HENO EN LA QUE LOS OJOS SON LOS PRINCIPALES AFECTADOS	❑ Los ojos están hinchados y son sensibles a la luz brillante ❑ La descarga espesa y ardiente irrita la piel de debajo de los ojos ❑ La descarga nasal es blanda ❑ La mucosidad gotea por la parte posterior de la garganta.	• *Alergia*
FIEBRE DEL HENO CON DOLOR DE GARGANTA	❑ Dolor de garganta que suele comenzar en el costado izquierdo ❑ El tragar es muy doloroso ❑ La garganta está seca y parece que hubiera un bulto, lo que hace necesario tragar constantemente ❑ Los párpados están rojos e hinchados ❑ Ojos acuosos y estornudos violentos ❑ Duele la cabeza como si se estuviera encogiendo.	• *Alergia*

SE SIENTE MEJOR	SE SIENTE PEOR	REMEDIO Y DOSIFICACION
• Con los ojos cerrados • Con el café	• Al atardecer • Dentro de casa • Con lo templado y la luz • Con el tiempo cálido y ventoso	**Euphrasia - ver p. 97** *Tome 6c cada hora hasta un máximo de 10 dosis.*
• Con el calor	• Por factores no especificados	**Pulsatilla - ver pp. 68-69** *Tome 6c cada hora hasta un máximo de 10 dosis.*
• Con el calor	• Por factores no especificados	**Staphysagria - ver p. 127** *Tome 6c cada hora hasta un máximo de 10 dosis.*
• En habitaciones frías • Con aire fresco	• En habitaciones calientes • Con el tiempo frío o húmedo • Con los alimentos y las bebidas tibios	**Allium - ver p. 83** *Tome 6c cada vez que lo necesite, hasta un máximo de 10 dosis*
• Por factores no especificados	• Al estornudar • Con lo templado	**Arsen. iod. - ver p. 117** *Tome 6c cada vez que lo necesite hasta un máximo de 10 dosis.*
• Al acostarse en una habitación a oscuras • Con el café	• Con lo templado • Con tiempo cálido y ventoso • Con luz brillante • Dentro de casa • Al atardecer	**Euphrasia - ver p. 97** *Tome 6c cada vez que lo necesite hasta un máximo de 10 dosis.*
• Con lo templado • Al comer • Con las bebidas tibias • Si se abriga	• Con el frío • Con las bebidas frías	**Sabadilla - ver p. 143** *Tome 6c cada vez que lo necesite hasta un máximo de 10 dosis.*

Catarro

ENFERMEDAD	SINTOMAS	CAUSA E INICIO
ESPESO CON MUCOSIDAD	❑ Catarro que se produce en la segunda etapa de un resfrío, después que la inflamación ha desaparecido ❑ La mucosidad se descarga por la nariz o por la parte de atrás de la garganta.	• *Infección* • *Alergia*
MUCOSIDAD COMO LA CLARA DE UN HUEVO CRUDO	❑ Mucosidad excesiva, fluida, transparente que puede ser tan abundante que sea necesario poner un pañuelo debajo de la nariz ❑ Pérdida del olfato y el gusto.	• *Infección* • *Alergia*
CATARRO CON NARIZ CONSTANTEMENTE GOTEANTE	❑ La nariz chorrea constantemente y hay necesidad de sonarse todo el tiempo ❑ La descarga nasal es amarilla o verde y poco densa y ardiente ❑ La mucosidad espesa gotea por detrás de la garganta ❑ Es posible que se formen pequeñas úlceras en el tabique (el hueso que separa las fosas nasales).	• *Infección*
CATARRO CON EXTREMA SENSIBILIDAD A LOS OLORES FUERTES	❑ Las costras y grietas del interior de la nariz hacen que se difícil sonarse ❑ Posibles hemorragias ❑ Un agudo sentido del olfato puede hacer que hasta el olor de las flores resulte insoportable ❑ Eczema que puede acompañar los síntomas ❑ Tiene la impresión de que la cara está cubierta por una telaraña.	• *Ejercicio físico enérgico* • *Contaminación*

Sinusitis

ENFERMEDAD	SINTOMAS	CAUSA E INICIO
SINUSITIS CON MUCOSIDAD VISCOSA	❑ Mucosidad viscosa y elástica de color verde amarillento ❑ Sensación de plenitud y obstrucción a cada lado de la nariz ❑ La mucosidad gotea por detrás de la garganta ❑ Estornudos violentos ❑ Pérdida del olfato.	• *Infección*
SINUSITIS ACOMPAÑADA DE LLANTO	❑ Dolor encima de los ojos o en la mejilla derecha con dolor nervioso en el costado derecho de la cara ❑ Mucosidad amarilla ❑ La nariz está tapada ❑ Llanto y actitud autocompasiva.	• *Infección*
SINUSITIS CON SENSIBILIDAD FACIAL	❑ Los huesos faciales están muy sensibles, incluso al más leve roce ❑ Excesiva mucosidad amarilla con estornudos ❑ Irritabilidad ❑ Sensibilidad al frío.	• *Infección* • *Exposición al tiempo frío, seco y ventoso*

SE SIENTE MEJOR	SE SIENTE PEOR	REMEDIO Y DOSIFICACION
• Con las bebidas frías • Con el masaje	• Con el aire fresco • Con el frío y las corrientes • Con los alimentos grasos • Durante la menstruación	**Kali mur. - ver p. 132** *Tome 6c, 4 veces por día hasta un máximo de 14 días.* 
• Con el descanso • Con el aire fresco • Después de transpirar • Con la presión • Con el ayuno	• Con el sol y el calor • Antes de la menstruación • Con la humedad • Con el esfuerzo • Con la comprensión • Con el exceso de sal	**Natrum mur. - ver pp. 64-65** *Tome 6c, 4 veces por día hasta un máximo de 14 días.* 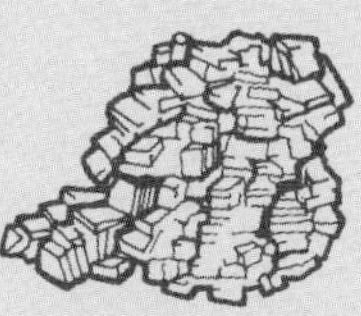
• Por factores no especificados	• Por factores no especificados	**Hydrastis - ver p. 130** *Tome 6c, 4 veces por día hasta un máximo de 14 días.* 
• Al dormir	• Con los alimentos fríos o dulces, o con los mariscos	**Graphites - ver pp. 56-57** *Tome 6c, 4 veces por día hasta un máximo de 14 días* 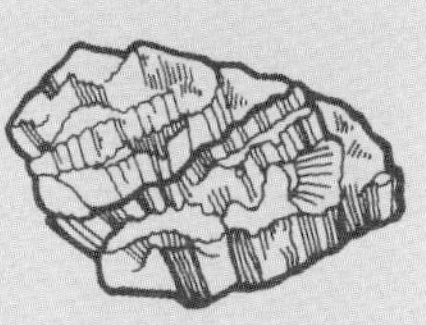
• Al aplicar compresas calientes en los senos	• Al beber cerveza • Por la mañana • Con el tiempo caluroso • Después de desvestirse, por haberse enfriado	**Kali bich. - ver p. 103** *Tome 6c cada 2 horas hasta un máximo de 2 días.* 
• Con el llanto y la compasión • Al levantar las manos por encima de la cabeza • Con el ejercicio suave • Con el aire fresco • Con las bebidas frías y las compresas frías	• En habitaciones mal ventiladas • Con el sol, el calor y las temperaturas extremas • Con los alimentos ricos y grasos • Al acostarse sobre el costado dolorido • Al atardecer y por la noche	**Pulsatilla - ver pp. 68-69** *Tome 6c cada 2 horas hasta un máximo de 2 días.* 
• Al sentarse en un ambiente tibio • Al abrigarse la cabeza	• Con las corrientes de aire • Con el tacto • Después de desvestirse, por haberse enfriado	**Hepar sulph. - ver p. 101** *Tome 6c cada 2 horas hasta un máximo de 2 días.* 

Resfrios, tos y gripe

Los resfríos, la tos y la gripe se presentan cuando el sistema inmunológico está debilitado y el cuerpo se vuelve más sensible a las infecciones. La homeopatía da más importancia al tratamiento del desequilibrio subyacente en el sistema inmunológico que al simple hecho de combatir la infección, aunque a veces son necesarios los dos enfoques.

Las causas que contribuyen a debilitar el sistema inmunológico incluyen un exceso de alimentos y alcohol o una dieta pobre; exposición al tiempo seco, frío y ventoso; enfriamiento después de mojarse la cabeza; exceso de trabajo o descanso insuficiente; tensión emocional, sobe todo después de un shock o susto; ansiedad o preocupación por asuntos financieros o un acontecimiento futuro. Las infecciones pueden ser provocadas por cualquier cosa que agote la energía vital (ver pp. 18-19) y, de vez en cuando, por el tiempo muy caluroso.

LOS RESFRÍOS son provocados por una infección viral que afecta el aparato respiratorio. Los primeros síntomas incluyen dolor de garganta suave, descarga nasal acuosa y estornudos. A medida que el organismo lucha contra la infección, la descarga nasal se vuelve más espesa y tal vez amarilla. Los resfríos suelen limitar a las personas, pero un resfrío descuidado puede convertirse en una afección más seria, como la infección de pecho, o extenderse a los oídos, los senos, la garganta o la laringe.

LA TOS es seca o productiva (con formación de mucosidad) y por lo general se debe a una irritación del revestimiento del pasaje de aire provocada, por ejemplo, por la mucosidad que gotea por la garganta durante un resfrío, al fumar, o por el polen en el caso de quienes sufren de fiebre del heno. Para librarse de la irritación, los pulmones acumulan una presión de aire, que se expele súbitamente.

Resfrios

ENFERMEDAD	SINTOMAS	CAUSA E INICIO
RESFRIO QUE APARECE LENTAMENTE	❑ Siente la boca caliente ❑ La garganta está roja e inflamada ❑ Puede presentarse fiebre moderada ❑ Pueden presentarse hemorragias nasales.	• *Infección* • *Calor excesivo sin transpiración*
RESFRIO CON IRRITABILIDAD	❑ Tendencia a ser excesivamente crítico con los demás ❑ Sensibilidad al frío ❑ Nariz goteante durante el día y nariz bloqueada por la noche ❑ Ojos acuosos ❑ Estornudos ❑ Dolor de cabeza ❑ Dolor de gargánta.	• *Infección* • *Tensión emocional debida al exceso de trabajo, la falta de sueño o por algo que ha provocado ira*
PRIMERAS ETAPAS DE UN RESFRIO CON ESTORNUDOS	❑ El resfrío empieza con estornudos violentos y descarga catarral poco densa, como la clara de un huevo crudo ❑ La nariz también puede estar obstruida y pueden aparecer llagas ❑ Deseo de estar solo ❑ Aversión a la compasión.	• *Infección* • *Tensión emocional*
RESFRIO CON MUCOSIDAD AMARILLA	❑ La nariz está obstruida por la noche pero chorreante durante el día ❑ La mucosidad es blanda y amarilla ❑ Ausencia de sed y pérdida del olfato ❑ Pueden presentarse hemorragias nasales ❑ Puede aparecer dolor de cabeza encima de los ojos.	• *Infección*

LA GRIPE es provocada por una infección viral. Los síntomas incluyen fiebre, dolores musculares, dolor de cabeza, dolor de garganta y tos. Los niños, los ancianos, los fumadores y los diabéticos son quienes tienen más probabilidades de quedar seriamente afectados.

PRECAUCIONES

Resfrío Si un resfrío se complica con dolor de garganta, laringe, pecho, sinusitis u oídos, ver también: Dolor de garganta pp. 176-177; amigdalitis y laringitis pp. 178-179; tos pp. 174-175; sinusitis pp. 170-171; dolor de oídos pp. 166-167.

Tos Si va acompañada de fiebre alta y/o dificultad para respirar o dolor de pecho agudo, consulte a un médico. Si no hay mejoría en el plazo de 1-2 días después del inicio repentino de la tos por inhalación de polvo o humos, consulte a un médico.

Gripe Si va acompañada de fiebre que no cede en el plazo de 4 días, consulte a un médico.

TRATAMIENTOS DE AUTOAYUDA

Resfríos y gripe *Asegúrese de descansar lo suficiente y beba mucho líquido, sobre todo agua tibia mezclada con jugo de limón recién exprimido y un poco de miel. Coma mucha fruta y verdura frescas. Tome vitaminas A y C zinc y una combinación Q de sales de tejido (ver pp. 226-227). Es importante tomar un poco de aire fresco.*

Tos *Humedezca el aire de todas las habitaciones, no fume y evite las zonas con polvo o humo. La exposición al clima frío y húmedo puede agravar los síntomas. Descanse lo suficiente y evite el esfuerzo físico agotador. Beba mucho líquido, sobre todo agua tibia con jugo de limón recién exprimido y un poco de miel. Si elimina mucha flema, evite los productos lácteos y los alimentos con fécula, como el pan y las papas, que pueden aumentar la formación de mucosidad. Las mezclas homeopáticas y las mezclas herbáceos para la tos se consiguen en todos los negocios. Estas son preferibles a los jarabes ortodoxos para la tos, que pueden contener drogas que provoquen somnolencia.*

SE SIENTE MEJOR	SE SIENTE PEOR	REMEDIO Y DOSIFICACION
• Al aplicar compresas frías sobre la frente. • Con el ejercicio suave	• Con el movimiento y el tacto • Al acostarse sobre el lado derecho • Con el aire fresco • Al sol • Entre las 4 y las 6 de la mañana	**Ferrum phos. - ver p. 98** *Tome 6c cada 2 horas hasta un máximo de 4 dosis* 
• Con lo templado • Al dormir • Con la presión firme • Al lavarse y con compresas • Al atardecer	• Con el clima frío, seco y ventoso • En lugares públicos • Entre las 3 y las 4 de la mañana • Después de excederse en la ingestión de alimentos condimentados y estimulantes como el café	**Nux vomica - ver pp. 74-75** *Tome 6c cada 2 horas hasta un máximo de 4 dosis* 
• Con el aire fresco • Con el ayuno • Al aplicar compresas frías sobre los senos	• Alrededor de las 10 de la mañana • Con el tiempo frío y tormentoso • Con el esfuerzo mental y físico • Con las corrientes, el aire del mar o el calor del sol • Con el ruido, la conversación y la música	**Natrum mur. - ver pp. 64-65** *Tome 6c cada 2 horas hasta un máximo de 4 dosis* 
• Al levantar las manos por encima de la cabeza • Con el ejercicio y el aire fresco • Con bebidas frías y compresas frías • Al llorar y recibir comprensión	• Al sol • Con el calor • Con los alimentos suculentos y grasos • Al atardecer y a la noche	**Pulsatilla - ver pp. 68-69** *Tome 6c cada 2 horas hasta un máximo de 4 dosis* 

Tos

ENFERMEDAD	SINTOMAS	CAUSA E INICIO
TOS SECA E IRRITANTE QUE COMIENZA REPENTINAMENTE	❑ Tos seca, con ruido a hueco y similar al graznido ❑ Mucha sed ❑ A menudo acompañada por un rápido aumento de la temperatura ❑ Sentimientos de ansiedad extrema, hasta el punto de temer a la muerte ❑ Especialmente sensible al humo.	• *Resfrío o gripe* • *Susto* • *Exposición al clima seco, frío, ventoso o excesivamente caluroso.* • *Polen*
DOLOR DE PECHO PROVOCADO POR LA TOS	❑ Dolor de cabeza con sensación de estallido, agravado por la más leve tos ❑ Sed extrema, por lo general de bebidas calientes, pero a intervalos poco frecuentes ❑ Siente todo el cuerpo seco ❑ La tos puede ir acompañada de fiebre.	• *Resfrío o gripe* • *Tensión y preocupación sobre todo por temas financieros o profesionales*
TOS CON CATARRO ESPESO Y VERDE	❑ Elimina mucosidad espesa, verde, amarga que deja mal sabor de boca ❑ Poco apetito ❑ La lengua está blanca ❑ Puede producirse descarga nasal verde y blanda ❑ Poca o ninguna sed.	• *Resfrío o gripe* • *Infección en el pecho* • *Polen*

Gripe

ENFERMEDAD	SINTOMAS	CAUSA E INICIO
GRIPE CON INQUIETUD	❑ Fiebre alta que aparece repentinamente - Dolor de garganta ❑ Suele ir asociada con sentimientos de gran aprensión y temor	• *Infección* • *Exposición al clima seco, frío, ventoso o muy caluroso* • *Shock emocional o susto*
GRIPE CON FIEBRE ALTA	❑ Fiebre alta que aparece repentinamente ❑ El rostro está arrebatado y brillante ❑ Dolor de garganta ❑ Ojos muy abiertos y mirada fija ❑ Posible confusión y delirio.	• *Infección* • *Frío, humedad o calor excesivo en la cabeza*
GRIPE CON ESCALOFRÍOS Y DEBILIDAD	❑ Ausencia de sed a pesar de la fiebre ❑ Dolor de garganta ❑ Escalofríos a lo largo de la columna ❑ Dolor de cabeza con sensación de estallido que mejora al orinar ❑ Fatiga ❑ Siente las piernas débiles y temblorosas ❑ Fuerte dolor de huesos ❑ Aprensión y estrés por una tarea o acontecimiento venideros.	• *Infección* • *Preocupación por un acontecimiento venidero, como una alocución pública*
GRIPE CON DOLOR DE CABEZA AGUDO Y PALPITANTE	❑ Dolor de cabeza violento que empeora al toser o al mover los ojos ligeramente ❑ Deshidratación con necesidad de beber mucho líquido a intervalos poco frecuentes ❑ Irritabilidad ❑ Deseo de estar en casa.	• *Infección* • *Estrés y preocupación por problemas financieros*

SE SIENTE MEJOR	SE SIENTE PEOR	REMEDIO Y DOSIFICACION
• Con el aire fresco	• En habitaciones calientes • Con el humo del tabaco • Al atardecer y por la noche	**Aconite - ver p. 82** *Tome 30c cada 4 horas hasta un máximo de 10 dosis.* 
• En un entorno fresco • Al aplicar una presión firme y fresca sobre la cabeza y el pecho.	• Con el movimiento • Con la luz • Con el ruido y el tacto • Por la mañana y alrededor de las 9 de la noche y las 3 de la mañana	**Bryonia - ver p. 88** *Tome 30c cada 4 horas hasta un máximo de 10 dosis.* 
• Con el aire fresco	• Al atardecer • En habitaciones calientes y mal ventiladas	**Pulsatilla - ver pp. 68-69** *Tome 30c cada 4 horas hasta un máximo de 10 dosis.* 
• Con el aire fresco	• En habitaciones calientes • Al acostarse sobre el lado afectado • Al atardecer y por la noche • Con el humo del tabaco • Con la música	**Aconite - ver p. 82** *Tome 30c cada 2 horas hasta un máximo de 10 dosis.* 
• Al quedarse de pie • Sentado, en posición erguida • En habitaciones calientes	• Con el movimiento, el ruido y la luz • Con el calor del sol • Al acostarse • Sobre el costado derecho • Por la noche	**Belladonna - ver p. 86** *Tome 30c cada 2 horas hasta un máximo de 10 dosis.* 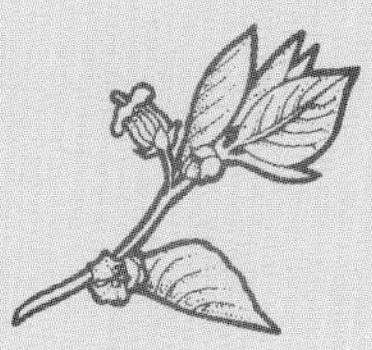
• Con el aire fresco • Con el movimiento • Después de orinar • Al beber alcohol • Al inclinarse hacia adelante	• A primeras horas de la mañana y últimas horas de la noche • Al solo o con niebla • Antes de una tormenta • Con la humedad • Con el humo del tabaco	**Gelsemium - ver p. 99** *Tome 6c cada 2 horas hasta un máximo de 10 dosis.* 
• En un entorno fresco • Al aplicar una presión firme sobre la cabeza • Al dormir	• Con la excitación, el ruido, el tacto, el movimiento y la luz brillante • Al comer • Alrededor de las 3 de la mañana y las 9 de la noche • Al toser	**Bryonia - ver p. 88** Tome 30c cada 2 horas hasta un máximo de 10 dosis 

AFECCIONES DE GARGANTA

Las afecciones de garganta abarcan desde dolores de garganta suaves hasta trastornos más graves como amigdalitis y laringitis. Todos estos problemas hacen que respirar y tragar resulten difíciles en mayor o menor medida. Las infecciones de garganta pueden afectar toda la garganta o provocar molestias agudas en zonas específicas. Entre los síntomas característicos se incluyen los siguientes: boca y garganta secas, inflamación de garganta y amígdalas que provoca una sensación de opresión con dolor al tragar, ronquera, saliva de sabor desagradable, mal aliento, fatiga y sensación de estar arrebatado, afiebrado o irritable.

Existen numerosas clases de afección pero, por lo general, los microbios agresores son los virus que provocan resfríos, gripe y fiebre glandular. Algunas infecciones pueden deberse a una bacteria, como la garganta estreptocócica, o un hongo como en las aftas. Fumar y beber en exceso, la exposición al clima frío o húmedo y ventoso, el esfuerzo al hablar, la alergia alimentaria o una deficiencia general de vitaminas puede provocar o exacerbar la inflamación y la infección. Las afecciones de garganta también pueden producirse como resultado de un estado general de agotamiento por falta de sueño, esfuerzo excesivo, al enfriarse demasiado rápido después de transpirar, al enfriarse después de mojarse la cabeza, y por tensión emocional o física, por ejemplo después de un shock o un susto. Los dolores de garganta recurrentes indican una debilidad del sistema inmunológico y se recomienda un tratamiento constitucional realizado por un homeópata (ver pp. 24-25).

EL DOLOR DE GARGANTA responde a cualquier inflamación o infección de la laringe, las amígdalas, las adenoides, la faringe y las cuerdas vocales.

LA AMIGDALITIS es una inflamación de las amígdalas, que se encuentran hacia la parte posterior de la boca y en la parte superior de la garganta, producida por una infección. De vez en cuando, las glándulas pueden dilatarse y hacer que el cuello o la cara se hinchen.

DOLOR DE GARGANTA

ENFERMEDAD	SINTOMAS	CAUSA E INICIO
DOLOR DE GARGANTA AGUDO	❑ Inicio repentino del dolor de garganta y su gravedad provoca ansiedad extrema, hasta el punto de temer a la muerte ❑ La piel está seca y caliente ❑ Mucha sed ❑ Amígdalas inflamadas ❑ La garganta está roja y parece seca, áspera, estrecha, ardiente y cosquilleante ❑ El dolor de garganta puede ir acompañado de ronquera.	• *Exposición al clima frío y ventoso* • *Un susto grave*
DOLOR DE GARGANTA CON ARDOR	❑ Dolor de garganta agudo con saliva espesa y voz ronca ❑ Posibles llagas ❑ Puede ir acompañada de urticaria ❑ Sed de bebidas frías ❑ Puede ir acompañada de mucosidad que gotea por la garganta desde la nariz, de lumbago o dolor de oídos.	• *Exposición al clima frío y húmedo* • *Enfriamiento rápido después de transpirar*
EL DOLOR SE EXTIENDE HASTA EL CUELLO Y LOS OÍDOS	❑ Mal sabor de boca ❑ Duele al tragar, y beber resulta difícil ❑ Calor y frío a intervalos debido a la fiebre ❑ Pesadez, agotamiento, debilidad y temblores con embotamiento y somnolencia ❑ La cabeza pesa y parece rodeada por una faja apretada.	• *Infección viral, sobre todo en verano*
LA PARTE DE ATRÁS DE LA GARGANTA ESTÁ ROJA Y MUY INFLAMADA	❑ Dolor ardiente y punzante ❑ La parte de atrás de la garganta está roja, brillante e inflamada ❑ Depresión e irritabilidad.	• *Alergia*

LA LARINGITIS, que provoca ronquera o pérdida de la voz, es ocasionada por una inflamación de la laringe debida a una alergia o infección. También puede ser provocada por un uso excesivo de la voz, por una tos constante para eliminar flema, por vómitos, por fumar o beber en exceso, por inhalar humor tóxicos o respirar continuamente por la boca y no por la nariz. Si la laringe es un punto débil, cualquier susto o shock emocional puede hacer que se inflame. La laringitis es un obstáculo ocupacional para maestros, cantantes, vendedores que vocean sus productos.

PRECAUCIONES

Dolores de garganta Si la inflamación va acompañada de fiebre alta, consulte a un médico en el plazo de 12 horas en el caso de un niño, y de 48 horas en el caso de un adulto.

Amigdalitis Si la infección va acompañada de fiebre alta, consulte con un médico en el plazo de 12 horas.

Laringitis Si no hay mejoría en un plazo de 7 - 10 días, o persiste la ronquera o la pérdida de la voz, consulte a un médico.

TRATAMIENTOS DE AUTOAYUDA

Dolores de garganta *Tome ajo, vitamina C y zinc (ver pp. 225- 226). Haga gárgaras con una solución de caléndula e hypericum (5 gotas de tintura madre de cada una en 300 ml de agua hervida y enfriada cada 4 horas). Beba mucho líquido.*

Amigdalitis *Descanse en la cama durante varios días y beba mucho líquido. Tome hierro, vitaminas C y del complejo B y zinc (ver pp. 225-226).*

Laringitis *No fume ni beba alcohol y evite las habitaciones calientes y con humo. Deje descansar la voz y aumente la ingestión de líquidos. Tome hierro, vitaminas C y del complejo B y zinc (ver pp. 225-226). Haga gárgaras con una solución de caléndula e hypericum (5 gotas de tintura madre de cada una en 300 ml de agua hervida y enfriada cada 4 horas=).*
Si usted es cantante y su voz es una preocupación constante, puede deberse a que esta necesita perfeccionamiento. Busque ayuda profesional de un profesor de canto. La laringitis recurrente también puede deberse a la mala postura, y la técnica de Alexander -un método especial para adaptar la postura del cuerpo- puede resultar útil.

SE SIENTE MEJOR	SE SIENTE PEOR	REMEDIO Y DOSIFICACION
• Con el aire fresco	• En habitaciones calientes • Con el humo del tabaco • Con la música • Al atardecer y a la noche	**Aconite - ver p. 82** *Tome 30c cada 2 horas hasta un máximo de 10 dosis* 
• Con el movimiento • Con lo templado	• Por la noche • Con tiempo húmedo o frío • Con el reposo	**Dulcamara - ver p. 145** *Tome 6c cada 2 horas hasta un máximo de 10 dosis* 
• Con el aire fresco • Con el ejercicio • Con los estimulantes • Con el calor local • Al inclinarse hacia adelante	• A primera hora de la mañana y última hora de la noche • Al sol, con niebla y humedad • Antes de las tormentas • Con la tensión emocional o las preocupaciones	**Gelsemium - ver p. 99** *Tome 6c cada 2 horas hasta un máximo de 10 dosis* 
• Con el aire fresco • Al aplicar compresas frías en la garganta • Al aflojar la ropa	• Al dormir • Con el tacto, la presión y el calor • En habitaciones mal ventiladas • A última hora de la tarde	**Apis - ver p. 84** *Tome 30c cada 2 horas hasta un máximo de 10 dosis* 

AMIGDALITIS

ENFERMEDAD	SINTOMAS	CAUSA E INICIO
AMIGDALITIS CON DOLOR ARDIENTE QUE SUBE HASTA LA CABEZA	❑ La garganta está muy dolorida y sensible ❑ Espasmos de dolor al moverse ❑ A menudo la amígdala derecha es la más afectada ❑ El cuello está sensible y rígido ❑ Cara enrojecida ❑ Las pupilas están dilatadas ❑ La lengua tiene un aspecto similar a una frutilla ❑ Fiebre alta.	• *Infección* • *Enfriamiento de la cabeza, por ejemplo después de lavársela.*
AMIGDALITIS CON DOLOR PUNZANTE EN GARGANTA	❑ Dolor de garganta con sensación de tener atascada una espina de pescado ❑ EL mal aliento puede acompañar la ronquera o la pérdida de la voz ❑ Puede eliminarse pus amarillo ❑ Suelen inflamarse las glándulas del cuello ❑ Puede presentarse dolor en el oído al tragar ❑ Sensibilidad al frío y temblores ❑ Sensibilidad emocional e irracionalidad.	• *Infección*
AMIGDALITIS CON MAL ALIENTO	❑ La garganta aparece dolorida, inflamada y roja ❑ La saliva produce ardor al tragar ❑ La lengua puede estar inflamada y cubierta por una capa amarilla en la que se ven las marcas de los dientes ❑ Posible tendencia a dejar escapar demasiada saliva durante el sueño ❑ Dolor al tragar.	• *Infección*

LARINGITIS

ENFERMEDAD	SINTOMAS	CAUSA E INICIO
LARINGITIS CON FIEBRE ALTA	❑ Ronquera y pérdida de la voz ❑ El inicio repentino de la laringitis provoca ansiedad, hasta el extremo de temer a la muerte ❑ Inquietud ❑ Puede ir acompañada de un inicio agudo de Crup en los niños.	• *Exposición al clima frío, seco y ventoso.* • *Shock emocional.*
LARINGITIS CON TOS SECA Y COSQUILLEANTE	❑ La garganta parece seca y dolorida ❑ Hablar resulta doloroso debido a la ronquera o a la pérdida total de la voz ❑ Sed de bebidas frías, que son vomitadas en cuanto se entibian en el estómago ❑ Intenso deseo de compañía y comprensión.	• *Cambios de temperatura*
GARGANTA SECA Y SENSIBLE CON TOS VIOLENTA	❑ La tos es ocasionada por la mucosidad que gotea por la parte posterior de la garganta y que es tan abundante que hace que resulte difícil hablar ❑ La tos puede ser tan violenta que provoque una pérdida accidental de orina ❑ A menudo acompañada con depresión y extrema sensibilidad al sufrimiento de los demás ❑ Beber agua fría puede hacer que la tos se interrumpa ❑ Aunque es inusual, la pérdida de voz que acompaña la laringitis puede ser indolora.	• *Exposición al tiempo frío, seco y ventoso.* • *Después de una pérdida o susto*
PERDIDA DE LA VOZ POR CANTAR O GRITAR EN EXCESO	❑ Picazón de laringe ❑ Voz débil y temblorosa con tendencia a quebrarse ❑ Ronquera.	• *Uso excesivo de la voz por cantar o gritar demasiado.*

SE SIENTE MEJOR	SE SIENTE PEOR	REMEDIO Y DOSIFICACION
• Al permanecer de pie • Sentado en posición erguida • Con lo templado	• Con el más leve movimiento • Con la luz o el ruido • Si se toca la garganta • Por la noche	**Belladonna - ver p. 86** *Tome 30c cada 2 horas hasta un máximo de 10 dosis.* 
• Al comer • Con lo templado • Al abrigarse el cuello	• Con el aire frío y las corrientes • Después de desvestirse por haberse enfriado • Si se toca la garganta • Al acostarse sobre la zona afectada	**Hepar sulph. - ver p. 101** *Tome 6c cada 2 horas hasta un máximo de 10 dosis* 
• Con el reposo • Al abrigarse	• Con las temperaturas extremas • Al transpirar • Por la noche • Al acostarse sobre el lado derecho	**Merc. sol. - ver pp. 62-63** *Tome 6 c cada 2 horas hasta un máximo de 10 dosis* 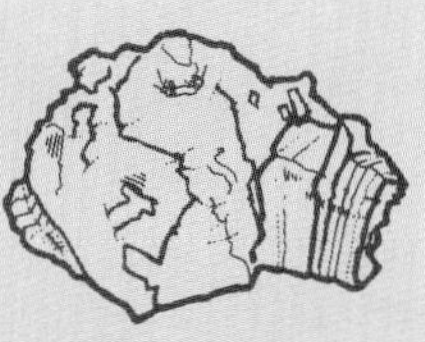
• Con el aire fresco	• En habitaciones calientes • Con el humo del tabaco • Con la música • Al atardecer y por la noche	**Aconite - ver p. 82** *Tome 30 c, 4 veces al día hasta un máximo de 7 días.* 
• Al dormir • Con el masaje • Con el aire fresco • Al beber	• Al hablar y reír • Con alimentos y bebidas calientes • Al acostarse sobre el lado izquierdo o el lado dolorido • Entre la puesta del sol y la medianoche	**Phos. - ver pp. 66-67** *Tome 6c 4 veces por día hasta un máximo de 7 días.* 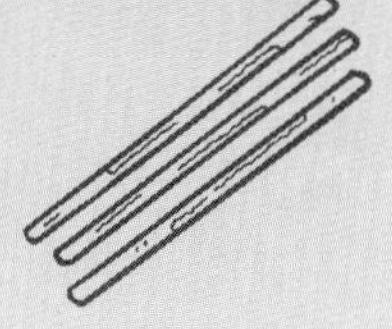
• Con el tiempo cálido y húmedo	• Con alimentos dulces • Con el café	**Causticum - ver p. 123** *Tome 6 c 4 veces por día hasta un máximo de 7 días.* 
• Con el aire fresco	• Con el tacto • Alrededor del mediodía	**Argent. nit. - ver pp. 50-51** *Tome 6 c 4 veces por día hasta un máximo de 6 días.* 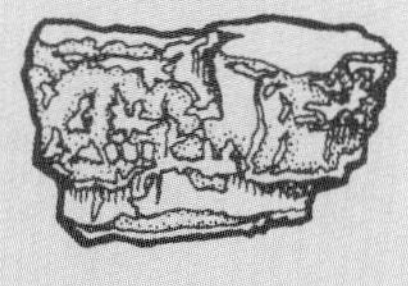

TRASTORNOS DIGESTIVOS

La digestión es un proceso complejo en el que no sólo intervienen los intestinos sino también el hígado, la vesícula y el páncreas. Los hábitos alimenticios irregulares, una dieta pobre, el estrés, la ansiedad y la vida sedentaria agravan los problemas digestivos, que son sumamente corrientes. Con el fin de ayudar al aparato digestivo a funcionar correctamente es muy importante consumir una gran variedad de alimentos frescos, no procesados, bajos en grasas y con alto contenido de fibras. Coma lentamente en un entorno sereno y relajado y haga ejercicio regularmente para ayudar a acelerar la digestión.

INDIGESTION es un término general que describe diversos síntomas como acidez, dolor de estómago, náusea y flatulencia y eructos excesivos, todos ellos provocados por la ingestión de alimentos. Los alimentos suculentos, grasos o muy condimentados, la ingestión excesiva y demasiado rápida y el hecho de tragar aire también pueden provocar indigestión. Los fumadores y las personas estreñidas o excedidas en peso son más susceptibles a la indigestión, que también es común durante el embarazo, cuando aumentan las molestias que se producen después de comer debido a que el útero se dilata y ejerce presión contra el estómago. La indigestión nerviosa es provocada por el estrés.

LAS NAUSEAS Y LOS VÓMITOS pueden deberse a una infección como la gastroenteritis, a la migraña, al estrés, al exceso de alimentos o alcohol, a una hernia, al agua o los alimentos contaminados, a los trastornos de vesícula o hígado, a cambios hormonales que acompañan el embarazo o la menstruación, o a problemas del oído interno y al vértigo correspondiente.

LA GASTROENTERITIS es una inflamación del aparato digestivo que puede desembocar en malestares repentinos y violentos. Por lo general se debe a una infección viral provocada por agua o alimentos contaminados, o por una reacción alérgica. También se produce por cambios repentinos en la dieta, por ira e indignación, o puede deberse a los efectos secundarios de algún medicamento.

LA DIARREA es un síntoma de gastroenteritis o síndrome del intestino irritable, una combinación de intermitentes dolores, semejantes a calambres, en el abdomen y hábitos intestinales irregulares. La diarrea también puede ser un síntoma de formas más graves de problemas intestinales, o el efecto secundario de ciertos medicamentos. También se asocia con la alergia alimentaria, la intolerancia alimentaria, el estrés o la ansiedad.

INDIGESTION

ENFERMEDAD	SINTOMAS	CAUSA E INICIO
INDIGESTION CON FLATULENCIA EXCESIVA	❑ La digestión parece más lenta que de costumbre e incluso la ingestión de alimentos sencillos provoca dolor ❑ Posible sensación de ardor en el estómago que se extiende a la espalda ❑ Dolor de cabeza ❑ Deseo intenso de alimentos salados, ácidos o dulces, y café ❑ Aversión a la carne y a la leche.	• *Exceso de comida* • *Ingestión de alimentos suculentos y grasos* • *Cenar demasiado tarde*
INDIGESTION CON NAUSEAS DOLOROSAS	❑ Agotamiento a causa del estrés y la falta de sueño ❑ Irritabilidad ❑ Actitud crítica hacia los demás ❑ Acidez 30 minutos después de comer, con muy mal sabor en la boca ❑ Intenso deseo de alimentos grasos, agrios o condimentados y alcohol, aunque alteren la digestión.	• *Agotamiento mental y físico ocasionado por el estrés*
INDIGESTION CON NAUSEAS Y VOMITOS	❑ La indigestión comienza 2 horas después de comer, sobre todo por la noche ❑ Sensación de presión debajo del esternón ❑ Aceleración cardíaca ❑ Mal sabor de boca ❑ Posible dolor de cabeza localizado alrededor de los ojos ❑ Depresión, llanto y actitud autocompasiva.	• *Ingestión de alimentos suculentos y grasos* • *Tensión emocional* • *Cambios hormonales asociados a la menstruación o el embarazo.*

LA HINCHAZON Y LA FLATULENCIA pueden deberse al estreñimiento, a la tensión premenstrual, al hecho de tragar aire, a la intolerancia alimentaria o a la aprensión nerviosa.

EL ESTREÑIMIENTO suele ser provocado por una dieta con poco contenido de fibra, aunque la tensión emocional, los hábitos intestinales pobres, los intestinos perezosos y la vida sedentaria también pueden contribuir.

LAS HEMORROIDES son venas inflamadas del revestimiento del ano, por lo general causadas por el estreñimiento, el embarazo, el parto, la tos persistente, el permanecer de pie durante largos períodos, el uso excesivo de laxantes o la costumbre de sentarse en superficies frías y duras durante períodos prolongados.

PRECAUCIONES

Si existe dolor abdominal grave con vómitos o sin ellos, vomita sangre o se presenta fiebre, llame a una ambulancia.

Si los vómitos o la diarrea persisten durante más de 48 horas y/o las deposiciones contienen sangre o se presenta fiebre, consulte a un médico en el plazo de 2 horas.

Si se produce una hemorragia del ano, consulte a un médico en el plazo de 12 horas. En el caso de estreñimiento persistente o de cambio prolongado en los hábitos intestinales, consulte a un médico.

TRATAMIENTOS DE AUTOAYUDA

Indigestión Relájese durante 15 minutos antes de comer y evite comer tarde por la noche. Reduzca el consumo de café, té y alcohol, y deje de fumar. Si se presenta flatulencia, evite los alimentos enumerados en la p. 229.

Náuseas y vómitos Beba líquidos en poca cantidad y con frecuencia. Evite los alimentos sólidos durante unos días. Deje de fumar.

Gastroenteritis Haga reposo y beba mucho líquido. Ingiera solamente líquido hasta que el estómago se asiente.

Diarrea Beba mucha agua hervida y enfriada, mezclada con un poco de miel, o agua en la que se ha cocinado arroz o cebada. Si últimamente ha tomado antibióticos, tome acidófilos, ácido fólico y vitaminas del complejo B (ver pp. 224-226). Evite los suplementos de vitamina D.

Hinchazón y flatulencia Para los alimentos que deben evitarse, ver p. 229.

Estreñimiento Tome magnesio y vitamina C (ver pp. 225-226) y coma muchas verduras crudas.

Hemorroides Intente la dieta de hígado (ver p. 229) y aplique ungüento de peonía, o utilice supositorios de Hamamelis (ver p. 227)

SE SIENTE MEJOR	SE SIENTE PEOR	REMEDIO Y DOSIFICACION
• Con el aire frío y fresco • Después de eructar	• Con el clima caluroso y lluvioso • Al atardecer • Al acostarse	**Carbo veg. - ver p. 90** *Tome 30 c cada 10-15 minutos hasta un máximo de 7 dosis.* 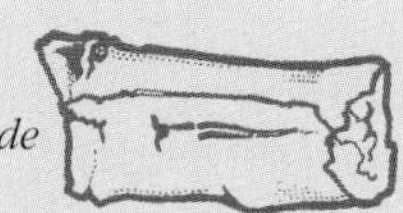
• Con el calor y el sueño • Al aplicar una presión firme sobre el estómago • Al atardecer • Cuando se queda a solas	• Con el clima frío y ventoso • Con el ruido • Con el tacto • Con los alimentos grasos, agrios o condimentados y con el alcohol.	**Nux vomica - ver pp. 74-75** *Tome 6 c cada 10-15 minutos hasta un máximo de 7 dosis.* 
• Al llorar • Al levantar las manos por encima de la cabeza • Con el ejercicio suave • Con el aire fresco • Con las bebidas frías	• En habitaciones calientes y mal ventiladas • Al atardecer • Por la noche	**Pulsatilla - ver pp. 68-69** *Tome 6 c cada 10-15 minutos hasta un máximo de 7 dosis.* 

NAUSEAS Y VOMITOS

ENFERMEDAD	SINTOMAS	CAUSA E INICIO
NAUSEA CONSTANTE	❑ La náusea es constante y no se alivia con los vómitos ❑ La náusea puede ir acompañada de dolor de cabeza, transpiración y diarrea ❑ Dolor de abdomen semejante a un apretón ❑ Saliva abundante ❑ Es posible vomitar mucosidad verde.	• *Estrés producido por las dificultades*
VOMITOS CON MUCHA SED	❑ Sed intensa de bebidas heladas, que se vomitan cuando se entibian en el estómago ❑ Dolor ardiente en la boca del estómago con náusea y vómito ❑ Ansiedad y temor asociados.	• *Tensión nerviosa* • *Trastornos hepáticos*
NAUSEA Y VOMITOS CON LLANTO	❑ Llanto, depresión y deseo de comprensión ❑ Las náuseas y los vómitos pueden ir acompañados de mucosidad que gotea por detrás de la garganta.	• *Alteración emocional* • *Cambios hormonales asociados con el embarazo o la menstruación* • *Enfermedad de la vesícula* • *Migraña*

GASTROENTERITIS

ENFERMEDAD	SINTOMAS	CAUSA E INICIO
VOMITOS Y DIARREA AL MISMO TIEMPO	❑ Sensibilidad al frío, inquietud y ansiedad ❑ Deseo de tomar sorbos pequeños y frecuentes de agua ❑ Preferencia por las bebidas frías, aunque estas suelen ser vomitadas ❑ Dolor ardiente en el abdomen con diarrea que causa heridas en el ano y dolor punzante en el recto.	• *Infección viral por ingerir agua o alimentos contaminados, sobre todo al viajar.* • *Comer demasiada fruta madura o alimentos helados* • *Beber demasiado alcohol*
GASTROENTERITIS CON DOLOR DE TIPO CALAMBRE AGUDO	❑ Dolor cólico que mejora al doblarse ❑ Posible diarrea ❑ El dolor queda aliviado al liberar la flatulencia ❑ Irritabilidad y sensibilidad extrema.	• *Infección viral* • *Ira e indignación*
GASTROENTERITIS CON DIFERENTES CLASES DE HECES.	❑ Ruido y borboteo en el estómago ❑ Sensación de presión debajo del esternón después de las comidas ❑ No hay dos deposiciones parecidas en textura o color ❑ Posibles vómitos ❑ Depresión y actitud autocompasiva	• *Infección viral* • *Demasiados alimentos suculentos y grasos* • *Estrés*

DIARREA

ENFERMEDAD	SINTOMAS	CAUSA E INICIO
DIARREA POR INTOLERANCIA A UN ALIMENTO	❑ Inseguridad con respecto a si la flatulencia o las heces serán eliminadas ❑ La punta de la lengua está roja ❑ Orinar resulta doloroso ❑ las deposiciones son de color verde amarillento y hay mucha flatulencia.	• *Intolerancia alimentaria* • *Estallido de ira* • *Enfriamiento durante el verano*

SE SIENTE MEJOR	SE SIENTE PEOR	REMEDIO Y DOSIFICACION
• Por factores no específicos	• En un auto, o cuando mira los objetos en movimiento • Con el movimiento • Al acostarse	**Ipecac. - ver p. 91** *Si es grave, tome 6c cada 15 minutos hasta un máximo de 10 dosis.* *Si es menos grave, tome 6 c cada hora hasta un máximo de 10 dosis.* 
• Al dormir • Con el masaje y la relajación • Al acostarse sobre el lado derecho	• Con el esfuerzo físico y mental • Con las comidas y las bebidas calientes • Entre la puesta del sol y la medianoche • Al sumergir las manos en agua fría	**Phos. - ver pp. 66-67** *Si es grave, tome 6c cada 15 minutos hasta un máximo de 10 dosis.* *Si es menos grave, tome 6c cada hora hasta un máximo de 10 dosis.* 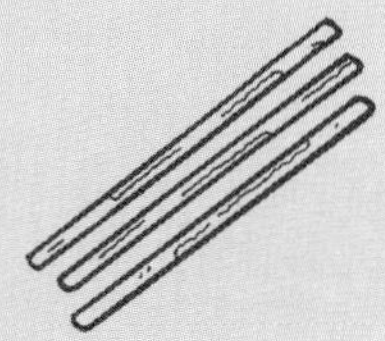
• Al llorar y recibir comprensión • Con el ejercicio suave • Con el aire fresco • Con las bebidas frías • Levantando las manos por encima de la cabeza	• Con los alimentos suculentos y grasos • En habitaciones calientes y mal ventiladas • Al sol • Al atardecer y por la noche	**Pulsatilla - ver pp. 68-69** *Si es grave, tome 6c cada 15 minutos hasta un máximo de 10 dosis.* *Si es menos grave, tome 6c cada hora hasta un máximo de 10 dosis.* 
• Con lo templado • Con las bebidas calientes	• Al ver u oler los alimentos • Entre la medianoche y las 2 de la mañana • Con las bebidas frías	**Arsen. alb. - ver pp. 52-53** *Tome 6c cada hora hasta un máximo de 10 dosis.* 
• Al tenderse de costado con las rodillas debajo de la barbilla • Con lo templado y al dormir • Con el café	• Al comer o beber • Con el clima frío y húmedo • Alrededor de las 4 de la tarde	**Colocynthis - ver p. 94** *Tome 6c cada hora hasta un máximo de 10 dosis.* 
• Al llorar y recibir comprensión • Con el aire fresco • Con las bebidas frías	• En habitaciones calurosas y mal ventiladas • Al atardecer y por la noche • Con los alimentos suculentos y grasos	**Pulsatilla - ver pp. 68-69** *Tome 6c cada hora hasta un máximo de 10 dosis.* 
• Con el frío • Con el aire fresco • Con el ayuno	• Con el tiempo caluroso • Al comer o beber • A primeras horas de la mañana	**Aloe - ver p. 115** *Tome 6c cada hora hasta un máximo de 10 dosis.* 

DIARREA *continúa*

DIARREA *continuación*

ENFERMEDAD	SINTOMAS	CAUSA E INICIO
DIARREA POR EXCITACION NERVIOSA	❑ Diarrea acompañada de flatulencia grave ❑ Las heces pueden ser verdosas ❑ Deseo intenso de alimentos salados, dulces y fríos ❑ La flatulencia no se alivia con los eructos	• *Ansiedad nerviosa o temor, por ejemplo antes de un examen o de una actuación*
DIARREA CON IRRITACION DE LA PIEL ALREDEDOR DEL ANO	❑ Necesidad urgente de eliminar las heces a primera hora de la mañana, lo que suele hacer que se levante de la cama alrededor de las 5 de la mañana ❑ Posibles hemorroides	• *Ingestión de alimentos que sientan mal al estómago, sobre todo los grasos, salados, dulces o condimentados.*

HINCHAZON Y FLATULENCIA

ENFERMEDAD	SINTOMAS	CAUSA E INICIO
HINCHAZON DESPUÉS DE COMER CANTIDADES PEQUEÑAS DE ALIMENTOS	❑ El estreñimiento hace que resulte imposible eliminar las heces sin esfuerzo ❑ Suelen sentirse molestias en el costado derecho del abdomen que no se alivian al liberar la flatulencia.	• *Aprensión nerviosa*
HINCHAZON Y FLATULENCIA ALIVIADAS CON LOS ERUCTOS	❑ Sensación de ardor en el estómago con mucha flatulencia al margen de la clase de alimentos consumidos ❑ Deseo intenso de alimentos salados, ácidos y dulces, y de café ❑ Aversión a la carne y a la leche.	• *Exceso en las comidas* • *Ingestión de alimentos suculentos y grasos* • *Comer demasiado tarde por la noche*

ESTREÑIMIENTO

ENFERMEDAD	SINTOMAS	CAUSA E INICIO
ESTREÑIMIENTO PROVOCADO POR INTESTINOS PEREZOSOS.	❑ Ausencia de deseo de mover los intestinos hasta que el recto está completamente lleno ❑ Las heces son blandas y arcillosas o cubiertas de mucosidad ❑ Sensación de que las deposiciones están bloqueadas en la parte superior del costado izquierdo del abdomen ❑ Sensación asociada de confusión y aprensión ❑ Deseo intenso de ingerir frutas, verduras y alimentos de difícil digestión ❑ Aversión a la carne y la cerveza.	• *Intestinos perezosos, a menudo debido a una dieta baja en fibras.*
ESTREÑIMIENTO CON GRAN NECESIDAD DE ELIMINAR LAS HECES	❑ A pesar de la urgente necesidad de eliminar las heces, se eliminan pocas o ninguna ❑ Sentimientos asociados de ira e irritabilidad ❑ Sensibilidad extrema al ruido, al tacto y la presión.	• *Calambres y espasmos en el ano* • *Uso crónico de laxantes* • *Vida sedentaria*

HEMORROIDES

ENFERMEDAD	SINTOMAS	CAUSA E INICIO
HEMORROIDES CON ARDOR Y DOLOR	❑ Sensación de dolor en el ano y posibilidad de que las hemorroides sangren ❑ Las hemorroides se sienten tensas y rígidas.	• *Venas inflamadas*

SE SIENTE MEJOR	SE SIENTE PEOR	REMEDIO Y DOSIFICACION
• Con el aire fresco • Con el frío	• Con lo templado • Con los alimentos dulces • Por la noche	**Argent. nit. - ver pp. 50-51** *Tome 6c cada 30 minutos hasta un máximo de 10 dosis* 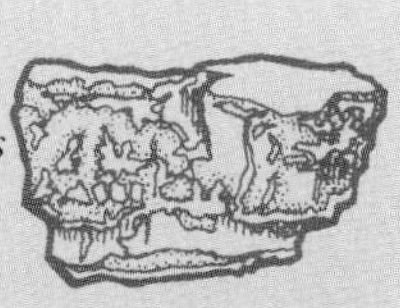
• Con el aire fresco • Al acostarse sobre el lado derecho	• Al tomar comidas poco habituales • Entre las 11 de la mañana y las 11 de la noche • Con lo templado	**Sulphur - ver pp. 76-77** *Tome 6c cada 30 minutos hasta un máximo de 10 dosis.* 
• En un entorno fresco • Con las comidas y las bebidas calientes • Después de la medianoche	• En habitaciones mal ventiladas • Con ropas ajustadas • Después de comer excesivamente • Entre las 4 y las 8 de la mañana	**Lycopodium - ver pp. 60-61** *Tome 6c cada 30 minutos hasta un máximo de 10 dosis* 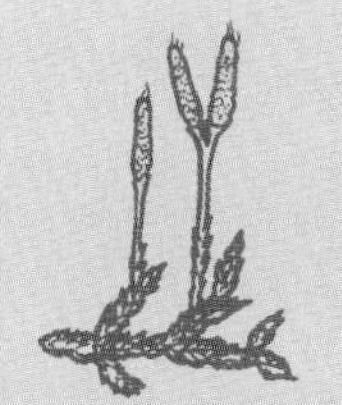
• Con el frío • Con el aire fresco • Después de eructar	• Al atardecer • Al acostarse 	**Carbo veg. - ver p. 90** *Tome 6c cada 30 minutos hasta un máximo de 10 dosis* 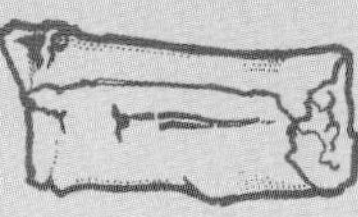 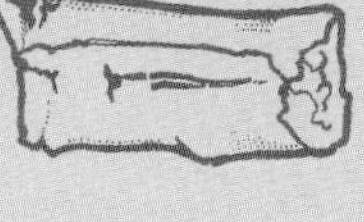
• Con lo templado • Con los alimentos y las bebidas tibios	• Con el aire frío • A primeras horas de la mañana • Con alimentos ricos en fécula, vinagre, sal, pimienta y vino	**Alumina - ver p. 115** *Tome 6c cada 2 horas hasta un máximo de 10 dosis* 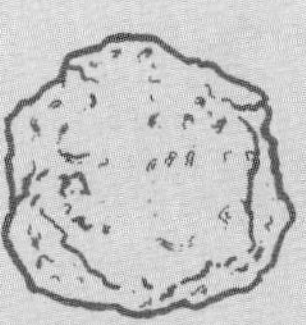
• Con el calor • Después de una siesta • Al atardecer	• A primera hora de la mañana • Con el frío • Con el café y al alcohol • Con un exceso de esfuerzo mental	**Nux vomica - ver pp. 74- 75** *Tome 6c cada 2 horas hasta un máximo de 10 dosis* 
• Por factores no específicos	• Con lo templado • Con el tiempo caluroso y húmedo • Con la presión y el movimiento	**Hamamelis - ver p. 100** *Tome 6c 4 veces al día hasta un máximo de 5 días*

PIEL Y CABELLO

Los homeópatas ven los problemas cutáneos como un reflejo de la salud general más que como un trastorno meramente local. Cualquier alteración del organismo en general, ya sea debida al estrés o a la mala alimentación, puede manifestase como un problema cutáneo. Entre otras causas se incluyen la alergia o la infección. La falta de ejercicio, el estreñimiento, el azúcar o los hidratos de carbono refinados, las especias, la cafeína, el alcohol y los cosméticos son los principales factores agravantes.

LA ECZEMA es una inflamación de la piel que produce picazón y enrojecimiento. Si se rasca, la piel puede ampollarse y sangrar. La eczema puede deberse a una subyacente tendencia alérgica a plantas, metales, detergentes e irritantes químicos. También puede ser hereditaria. La tensión emocional, la menstruación o una mala alimentación, pueden agravar cualquiera de estas causas.

EL ACNE es un trastorno cutáneo común entre los adolescentes. Es provocado principalmente por los niveles elevados de hormonas asociados con la pubertad. Estas aumentan la producción de sebo (una secreción grasa elaborada por la piel) que desemboca en la obstrucción de los poros. Los poros pueden inflamarse e infectarse, provocando la formación de granos (que no deben rascarse ni apretarse).

LA URTICARIA es una erupción con fragmentos de piel roja y levantada que suelen producir mucha picazón, a menudo con zonas más pálidas en el centro. Suele deberse a una alergia, por ejemplo a determinadas plantas, alimentos, medicamentos o picaduras de insectos. También pueden ser causadas por la tensión emocional extrema, sobre todo después de la muerte de un ser querido. En algunas personas de piel muy sensible, la urticaria puede deberse a temperaturas extremas o a un ligero roce.

LOS FORUNCULOS son producidos por folículos pilosos infectados que dan como resultado zonas inflamadas y llenas de pus en la piel. La enfermedad, la fatiga o el agotamiento pueden desembocar en forúnculos, ya que son factores que debilitan el sistema inmunológico del organismo.

ECZEMA

ENFERMEDAD	SINTOMAS	CAUSA E INICIO
ECZEMA HUMEDO CON DESCARGA SIMILAR A LA MIEL	❑ Piel áspera, seca o agrietada ❑ Las palmas de las manos y la parte de atrás de las orejas quedan especialmente afectadas ❑ Es posible tener la sensación de que la cara está envuelta en una telaraña ❑ Tendencia a que la piel eczematosa se vuelva séptica.	• *Alergia* • *Tendencia heredada*
ECZEMA SECO	❑ La piel está seca, áspera, roja, y pica ❑ La eczema puede ir acompañada de diarrea y tendencia a comer alimentos grasos, salados, dulces o condimentados, y a beber demasiado alcohol.	• *Alergia* • *Tendencia heredada*
ECZEMA HUMEDO CON PIEL QUE SE AGRIETA FACILMENTE	❑ La piel está muy sensible, áspera y agrietada ❑ El más leve rasguño puede hacer que la piel quede llena de pus, con grietas y sangre ❑ Las costras pueden ser verdosas, con ardor y picazón.	• *Alergia* • *Estrés crónico* • *Consecuencias de un susto o shock*

ACNE

ENFERMEDAD	SINTOMAS	CAUSA E INICIO
ESPINILLAS CON PICAZON EN LA CARA, EN EL PECHO Y EN LOS HOMBROS	❑ Espinillas ❑ Pústulas con el centro aplastado ❑ El acné puede estar asociado a excesivas necesidades sexuales.	• *Cambios hormonales, a veces asociados con la pubertad*

Las verrugas son provocadas por una infección viral de la piel pero pueden ser consecuencia del estrés. Para evitar que el virus se expanda, el organismo lo amuralla , lo que da como resultado esas excrecencias tan corrientes.

La caída del cabello y el encanecimiento son comunes en hombres y mujeres a medida que envejecen. La caída del cabello también puede estar provocada por fiebre, parto, shock, estrés o por una falta de vitamina A y selenio. La calvicie es hereditaria y se presenta sobre todo en hombres.

PRECAUCIONES

Urticaria Si la garganta se hincha repentina y agudamente, llame una ambulancia. Tome *Apis*: 30c por minuto hasta que llegue ayuda.

Forúnculos Si los forúnculos se repiten, se producen con fiebre o no se curan una semana después de su inicio, o si el enrojecimiento se extiende y hay dolor agudo, llame a un médico.

Verrugas Si las verrugas cambian de tamaño y de color, o si pican o sangran, consulte como un médico.

Caída del cabello Se produce una caída del cabello repentina y sin motivo, consulte a un médico.

TRATAMIENTOS DE AUTOAYUDA

Eczema *Evite los irritantes conocidos, seque la piel completamente después de lavarla y aplique crema de caléndula sobre las zonas afectadas. Friccione las zonas no afectadas con aceite de prímula (ver p. 225). Tome vitaminas C y del complejo B y zinc (ver p. 226) Siga la dieta del hígado durante un mes (ver p. 229).*

Acné *Tome vitaminas A, del complejo B y C, y zinc (ver p. 226) Evite el yodo (que se encuentra en las mezclas para la tos, en las algas y la sal). Siga la dieta del hígado (ver p. 229).*

Urticaria *Coloque una bolsa de hielo sobre las zonas afectadas, o tome una ducha fría. Aplique ungüento para urticaria (ver p. 227).*

Forúnculos *Bañe la zona afectada con una solución de caléndula e hypericum (ver p. 227). Evite manipular alimentos.*

Verrugas *Para ayudar a eliminar las verrugas, utilice tintura de Thuja (ver p. 227).*

Caída del cabello *Evite los tratamientos capilares violentos. Tome hierro, vitaminas C y del complejo B, y zinc (ver pp. 225-226). Asegúrese de que la ingestión de vitamina A y selenio no sea excesiva ni deficiente (ver p. 225).*

SE SIENTE MEJOR	SE SIENTE PEOR	REMEDIO Y DOSIFICACION
• Al dormir	• Con los alimentos fríos o dulces, o con los mariscos • Durante la menstruación	**Graphites - ver pp. 56-57** *Tome 6c, 4 veces por día hasta un máximo de 14 días.*
• Con el aire fresco	• Al permanecer mucho tiempo de pie • Al lavarse • Con el calor excesivo • A primeras horas de la mañana	**Sulphur - ver pp. 76-77** *Tome 6c, 4 veces por día hasta un máximo de 14 días.*
• Con el aire tibio • Con el tiempo seco	• Con el clima húmedo y lluvioso • En el invierno	**Petroleum - ver p. 139** *Tome 6c, 4 veces por día hasta un máximo de 14 días.*
• Con el esfuerzo físico y mental	• Durante la menstruación	**Kali brom. - ver p. 131** *Tome 6c, 4 veces por día hasta un máximo de 14 días.*

ACNE *continúa*

ACNE *continuación*

ENFERMEDAD	SINTOMAS	CAUSA E INICIO
GRANOS GRANDES, DOLOROSOS Y LLENOS DE PUS	❑ Los granos resultan sumamente dolorosos al tocarlos ❑ Las espinillas son peores en la frente.	• *Cambios hormonales asociados con la pubertad*
GRANOS ASOCIADOS CON UN DESEQUILIBRIO HORMONAL	❑ Los granos son peores en la pubertad y cuando comienza la menstruación, sobre todo en niñas que sufren exceso de peso.	• *Pubertad* • *Cambios hormonales, a menudo asociados con menstruación tardía o escasa*

URTICARIA

ENFERMEDAD	SINTOMAS	CAUSA E INICIO
HINCHAZON, SOBRE TODO EN LOS LABIOS Y LOS PÁRPADOS	❑ La piel está roja, hinchada y arde ❑ Posible depresión, irritabilidad, actitud suspicaz y sensibilidad extrema ❑ En algunos casos la garganta puede estar inflamada (ver *Precauciones*).	• *Alergia* • *Inicio repentino*
URTICARIA CON PUSTULAS QUE PRODUCEN MUCHA PICAZON	❑ Sensación de ardor, como si se tratara de una quemadura, sobre todo en manos y dedos ❑ Pústulas que pican, rojas o pálidas, ligeramente levantadas.	• *Roce con ortigas u otras plantas irritantes* • *Alergia alimentaria* • *Asociada con el reumatismo*

FORUNCULOS

ENFERMEDAD	SINTOMAS	CAUSA E INICIO
PRIMERAS ETAPAS, CUANDO EL FORUNCULO SE ESTA FORMANDO	❑ La piel afectada está redondeada y dura ❑ La hinchazón es dolorosa, seca, ardiente, palpitante y roja.	• *Infección* • *Inicio repentino*
ETAPAS FINALES, CUANDO SE HA FORMADO PUS	❑ El forúnculo es sensible al más leve roce, como si estuviera a punto de estallar.	• *Infección*

VERRUGAS

ENFERMEDAD	SINTOMAS	CAUSA E INICIO
VERRUGAS BLANDAS, CARNOSAS Y CON FORMA DE COLIFLOR	❑ Verrugas que supuran y sangran fácilmente, se encuentran en cualquier parte del cuerpo pero sobre todo en la nuca.	• *Infección viral* • *Algunas inmunizaciones*

CAIDA DEL CABELLO

ENFERMEDAD	SINTOMAS	CAUSA E INICIO
CALVICIE O ENCANECIMIENTO PREMATUROS	❑ Abundante caída del cabello ❑ Encanecimiento en la juventud.	• *Parto* • *Envejecimiento prematuro*

SE SIENTE MEJOR	SE SIENTE PEOR	REMEDIO Y DOSIFICACION
• Con lo templado • Al aplicar compresas tibias en la cara	• Con el frío • En las corrientes • Por la mañana	**Hepar sulph. - ver p. 101** *Tome 6c, 3 veces por día hasta un máximo de 14 días.*
• Con la comprensión y el llanto • Con el ejercicio suave • Con el aire fresco • Con compresas frías	• En habitaciones calientes y mal ventiladas • Con los alimentos suculentos y grasos • Al atardecer y por la noche	**Pulsatilla - ver pp. 68-69** *Tome 6c, 3 veces al día hasta un máximo de 14 días.*
• Con el aire fresco • Al desvestirse • Después de un baño frío	• Con el calor y el tacto • A última hora de la tarde • Al dormir • En habitaciones mal ventiladas	**Apis - ver p. 84** *Tome 30c cada hora hasta un máximo de 10 dosis.*
• Al acostarse	• Con el tacto • Con el aire frío y húmedo, el agua y la nieve • Al rascarse	**Urtica - ver p. 111** *Tome 6c cada hora hasta un máximo de 10 dosis.*
• Al aplicar una presión sobre la zona afectada • Por la noche • Con lo templado	• Al aplicar compresas frías sobre la zona afectada	**Belladonna - ver p. 86** *Tome 30c cada hora hasta un máximo de 10 dosis.*
• Con lo templado • Al aplicar compresas tibias sobre la zona afectada	• Con el aire frío y las corrientes	**Hepar sulph. - ver p. 101** *Tome 6c cada hora hasta un máximo de 10 dosis.*
• Por factores no especificados	• Con factores no especificados	**Thuja - ver p. 110** *Tome 6c cada 12 horas hasta un máximo de tres semanas.*
• Con las comidas y las bebidas calientes • En un entorno fresco	• En habitaciones mal ventiladas • Entre las 4 y las 8 de la tarde	**Lycopodium - ver pp. 60-61** *Tome 6c cada 12 horas hasta un máximo de 1 mes.*

PROBLEMAS EMOCIONALES

La homeopatía tiene mucho que ofrecer en relación al tratamiento de los problemas emocionales. Esto se debe a que los considera sólo como parte del cuadro global, que también incluye el aspecto espiritual, mental y físico de la persona. Los homeópatas diagnostican lo que le ocurre al individuo en todos los niveles.

LA ANSIEDAD, o inquietud, es un trastorno muy común y es consecuencia del estrés, el exceso de trabajo, el temor o la inseguridad. En algunas personas se manifiesta físicamente, por ejemplo en un ritmo cardíaco acelerado, piel fría y húmeda y alteraciones del apetito. La ansiedad grave puede provocar dolores en el pecho que se parecen al ataque cardíaco.

EL DUELO atraviesa cuatro etapas: parálisis e incredulidad, negación de la muerte de la persona, ira o sentimiento de culpabilidad porque no se hizo lo suficiente por esa persona y, finalmente, depresión que desaparece poco a poco. El proceso del duelo lleva algunos años y puede intensificarse al llegar el aniversario de la muerte del ser querido.

EL TEMOR, algo que padecen muchas personas, por lo general se puede dominar. Sin embargo, algunos temores, como los provocados por un shock, el exceso de trabajo o un susto, son más difíciles de superar.

LA IRRITABILIDAD Y LA IRA son una respuesta natural a acontecimientos que parecen amenazadores o atemorizantes, y pueden ir acompañadas de síntomas como pulso acelerado, nerviosismo de estómago y tensión muscular. El exceso de comida y alcohol, el exceso de trabajo y el agotamiento también pueden provocar irritabilidad e ira.

EL SHOCK es la reacción a un acontecimiento atemorizante o preocupante, o puede producirse después de una lesión grave. El ritmo de la respiración aumenta y se experimenta una sensación de agitación en el estómago.

LA DEPRESION incluye una amplia variedad de sentimientos, desde la tristeza hasta la desesperación absoluta. Cuando existe una causa específica, como un problema hormonal (por ejemplo, depresión posparto),

ANSIEDAD

ENFERMEDAD	SINTOMAS	CAUSA E INICIO
ANSIEDAD CON FALTA DE CONFIANZA	❏ Aprensión a actuar en público ❏ Incapacidad de dormir por la noche con constante análisis de lo que sucedió durante el día ❏ Apetito alterado ❏ El deseo de alimentos dulces puede acompañar al insomnio.	• *Acontecimiento o actuación venideros* • *Es más probable en personas muy ambiciosas que tienen modelos elevados*
ANSIEDAD CON INQUIETUD	❏ Sensibilidad al frío ❏ Cansancio ❏ El apetito queda alterado ❏ Tendencia a sentirse fastidioso y meticulosamente ordenado ❏ Piel fría y húmeda ❏ Pulso acelerado.	• *Profunda inseguridad*
ANSIEDAD ALIVIADA POR PALABRAS TRANQUILIZADORAS	❏ Nerviosismo ❏ Susceptibilidad a las ideas y los sentimientos de los demás, pero deseo de estar en un primer plano ❏ Temor a muchas cosas, como la oscuridad, las tormentas, estar solo o morir.	• *Exceso de trabajo*
ANSIEDAD CON TEMOR A LA DEMENCIA	❏ Falta de memoria, depresión o temor a hacer el ridículo ❏ Obsesión inicial con el trabajo, seguida por una sensación de derrota y fracaso total ❏ Mala disposición a responder preguntas ❏ Tendencia a aburrir a los demás con la descripción repetida de enfermedades.	• *Exceso de trabajo*

o después de una infección viral, suele desaparecer con el tiempo. A veces no hay causa específica.

El insomnio es sumamente común y se debe a que no es posible recuperar horas de sueño atrasado, lo que puede provocar agotamiento grave con pautas de sueño alteradas, dificultad para irse a dormir y el despertarse con frecuencia. También es provocado por exceso de cafeína, alergia alimentaria, alcohol, estrés, ansiedad, depresión o el dormir en una habitación mal ventilada.

PRECAUCIONES

Ansiedad Si se presenta dolor en el pecho, llame a una ambulancia.
Shock Si sigue a una lesión y va acompañado de náuseas y vómitos, desmayo u ofuscación de la conciencia, llame a una ambulancia.

Depresión Si persiste, consulte a un médico.

Insomnio Si no mejora en el plazo de 3 semanas, consulte a un médico.

TRATAMIENTOS DE AUTOAYUDA

Ansiedad *Evite las situaciones que provocan ansiedad y aplique técnicas de relajación. Tome calcio, magnesio y vitaminas C y del complejo B (ver pp. 224-226). Evite el té, el café y las bebidas con cola.*

Irritabilidad e ira *Haga más ejercicio. Tome bioflavonoides, calcio, magnesio y vitaminas C y del complejo B (ver pp. 224-226).*

Depresión *Evite el exceso de cobre, vitamina D, zinc, té y café (ver pp. 224-226). No utilice anticonceptivos orales. Aumente la ingestión de bioflavonoides, biotina, calcio, ácido fólico, magnesio, potasio y vitaminas C y del complejo B (ver pp. 224.226)*

Insomnio *Haga más ejercicio y evite comer tarde por la noche. Deje de trabajar una hora antes de acostarse, tome una infusión de hierbas o beba leche caliente, disfrute de un baño caliente y lea algo ligero. El acto sexual tiene un efecto relajante. Tome biotina, ácido fólico, vitaminas B_1 y C, y zinc (ver pp. 224-226). Si toma suplementos, reduzca la ingestión de vitamina A.*

SE SIENTE MEJOR	SE SIENTE PEOR	REMEDIO Y DOSIFICACION
• En un entorno frío • Con los alimentos y las bebidas calientes • Después de la medianoche • Con el movimiento	• En habitaciones mal ventiladas • Después de comer excesivamente • Entre las 4 y las 8 de la tarde	**Lycopodium - ver pp. 60-61** *Tome 6c cada 2 horas hasta un máximo de 10 dosis.* 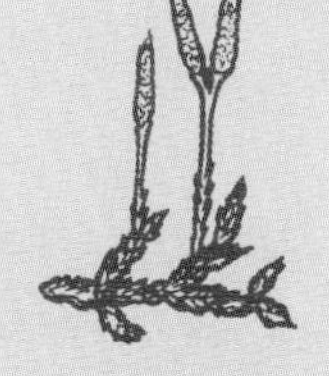
• Con lo templado • Con las bebidas calientes • Al acostarse con la cabeza en alto	• Con el clima frío, seco y ventoso • Entre la medianoche y las 2 de la mañana • Con los alimentos y las bebidas frías	**Arsen. alb. - ver pp. 52-53** *Tome 6c cada 2 horas hasta un máximo de 10 dosis.* 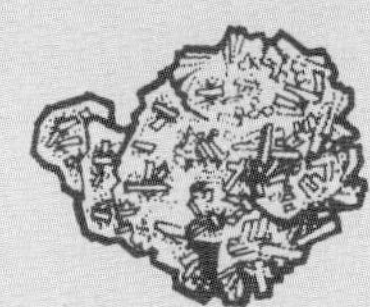
• Al dormir • Con el masaje • Con el aire fresco • Con las palabras tranquilizadoras	• Con el ejercicio • Con el esfuerzo mental • Con los alimentos y las bebidas calientes • Antes de las tormentas	**Phos. - ver pp. 66-67** *Tome 6c cada 2 horas hasta un máximo de 10 dosis.* 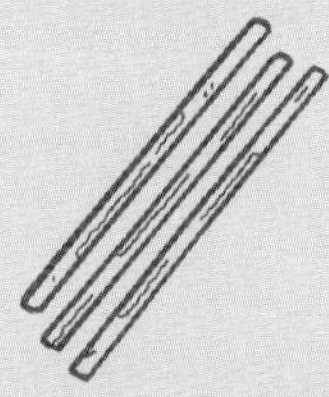
• Por la mañana • Cuando está ligeramente estreñido	• En las corrientes de aire • En un entorno fresco • Con el ejercicio • Entre las 2 y las 3 de la mañana.	**Calc. carb. - ver pp. 54-55** *Tome 6c cada 2 horas hasta un máximo de 10 dosis.* 

Duelo

ENFERMEDAD	SINTOMAS	CAUSA E INICIO
SHOCK POSTERIOR AL DUELO	❑ Deseo de quedarse a solas ❑ Pedir a los demás que se vayan ❑ Le disgusta que lo toquen ❑ Les dice a los demás que se encuentra bien.	• *Muerte súbita de un ser querido*
DUELO CON INQUIETUD	❑ Inquietud y sensación de tener mucha prisa ❑ Dar vueltas en la cama ❑ Miedo a morir, hasta el extremo de predecir la hora de la muerte.	• *Inicio repentino de la pena*
DUELO CON PENA CONTENIDA	❑ Risas, suspiros y llanto inapropiados, o incluso histeria con rápidos cambios de humor debido a una incapacidad de expresar emociones ❑ Actitud de autocompasión ❑ Se culpa de que las cosas salgan mal.	• *Inicio lento de la pena*

Temor

ENFERMEDAD	SINTOMAS	CAUSA E INICIO
MARCADO TEMOR A LA MUERTE	❑ Temor muy marcado a morir, hasta el extremo de predecir la hora de la muerte ❑ Temor a los espacios abiertos ❑ Inquietud ❑ Sensación de tener prisa ❑ Dar vueltas en la cama.	• *Shock* • *Inicio repentino*
TEMOR CON CONDUCTA IMPULSIVA	❑ Superstición y angustia de que algo horrible ocurrirá en cualquier momento ❑ Temor a las multitudes, las alturas y a llegar tarde ❑ Temores irracionales ❑ Se asusta al mirar un edificio alto y piensa que se caerá y lo aplastará.	• *Temor al fracaso*

Irritabilidad e ira

ENFERMEDAD	SINTOMAS	CAUSA E INICIO
IRRITABILIDAD CON ACTITUD EXCESIVAMENTE CRÍTICA	❑ El incidente más leve le provoca angustia instantánea que pasa rápidamente pero no antes de producir un efecto devastador ❑ Constantemente descubre errores en los demás ❑ Muy impaciente, la convivencia se vuelve difícil.	• *Exceso de trabajo* • *Demasiada comida y alcohol* • *Cansancio y agotamiento*
IRA CON INSEGURIDAD	❑ Falta de seguridad en sí mismo y profundos sentimientos de cobardía, que tal vez conducen a estallidos de ira a intervalos poco frecuentes ❑ Si es posible, conducta violenta.	• *Miedo a acontecimientos futuros*

Shock

ENFERMEDAD	SINTOMAS	CAUSA E INICIO
SHOCK CON PARÁLISIS FÍSICA Y EMOCIONAL	❑ Miedo a salir ❑ Inquietud y sensación de tener mucha prisa ❑ Da vueltas en la cama ❑ Miedo a morir, hasta el extremo de predecir el momento de la muerte.	• *Inicio repentino*

SE SIENTE MEJOR	SE SIENTE PEOR	REMEDIO Y DOSIFICACION
• Con el movimiento • Al acostarse con la cabeza más baja que los pies	• Con el calor • Con la presión ligera	**Arnica - ver p. 85** Tome 30c cada hora hasta un máximo de 10 dosis y luego 4 veces por día hasta un máximo de 14 días. 
• Con el aire fresco	• En habitaciones tibias • Con el humo del tabaco • Con la música • Al atardecer y por la noche	**Aconite - ver p. 82** *Tome 30c cada hora hasta un máximo de 10 dosis.* 
• Al comer • Después de orinar • Al caminar • Con el calor	• Con el aire fresco • En un entorno fresco • Si se abriga • Con el café y el tabaco	**Ignatia - ver pp. 58-59** *Tome 6c cada 2 horas hasta un máximo de 10 dosis y luego 3 veces por día hasta un máximo de 14 días.* 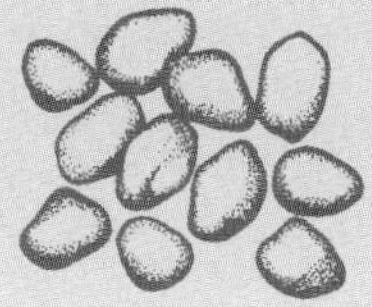
• Con el aire fresco	• En habitaciones calientes • Con el humo del tabaco • Con la música • Al atardecer y por la noche	**Aconite - ver p. 82** *Tome 30c cada 30 minutos hasta un máximo de 10 dosis.* 
• Con el aire fresco • En un entorno fresco	• Con lo templado • Con los alimentos dulces • Por la noche • Durante la menstruación	**Argent. nit. - ver pp. 50-51** *Tome 6c cada 30 minutos hasta un máximo de 10 dosis y luego 4 veces por día hasta un máximo de 14 días.* 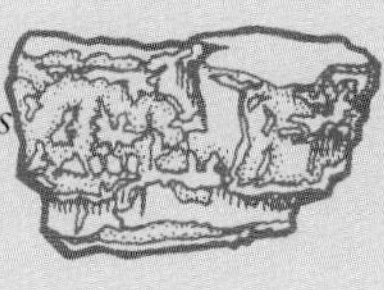
• Con lo templado • Al dormir • Con la presión firme • Al atardecer	• Con el frío • Con el ruido • Con los alimentos condimentados y los estimulantes • Entre las 3 y las 4 de la mañana	**Nux vomica - ver pp. 74-75** *Tome 6c cada 30 minutos hasta un máximo de 10 dosis.* 
• Con la comprensión • En un entorno fresco • Con los alimentos y las bebidas calientes • Después de la medianoche	• En habitaciones mal ventiladas • Con ropa ajustada • Con el exceso de comida • Entre las 4 y las 8 de la tarde	**Lycopodium - ver pp. 60-61** *Tome 6c cada 30 minutos hasta un máximo de 10 dosis* 
• Con el aire fresco	• En habitaciones tibias • Con el humo del tabaco • Con la música • Al atardecer y por la noche	**Aconite - ver p. 82** *Tome 30c cada 30 minutos hasta un máximo de 10 dosis.*  **SHOCK** *continúa*

SHOCK *continuación*

ENFERMEDAD	SINTOMAS	CAUSA E INICIO
SHOCK DESPUES DE UN SUSTO	❏ Gran aprensión antes de conocer gente nueva, de ir a lugares nuevos o hacer cosas nuevas ❏ Los exámenes y las situaciones nuevas se consideran sufrimientos espantosos ❏ Debilidad mental y física con sensación de pesadez en las extremidades inferiores ❏ Dificultad al intentar conseguir que los músculos respondan.	• *Shock emocional* • *Miedo físico*

DEPRESION

ENFERMEDAD	SINTOMAS	CAUSA E INICIO
DEPRESION CON HUMOR FRENETICAMENTE VARIABLE	❏ La conducta es inapropiada, por ejemplo llanto repentino o risa sin motivo ❏ Se culpa de que las cosas salgan mal ❏ Tendencia a reprimir las emociones ❏ Histeria y sensibilidad al ruido, sobre todo cuando estudia.	• *Pena*
DEPRESION CON MUCHO LLANTO	❏ Actitud autocompasiva ❏ Deseo de consuelo y palabras tranquilizadoras ❏ El más leve trastorno le provoca lágrimas ❏ Gran compasión por personas o animales que sufren ❏ Falta de autoestima y fuerza de voluntad.	• *Cambios hormonales*

INSOMNIO

ENFERMEDAD	SINTOMAS	CAUSA E INICIO
INSOMNIO CON INCAPACIDAD DE RELAJARSE	❏ Mente excesivamente activa ❏ Finalmente le resulta posible dormir, pero después de mucha angustia y de dar muchas vueltas en la cama.	• *Emociones repentinas como resultado de recibir noticias buenas o malas*
INSOMNIO CON IRRITABILIDAD	❏ Le resulta fácil quedarse dormido pero tiene tendencia a despertarse entre las 3 y las 4 de la mañana y quedarse despierto durante algunas horas y dormirse cuando es hora de levantarse ❏ La pauta de sueño puede asociarse a las pesadillas ❏ Irritabilidad ❏ Lamentable visión de la vida ❏ Sumamente crítico con los demás.	• *Sobreexcitación* • *Agotamiento y estrés*
INSOMNIO CON INTENSO TEMOR	❏ Nerviosismo e inquietud ❏ Intenso miedo a morir, hasta el extremo de predecir la hora de la muerte ❏ Pesadillas y muchas vueltas en la cama mientras está dormido.	• *Shock o susto* • *Exposición al tiempo seco, frío y ventoso*
INSOMNIO CON MIEDO A NO VOLVER A DORMIR JAMAS	❏ Bosteza constantemente pero no logra dormir y llega a temer que llegue la hora de acostarse ❏ Puede experimentar rápidos cambios de humor, pasando de la risa al llanto y a la conducta histérica ❏ Posibles pesadillas.	• *Tensión emocional* • *Pena*

SE SIENTE MEJOR	SE SIENTE PEOR	REMEDIO Y DOSIFICACION
• Después de orinar • Después de transpirar • Con el alcohol	• Con la excitación • Con las malas noticias • Con el calor	**Gelsemium - ver p. 99** *Tome 30c cada 30 minutos hasta un máximo de 10 dosis.* 
• Al comer • Al caminar • Con el calor	• Con el frío • Si se abriga • Con el café y los estimulantes • Con los olores fuertes	**Ignatia - ver pp. 58-59** *Tome 6c, 3 veces por día hasta un máximo de 14 días.* 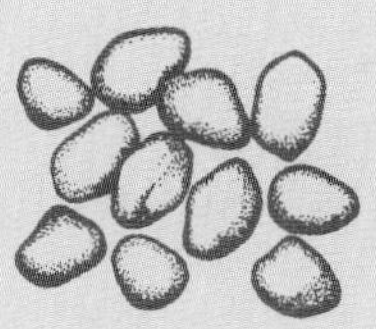
• Al llorar • Con el ejercicio suave • Con el aire fresco • Con las bebidas frías	• Con el calor • En habitaciones mal ventiladas • Con los alimentos suculentos y grasos • En el crepúsculo	**Pulsatilla - ver pp. 68-69** *Tome 6c, 3 veces por día hasta un máximo de 14 días.* 
• Con lo templado • Al acostarse • Al chupar hielo	• Con las pastillas para dormir • Con los olores fuertes • Con el ruido • Con el aire fresco y el frío	**Coffea - ver p. 125** *Tome 30c 1 hora antes de acostarse, durante 10 noches. Repita la dosis si se despierta y no puede volver a dormir.* 
• Con lo templado • Al dormir • Al atardecer • Cuando se queda a solas	• Después de comer en exceso, sobre todo alimentos condimentados • Con demasiado alcohol • Con el tiempo frío y ventoso • Con el ruido	**Nux vomica - ver pp.74-75** *Tome 30c 1 hora antes de acostarse, durante 10 noches. repita la dosis si se despierta y no puede volver a dormir.* 
• Con el aire fresco	• En habitaciones tibias • Con el humo del tabaco • Con la música • Al atardecer	**Aconite - ver p. 82** *Tome 30c 1 hora antes de acostarse, durante 10 noches. Repita la dosis si se despierta y no puede volver a dormir.* 
• Al comer • Después de orinar • Al caminar	• Con el aire fresco • Con el frío • Si se abriga • Con el café y el alcohol	**Ignatia - ver pp. 58-59** *Tome 30c 1 hora antes de acostarse, durante 10 noches. Repita la dosis si se despierta y no puede volver a dormir.* 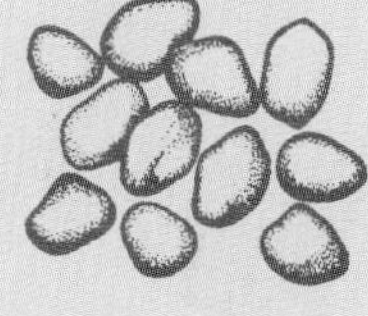

FATIGA

El cansancio común se alivia con el descanso y algunas horas más de sueño. En contraste, el síndrome de fatiga crónica es un trastorno de larga duración y sólo se diagnostica después de meses de fatiga continua y enfermedad.

EL CANSANCIO suele deberse a la falta de sueño, al estrés físico y emocional, al exceso de trabajo, y es común en la etapa premenstrual y al principio del embarazo y la menopausia. Puede estar relacionado con la anemia, que normalmente se debe a una deficiencia de hierro, pero también puede deberse a una deficiencia de otras vitaminas y minerales, sobre todo de vitamina B_{12}. El cansancio puede ser un efecto secundario de drogas, alcohol, cafeína, nicotina y un exceso de vitamina A. También puede seguir a la enfermedad, a una lesión física o a una operación.

EL SINDROME DE FATIGA CRONICA, también conocido como síndrome de fatiga post-viral o EM (encefalomielitis miálgica), no tiene causa conocida aunque hay muchas teorías que explicar su existencia. Se cree que las causas posibles de la EM son una infección viral persistente, el estrés y el agotamiento nervioso. Se diagnostica si la fatiga es el síntoma principal, si se experimenta la mitad del tiempo y ha estado presente durante más de seis meses. La fatiga tiene un comienzo definido y deja a la persona

CANSANCIO

ENFERMEDAD	SINTOMAS	CAUSA E INICIO
FATIGA CON GRAN ANSIEDAD	❑ Ganglios de la ingle y del cuello inflamados ❑ Dolor en las articulaciones ❑ Dolor ardiente dentro de la cabeza ❑ Calambres abdominales y estómago hinchado ❑ Aftas ❑ Incapacidad de dormir ❑ Debilidad con el más leve esfuerzo físico ❑ Ataques de pánico debido a la mala memoria ❑ Sensación de no ser capaz de funcionar y miedo de que los demás lo noten ❑ Miedo a la demencia.	• *Exceso de trabajo*
FATIGA CON INQUIETUD	❑ Constante sensación de frío con dolor de articulaciones y músculos ❑ Dolor y quemazón en todo el cuerpo debido al agarrotamiento ❑ Dedos de las manos y los pies dormidos ❑ Debilidad y mareo ante el más leve esfuerzo ❑ Desfallecimiento por la mañana ❑ Tendencia a las migrañas, intestinos flojos, vista cansada y borrosa ❑ Ataques de ansiedad y pánico con mala memoria, insomnio y falta de respiración.	• *Estrés por las preocupaciones*
FATIGA CON IRRITABILIDAD	❑ Intensa sensibilidad al frío ❑ Dolor en todo el cuerpo, sobre todo en las articulaciones ❑ Músculos tensos ❑ Indigestión, sobre todo 30 minutos después de comer, con flatulencia y estreñimiento ❑ Se despierta con frecuencia a primeras horas de la mañana y le resulta difícil volver a dormir ❑ Desfallecimiento al despertarse ❑ Dificultad para concentrarse ❑ Crítico con los demás.	• *Falta de sueño* • *Estrés* • *Exceso de trabajo*

SINDROME DE FATIGA CRONICA

ENFERMEDAD	SINTOMAS	CAUSA E INICIO
FATIGA CON TEMBLOR	❑ Ansiedad, irritabilidad y sensación de que es incapaz de enfrentarse a las cosas ❑ Temor a perder el control y gritar ❑ Anticipación nerviosa ❑ Fatiga muscular severa tras un esfuerzo ❑ Tez pálida que se enrojece debido al estrés o la excitación ❑ Sensibilidad al tacto.	• *Estrés* • *Agotamiento nervioso por exceso de trabajo*

gravemente imposibilitada en el plano físico y mental, y tiene otros síntomas como dolor muscular, fluctuación del peso, trastornos del sueño y variación de la temperatura. Los ataques agudos recurrentes que parecen infecciones virales son característicos, y entre uno y otro rara vez se recupera totalmente la salud. Antes de aceptar un diagnóstico de síndrome de fatiga crónica hágase un chequeo para descartar cualquier otra causa.

TRATAMIENTOS DE AUTOAYUDA

Cansancio *Duerma más horas por la noche y, si es posible, duerma una siesta. Si la fatiga se debe al exceso de trabajo y el estrés, tómese algún tiempo libre. Evite la cafeína. Tome más hierro, un suplemento de multivitaminas y minerales y vitamina* B_{12} *(**ver pp. 225-226**).*

Síndrome de fatiga crónica *En las primeras etapas de la enfermedad asegúrese de hacer reposo en la cama con frecuencia para mejorar las reservas de energías. Poco a poco aumente el nivel de ejercicio, pero mantenga algo de energía en reserva. Evite la caída del nivel de azúcar en la sangre comiendo regularmente cantidades pequeñas. Tome betacaroteno, cobre, aceites marinos ecológicos, aceite de prímula, hierro, magnesio, selenio, vitaminas* B_5*, C, D y E, y zinc (**ver pp. 224-226**).*

PRECAUCIONES

Cansancio Si va acompañado de algún otro síntoma además de los enumerados aquí, consulte a un médico.

SE SIENTE MEJOR	SE SIENTE PEOR	REMEDIO Y DOSIFICACION
• Por la mañana • Cuando está ligeramente estreñido • Al acostarse sobre el lado dolorido	• En las corrientes • En un entorno fresco • Con el tiempo frío, húmedo y ventoso • Entre las 2 y las 3 de la mañana	**Calc. carb. - ver pp. 54-55** *Tome 30c 2 veces al día hasta un máximo de 14 días. Si le hace bien, repita la dosis.* 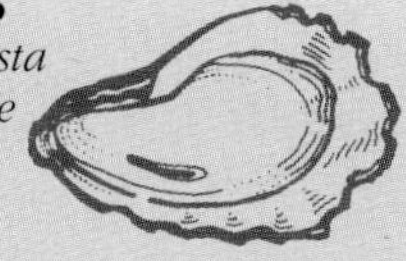
• Con lo templado • Con las bebidas calientes • Al acostarse con la cabeza en alto	• Al ver u oler la comida • Con los alimentos y las bebidas fríos • Con el tiempo frío, seco y ventoso • Entre la medianoche y las 2 de la mañana	**Arsen. alb. - ver pp. 52-53** *Tome 30c 2 veces al día hasta un máximo de 14 días. Si le hace bien, repita la dosis.* 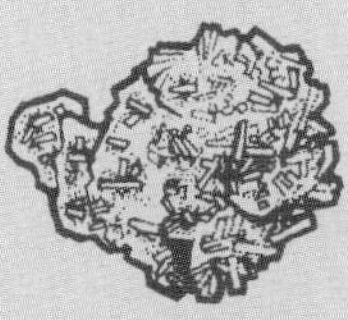
• Con lo templado • Al dormir • Con la presión firme • Al lavarse • Al atardecer • Al quedarse a solas	• Con el clima frío, seco y ventoso • Con el ruido • Con las especias y los estimulantes • Al comer	**Nux vomica - ver pp. 74-75** *Tome 30c 2 veces por día hasta un máximo de 14 días. Si le hace bien, repita la dosis.* 
• Con lo templado • Al comer	• Con el esfuerzo mental y físico • Con la excitación • En un ambiente frío • Entre las 3 y las 5 de la mañana	**Kali phos. - ver p. 104** *Tome 30c 2 veces por día hasta un máximo de 14 días. Si le hace bien, repita la dosis.* 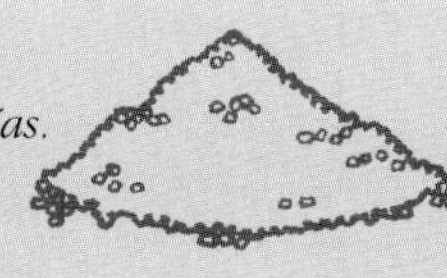

PROBLEMAS CIRCULATORIOS

Los problemas circulatorios son corrientes a una edad avanzada, cuando las arterias quedan obstruidas con el colesterol y las venas pierden elasticidad. El flujo sanguíneo también está controlado por el sistema nervioso, de modo que el estrés puede afectarlo. Una dieta baja en grasas, el ejercicio, la relajación y abandonar el hábito de fumar ayuda a reducir los problemas.

El tratamiento constitucional (ver pp. 24-25) puede evitar los problemas circulatorios reduciendo el estrés y mejorando la función metabólica del organismo.

LAS MANOS Y LOS PIES FRIOS pueden ser consecuencia de una dieta pobre, de la tensión nerviosa, o un trastorno heredado. También puede deberse a la enfermedad de Raynaud, en la que la exposición al frío hace que las arterias que proporcionan sangre a los dedos de las manos y los pies se contraigan rápidamente. La enfermedad puede estar agravada por el estrés o por el uso continuado de maquinaria y equipos vibrantes como taladros neumáticos, o ser un efecto secundario de las drogas.

LOS SABAÑONES son causados por una sensibilidad extrema al frío y aparecen en los dedos de las manos y de los pies. Los pequeños vasos sanguíneos de debajo de la superficie de la piel sufren un espasmo que hace que la piel quede pálida y entumecida, luego roja e inflamada y que pique. Finalmente la piel puede agrietarse.

MANOS Y PIES FRIOS

ENFERMEDAD	SINTOMAS	CAUSA E INICIO
MANOS Y PIES FRIOS CON SENSACION DE ARDOR	❑ Los dedos de las manos y los pies están fríos pero hay sensación de ardor ❑ El resto del cuerpo también parece frío ❑ Los dedos de las manos y los pies están azules o blancos.	• *Enfermedad de Raynaud*
MANOS Y PIES FRIOS CON MANCHAS EN LA PIEL	❑ La piel está helada y se ve azul, con venas salientes ❑ Piel manchada ❑ La piel pica al irse a la cama.	• *Espasmos en las paredes de los vasos sanguíneos que provoca un riego sanguíneo deficiente*

SABAÑONES

ENFERMEDAD	SINTOMAS	CAUSA E INICIO
SABAÑONES QUE ARDEN Y PICAN	❑ La piel de las zonas afectadas está roja, hinchada, y hay picazón.	• *Exposición al frío*
SABAÑONES CON VENAS HINCHADAS	❑ Dolor ardiente y palpitante lo suficientemente agudo para provocar llanto ❑ Hinchazón con inflamación y color azulado ❑ Deseo de recibir comprensión.	• *Exposición al frío*

VENAS VARICOSAS

ENFERMEDAD	SINTOMAS	CAUSA E INICIO
VENAS VARICOSAS QUE PARECEN MAGULLADAS	❑ Venas muy sensibles, doloridas e hinchadas, con ligera sensación de magulladura y tal vez de ardor ❑ Inflamación ❑ Posible hemorragia.	• *Embarazo* • *Lesión*

VENAS VARICOSAS son las venas hinchadas y con bultos. Suelen aparecer en las piernas como resultado de debilidad de las válvulas de las venas. La debilidad de las válvulas puede deberse al exceso de peso o al embarazo, al hecho de estar muchos horas sentado o de pie, o al estreñimiento.

PRECAUCIONES

Manos y pies fríos Si los dedos de las manos y de los pies quedan entumecidos y fríos con frecuencia, consulte a un médico.

Venas varicosas Si no hay mejoría en el plazo de 3 semanas de tomar un remedio, consulte a un médico. Si hay dolor en las pantorrillas con hinchazón y enrojecimiento de la piel, consulte a un médico en el plazo de 12 horas.

TRATAMIENTOS DE AUTOAYUDA

Manos y pies fríos *Evite usar medias y guantes apretados. Deje de fumar. Siga una dieta baja en grasas.*

Sabañones *Mantenga las zonas afectadas lo más abrigadas y secas posible y no se rasque los sabañones. Aplique aceite de tamus o, si la piel está agrietada, crema de caléndula (ver p. 227). Haga ejercicios regularmente para mejorar la circulación.*

Venas varicosas *Evite estar de pie durante períodos largos y use medias de descanso. Siéntese con los pies en alto y por encima del nivel de la cadera cada vez que pueda. Levante el pie de la cama unos 10 cm. Haga ejercicios con regularidad, siga una dieta con alto contenido de fibra y evite aumentar mucho de peso. Tome bioflavonoides y vitaminas C y E (ver pp. 224-226).*

SE SIENTE MEJOR	SE SIENTE PEOR	REMEDIO Y DOSIFICACION
• Con el aire fresco y circulante • Después de taparse, frotar y estirar los dedos de las manos y los pies	• Con el calor y lo templado	**Secale - ver pp. 144-145** *Tome 6c cada 30 minutos hasta un máximo de 10 dosis.* 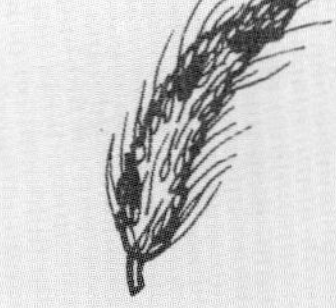
• Con el aire fresco y circulante	• Al atardecer • Con los alimentos suculentos y grasos • Con el tiempo cálido y húmedo	**Carbo veg. - ver p. 90** *Tome 6c cada 30 minutos hasta un máximo de 10 dosis.* 
• Con el movimiento lento	• Con el tiempo frío • Antes de las tormentas	**Agaricus - ver p. 114** *Tome 6c cada 30 minutos hasta un máximo de 6 dosis. Prohibido en Australia y Nueva Zelanda.* 
• Al levantar las manos por encima de la cabeza • Con el ejercicio suave	• Con el calor • Con las temperaturas extremas • Al atardecer y por la noche	**Pulsatilla - ver pp. 68-69** *Tome 6c cada 30 minutos hasta un máximo de 6 dosis.* 
• Con el reposo • Al acostarse y descansar	• Con el tiempo cálido y húmedo • Con el movimiento • Con la presión	**Hamamelis - ver p. 100** *Tome 30c cada 12 horas hasta un máximo de 7 días.* 

TRASTORNOS URINARIOS

En homeopatía, los trastornos urinarios no sólo se consideran un problema de los riñones y del aparato urinario sino también un reflejo del funcionamiento del organismo y de la dieta. El estrés aumenta la presencia de sustancias químicas en el organismo que deben ser eliminadas, mientras una dieta pobre pone en tensión todo el metabolismo y los riñones en particular. Para evitar los trastornos urinarios, evite el exceso de estrés, siga una buena dieta, haga ejercicio y tome mucho líquido para limpiar los riñones.

LA CISTITIS puede ser causada por una infección, que da como resultado una micción dolorosa y más frecuente. También puede deberse a una irritación de la vejiga producida por la ingestión de antibióticos. El estrés, una dieta pobre, una alergia alimentaria, una higiene deficiente, las medias y la ropa interior de nylon, los anticonceptivos orales y de barrera y el acto sexual agravan la cistitis. Si no se trata, puede convertirse en una infección renal grave.

LA DILATACION DE PROSTATA es muy común en los hombres de más de 45 años, aunque la causa no es conocida. Los síntomas incluyen dificultad al empezar a orinar, sobre todo por la mañana, y necesidad de orinar con frecuencia durante la noche. El caudal de orina también se vuelve más débil que de costumbre.

CISTITIS

ENFERMEDAD	SINTOMAS	CAUSA E INICIO
CISTITIS CON DESEO CONSTANTE DE ORINAR	❑ Dolor ardiente y cortante en el bajo vientre ❑ Dolor en la zona lumbar ❑ Necesidad constante de orinar ❑ Sensación de que la vejiga no puede quedar totalmente evacuada ❑ Sólo puede eliminar pequeñas cantidades de orina con algo de sangre.	• *Infección*
CISTITIS CON DOLOR Y URGENCIA	❑ A pesar de la frecuente necesidad de orinar, se produce poca orina ❑ Sensibilidad al frío ❑ Irritabilidad ❑ Sumamente crítico con los demás ❑ Deseo de estar a solas.	• *Estrés* • *Demasiados alimentos condimentados, alcohol y cafeína* • *Falta de sueño*
CISTITIS CON CONSTANTE SENSACION DE ARDOR	❑ Sensación de que por la uretra sale constantemente una gota de orina ❑ Resentimiento e ira.	• *Acto sexual o cateterización*

DILATACION DE PROSTATA

ENFERMEDAD	SINTOMAS	CAUSA E INICIO
PROSTATA DILATADA CON DESEO CONSTANTE DE ORINAR	❑ La micción es dificultosa ❑ Posible descarga del pene ❑ Espasmos en la vejiga o en la uretra ❑ Sensación de frío desde la glándula prostática hasta los genitales.	• *Próstata dilatada*

INCONTINENCIA POR ESTRES

ENFERMEDAD	SINTOMAS	CAUSA E INICIO
PERDIDA INVOLUNTARIA DE ORINA	❑ Pérdida inadvertida de orina al aumentar la presión en el abdomen, al toser, estornudar o caminar.	• *Músculos de la base pelviana debilitados*

LA INCONTINENCIA POR ESTRES es un trastorno en el que una pequeña cantidad de orina se elimina involuntariamente cuando la presión en el abdomen aumenta como consecuencia de la tos, los estornudos, la risa o el acto de levantar un peso. Es provocada por el debilitamiento de los músculos de la base pelviana (que sustentan el útero, la vagina y la vejiga), como consecuencia del parto, del exceso de peso o de la pérdida de tono muscular que se produce después de la menopausia.

PRECAUCIONES

Cistitis Si siente dolor en los riñones o hay sangre en la orina, consulte a un médico.

Dilatación de la próstata Cuando existen problemas de próstata, siempre debería consultarse a un médico.

TRATAMIENTOS DE AUTOAYUDA

Cistitis *Aumente la ingestión de líquidos a 10 litros por día. Beba una solución alcalina (1 cucharadita de las de té de bicarbonato de socio en 900 ml de agua) cada hora, hasta 3 horas. Beba jugo de arándanos, siga una dieta alcalina y evite el alcohol, el café, la carne y los productos lácteos (ver pp. 225-229). Evite el uso de tampones, duchas vaginales y productos para el baño medicados o perfumados y utilice un lubricante para realizar el acto sexual. Nunca reprima la necesidad de orinar.*

Dilatación de próstata *Tome calcio, lecitina y magnesio (ver pp. 224-225).*

Incontinencia por estrés *Para fortalecer los músculos de la base pelviana, ténselos y relájelos alternativamente mientras orina.*

SE SIENTE MEJOR	SE SIENTE PEOR	REMEDIO Y DOSIFICACION
• Con lo templado • Con el masaje suave • Por la noche • Por la mañana	• Con el movimiento • Después de beber café o agua fría • Por la tarde	**Cantharis - ver p. 107** *Tome 30c cada 30 minutos hasta un máximo de 10 dosis, hasta consultar con el médico.* 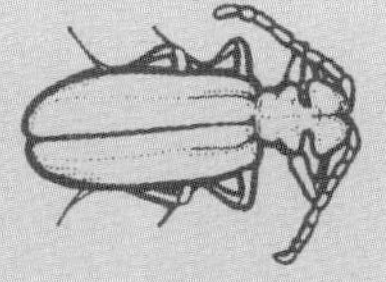
• Con lo templado y al dormir • Al presionar la vejiga • Al lavarse • Al atardecer	• Con tiempo frío y ventoso • Con el ruido, los alimentos condimentados, los estimulantes y al comer • Entre las 3 y las 4 de la mañana	**Nux vomica - ver pp. 74-75** *Tome 6c cada 30 minutos hasta un máximo de 10 dosis.* 
• Con lo templado • Después de dormir bien por la noche	• Al presionar la vejiga • Si no bebe suficiente líquido	**Staphysagria - ver p. 127** *Tome 6c cada 30 minutos hasta un máximo de 10 dosis.* 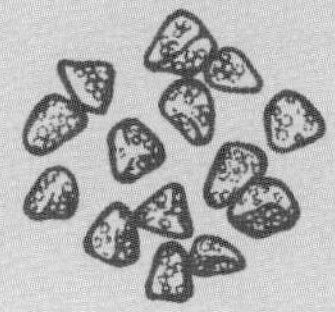
• Con lo templado	• Con la comprensión • Con el frío • Con el tiempo húmedo y nublado	**Sabal - ver p. 143** *Tome 6c 4 veces por día hasta un máximo de 21 días.* 
• Con las bebidas frías • Al lavarse • Al sentarse	• Al estornudar, toser, caminar o sonarse la nariz • Con el frío • Después de las primeras horas de sueño	**Causticum - ver p. 123** *Tome 6c 4 veces por día hasta un máximo de 21 días.* 

La salud de la mujer

El ciclo reproductivo de la mujer comienza con el inicio de la menstruación y termina con la menopausia, cuando cesa la menstruación. Los problemas físicos y emocionales asociados con este ciclo en general se deben a un desequilibrio hormonal. El enfoque homeopático de los problemas de la mujer no sólo toma en cuenta los síntomas específicos sino que evalúa factores como la dieta y el ejercicio con el fin de restablecer el equilibrio hormonal y mejorar el estado general.

LAS AFTAS son una infección por hongos y el principal síntoma es una descarga vaginal blanca que produce picazón. Las causas incluyen estrés, exceso de trabajo, desequilibrio hormonal, embarazo y drogas como antibióticos y anticonceptivos orales. El uso de pantalones ajustados y la falta de lubricación antes del acto sexual agravan la situación.

SINDROME PREMENSTRUAL (SPM) es el nombre con que se conoce una serie de síntomas físicos y mentales, como hinchazón, pechos inflamados, ansiedad, Deseos de llorar e irritabilidad, que afecta a las mujeres entre 2 y 14 días antes de la menstruación. El SPM puede deberse a muchos factores, entre ellos el estrés, el aumento de peso, el exceso de trabajo y un desequilibrio hormonal.

LA MENSTRUACION ABUNDANTE supone una pérdida de más de 90 ml de sangre durante un ciclo menstrual; el promedio es de 60 ml. Puede deberse a un desequilibrio hormonal, al estrés, el exceso de trabajo o la proximidad de la menopausia.

LA MENSTRUACION DOLOROSA es común entre las adolescentes y las jóvenes. Tiende a desaparecer después del parto, aunque muchas mujeres mayores sienten algunas molestias durante la menstruación. En algunas mujeres, el dolor puede ser suficientemente severo para provocar náuseas y vómitos. Puede deberse a un desequilibrio hormonal y el estrés lo agudiza.

LA AUSENCIA DE MENSTRUACION a veces se produce cuando la menstruación ha comenzado pero se interrumpe debido a la anorexia nerviosa, a la pérdida de peso o al ejercicio excesivo, al estrés, al dejar de tomar anticonceptivos orales, al shock o

Cistitis

ENFERMEDAD	SINTOMAS	CAUSA E INICIO
AFTAS CON DESCARGA LECHOSA CON PICAZON	❑ La picazón es peor antes de la menstruación y después de orinar ❑ Las aftas pueden ir asociadas a las verrugas vaginales o a la erosión cervical (desgaste de las células que recubren el cuello del útero) ❑ Las aftas pueden ir acompañadas de dolor de cabeza crónico, aumento del apetito, ansiedad y depresión.	• *Estrés* • *Exceso de trabajo* • *Embarazo*
AFTAS CON DESCARGA MUY MALOLIENTE	❑ Marcada picazón vaginal y vulvar ❑ Dolor y ardor de vagina ❑ Posibles úlceras en los labios ❑ Descarga blanca que empeora después del acto sexual ❑ Deseos de llorar, irritabilidad e indiferencia hacia los seres queridos.	• *Menopausia* • *Desequilibrio hormonal*
AFTAS CON DOLOR ARDIENTE	❑ Descarga maloliente amarillenta o blanca que produce picazón y dolor vaginal ❑ Dolor en la vagina durante el acto sexual ❑ Estreñimiento y diarrea alternativos ❑ Flatulencia maloliente ❑ Picazón en el recto con irritación de la piel alrededor del ano ❑ Aftas que pueden ir acompañadas de aumento del apetito.	• *Estrés* • *Después de otra enfermedad*

problemas en el útero. La menstruación debería comenzar a los 16 años, pero puede retrasarse. Si se interrumpe o no comienza, busque consejo de un facultativo.

LA MENOPAUSIA es el cese de la menstruación y por lo general tiene lugar en mujeres de edades comprendidas entre los 45 y los 55 años. Los síntomas, que incluyen sofocos y sudores, sequedad vaginal y ansiedad, pueden ser especialmente graves si la menstruación se interrumpe bruscamente, ya sea naturalmente o después de la extirpación de los ovarios.

PRECAUCIONES

Aftas Si la descarga no se interrumpe en el plazo de 5 días, consulte a un médico.

Menstruación Consulte a un médico si hay un cambio súbito e inusual en el flujo menstrual, o si la menstruación se interrumpe y no vuelve a comenzar en el plazo de 2 meses. Si existe la posibilidad de que esté embarazada y sangra más de lo habitual, o tiene dolores agudos, consulte a un médico.

Menopausia Si hay hemorragia prolongada o irregular, consulte a un médico.

TRATAMIENTOS DE AUTOAYUDA

Aftas *Coma yogur o tome acidófilos (ver p. 224). La infección puede contagiarse durante el acto sexual, de modo que utilice preservativos. Evite los alimentos dulces y los que contienen levadura.*

Síndrome premenstrual *Evite los alimentos salados y grasos, el té y el café. Coma pequeñas cantidades de alimentos ricos en proteínas y verduras crudas y ensaladas, en lugar de comidas abundantes. Elimine los hidratos de carbono refinados y los productos lácteos de la dieta. Tome aceite de prímula, vitaminas B_6 y E, y un suplemento de multivitaminas y minerales (ver pp. 225-226).*

Menstruaciones abundantes *Evite el té, el café y el alcohol. Siga la dieta del hígado (ver p. 229). Tome bioflavonoides, calcio, hierro, vitaminas A y B_6, y zinc (ver pp. 224-226).*

Menstruaciones dolorosas *Siga la dieta del hígado (ver p. 229)- Tome calcio, aceite de prímula, magnesio, vitaminas del complejo B, C y E, y zinc (ver pp. 224-226).*

Ausencia de menstruación *Tome multivitaminas (ver p. 225).*

Menopausia *Evite los alimentos dulces y la cafeína. Tome calcio, selenio y vitaminas C, E y del complejo B (ver pp. 224-226).*

SE SIENTE MEJOR	SE SIENTE PEOR	REMEDIO Y DOSIFICACION
• Por la mañana • Cuando está ligeramente estreñido	• Antes y después de la menstruación • Al aplicar calor en la zona vulvar • Durante el embarazo • Con el tiempo frío, húmedo y ventoso • Después de un esfuerzo • Entre las 2 y las 3 de la mañana	**Calc. carb. - ver pp. 54-55** *Tome 6c 6 veces al día hasta un máximo de 5 días.*
• Al comer • Al dormir • Con el ejercicio • Al aplicar calor sobre la zona vulvar	• Con el frío • Con el humo del tabaco • Con el exceso de cansancio • A primeras horas de la mañana y de la noche	**Sepia - ver pp. 70-71** *Tome 6c 6 veces al día hasta un máximo de 5 días.* 
• Con el aire fresco • Con el calor seco	• Si permanece demasiado tiempo de pie • Si lleva demasiada ropa • Con el frío y la humedad • Después de lavarse • Si pasa demasiado calor en la cama • Con el alcohol • Por la mañana y por la noche	**Sulphur - ver pp. 76-77** *Tome 6c 6 veces al día hasta un máximo de 5 días.* 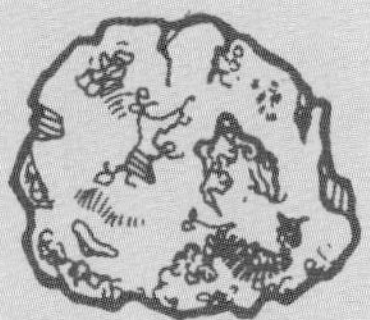

SINDROME PREMENSTRUAL (SPM)

ENFERMEDAD	SINTOMAS	CAUSA E INICIO
SPM CON MARCADA INDIFERENCIA HACIA LOS SERES QUERIDOS	❑ Irritabilidad ❑ Deseos de llorar ❑ Dificultad para concentrarse ❑ Deseo de alejarse de todo ❑ Ataques de gritos ❑ Ira extrema ❑ Aversión al acto sexual ❑ Sensación de que el útero puede caerse ❑ El SPM puede ir acompañado de piel grasa, de acné y de un intenso deseo de alimentos dulces y salados ❑ Problemas de senos nasales, dolor de garganta y sofocos asociados ❑ Fatiga, sobre todo por la mañana.	• *Desequilibrio hormonal* • *Proximidad de la menopausia* • *Estrés*
SPM CON RETENCION DE LIQUIDOS, SOBRE TODO CON PECHOS HINCHADOS Y SENSIBLES	❑ Dolor de articulaciones ❑ Falta de energía y debilidad ❑ Posible descarga vaginal o aftas ❑ Depresión ❑ Indiferencia ❑ Deseos de llorar ❑ Irritabilidad ❑ Falta de concentración ❑ Ansiedad ante la posibilidad de que los síntomas hayan sido observados, o miedo a la demencia.	• *Desequilibrio hormonal* • *Exceso de peso* • *Exceso de trabajo*
SPM CON DESEOS DE LLORAR	❑ Depresión, autocompasión y llanto repentino sin motivo ❑ Ansiedad con respecto al futuro ❑ Temor a las multitudes ❑ El SPM puede ir acompañado de deseo de alimentos dulces, estómago hinchado e inflamación de los párpados superiores y la cara ❑ Dolores de cabeza, náusea, mareos y descarga vaginal asociados ❑ Tendencia a aumentar de peso antes de la menstruación.	• *Desequilibrio hormonal*

MENSTRUACION ABUNDANTE

ENFERMEDAD	SINTOMAS	CAUSA E INICIO
MENSTRUACION ABUNDANTE CON MARCADO AUMENTO DE PESO ANTES DE TIEMPO	❑ Sensibilidad al frío antes de la menstruación ❑ Calambres en el útero ❑ Sangre de color rojo brillante ❑ Menstruación irregular ❑ Confusión y dificultad para concentrarse ❑ Ansiedad ante la posibilidad de que los síntomas hayan sido observados, o miedo a la demencia ❑ Puede ir asociada con dolor de espalda, pesadez, y sudores fríos y húmedos, sobre todo si hay exceso de peso.	• *Estrés* • *Exceso de trabajo*
MENSTRUACION ABUNDANTE CON MAREOS E IRRITABILIDAD	❑ Calambres lo suficientemente fuertes para provocar mareos ❑ Menstruación irregular ❑ Molestias visuales ❑ Descarga vaginal con picazón ❑ Sudores durante la menstruación ❑ Deseos de llorar ❑ Indiferencia, incluso hacia los seres queridos.	• *Proximidad de la menopausia* • *Desequilibrio hormonal* • *Estrés*

MENSTRUACION DOLOROSA

ENFERMEDAD	SINTOMAS	CAUSA E INICIO
CALAMBRES DOLOROSOS CON INTENSOS DESEOS DE LLORAR	❑ Dolor en el útero lo suficientemente agudo para provocar náuseas o vómitos ❑ Sensibilidad en el estómago ❑ Dolor desgarrador en el bajo vientre ❑ Posible migraña o diarrea asociada ❑ Menstruación abundante con coágulos, o escasa ❑ Llanto ante la más leve excusa ❑ Depresión y autocompasión.	• *Desequilibrio hormonal*

SE SIENTE MEJOR	SE SIENTE PEOR	REMEDIO Y DOSIFICACION
• Al comer • Al dormir • Con el ejercicio vigoroso • Con el calor	• Con el frío • Con el humo del tabaco • Con el esfuerzo mental • A primeras horas de la mañana y del atardecer • Antes de las tormentas	**Sepia - ver pp. 70-71** *Tome 30c cada 12 horas hasta un máximo de 3 días, comenzando un día antes de lo que suele comenzar el SPM.* 
• Por la mañana • Cuando está ligeramente estreñida	• En las corrientes • Con el tiempo frío, húmedo y ventoso • Con el frío • Con el esfuerzo excesivo • Entre las 2 y las 3 de la mañana	**Calc. carb. - ver pp. 54-55** *Tome 30c cada 12 horas hasta un máximo de 3 días, comenzando un día antes de lo que suele comenzar el SPM.* 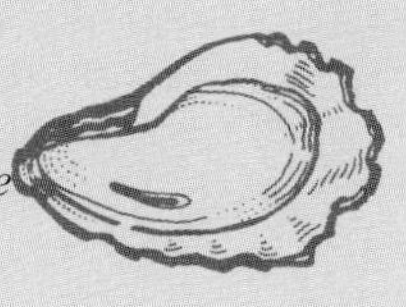
• Al llorar • Con la comprensión • Con el ejercicio • Con el aire fresco • Con las bebidas frías	• Con lo templado y al sol • Con los alimentos suculentos y grasos • Al atardecer y por la noche	**Pulsatilla - ver pp. 68-69** *Tome 30c cada 12 horas hasta un máximo de 3 días, comenzando un día antes de lo que suele comenzar el SPM.* 
• Por la mañana • Cuando está ligeramente estreñida	• En las corrientes • Con el tiempo frío, húmedo y ventoso • Con el ejercicio • Entre las 2 y las 3 de la mañana	**Calc. carb. - ver pp. 54-55** *Tome 30c cada 8 horas hasta un máximo de 10 dosis.* 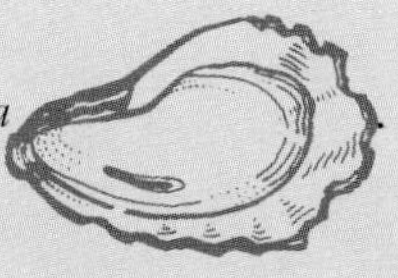
• Al comer y dormir • Con el ejercicio • Al aplicar compresas calientes en el bajo vientre	• Con el frío • Con el humo del tabaco • Con el esfuerzo mental • A primeras horas de la mañana y el atardecer	**Sepia - ver pp. 70-71** *Tome 30c cada 8 horas hasta un máximo de 10 dosis.* 
• Con el llanto y la comprensión • Al levantar las manos por encima de la cabeza • Con el ejercicio suave • Con el aire fresco • Con las bebidas frías • Con las compresas frías	• Con el calor • Con las temperaturas extremas • Con los alimentos suculentos y grasos • Al acostarse sobre el lado dolorido • Al atardecer y por la noche	**Pulsatilla - ver pp. 68-69** *Tome 30c cada hora hasta un máximo de 10 dosis.* 

MENSTRUACION DOLOROSA *continúa*

MENSTRUACION DOLOROSA *continuación*

ENFERMEDAD	SINTOMAS	CAUSA E INICIO
CALAMBRES CON INDIFERENCIA HACIA LOS SERES QUERIDOS	❑ Dolor agudo y penetrante en el bajo vientre ❑ Irritabilidad ❑ Llanto con deseo de quedarse a solas ❑ Los calambres pueden ir acompañados de migraña, acné, debilidad, mareos y sudores.	• *Desequilibrio hormonal*

AUSENCIA DE MENSTRUACION

ENFERMEDAD	SINTOMAS	CAUSA E INICIO
LA MENSTRUACION SE INTERRUMPE REPENTINAMENTE	❑ Pesadez y dolor de ovarios ❑ Dolor agudo y punzante en el útero ❑ Temor y ansiedad ❑ Nerviosismo hasta el extremo de tener miedo de morir e incluso predecir el momento de la muerte.	• *Gran shock emocional* • *Tensión por exposición al tiempo frío, seco y ventoso*
AUSENCIA DE MENSTRUACION CON MARCADO CAMBIO DE CONDUCTA	❑ Emoción reprimida con miedo de que los sentimientos se revelen en un momento inadecuado ❑ Humor muy variable, llanto y risas en momentos inesperados ❑ Posible histeria.	• *Inicio agudo después de la muerte de un ser querido*

MENOPAUSIA

ENFERMEDAD	SINTOMAS	CAUSA E INICIO
MENOPAUSIA CON AVERSION AL ACTO SEXUAL	❑ Dolor vaginal durante el acto sexual debido a la sequedad ❑ Ansiedad durante los sofocos ❑ Dolor de cabeza localizado en el lado izquierdo ❑ Ansiedad con respecto al acto sexual ❑ Sentimiento de vacío en la boca del estómago ❑ Menstruación abundante con hemorragia ❑ Menstruación irregular ❑ Tendencia a las aftas ❑ Mareos repentinos ❑ Sensibilidad al frío ❑ Deseos de llorar ❑ Irritabilidad ❑ Indiferencia hacia los seres queridos ❑ Caída del cabello.	• *Desequilibrio hormonal*
MENOPAUSIA CON AUMENTO DE PESO Y ATAQUES DE PANICO	❑ Ansiedad y temor de que la pérdida de memoria y la falta de concentración se noten ❑ Posible miedo a la demencia ❑ Fobias ❑ Ruidos en los oídos ❑ Transpiración de la cara ❑ Deseo intenso de alimentos dulces ❑ Tendencia a las aftas ❑ Dolor de espalda ❑ Hinchazón de las articulaciones de los dedos ❑ Venas varicosas.	• *Exceso de trabajo*
MENOPAUSIA CON SUSPICACIA Y TENDENCIA A HABLAR DEMASIADO	❑ Sobreexcitación ❑ Sensación de congestión en todo el cuerpo, como si algo tuviera que salir ❑ Mareos y tendencia a desmayarse ❑ Dolor de cabeza, peor al despertarse y en el costado izquierdo ❑ Migrañas localizadas en el costado izquierdo ❑ Sensación de opresión en el abdomen ❑ Dificultad respiratoria ❑ Insomnio.	• *Menstruación interrumpida (sobre todo antes de la menopausia prematura) debido a un shock emocional o físico.*

SE SIENTE MEJOR	SE SIENTE PEOR	REMEDIO Y DOSIFICACION
• Al acostarse sobre el lado derecho con las rodillas debajo de la barbilla • Al comer y dormir • Con el ejercicio • Con compresas calientes	• Con el frío • Con el humo del tabaco • Con el esfuerzo mental • A primeras horas de la mañana y del atardecer	**Sepia - ver pp. 70-71** *Tome 30c cada hora hasta un máximo de 10 dosis.* 
• Con el aire fresco	• En habitaciones tibias • Con el humo del tabaco • Al atardecer y por la noche	**Aconite - ver p. 82** *Tome 30c cada 12 horas hasta un máximo de 14 días.* 
• Al comer • Después de orinar • Con el calor	• Con el aire fresco • Con el frío • Si lleva mucha ropa • Con el café, el alcohol y el humo del tabaco • Con los olores fuertes • Por la mañana • Después de las comidas	**Ignatia - ver pp. 58-59** *Tome 30c cada 12 horas hasta un máximo de 14 días.* 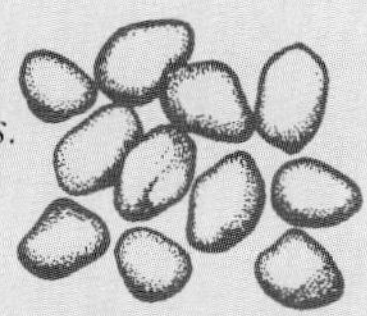
• Al comer • Al dormir • Con el ejercicio • Al aplicar compresas calientes en la zona afectada • Con el tiempo tormentoso	• Antes de la menstruación • Con el frío • Con el humo del tabaco • Con la fatiga mental • Con el calor y la humedad • A primeras horas de la mañana y el atardecer • Antes de las tormentas	**Sepia - ver pp. 70-71** *Tome 30c cada 12 horas hasta un máximo de 7 días.* 
• Por la mañana • Cuando está ligeramente estreñida	• En las corrientes • Con tiempo frío, húmedo y ventoso • Con el esfuerzo • Entre las 2 y las 3 de la tarde	**Calc. carb. - ver pp. 54-55** *Tome 30c cada 12 horas hasta un máximo de 7 días.* 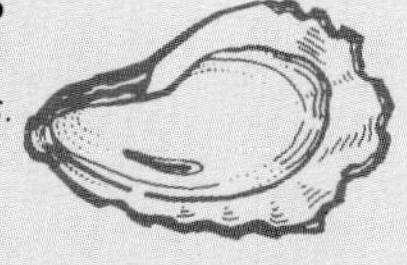
• Con el inicio de la menstruación	• Con el tacto • Después de un baño caliente o tibio • Con las bebidas calientes • Al dormir • Al despertarse	**Lachesis - ver pp. 78-79** *Tome 30c cada 12 horas hasta un máximo de 7 días.* 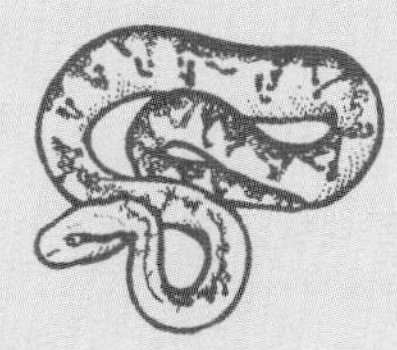

EMBARAZO Y PARTO

Es bueno que desde el principio del embarazo trate al bebé que lleva en su interior como a la persona que es. Coma bien, haga ejercicio con regularidad y evite ponerse tensa y cansarse demasiado. No beba alcohol ni fume y evite todos los medicamentos y los complementos alimenticios durante las 14 primeras semanas de embarazo. No existen pruebas de que los remedios homeopáticos puedan causar el más leve problema durante el embarazo, pero es más seguro tomarlos sólo si es necesario.

LA NAUSEA MATINAL es muy común debido a los cambios en los niveles de hormonas que se producen durante el embarazo. Por lo general estos desaparecen entre la semana 14 y la 16, aunque algunas mujeres siguen teniendo fuertes vómitos que pueden ser dañinos tanto para ellas como para el bebé.

LA ACIDEZ se debe a las hormonas que hacen que los músculos que rodean la entrada del estómago se relajen, permitiendo que el ácido salpiquen el esófago. La acidez se agudiza hacia el final del embarazo, cuando el útero presiona contra el estómago.

LOS CALAMBRES que afectan principalmente las piernas son corrientes durante el embarazo y pueden producirse tanto de día como de noche. Si perturban el sueño pueden provocar agotamiento.

EL DOLOR DE MAMAS y la hinchazón de estas es muy común en los primeros meses de embarazo, ya que los niveles de hormonas aumentan, y en los dos o tres últimos meses, mientras sube la leche. La inflamación del tejido mamario (mastitis) puede producirse debido a una infección.

LA MICCION FRECUENTE se origina en la presión del útero sobre la vejiga, la uretra y los músculos de la base de la pelvis. Se agrava si estos últimos son débiles y con el uso de ropa ajustada.

LOS DOLORES DEL PARTO varían enormemente y cada mujer reacciona a ellos de manera diferente. La homeopatía ayuda a aliviar el dolor y el agotamiento del parto y a calmar emociones como el miedo, la ira y la ansiedad que se producen en las diversas etapas del mismo.

NAUSEAS

ENFERMEDAD	SINTOMAS	CAUSA E INICIO
NAUSEA CON IRRITABILIDAD	❑ La náusea es peor a la mañana ❑ Se vomitan pequeñas cantidades de comida con mucosidad ❑ Boca seca y lengua muy sucia ❑ Espasmos típicos de la náusea ❑ Deseo intenso de alimentos muy frescos o grasos, condimentados, ácidos, o alcohol, y especial aversión al pan, la carne, el café y el tabaco.	• *Se produce por la mañana*
NAUSEA CON LLANTO	❑ La náusea es peor a primeras horas del atardecer, pero desaparece por la noche ❑ Boca seca sin sed ❑ Los alimentos suculentos o grasos, sobre todo el cerdo, provocan trastornos digestivos ❑ Sensación de presión debajo del esternón después de las comidas ❑ Deseo intenso de alimentos dulces ❑ Estómago ruidoso.	• *Se produce al atardecer*
NAUSEA CONSTANTE CON VOMITOS	❑ Se vomitan los líquidos y también los sólidos ❑ La náusea no se alivia con los vómitos ❑ La lengua parece limpia en lugar de sucia ❑ Excesiva producción de saliva ❑ Ausencia de sed ❑ Posibles ataques de mareos.	• *Al inclinarse hacia adelante*

LOS PROBLEMAS DEL AMAMANTAMIENTO pueden producirse debido al dolor y la distensión de los pechos que tienen lugar si el bebé deja de mamar repentinamente. El dolor también puede deberse a la inflamación del tejido mamario (mastitits) provocada por un conducto lácteo bloqueado o una infección, un absceso o la congestión de las mamas.

PRECAUCIONES

Durante el embarazo tome remedios o sales de tejido sólo si es absolutamente necesario, y no tome los remedios en potencias menores a 6c, por ejemplo 3c. Evite el remedio *Apis* por debajo de los 30c durante el embarazo.

Náusea matinal Si el vómito se produce después de casi todas las comidas, consulte a un médico.

Dolor de mamas Si hay fiebre y/o ganglios sensibles e inflamados debajo de los brazos, consulte a un médico.

Micción frecuente Si va acompañada de dolor durante más de 48 horas o la frecuencia se mantiene durante más de 3 días, consulte a un médico.

Problemas del amamantamiento Si se produce congestión de las mamas y/o endurecimiento y dolor de las mismas, fiebre y ganglios sensibles debajo de los brazos, consulte a un médico.

TRATAMIENTOS DE AUTOAYUDA

Náusea matinal *Coma con frecuencia cantidades pequeñas de comida y evite los alimentos grasos. Por la mañana intente comer una galleta sola antes que cualquier otra cosa y utilice jengibre fresco para cocinar. Descanse mucho.*

Acidez *Coma con frecuencia cantidades pequeñas de comida y evite los alimentos condimentados y fritos, el té y el café. Si la acidez empeora por la noche, levante la cabecera de la cama unos 10 cm a menos que tenga los tobillos hinchados.*

Calambre *Tome calcio, magnesio, potasio y sales de tejido de* Mag. phos. *(ver pp. 224-227).*

Micción frecuente *Nunca reprima la necesidad de orinar. Elimine la orina dos veces para asegurarse de que la vejiga está vacía. Al final del embarazo, balancearse hacia atrás y hacia adelante mientras orina puede ayudarla a vaciar mejor la vejiga.*

Problemas del amamantamiento *Si los pezones están doloridos y agrietados, lávelos después de dar de mamar con una solución de árnica (10 gotas de tintura de árnica en 300 ml de agua hervida y enfriada). Seque bien los pezones y aplique crema de caléndula (ver p. 227). Deje los pezones al aire con regularidad y no los lave nunca con jabón.*

SE SIENTE MEJOR	SE SIENTE PEOR	REMEDIO Y DOSIFICACION
• Con lo templado, al dormir y con una presión firme en el estómago • Al lavarse o aplicar compresas en el estómago • Al atardecer • Cuando se queda a solas	• Con el tiempo frío y ventoso • Con los alimentos condimentados • Con los estimulantes • Con el estrés • Entre las 3 y las 4 de la mañana	**Nux vomica - ver pp. 74-75** *Tome 6c cada 2 horas hasta un máximo de 3 días.* 
• Con las bebidas frías o al aplicar compresas frías en el estómago • Con la comprensión y al llorar • Al levantar las manos por encima de la cabeza • Con el ejercicio suave • Con el aire fresco	• En habitaciones calurosas y mal ventiladas • Al atardecer • Con los alimentos suculentos y grasos • Al acostarse sobre el lado izquierdo	**Pulsatilla - ver pp. 68-69** *Tome 6c cada 2 horas hasta un máximo de 3 días.* 
• Con el aire fresco	• Con el movimiento • Con lo templado • Al acostarse • Con las molestias o el estrés	**Ipecac. - ver p. 91** *Tome 6c cada 2 horas hasta un máximo de 3 días.* 

ACIDEZ

ENFERMEDAD	SINTOMAS	CAUSA E INICIO
ACIDEZ CON SENSACION DE ARDOR DETRAS DEL ESTERNON	❑ Mucha sed, pero muy temblorosa después de beber ❑ Intensa flatulencia ❑ Ardor en la punta de la lengua ❑ Intenso deseo de estimulantes ❑ Sensación de vacío en la boca del estómago.	• *Bebida y comida*
ACIDEZ CON NAUSEA Y VOMITOS	❑ Sensación de frío en la boca del estómago con intenso deseo de bebidas gaseosas ❑ Vomita mucosidad, bilis y alimentos.	• *La vista o el olor de la comida*
CALAMBRES		
CALAMBRE QUE SE ALIVIA AL CAMINAR	❑ Calambres en las pantorrillas ❑ Vómitos y diarrea asociados ❑ Agotamiento.	• *El calambre se produce durante el día*
CALAMBRE QUE SE ALIVIA CON EL REPOSO	❑ Calambres en las pantorrillas y en las plantas de los pies ❑ Entumecimiento de brazos y manos ❑ Irritabilidad ❑ Actitud muy crítica con los demás.	• *El calambre se produce por la mañana*
DOLOR DE MAMAS		
DOLOR DE MAMAS DEBIDO A LA HINCHAZON	❑ Pechos sensibles al tacto ❑ Puntadas en los pezones ❑ Deseo de apretarse los pechos con las manos ❑ Siente las piernas pesadas.	• *Cambios hormonales asociados con el principio del embarazo*
MOLESTIAS EN LAS MAMAS QUE EMPEORAN CON EL MAS LEVE MOVIMIENTO	❑ Los pechos pueden estar duros e inflamados, como si se estuviera formando un absceso ❑ Dolor de cabeza explosivo asociado.	• *Cambios hormonales asociados con el final del embarazo* • *Amenaza de absceso en las mamas*
MICCION FRECUENTE		
GOTAS DE ORINA ELIMINADAS CON FRECUENCIA Y CON MUCHA DIFICULTAD	❑ Sangre en la orina debido al esfuerzo ❑ Picazón en la uretra y la vulva ❑ Irritabilidad ❑ Cuanto más esfuerzo hace para eliminar la orina, menos elimina.	• *Espasmo del músculo del cuello de la vejiga*

SE SIENTE MEJOR	SE SIENTE PEOR	REMEDIO Y DOSIFICACION
• Con el calor • Al comer, pero le produce acidez	• Con el aire fresco • Después de desvestirse • En una corriente de aire • Después de comer	**Capsicum - ver pp. 122-123** *Tome 6c 4 veces al día hasta un máximo de 7 días.* 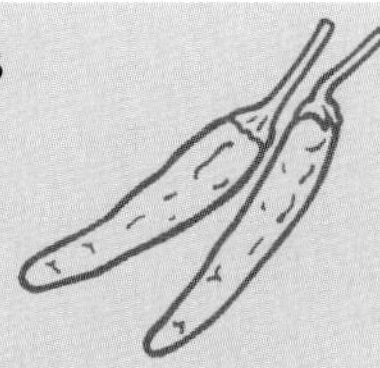
• Al inclinarse hacia adelante	• Por la noche • Con el movimiento • Con la falta de sueño • Con el esfuerzo mental	**Causticum - ver p. 123** *Tome 6c 4 veces al día hasta un máximo de 7 días.* 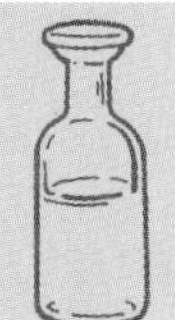
• Con lo templado • Al caminar	• Por la noche • Con el tiempo lluvioso y húmedo	**Verat. alb. - ver p. 148** *Tome 6c cada 4 horas hasta un máximo de 7 días.* 
• Con lo templado, el sueño y la presión firme • Al lavarse o aplicar compresas en las pantorrillas y los pies • Con el reposo • Al atardecer	• Con el frío • Con los estimulantes • Al comer • Con el tacto • Entre las 3 y las 4 de la mañana	**Nux vomica - ver pp. 74-75** *Tome 6c cada 4 horas hasta un máximo de 7 días.* 
• Con el ayuno • Al expresar sus emociones • Al dejar los brazos colgando	• Al acostarse • Al darse vuelta en la cama • Con el frío	**Conium - ver p. 125** *Tome 6c cada 4 horas hasta un máximo de 5 días. Remedio de uso restringido en Australia y Nueva Zelanda.* 
• Con el aire fresco • Al aplicar una presión firme y fría sobre los pechos	• Con el más leve movimiento • Por la mañana • Alrededor de las 9 de la noche y las 3 de la mañana • Con el tiempo frío, seco y ventoso	**Bryonia - ver p. 88** *Tome 6c cada 4 horas hasta un máximo de 5 días.* 
• Con el calor, el sueño y la presión firme • Al lavarse o aplicar compresas sobre la vejiga • Al atardecer	• Con el tiempo frío y ventoso • Con los alimentos condimentados • Con los estimulantes • Entre las 3 y las 4 de la mañana	**Nux vomica - ver pp. 74-75** *Tome 6c cada 2 horas hasta un máximo de 3 días.* 

MICCION FRECUENTE *continúa*

MICCION FRECUENTE *continuación*

ENFERMEDAD	SINTOMAS	CAUSA E INICIO
MICCION FRECUENTE DEBIDO A LA DEBILIDAD DE LOS MUSCULOS DE LA BASE PELVIANA	❑ Sensación de escaldadura durante y después de la micción ❑ Posible ausencia de sed ❑ Llanto y actitud autocompasiva.	• *Tos o flatulencia*

DOLORES DE PARTO

ENFERMEDAD	SINTOMAS	CAUSA E INICIO
DOLOR INSOPORTABLE QUE PROVOCA LLANTO INCONTROLABLE	❑ Las contracciones son tan dolorosas que provocan gritos involuntarios ❑ Nerviosismo e intranquilidad entre las contracciones.	• *Sensibilidad especial al dolor*
DOLOR ASOCIADO CON FRECUENTE NECESIDAD DE ELIMINAR ORINA O HECES	❑ Contracciones ineficaces ❑ El dolor se extiende al recto ❑ Irritabilidad ❑ Impaciencia ❑ Sumamente crítica con los demás.	• *Espasmo en el cuello del útero debido a que no se abre adecuadamente*
DOLOR DEL PARTO CON LLANTO INTENSO	❑ Parto que avanza lentamente ❑ Insomnio ❑ Sensibilidad al frío ❑ Actitud apologética ❑ Tendencia a quejarse	• *Mala posición del bebé* • *Agotamiento de la madre*

PROBLEMAS DE AMAMANTAMIENTO

ENFERMEDAD	SINTOMAS	CAUSA E INICIO
CONGESTION O ENDURECIMIENTO DE LOS PECHOS CON LINEAS ROJAS EN LA PIEL	❑ Pechos palpitantes, hinchados y rojos ❑ Los pechos parecen pesados ❑ La piel está caliente y seca.	• *Mastitis con posible amenaza de absceso en las mamas*
PEZONES DOLORIDOS Y AGRIETADOS	❑ Los pezones están inflamados y muy sensibles al tacto ❑ La succión del bebé es insoportable y la madre se muestra enojada, rencorosa, brusca y quejosa.	• *No limpiar los pezones correctamente* • *El bebé no se agarra correctamente*

SE SIENTE MEJOR	SE SIENTE PEOR	REMEDIO Y DOSIFICACION
• Al levantar las manos por encima de la cabeza • Con el ejercicio suave • Con el aire fresco • Con las bebidas frías o las compresas frías • Al llorar y recibir comprensión	• Con el calor • Al acostarse • Al atardecer • Por la noche	**Pulsatilla - ver pp. 68-69** *Tome 6c cada 2 horas hasta un máximo de 3 días.* 
• Con lo templado • Al acostarse • Al chupar hielo	• Con las emociones extremas, incluso la alegría • Con los olores fuertes • Con el ruido • Con el aire fresco • Con el frío • Por la noche	**Coffea - ver p. 125** *Tome 30c cada 5 minutos hasta un máximo de 10 dosis.* 
• Con lo templado, al dormir y con la presión firme • Al lavarse, darse un baño tibio o con compresas tibias • Al atardecer • Cuando se queda a solas	• Con el frío • Con el ruido • Con los estimulantes • Al comer • Con el estrés	**Nux vomica - ver pp. 74-75** *Tome 30c cada 5 minutos hasta un máximo de 10 dosis.* 
• Al llorar y recibir comprensión • Al levantar las manos por encima de la cabeza • Con el movimiento suave • Con el aire fresco • Con las bebidas frías • Con las compresas frías	• Con el calor • Con las temperaturas extremas • Al acostarse sobre el lado dolorido • Al atardecer y por la noche	**Pulsatilla - ver pp. 68-69** *Tome 30c cada 5 minutos hasta un máximo de 10 dosis.* 
• Al permanecer de pie o sentarse erguida • En habitaciones calientes • Al aplicar compresas tibias sobre los pechos	• Con el movimiento • Con el ruido • Con la presión • Al acostarse, sobre todo del lado derecho • Por la noche	**Belladonna - ver p. 86** *Tome 30c cada hora hasta un máximo de 10 dosis.* 
• Por factores no específicos	• Con el calor • Por la noche	**Chamomilla - ver pp. 134-135** *Tome 30c cada 4 horas hasta un máximo de 6 dosis.* 

PROBLEMAS INFANTILES

La homeopatía es sumamente popular entre los padres porque les ofrece una forma de tratar las enfermedades corrientes de sus hijos sin los efectos secundarios de algunos medicamentos tradicionales. La homeopatía es muy eficaz para los niños porque el sistema inmunológico de estos es muy sensible y, en general, no están agotados por el estrés, por una dieta crónicamente mala ni por demasiados antibióticos u otras drogas. Las enfermedades de la infancia ponen a prueba la fuerza vital (ver pp. 18-19), preparando así el sistema inmunológico para que se enfrente más tarde a enfermedades más graves.

EL CÓLICO (espasmo de los intestinos) es más común en los tres primeros meses. Los bebés que padecen de cólicos levantan las piernas, lloran y se ponen colorados. Se cree que el problema se debe al hecho de tragar aire, a la deshidratación, a la ansiedad de la madre o a algo transmitido por la leche del pecho (el trigo, la col, los productos lácteos y los cítricos son los frecuentes culpables).

EL INSOMNIO de los bebés puede deberse a hambre, gases, cólicos, pañales sucios, dentición, ira, estimulación excesiva, o frío. En los niños mayores puede deberse a la irregularidad en el horario de acostarse, a un exceso de calor o de frío, a la mala ventilación de la habitación, al exceso de cansancio, al exceso de cafeína de las bebidas con cola, a una alergia alimentaria, al ruido, el estrés o la ansiedad.

LOS PROBLEMAS DE DENTICIÓN provocan dolor de encías, fiebre, irritabilidad y diarrea causada por la tensión del dolor. Nunca dé por sentado que la fiebre se debe al dolor de la dentición y no a una infección.

EL SARPULLIDO DEL PAÑAL es una irritación de la piel que se produce como reacción a las sustancias contenidas en la orina y las heces, o a los detergentes utilizados en el lavado de pañales no descartables. La piel de las nalgas, los muslos y los genitales duele, se enrojece, se mancha y supura.

MOJAR LA CAMA puede deberse a que la función del sistema nervioso que regula el control de la vejiga aún no se ha desarrollado totalmente. Un niño que ha permanecido seco toda la noche puede empezar a mojar la cama debido a la ansiedad, a un susto o shock, a una alergia alimentaria, a la tos o a la infección de las vías urinarias.

COLICO DE BEBES

ENFERMEDAD	SINTOMAS	CAUSA E INICIO
LAS RODILLAS DEL BEBE ESTAN LEVANTADAS HASTA LA BARBILLA	❑ Irritabilidad ❑ Llanto furioso.	• *Tragar aire al comer*
DOLOR PUNZANTE REPENTINO QUE SE MANIFIESTA CON MOVIMIENTOS BRUSCOS Y LLANTO	❑ Estómago hinchado ❑ El dolor no se alivia con los eructos.	• *Flatulencia* • *Inicio repentino*
COLICO CON LLANTO ANTE EL MENOR MOVIMIENTO	❑ Dolor punzante repentino que se produce con el más leve movimiento ❑ Deposiciones secas ❑ Boca seca.	• *Deshidratación*
COLICO VIOLENTO CON LLANTO FURIOSO	❑ Irritabilidad ❑ Es imposible calmar al bebé salvo alzándolo y teniéndolo en brazos.	• *Ira*

LA FIEBRE suele ser una señal de que el organismo está luchando contra una infección. Los síntomas incluyen inquietud, piel caliente y temperatura elevada. Cualquier cosa que debilite el sistema inmunológico, como la exposición al frío, hace que la infección sea más probable.

EL OIDO PEGAJOSO se produce cuando hay una acumulación de fluido viscoso en el oído medio, que puede perjudicar la audición. Suele ser provocado por una infección crónica, pero puede deberse a alergias o exposición a las corrientes.

PRECAUCIONES

Cólico Si el llanto es anormal y el bebé queda pálido, debilitado y tiene vómitos o diarrea, consulte a un médico.

Mojar la cama Si sospecha que existe infección de las vías urinarias, consulte al médico en un plazo de 48 horas.

Fiebre Si está asociada a dificultades respiratorias, tos, convulsiones, irritabilidad, somnolencia inusual, llanto agudo, dolor de cabeza o intolerancia a la luz, o si la temperatura no baja de los 39°C, consulte a un médico.

Si se presentan diarrea, vómitos, rigidez de cuello o sarpullido rojizo, o el niño se toca la oreja, consulte a un médico inmediatamente.

TRATAMIENTOS DE AUTOAYUDA

Cólico *Si se alimenta con mamadera, agrande el agujero de la tetina. Si la madre está cansada de amamantar, debería aumentar la ingestión de líquidos y descansar un poco.*

Insomnio *Intente acostar al bebé más o menos todos los días a la misma hora. La temperatura de la habitación debería ser aproximadamente de 16 a 20° C. Evite que el bebé se sobreexcite antes de la hora de acostarse y dele de comer.*

Si un niño más grande parece cansado y luego se vuelve muy activo y se despierta con frecuencia durante la noche, adelante la hora de acostarlo unos 15 minutos cada 3 noches. Evite las comidas tardías y dele al niño un baño tibio y relajante antes de acostarlo.

Problemas de dentición *Adminístrele* Calc. fluor *y* Calc. phos *o una* Combinación R *de sales de tejidos durante el período de dentición (ver p. 227).*

Sarpullido del pañal *Lave la zona afectada con una solución de caléndula e hypericum, seque bien y luego aplique crema de caléndula (ver p. 227). Cambie el pañal con más frecuencia.*

Fiebre *Pase una esponja por la cara, los brazos, las piernas y el cuerpo del niño con agua tibia y seque dando golpecitos con una toalla. Repita 6 veces y vuelva a repetir 2 horas después. Dele mucho líquido.*

EL NIÑO SE SIENTE MEJOR	EL NIÑO SE SIENTE PEOR	REMEDIO Y DOSIFICACION
• Con la presión suave sobre el estómago • Con el calor y al dormir • Al liberar la flatulencia	• Cuando es alimentado • Alrededor de las 4 de la mañana	**Colocynthis - ver p. 94** *Dele 6c cada 5 minutos hasta un máximo de 10 dosis.* 
• Con lo templado • Con la presión suave sobre el estómago	• Al acostarse sobre el lado derecho • Por la noche y con el tacto • Después de que lo desvisten • Si se le enfría el estómago	**Mag. phos. - ver p. 134** *Dele 6c cada 5 minutos hasta un máximo de 10 dosis.* 
• Con el descanso • Con el aire fresco • Con compresas frías	• Con el ruido y la luz brillante • Por la mañana • Alrededor de las 9 de la noche y las 3 de la mañana	**Bryonia - ver p. 88** *Dele 30c cada 5 minutos hasta un máximo de 10 dosis.* 
• Con el movimiento	• Con el calor • Después de eructar • Por la noche	**Chamomilla - ver pp. 134-135** *Dele 6c cada 5 minutos hasta un máximo de 10 dosis.* 

INSOMNIO

ENFERMEDAD	SINTOMAS	CAUSA E INICIO
INSOMNIO CON IRRITABILIDAD E IRA EN LOS BEBES	❑ Ojos entreabiertos mientras duerme ❑ Gemidos durante el sueño ❑ Cuando el bebé se despierta es imposible calmarlo.	• *Ira* • *Dentición*
INSOMNIO DEBIDO A LA SOBREEXCITACION EN NIÑOS MAYORES	❑ Estado de sobreexcitación que impide dormir ❑ Se despierta en un estado de excitación y empieza a jugar con sus juguetes	• *Demasiada estimulación y excitación*

PROBLEMAS DE DENTICION

ENFERMEDAD	SINTOMAS	CAUSA E INICIO
DENTICION CON UNA MEJILLA CALIENTE Y ROJA Y LA OTRA PALIDA	❑ Irritabilidad e ira ❑ El bebé sólo se calma si lo alzan ❑ El bebé protesta cuando vuelven a dejarlo en su cuna ❑ Encías muy inflamadas que duelen al tocarlas ❑ Diarrea maloliente que puede ser provocada por el dolor.	• *Dolor de la dentición*
DENTICION CON CARA CALIENTE Y ENROJECIDA Y PUPILAS DILATADAS	❑ Inquietud ❑ Fiebre aparentemente alta ❑ Encías inflamadas ❑ Boca caliente y seca.	• *Encías inflamadas* • *Inicio repentino*
DENTICION CON DOLOR AGUDO	❑ El bebé parece asustado por la intensidad del dolor ❑ Encías doloridas e inflamadas ❑ Inquietud ❑ Da vueltas de un lado a otro incluso mientras duerme.	• *Inicio repentino*

SARPULLIDO DEL PAÑAL

ENFERMEDAD	SINTOMAS	CAUSA E INICIO
SARPULLIDO SECO, ROJO Y ESCAMOSO	❑ El bebé puede sufrir de piel seca ❑ La piel de alrededor del pañal es seca, roja e irritable.	• *Piel sensible con reacción a los gérmenes en la zona del pañal*
SARPULLIDO CON PEQUEÑAS PUSTULAS	❑ Mucha picazón en la piel ❑ Ampollas alrededor de la zona del pañal ❑ Inquietud.	• *Reacción al detergente utilizado para lavar los pañales.*

EL NIÑO SE SIENTE MEJOR	EL NIÑO SE SIENTE PEOR	REMEDIO Y DOSIFICACION
• Cuando lo alzan • Con el clima cálido y lluvioso	• Con el exceso de calor • Con el tiempo frío y ventoso • Después de eructar • Por la noche, desde las 9 en adelante	**Chamomilla - ver pp. 134-135** *Dele 30c cada 30 minutos empezando una hora antes de irse a dormir. Si el niño se despierta, dele 30c cada 30 minutos hasta un máximo de 10 dosis.*
• Con lo templado • Al acostarse	• Con el exceso de excitación • Si duerme en una corriente de aire • Con el ruido • Con el frío • Con los olores fuertes	**Coffea - ver p. 125** *Dele 6c cada 30 minutos empezando una hora antes de irse a dormir. Si el niño se despierta, dele 6c cada 30 minutos hasta un máximo de 10 dosis.*
• Cuando lo alzan	• Con la ira • Con el calor • Con el aire fresco • Por la noche, desde las 9 en adelante	**Chamomilla - ver pp. 134-135** *Dele 30c cada 30 minutos, o con mayor frecuencia si el dolor es agudo, hasta un máximo de 10 dosis.*
• Con lo templado	• Con el movimiento, la luz y el ruido • Con la presión en las encías • Al acostarse • Por la noche	**Belladonna - ver p. 86** *Dele 30c cada 30 minutos o con mayor frecuencia si el dolor es agudo, hasta un máximo de 10 dosis.*
• Con el aire fresco	• En habitaciones calientes • Al acostarse sobre el lado dolorido • Al atardecer y por la noche	**Aconite - ver p. 82** *Dele 30c cada 30 minutos o con mayor frecuencia si el dolor es agudo, hasta un máximo de 10 dosis.*
• Con el aire fresco • Si está abrigado y seco	• Si lleva demasiada ropa • Al lavarse • Con el calor y el exceso de abrigo	**Sulphur - ver pp. 76-77** *Dele 6c 4 veces al día hasta un máximo de 5 días.*
• Al cambiar de posición • Si está abrigado y seco	• Después de desvestirlo	**Rhus tox. - ver p. 108** *Dele 6c 4 veces al día hasta un máximo de 5 días.*

MOJAR LA CAMA

ENFERMEDAD	SINTOMAS	CAUSA E INICIO
MOJAR LA CAMA DURANTE UN SUEÑO	❑ La orina se elimina durante un sueño o pesadilla.	• *Función del sistema nervioso no totalmente desarrollada (ver p. 214)*
MOJAR LA CAMA POCO DESPUES DE QUEDARSE DORMIDO	❑ Ocurre a menudo en niños excitables y sociables que se implican mucho en todo, son hipersensibles y se preocupan profundamente por la injusticia.	• *Tos* • *Tensión emocional* • *Muerte de un ser querido* • *Susto grave*

FIEBRE

ENFERMEDAD	SINTOMAS	CAUSA E INICIO
FIEBRE ASOCIADA CON TEMOR	❑ Rostro pálido ❑ Inquietud ❑ Sed.	• *Exposición al tiempo frío, seco y ventoso* • *Inicio repentino*
FIEBRE CON CARA CALIENTE Y ENROJECIDA Y MIRADA FIJA	❑ Fiebre muy alta con pulso martillante ❑ Piel seca y caliente.	• *Inicio repentino*
FIEBRE EN LAS PRIMERAS ETAPAS DE LA INFECCION	❑ Mejillas rojas ❑ Pulso débil y rápido ❑ Sudoración abundante ❑ Temblores ❑ Dolor de cabeza palpitante.	• *Inicio gradual*
FIEBRE ASOCIADA CON ANSIEDAD	❑ Inquietud ❑ Sensibilidad al frío y agotamiento ❑ Dolor ardiente en las extremidades ❑ Deseo de tomar sorbos pequeños y frecuentes de bebidas tibias.	• *Infecciones, sobre todo relacionadas con el sistema gastrointestinal*

OIDO PEGAJOSO

ENFERMEDAD	SINTOMAS	CAUSA E INICIO
OIDO PEGAJOSO CON INFLAMACION DE LAS GLANDULAS DEL CUELLO	❑ Posible descarga del oído ❑ Dolor o sensación de plenitud en el oído ❑ Glándulas del cuello hinchadas ❑ Tendencia a producirse en niños débiles.	• *Exposición a las corrientes y al tiempo frío y ventoso*
OIDO PEGAJOSO CON MUCOSIDAD ESPESA Y VISCOSA	❑ La mucosidad gotea por la garganta, desde los senos nasales ❑ Dolor o sensación de plenitud en la oreja ❑ Dolor sordo en la parte superior de la nariz.	• *Tendencia al catarro*

EL NIÑO SE SIENTE MEJOR	EL NIÑO SE SIENTE PEOR	REMEDIO Y DOSIFICACION
• Con una siesta	• Al acostarse sobre el lado derecho • Con el movimiento • Con la presión • Con el tacto	**Equisetum - ver p. 128** *Dele 6c una vez a la hora de acostarse hasta un máximo de 14 noches.*
• Con el tiempo cálido y húmedo	• Con el tiempo frío y seco • Con los dulces	**Causticum - ver p. 123** *Dele 6c una vez a la hora de acostarse hasta un máximo de 14 noches.*
• Con el aire fresco	• En habitaciones tibias • Con el humo del tabaco • A la medianoche	**Aconite - ver p. 82** *Dele 30c cada hora hasta un máximo de 10 dosis.*
• Al permanecer de pie o sentado en posición erguida • Con lo templado	• Con el movimiento • Con la luz, el ruido y la presión • Al acostarse sobre el lado derecho • Por la noche	**Belladonna - ver p. 86** *Dele 30c cada hora hasta un máximo de 10 dosis.*
• Con compresas frías en la cabeza • Con el movimiento suave	• Con el movimiento y el tacto • Al acostarse sobre el lado derecho • Con el calor excesivo • Entre las 4 y las 6 de la mañana	**Ferrum phos. - ver p. 98** *Dele 30c cada hora hasta un máximo de 10 dosis.*
• Si tiene calor • Con compresas frías en la cabeza • Con bebidas tibias • Al acostarse con la cabeza en alto	• Con el olor o la visión de la comida • Con los alimentos y las bebidas fríos • Con el tiempo frío y ventoso • Entre la medianoche y las 2 de la mañana	**Arsen alb. - ver pp. 52-53** *Dele 6c cada hora hasta un máximo de 10 dosis.*
• Cuando está ligeramente estreñido • Al acostarse sobre el lado afectado	• Con el esfuerzo • Entre las 2 y las 3 de la mañana	**Calc. carb-. - ver pp. 54-55** *Dele 6c 3 veces al día hasta un máximo de 14 días.*
• Con lo templado	• Por la mañana • Con el tiempo caluroso	**Kali bich. - ver p. 103** *Dele 6c 3 veces al día hasta un máximo de 14 días.*

PRIMEROS AUXILIOS

Los remedios homeopáticos pueden desempeñar un papel importante en accidentes y emergencias, sobre todo en el tratamiento de heridas menores. Su propósito es aliviar el dolor, serenar la mente y ayudar al cuerpo a que se cure por sí solo.

En el caso de lesiones menores siga la pauta dada para el tratamiento esencial y elija el remedio adecuado según las alternativas dadas. Pero si se trata de un accidente grave, la prioridad absoluta es conseguir la ayuda de un experto lo más pronto posible.

BOTIQUIN HOMEOPATICO DE PRIMEROS AUXILIOS

Si se guardan en un sitio oscuro, seco y fresco, los remedios homeopáticos conservan su fuerza durante años. Siempre manténgalos fuera del alcance de los niños.

REMEDIOS DE PRIMEROS AUXILIOS
Dosificación Para dolencias graves utilice remedios con una potencia de 30c. En el caso de enfermedades menos agudas utilice una potencia de 6c. La dosis es adecuada para bebés, niños y adultos. Antes de tomar un remedio, enjuagar la boca con agua.

Guarde los siguientes remedios homeopáticos para las emergencias menores.

- Arnica 6c, 30c
Arnica es el remedio más valioso que se puede tener en un botiquín de primeros auxilios. Se consigue en forma de primeros auxilios. Se encuentra en

PROCEDIMIENTO PARA PRIMEROS AUXILIOS

CORTES Y RASPONES	CARACTERISTICAS CLAVE	REMEDIO Y DOSIFICACION
Si un corte o raspón sangra, puede producirse infección debido a la rotura de la piel. También puede haber magullón.	❑ La herida tiene un magullón de moderado a grave	**Arnica - ver p. 85** *Tome 30c cada 2 horas hasta un máximo de 6 dosis, luego 3 veces al día hasta un máximo de 3 días.*
TRATAMIENTO ESENCIAL • Limpie la herida bien con algodón esterilizado empapado en una solución de caléndula e hypericum • Aplique crema de caléndula • Cubra los cortes y raspones menores con un vendaje esterilizado; deje así de 2 a 3 días.	❑ La herida parece entumecida y fría ❑ Al aplicar una compresa fría se suaviza la herida.	**Ledum - ver p.105** *Tome 6c cada 2 horas hasta un máximo de 6 dosis, luego 3 veces al día hasta un máximo de 3 días.*
	❑ Herida con dolor nervioso punzante.	**Hypericum - ver p. 102** *Tome 30c cada 2 horas hasta un máximo de 3 días.*

QUEMADURAS Y ESCALDADURAS	CARACTERISTICAS CLAVE	REMEDIO Y DOSIFICACION
Las quemaduras y escaldaduras menores resultan dolorosas; evite tocarlas más de lo necesario. **TRATAMIENTO ESENCIAL** • Sumerja la herida en agua corriente fría para refrescar la piel y reducir el dolor • Aplique ungüento de urtica para suavizar las quemaduras superficiales.	❑ La quemadura puede formar una ampolla ❑ Dolor abrasador y punzante ❑ Al aplicar una compresa fría se suaviza la quemadura o escaldadura.	**Arnica - ver p. 85** *Tome 30c cada 15 minutos hasta un máximo de 3 dosis* SEGUIDO DE **Cantharis - ver p. 107** *Tome 30c cada 15 minutos hasta un máximo de 6 dosis.*
ADVERTENCIA Si la quemadura es más grande que la palma de una mano, consulte al médico inmediatamente.	❑ Constante dolor con escozor de la quemadura o la escaldadura.	**Urtica - ver p. 111** *Tome 6c cada 15 minutos hasta un máximo de 10 dosis.*

pastillas, crema o tintura. En el aspecto emocional ayuda a estabilizar los nervios después de sufrir una lesión y en el aspecto físico reduce la hinchazón y cicatriza los tejidos contusionados
- **Apis** 30c (No tome el remedio Apis por debajo de 30c durante el embarazo.)
- **Bryonia** 30c
- **Cantharis** 6c, 30c
- **Euphrasia** 6c
- **Glonoin.** 30c
- **Hypericum** 30c
- **Ledum** 6c
- **Nux vomica** 6c
- **Phos.** 6c
- **Rhus tox.** 6c
- **Ruta grav.** 6c
- **Silicea** 6c
- **Tabacum** 6c
- **Urtica** 6c

CREMAS Y UNGÜENTOS
Las cremas y ungüentos homeopáticos y herbáceos son los mismos y pueden comprarse preparados.
- Crema de **arnica** *(No aplicar sobre la piel abierta.)*
- Crema de **calendula**
- Ungüento de **urtica.**

TINTURAS
Las tinturas homeopáticas son las mismas que las herbáceas y pueden comprarse preparadas
- Tintura de **arnica** (No aplicar sobre la piel abierta.)
- Tintura de **calendula** y tintura de **hypericum** *Para preparar una solución de caléndula e hypericum, añada 10 gotas de tintura de caléndula y 10 de tintura de hypericum a 1,25 litros de agua hervida y enfriada.*
- Tintura de **euphrasia** *Para preparar una solución de euphrasia añada 10 gotas de tintura de euphrasia a 1.25 litros de agua hervida y enfriada.*
- Tintura de **pyrethrum**

REMEDIO DE AUXILIO DE BACH
El Remedio de Auxilio es una tintura apropiada para el nerviosismo y los temblores, la preocupación y el pánico. Siga la dosificación recomendada en el paquete.

Procedimiento para primeros auxilios

PICADURAS DE INSECTOS	CARACTERISTICAS CLAVE	REMEDIO Y DOSIFICACION
Las picaduras de insectos pueden provocar dolor, hinchazón y, a veces, infección. **TRATAMIENTO ESENCIAL** • Retire el aguijón de avispas y abejas con unas pinzas esterilizadas • Aplique tintura de pyrethrum a la picadura. **ADVERTENCIA Si la picadura se produce en el interior de la boca, enjuague esta con agua helada para evitar la hinchazón y consulte a un médico.**	❑ La picadura está hinchada, magullada y duele	**Arnica - ver p. 85** *Tome 30c cada 5 minutos hasta un máximo de 10 dosis* SEGUIDO DE **Ledum - ver p. 105** *Tome 6c cada 8 horas hasta un máximo de 3 días.*
	❑ La picadura está caliente, roja e hinchada.	**Apis - ver p. 84** *Tome 30c cada 15 minutos hasta un máximo de 6 dosis.*

HEMORRAGIAS NASALES	CARACTERISTICAS CLAVE	REMEDIO Y DOSIFICACION
Las hemorragias nasales se producen después de una herida en la nariz, o por sonarse la nariz violentamente. **TRATAMIENTO ESENCIAL** • Para detener la hemorragia, siéntese con la cabeza bien adelantada y apriete la parte inferior de las fosas nasales durante 10 minutos y suelte lentamente. **ADVERTENCIA Si la hemorragia persiste, consulte a un médico.**	❑ Hemorragia nasal después de una lesión.	**Arnica - ver p. 85** *Tome 6c cada 2 minutos hasta un máximo de 10 dosis.*
	❑ Hemorragia nasal provocada por la forma violenta de sonarse la nariz.	**Phos. - ver pp. 66-67** *Tome 6c cada 2 minutos hasta un máximo de 10 dosis.*

Procedimiento para primeros auxilios

GOLPE DE CALOR	CARACTERISTICAS CLAVE	REMEDIO Y DOSIFICACION
Golpe de calor El golpe de calor es provocado por la pérdida de líquidos con el tiempo caluroso y húmedo. **TRATAMIENTO ESENCIAL** Acueste a la persona en un sitio fresco • Dele frecuentes sorbos de agua salada (5 ml/1 cucharadita de las de té de sal por litro de agua).	❑ Dolor de cabeza agudo que se agrava ante el menor movimiento ❑ Náusea.	**Bryonia - ver p. 88** *Tome 30c cada 5 minutos hasta un máximo de 10 dosis.* 
	❑ Dolor de cabeza palpitante y explosivo ❑ Cara caliente ❑ Piel sudorosa.	**Glonoin. - ver pp. 129-130** *Tome 30c cada 5 minutos hasta un máximo de 10 dosis.* 

MAREOS EN LOS VIAJES	CARACTERISTICAS CLAVE	REMEDIO Y DOSIFICACION
El mecanismo del equilibrio del oído interno puede quedar alterado por el movimiento de coches, embarcaciones, trenes o aviones, provocando mareos. Los niños son especialmente vulnerables.	❑ Náusea ❑ Mareos y desmayo ❑ Sensibilidad al frío ❑ Transpiración ❑ Sensación de tener una faja apretada alrededor de la cabeza ❑ Empeora con el humo del tabaco.	**Remedio y dosificación** **Tabacum - ver pp. 138** *Tome 6c cada 15 minutos hasta un máximo de 10 dosis.* 
Nota Los remedios homeopáticos también pueden tomarse 1 hora antes de empezar el viaje para ayudar a prevenir el mareo.	❑ Arcadas ❑ Sensibilidad al frío ❑ Dolor en la nuca o arriba de un ojo ❑ Empeora con la comida, el humo del tabaco y el café.	**Nux vomica - ver pp. 74-75** *Tome 6c cada 15 minutos hasta un máximo de 10 dosis.* 

ASTILLAS	CARACTERISTICAS CLAVE	REMEDIO Y DOSIFICACION
Dado que las astillas rompen la piel, puede producirse una infección. **TRATAMIENTO ESENCIAL** • Quite la astilla con una pinza esterilizada. **ADVERTENCIA Si no está vacunado contra el tétano, consulte a un médico.**	❑ Dolor punzante y ardiente ❑ Aplicar una compresa tibia puede ayudar a hacer salir la astilla a la superficie de la piel.	**Silicea - ver pp. 72-73** *Tome 6c 4 veces al día hasta un máximo de 14 días.* 

AMPOLLAS	CARACTERISTICAS CLAVE	REMEDIO Y DOSIFICACION
Las ampollas son burbujas de líquido que se forman debajo de la piel como resultado de una fricción o una quemadura.	❑ La ampolla arde y pica ❑ Aplicar una compresa fría calma la zona afectada.	**Cantharis - ver p. 107** *Tome 6c 4 veces al día hasta la desaparición del dolor.* 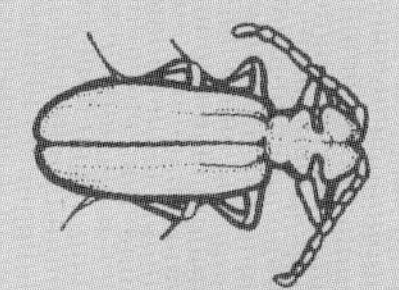
TRATAMIENTO ESENCIAL • Si la ampolla se revienta, lávela con una solución de caléndula e hypericum.	❑ Las ampollas están muy rojas e hinchadas y provocan mucha picazón.	**Rhus tox. - ver p. 108** *Tome 6c 4 veces al día hasta la desaparición del dolor.* 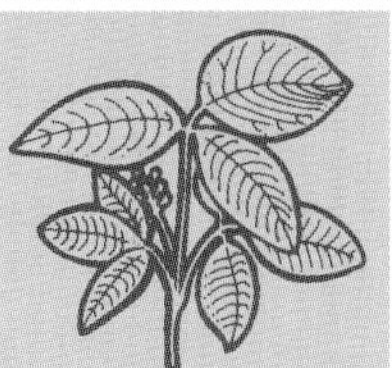

Procedimiento para primeros auxilios

LESIONES OCULARES	CARACTERISTICAS CLAVE	REMEDIO Y DOSIFICACION
La superficie del ojo es muy delicada y puede quedar fácilmente dañada por una lesión o un cuerpo extraño.	❑ Magulladura alrededor del ojo inmediatamente después de la lesión ❑ Ojo en compota.	**Arnica - ver p. 85** *Tome 6c cada 2 horas hasta un máximo de 4 dosis.* 
TRATAMIENTO ESENCIAL • Quite suavemente el polvo y la arena del ojo con agua fría • Para evitar la infección, lave el ojo con una solución de caléndula e hypericum • Si sigue habiendo dolor una vez retirado el cuerpo extraño, lave el ojo con una solución de euphrasia cada 4 horas.	❑ Ojo en compota ❑ Dolor persistente que se alivia al aplicar una compresa fría.	**Ledum - ver p. 105** *Tome 6c cada 2 horas hasta un máximo de 10 dosis.* 
ADVERTENCIA Todas las heridas oculares deberían ser examinadas por un médico. Si se ha introducido algún producto químico en el ojo, o este ha sido penetrado por un objeto puntiagudo, llame una ambulancia.	❑ Dolor persistente después de quitar el cuerpo extraño.	**Euphrasia - ver p. 97** *Tome 6c cada 2 horas hasta un máximo de 3 dosis.* 

ESGUINCES Y TORCEDURAS	CARACTERISTICAS CLAVE	REMEDIO Y DOSIFICACION
Los esguinces, causados por una distensión excesiva de los ligamentos, que unen las articulaciones, pueden ser graves o suaves. Las torceduras (también provocadas por una distensión excesiva) afectan a los músculos. En ambos casos, los síntomas incluyen hinchazón, agarrotamiento y dolor cada vez que se utiliza la articulación o el músculo.	❑ Tirón en tendones y ligamentos ❑ Dolor y agarrotamiento.	**Arnica - ver p. 85** *Tome 30c cada 30 minutos hasta un máximo de 10 dosis.*  SEGUIDO DE **Ruta grav. - ver p. 109** *Tome 6c 4 veces al día hasta la desaparición del dolor y el agarrotamiento.* 
TRATAMIENTO ESENCIAL • Coloque la herida en la posición más cómoda • Para reducir la hinchazón, aplique una compresa fría empapada en agua fría y 10 gotas de tintura de árnica. • Si el esguince afecta el tobillo, aplique crema de árnica y véndelo firmemente. **ADVERTENCIA Si el dolor y la hinchazón no se alivian, consulte a un médico.**	❑ Músculos distendidos ❑ Articulaciones hinchadas y calientes ❑ El dolor es peor al empezar a moverse pero desaparece con el movimiento constante.	**Arnica - ver p. 85** *Tome 30c cada 30 minutos hasta un máximo de 10 dosis.* SEGUIDO DE **Rhus tox. - ver p. 108** *Tome 6c 4 veces al día hasta la desaparición del dolor y el agarrotamiento.* 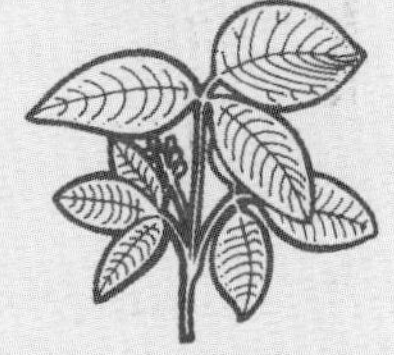

NUTRICION, SUPLEMENTOS Y OTROS REMEDIOS UTILES

Muchas enfermedades pueden prevenirse o mejorarse con una modificación de la dieta, con nutrientes extra en forma de complementos y otros remedios. En los recuadros de Tratamientos de autoayuda *del capítulo titulado* Remedios para enfermedades corrientes *(ver pp. 152-219) se recomiendan complementos alimenticios, sales de tejidos y ungüentos y tinturas herbáceos y homeopáticos. En las páginas siguientes se dan detalles de estos complementos y de otros remedios. Cada entrada proporciona información sobre la fuente, la función, los usos y la dosificación para enfermedades específicas.*

NUTRICION Y COMPLEMENTOS

Una dieta equilibrada debería proporcionar suficiente cantidad de los diversos alimentos que se necesitan normalmente para mantener una buena salud. Pero cuando sobreviene una enfermedad, el organismo puede necesitar ciertos alimentos extra. La mejor forma de obtenerlos es aumentar la ingestión de alimentos específicos, pero también pueden conseguirse con los complementos alimenticios. La dosificación que se da aquí es para casos de enfermedades específicas y no una dosificación diaria recomendada.

NOTAS IMPORTANTES

- Nunca exceda las dosis recomendadas de ninguno de los complementos. La información sobre la dosificación que aparece en los envases de los complementos varía enormemente, de modo que asegúrese de leer el envase atentamente y, en caso de duda, consulte a un médico o a un médico especializado en nutrición.
- Si se toman en exceso, las vitaminas solubles en agua, como la B y la C, suelen eliminarse naturalmente, mientras las vitaminas solubles en grasa, como las vitaminas A, D, E y K, se acumulan y provocan daños en los tejidos.
- Salvo que se indique lo contrario, la dosis recomendadas aquí no son adecuadas para los niños.
- Evite tomar complementos alimenticios durante las 14 primeras semanas del embarazo, a menos que sean recomendados por un médico.
- En general, salvo que se indique lo contrario, tome un complemento durante un mes y, si le resulta beneficioso, continúe tomándolo 5 días por semana durante otro mes. Transcurrido ese plazo interrumpa la ingestión y consulte a un médico o a un médico especializado en nutrición.

❑ ACIDOFILOS
Se encuentran en Yogures
Función Proporciona una colonia de bacterias beneficiosas para renovar la flora intestinal; necesarios sobre todo cuando los antibióticos han eliminado las bacterias buenas provocando diarrea o aftas.
Empleo y dosificación En los casos de diarrea y aftas, siga la dosis recomendada en el envase. Los niños pueden tomar la mitad de la dosis de los adultos durante 2 semanas.
Advertencia El uso prolongado de complementos puede ser perjudicial. Después de 1 mes deje de tomarlos durante los fines de semana e interrumpa la dosis después de 3 a 4 meses.

❑ BETA-CAROTENO
Función Tiene las mismas fuentes y función que la vitamina A (ver); beneficioso en el tratamiento del síndrome de fatiga crónica.
Empleo y dosificación Para el síndrome de fatiga crónica tome 4.500 mcg.
Advertencia Si está embarazada o está planificando un embarazo, no tome beta-caroteno salvo bajo vigilancia médica.

❑ BIOFLAVONOIDES
Se encuentran en Alimentos que contienen vitamina C, incluidas verduras y frutas crudas, sobre todo cítricos, y papas nuevas, riñones e hígado.
Función Aumenta la actividad de la vitamina C y actúa como antiviral.
Empleo y dosificación En los casos de llagas, depresión, menstruación abundante, irritabilidad e ira, y venas varicosas siga las dosis recomendadas en el envase.

❑ BIOTINA
Se encuentra en Productos lácteos, cereales integrales y carne.
Función Ayuda a evitar la formación de hongos.
Empleo y dosificación En los casos de depresión e insomnio, tome 200 mcg por día.

❑ CALCIO
Se encuentra en Espinacas, perejil, leche, queso, semillas de sésamo, pan integral, porotos, almendras, broccoli, nabos, aguas duras, y pescado, incluidas las huevas de arenque.
Función Se encuentra en huesos, dientes, músculos, nervios y sangre; especialmente necesarios para el crecimiento de los niños y para prevenir la osteoporosis en mujeres mayores.
Empleo y dosificación En los casos de ansiedad, ira, calambres en el embarazo, depresión, menstruación abundante o dolorosa, dilatación de próstata y reumatismo, tome 500 mg diarios; en la menopausia tome hasta 1 g diario.
Advertencia Si está embarazada tome complementos de calcio sólo bajo la supervisión de un médico.

❑ ACEITE DE HIGADO DE BACALAO
Se encuentra en El hígado de bacalao.
Función Reemplaza la vitamina A (ver) y la vitamina D (ver)
Empleo y dosificación En los casos de osteoartritis, siga las dosis recomendadas en el envase.

❑ COBRE
Se encuentra en Riñones, hígado, frutos secos, mariscos, cacao, frutas con carozo y agua.
Función Esencial para la salud de los glóbulos y el crecimiento de los huesos.
Empleo y dosificación Consulte a un médico si padece osteoartritis o síndrome de fatiga crónica, para los que a veces se recomiendan los complementos. La mayoría de la gente obtiene cantidades adecuadas de cobre de los principales alimentos que lo contienen y del agua de las cañerías de cobre.
Advertencia Si está deprimido, evite las cantidades excesivas.

❑ JUGO DE ARANDANOS
Función Reduce la capacidad de las bacterias de adherirse al revestimiento de la vejiga y de las vías urinarias.
Empleo y dosificación En los casos de cistitis, tome un vaso por día mientras dure el trastorno.

❑ ACEITES MARINOS ECOLOGICOS
Se encuentran en Pescados, sobre todo pescados grasos como la caballa.
Función Fortalece las paredes de las células; necesarios para la producción de prostaglandinas (ácidos grasos), que actúan contra la inflamación.
Empleo y dosificación Para el síndrome de fatiga crónica siga la dosis recomendada en el envase.
Advertencia Si padece algún trastorno acompañado de hemorragia, no tome aceites marinos ecológicos sin conocimiento del médico.

❑ ACEITE DE PRIMULA
Se encuentra en Verduras, porotos y cereales integrales.
Función Fortalece las paredes de las células; necesario para la producción de prostaglandinas (ácidos grasos), que actúan contra la inflamación.
Empleo y dosificación En los casos de síndrome de fatiga crónica, eczema, migraña, menstruaciones dolorosas y SPM tome hasta 2 g por día; en los casos de eczema también rompa una cápsula y aplique el aceite directamente sobre la piel sana.
Advertencia Si padece epilepsia, evite los complementos; tome siempre multivitaminas y minerales.

❑ ACIDO FOLICO
Se encuentra en Hígado, espinaca, flor de broccoli, espárragos, remolachas, riñones, col, lechuga, paltas, frutos secos y germen de trigo.
Función Esencial para la formación y funcionamiento del sistema nervioso y los glóbulos; estrechamente relacionado con la vitamina B_{12}.
Empleo y dosificación En los casos de depresión, diarrea, insomnio y nerviosismo en las piernas, tome hasta 400 mcg por día.
Advertencia No tomar con determinadas drogas para la epilepsia, o si tiene un tumor de mama estrógenodependiente; no tomar solo durante más de 1 mes sin vitamina B_{12}.

❑ AJO
Se encuentra en Ajo; también se consigue en cápsulas como un aceite obtenido por prensadura.
Función Antibacteriano y fungicida; reduce la presión sanguínea y el colesterol.
Empleo y dosificación En los casos de infecciones, como el dolor de garganta, siga la dosis máxima recomendada en el envase.

❑ EXTRACTO DE MEJILLON VERDE
Se encuentra en Mejillones de labios verdes de Nueva Zelanda.
Función Reduce la inflamación que acompaña al dolor de las articulaciones.
Empleo y dosificación En los casos de osteoartritis, siga la dosis recomendada en el envase.

❑ HIERRO
Se encuentra en Pescados, huevos, hígado, carnes rojas, legumbres, harina de avena, cebada, pan integral y de harina de trigo, melaza de caña, verduras, frutos secos y semillas.
Función Protege contra la anemia; necesario para la formación de la hemoglobina, que aporta oxígeno a los glóbulos rojos.
Empleo y dosificación En los casos de catarro, cansancio, síndrome de fatiga crónica, caída del cabello, menstruación abundante, laringitis, osteoartritis, nerviosismo en las piernas, sinusitis y amigdalitis, tome hasta 14 mg por día.
Advertencia Si los complementos le provocan estreñimiento, tome en su lugar un tónico herbáceo líquido que contenga hierro.

❑ ALGAS MARINAS
Se encuentran en Algas marinas
Función Fuente de yodo, esencial para el funcionamiento de la tiroides, que ayuda a mantener el ritmo metabólico normal.
Empleo y dosificación En los casos de osteoartritis, siga la dosis recomendada en el envase.

❑ LECITINA
Se encuentra en granos de soja, aceites vegetales y de semillas, frutos secos, germen de trigo, yema de huevo e hígado.
Función Emulsionante de las grasas.
Empleo y dosificación En el caso de dilatación de próstata, tome 1,2 g por día.

❑ LICINA
Se encuentra en Proteínas, sobre todo animales.
Función Uno de los ocho aminoácidos esenciales, transporta los ácidos grasos de las células.
Empleo y dosificación En los casos de llagas tome un máximo de 1,2 g por día.
Advertencia Puede aumentar los niveles de colesterol y triglicéridos (grasa común).

❑ MAGNESIO
Se encuentra en Soja, camarones, verduras, agua dura, cereales integrales y frutos secos.
Función Necesario para el metabolismo de las proteínas y los hidratos de carbono.
Empleo y dosificación Para los casos de ansiedad, depresión, síndrome de fatiga crónica, estreñimiento, calambres, calambres durante el embarazo, fiebre del heno o rinitis alérgica, ira e irritabilidad, menstruaciones dolorosas, dilatación de próstata y reumatismo, tome hasta 300 mg al día.
Advertencia Si está embarazada, tome complementos de magnesio sólo bajo la supervisión de un médico.

❑ MANGANESO
Se encuentra en Frutos secos, té, cereales integrales y verduras.
Función Ayuda a proteger contra la infertilidad y los problemas del parto; interviene en el crecimiento y en las funciones del sistema nervioso; y en el metabolismo de grasas, minerales y hormonas.
Empleo y dosificación En los casos de síndrome de fatiga crónica, calambres en el embarazo y osteoartritis, tome hasta 500 mg diarios.
Advertencia Si está embarazada tome complementos de manganeso sólo bajo la supervisión de un médico.

❑ MULTIVITAMINAS Y MINERALES
Se encuentran en Todos los alimentos.
Función Reponen las reservas de las principales vitaminas y minerales.
Empleo y dosificación En los casos de ausencia de menstruación, cansancio y SPM, tome un complemento diario que no exceda los 25 mg de cada una de las siguientes: vitamina B_1, B_5 y B_6.

❑ POTASIO
Se encuentra en Harina de soja, fruta, leche, carne vacuna, verduras y cereales integrales.
Función Importante para la función de nervios y músculos, y para el equilibrio del agua.
Empleo y dosificación Para los calambres del embarazo, la depresión y los dolores de cabeza, tome hasta un máximo de 900 mg diarios, también se puede obtener como un sustituto de la sal que contiene potasio y/o cloruro de sodio; use este en la misma forma y cantidad que la sal común.
Advertencia Si está embarazada, tome complementos de potasio sólo bajo la supervisión de un médico.

❑ SELENIO
Se encuentra en Ajo, levadura, huevos, pescado, mariscos, menudos y verduras.
Función Necesario para la buena salud del corazón y el hígado y para la formación de glóbulos blancos.
Empleo y dosificación En los casos de síndrome de fatiga crónica, menopausia y osteoartritis, tome hasta 200 mcg por día. La caída del cabello puede ser síntoma de un exceso o una deficiencia de selenio. La dosis ideal recomendada es de 45-75 mcg para los hombres y 45-60 mcg para las mujeres.

❑ VITAMINA A
Se encuentra en Queso, huevos, manteca, margarina, menudos, aceites de pescado y verduras.
Función Puede aumentar la resistencia a ciertas enfermedades; importante para la función del ojo y las membranas de las células.
Empleo y dosificación En los casos de resfríos y gripe, acné, menstruación abundante, osteoartritis, crecimiento deficiente y piel escamosa, tome hasta un máximo de 4,5 mg por día. La caída del cabello puede ser síntoma de un exceso o una deficiencia de vitamina A. Para los hombres, 700 mcg y para las mujeres 600 mcg es la dosis ideal recomendada.
Advertencia Embarazada o planificando un embarazo, no tome vitamina A salvo bajo la supervisión de un médico; evítela si sufre dolores de cabeza.

❑ VITAMINAS DEL COMPLEJO B
Se encuentran en Una variedad de alimentos, como cereales integrales, frutos secos, legumbres, levadura, pescado, menudos, pan integral, productos lácteos y verduras.
Función Necesarias para el metabolismo de grasas, proteínas e hidratos de carbono, así como para los neurotransmisores y las formación de los glóbulos.
Empleo y dosificación Tome un complemento diario que no contenga más de 25 mg de cada una de las vitaminas B_1, B_5 y B_6 para los siguientes trastornos: acné, eczema, ansiedad, irritabilidad e ira, depresión, sinusitis, catarro, caída del cabello, úlceras bucales, laringitis, amigdalitis, diarrea, osteoartritis, nerviosismo en las piernas, menopausia y menstruación dolorosa.

❑ VITAMINA B_1 (Tiamina)
Se encuentra en Frutos secos, porotos, arvejas, legumbres, levadura, cerdo, carne vacuna, hígado y pan integral.
Función Necesaria para el metabolismo de los hidratos de carbono.
Empleo y dosificación En los casos de depresión, fatiga e insomnio, tome hasta un máximo de 25 mg por día.

❑ VITAMINA B_2 (Riboflavina)
Se encuentra en Leche, queso, huevos, pescado, verduras y extracto de levadura.
Función Interviene en el metabolismo de grasas, proteínas e hidratos de carbono.
Empleo y dosificación En los casos de llagas en los labios o la lengua, tome hasta un máximo de 25 mg por día.
Nota La orina suele quedar amarilla, pero no tiene importancia.

❑ VITAMINA B_3 (Niacina y Acido nicotínico)
Se encuentra en Cereales integrales, carne, pescado, legumbres, menudos y frutos secos.
Función Necesaria para el metabolismo en general.
Empleo y dosificación En los casos de dolor de cabeza, tome hasta un máximo de 25 mg diarios.

❑ VITAMINA B_5 (Acido pantoténico)
Se encuentra en Muchos alimentos diferentes, sobre todo en carne, huevos y cereales integrales.
Función Interviene en el metabolismo de los aminoácidos, hidratos de carbono y grasas.
Empleo y dosificación En los casos de síndrome de fatiga crónica tome hasta un máximo de 25 mg por día.

❑ VITAMINA B_6 (Piroxidina)
Se encuentra en Frutos secos, semillas, verduras, bananas y en la mayoría de las demás frutas, cereales integrales, hígado y paltas.
Función Interviene en el metabolismo de los minerales, de ciertas sustancia químicas y nutrientes del organismo.
Empleo y dosificación En los casos de menstruación abundante, migrañas, SPM y reumatismo, tome hasta un máximo de 25 mg diarios.

❑ VITAMINA B_{12} (Cobalamina)
Se encuentra en Menudos, pescado, cerdo, huevos, queso, yogur, leche y levadura.
Función Necesaria para la producción de hemoglobina y el funcionamiento del sistema nervioso. Su deficiencia provoca anemia, fatiga y falta de coordinación. La deficiencia puede no deberse siempre a la dieta sino a una absorción inadecuada de la vitamina por parte del intestino.
Empleo y dosificación En los casos de fatiga, siga la dosis recomendada en el envase. (En el caso de anemia perniciosa, un médico administrará una inyección.)

❑ VITAMINA C (Acido ascórbico)
Se encuentra en Frutas y verduras crudas, sobre todo en los cítricos y las verduras de hoja verde, morrones, papas nuevas, grosellas negras, escaramujos, broccoli, leche, hígado y riñones.
Función Ayuda a reparar las heridas y prevenir infecciones; vital para el metabolismo de las células; colabora en la absorción del hierro; los ancianos, los fumadores, las mujeres que toman anticonceptivos orales, los bebedores y aquellos que toman cierto tipo de medicación incluida aspirina, esteroides y antibióticos pueden necesitar una dosis extra de vitamina C.
Empleo y dosificación Tome 500 mg al día en los casos de acné, ansiedad, catarro, fiebre del heno o rinitis alérgica, llagas, estreñimiento, depresión, eczema, caída del cabello, insomnio, irritabilidad e ira, menopausia, migraña, osteoartritis, menstruación dolorosa, dolor de garganta y venas varicosas. Tome hasta 2.000 mg diarios en los casos de síndrome de fatiga crónica, sinusitis aguda, resfríos, gripe, laringitis y amigdalitis. Si le provoca diarrea, reduzca la dosis en 500 mg.

❑ VITAMINA D (Calciferol)
Se encuentra en Productos lácteos, aceites vegetales, grasas animales y aceites de hígado de pescado. También la produce el organismo cuando la piel queda expuesta a la luz del sol.
Función Vital para la absorción y el metabolismo del calcio; una deficiencia puede provocar raquitismo.
Empleo y dosificación En los casos de síndrome de fatiga crónica, tome hasta 400 mcg por día.
Advertencia Evítela si sufre de diarrea o si está deprimido.

❑ VITAMINA E (Tocoferol)
Se encuentra en Manteca, cereales integrales, aceite vegetal, germen de trigo, semillas de girasol y huevos.
Función Interviene en la descomposición de las grasas; esencial para las mujeres que toman anticonceptivos orales.
Empleo y dosificación En los casos de migraña, osteoartritis, menstruación dolorosa y nerviosismo en las piernas, tome hasta 100 u.i. (unidades internacionales) por día; en los casos de síndrome de fatiga crónica, SPM, menopausia y venas varicosas, tome hasta 400 u.i., pero no durante más de un mes.
Advertencia Si tiene presión sanguínea alta no tome más de 100 u.i. por día sin consultar a un médico; los diabéticos deberían evitar las dosis de más de 50 u.i. por día.

❑ ZINC
Se encuentra en Levadura, legumbres, verduras, ostras, carne, jengibre, leche, huevos, frutos secos y semillas.
Función Interviene en la absorción y el metabolismo de las vitaminas, los hidratos de carbono y el fósforo; su deficiencia puede ser causa de crecimiento lento, infertilidad, trastornos cutáneos, manchas blancas en las uñas y pérdida del oído, el sabor o el olfato.
Empleo y dosificación En los casos de acné, catarro, llagas, eczema, caída del cabello, menstruación abundante y dolorosa, resfríos, gripe, insomnio y osteoartritis tome hasta 15 mg diarios; en los casos de síndrome de fatiga crónica, laringitis, sinusitis, dolor de garganta y amigdalitis, tome hasta 30 mg diarios.
Advertencia Tome los complementos a última hora de la noche, varias horas después de comer o de tomar otros complementos. Si le producen irritación de estómago, tómelos con las comidas.

REMEDIOS HOMEOPATICOS/HERBACEOS Y SALES DE TEJIDO

Las siguientes tinturas, cremas, ungüentos, sales de tejido y remedios herbáceos se consiguen fácilmente en las tiendas de alimentos integrales y en las farmacias homeopáticas.

El sistema bioquímico de las sales de tejido fue introducido por el médico alemán Wilhelm Schussler entre 1872 y 1898. El creía que muchas enfermedades estaban asociadas a una deficiencia de sustancias inorgánicas, o minerales vitales. Según Schussler, cada deficiencia se caracterizaba por ciertos síntomas y, a su vez, cada enfermedad podía curarse reemplazando el mineral vital que faltaba, o sal de tejido, en una dosis ínfima. Schussler identificó 12 sales de tejido vitales. Las recomendadas en el capítulo de *Remedios para enfermedades comunes* (pp. 152-219) están enumeradas aquí.

Tomados individualmente, o en combinaciones de tres o más minerales (por ejemplo, Combinación H), las sales de tejido son un medio eficaz y seguro de tratar las enfermedades comunes.

NOTAS IMPORTANTES

- No es aconsejable tomar sales de tejido durante las 14 primeras semanas de embarazo; en las semanas posteriores tómelas sólo si es absolutamente necesario (ver pp. 208-209).
- La dosificación de las sales de tejido es adecuada para adultos y niños salvo que se indique lo contrario.

❑ SOLUCION DE ARNICA
Fuente *Arnica montana*
Usos Ayuda a la recuperación de heridas o golpes cuando se produce magulladura e hinchazón.
Modo de empleo Añada 10 gotas de tintura a 300 ml de agua hervida y enfriada. Lave la zona afectada.
Advertencia No aplicar sobre la piel dañada.

❑ CREMA DE CALENDULA
Fuente *Calendula officinalis.*
Usos Sus propiedades antisépticas hacen que sea indicada para lesiones en las que la piel está lastimada o infectada.
Modo de empleo Aplique sobre la zona afectada cada 4 horas, o con mayor frecuencia si es necesario.

❑ SOLUCION DE CALENDULA E HYPERICUM
Fuentes *Calendula officinalis* e *Hypericum perforatum.*
Usos Actúa como antiséptico y calmante del dolor.
Modo de empleo Añada 5 gotas de cada una de estas tinturas a 300 ml de agua hervida y enfriada. Utilice en gárgaras, o aplique sobre la zona afectada 4 veces por día.

❑ CAPSULAS DE GARRA DE DIABLO
Fuente *Harpageophytym procumbens.*
Usos Reduce la inflamación y alivia el dolor.
Modo de empleo En los casos de osteoartritis siga la dosis recomendada en el envase.

❑ TINTURA DE EUPHRASIA
Fuente *Euphrasia officinalis.*
Usos Alivia la inflamación de los ojos; se emplea para eliminar cuerpos extraños de los ojos.
Modo de empleo Mezcle 1 cucharadita de las de té al ras de sal con 300 ml de agua hervida y enfriada. Añada 2 gotas de tintura de euphrasia. Lave los ojos cada 4 horas hasta un máximo de 4 veces al día.

❑ SUPOSITORIOS DE HAMAMELIS
Fuente *Hamamelis virginiana.*
Usos Reduce la inflamación.
Modo de empleo En los casos de hemorroides, aplique un supositorio a la hora de acostarse.

❑ UNGÜENTO DE PAEONIA
Fuente *Paeonia officinalis.*
Usos Reduce la inflamación.
Modo de empleo Aplique sobe la zona afectada dos veces al día.

❑ UNGÜENTO DE TAMUS
Fuente *Tamus communis.*
Usos Acción calmante específica en sabañones.
Modo de empleo Aplique hasta 4 veces al día.
Advertencia No utilice sobre la piel dañada.

❑ TINTURA DE THUJA
Fuente *Thuja occidentalis.*
Usos Para el tratamiento de las verrugas.
Modo de empleo Aplique 2 gotas en un emplasto de tela, cubra la verruga y aplique una gota más todas las noches y todas las mañanas hasta que haya que cambiar el emplasto; luego repita el proceso.

❑ UNGÜENTO DE ORTIGA
Fuente *Urtica urens.*
Usos Reduce la irritación de la piel y alivia el dolor.
Modo de empleo Aplique directamente sobre la zona afectada hasta 4 veces al día.

❑ CALC. FLUOR.
Contiene *Calc. fluor.*
Usos Ayuda a aliviar los problemas de la dentición y los problemas asociados con la circulación lenta, como venas varicosas.
Dosificación En casos agudos, tome 2 pastillas cada 30 minutos hasta obtener alivio; luego reduzca la dosis a 3 veces al día.

❑ CALC. PHOS.
Contiene Calcarea phosphorica.
Usos Alivia los problemas de la dentición; interviene en la digestión y la asimilación de los alimentos.
Dosificación Tome 2 pastillas cada 30 minutos hasta obtener alivio; luego reduzca la dosis a 3 veces al día.

❑ COMBINACION H
Contiene *Mag.phos., Natrum mur.* y *Silicea.*
Usos Alivia la fiebre del heno o rinitis alérgica.
Dosificación En adultos, 4 pastillas y en niños 2 pastillas 3 veces al día; comenzar 6 semanas antes del momento en que se supone que empiezan los síntomas.

❑ COMBINACION Q
Contiene *Ferrum phos., Kali mur. Kali sulph.* y *Natrum mur.*
Usos Ayuda a aliviar el catarro y es bueno para la sinusitis, el resfrío y la gripe.
Dosificación En ataques agudos, para los adultos 4 pastillas y para los niños 2 pastillas cada 30 minutos hasta que los síntomas se alivien; luego reduzca la dosis a 3 veces al día.

❑ COMBINACION R
Contiene *Calc. fluor., Calc. phos., Ferrum phos., Mag phos.* y *Silicea.*
Usos Ayuda a aliviar los problemas de la dentición.
Dosificación Tome 2 tabletas cada 30 minutos hasta que los síntomas se alivien; luego reduzca la dosis a 3 veces al día.

❑ MAG. PHOS.
Contiene *Magnesia phosphorica.*
Dosificación Tome 4 pastillas cada 30 minutos hasta que los síntomas se alivien; luego reduzca la dosis a 3 veces al día.

DIETAS ESPECIALES

Una alimentación saludable, así como los buenos hábitos de sueño y el ejercicio regular, ayudan a proporcionar al organismo las mayores posibilidades de curarse. Los remedios homeopáticos están pensados para trabajar más eficazmente cuando el organismo no está agredido por un exceso de toxinas. Un homeópata puede recomendar que antes de tomar un remedio homeopático el organismo quede desintoxicado para ayudar al metabolismo y optimizar la absorción del remedio.

Para ayudar a desintoxicar el organismo no fume ni beba alcohol y reduzca la ingestión de cafeína. Lea atentamente el contenido de los alimentos envasados para comprobar la existencia de azúcar, sal y aditivos que deberían evitarse. Algunos homeópatas también pueden recomendar que se reduzca el consumo de carne. Los trastornos que se agravan con determinados alimentos pueden verse aliviados con la dieta alcalina o la dieta del hígado. Es improbable que estas dietas provoquen problemas, siempre y cuando usted ingiera una variedad de alimentos. Sin embargo, si padece alguna enfermedad grave o está tomando un medicamento tradicional, consulte a un médico antes de empezar cualquiera de ambas dietas.

La dieta alcalina y la del hígado deberían seguirse durante un mes. Si nota alguna mejoría en su salud, introduzca poco a poco, dos veces por semana, los alimentos que ha suprimido. Analice los efectos. Si los síntomas vuelven a aparecer, intente la dieta durante otro mes y luego reintroduzca gradualmente alimentos específicos a la dieta . Si sigue experimentando problemas, consulte a un homeópata o a un médico especializado en nutrición.

DIETA ALCALINA

Esta dieta se recomienda para trastornos ácidos como osteoartritis, reumatismo y cistitis.

Los ácidos, que se forman naturalmente en los intestinos, suelen quedar neutralizados y eliminados a través del hígado, los pulmones y los riñones. Las enfermedades pueden aparecer si el organismo produce demasiado ácido, o si el proceso metabólico no logra desintoxicarlo. El equilibrio ácido/alcalino del organismo debería ser un 20 por ciento ácido y un 80 por ciento alcalino. Si están desequilibrados, el metabolismo queda saturado de ácido y es incapaz de funcionar adecuadamente. Cuando hay demasiado ácido, en los tejidos se acumulan pequeñas partículas del mismo, lo que provoca dolor e inflamación. Al parecer, cada individuo difiere con respecto a cómo funciona eficazmente su mecanismo de desintoxicación y con qué facilidad puede quedar saturado.

Los alimentos permitidos en la dieta alcalina pueden reducir los niveles generales de acidez del organismo. Los alimentos con poco valor nutritivo y los que contienen harinas blancas, por ejemplo el pan blanco, deberían evitarse de forma permanente.

ALIMENTOS PERMITIDOS
- Pescado, preferentemente fresco y blanco.
- Productos caprinos y ovinos, como leche, queso y yogur
- Leche de soja
- Legumbres (arvejas, porotos, lentejas)
- Avena, arroz negro, choclo, pastas integrales, mijo, pan fresco 100% de centeno y pan sin gluten
- Tortas de harina de avena sin azúcar y muesli, tapioca y pan blanco de arroz
- Todas las frutas secas y las frutas frescas, menos cítricos y tomates, que se pueden comer dos veces por semana
- Todas las verduras
- Todos los frutos secos, sobre todo avellanas, almendras, anacardos y nueces
- Melaza de caña de azúcar y mermelada sin azúcar.
- Café en grano, infusiones de hierbas, jugos de frutas/verduras sin azúcar y sopa de *miso*
- Sustitutos de la sal y cubos de caldo de verduras
- Aceite vegetal y pastas de untar elaboradas con aceite vegetal o aceite de oliva
- Algarroba

ALIMENTOS PERMITIDOS SOLO DOS VECES POR SEMANA
- Pescado ahumado o en conserva
- Carnes blancas y de aves
- Huevos
- Tomates
- Manteca y margarina no vegetal (lo menos posible)

ALIMENTOS A SUPRIMIR
- Carnes rojas (cordero, vacuno, cerdo)
- Productos vacunos, como leche, queso y yogur
- Alimentos que contengan harina integral, entre ellos pan, tortas y galletas (se puede comer pasta integral)
- Salvado
- Cualquier producto que contenga almidón de trigo, almidón comestible, relleno de cereal o proteínas de cereal
- Cítricos y frutas cerosas (aunque inicialmente los cítricos son ácidos, pueden volverse alcalinos una vez digeridos)
- Frutos secos tostados, papas fritas y otros bocados salados
- Azúcar, melaza, jarabe y miel y alimentos que los contengan
- Café, café descafeinado, cacao y té
- Sal, pimienta y vinagre
- Chocolate
- Alcohol
- Alimentos condimentados
- Alimentos fritos
- Alimentos refinados y procesados

Nota La harina blanca y los alimentos de escaso valor nutritivo deberían suprimirse totalmente y no ser reintroducidos en la dieta.

Dieta del higado

Se recomienda en distintas enfermedades, entre otras hemorroides, acné, eczema y menstruación abundante o dolorosa. Los alimentos permitidos en esta dieta son aquellos que al hígado le resulta más fácil metabolizar. Quedan suprimidos los alimentos que al hígado le resulta difícil procesar, para así favorecer su funcionamiento. Esto no significa que exista alguna enfermedad hepática, simplemente que es posible que el hígado no funcione tan bien como debería.

ALIMENTOS PERMITIDOS

- Pescado, preferentemente fresco y blanco
- Legumbres (arvejas, porotos, lentejas)
- Pan integral, cereales integrales, arroz negro y pastas integrales
- Melazas y mermeladas no endulzadas, sin levadura (una vez abiertas, guardar en la heladera)
- Tofu
- Todas las verduras
- Ananás, manzanas, uvas, melones y fruta fresca o envasada en jugo natural
- Almendras, semillas de girasol y sésamo y piñones
- Café de grano, infusiones de hierbas, leche de soja y jugo de fruta no endulzado y preparado con las frutas ya enumeradas.
- Algarroba
- Aceite de oliva, de girasol y pastas de untar elaboradas con aceite vegetal prensado en frío
- Salsas de soja y hierbas

ALIMENTOS PERMITIDOS CON MODERACION

- Bayas, damascos, duraznos, pasas, pasas de Esmirna y dátiles dos veces por semana
- Menos de un octavo de cucharadita de las de té de sal al día
- Ingestión limitada de pescado envasado (si no es al natural, lave el aceite)

ALIMENTOS A SUPRIMIR

- Carne, aves y huevos
- Pan elaborado con harina refinada
- Azúcar, jarabe, melaza y miel, y alimentos que los contengan
- Todos los productos vacunos y caprinos, como leche, queso y yogur
- Tomates, frutas cítricas, paltas, bananas y fruta bien madura
- Frutos secos, excepto almendras
- Café, cacao y té (sólo 2 tazas al día)
- Chocolate
- Alimentos fritos
- Especias
- Alcohol

Alimentos ricos en proteinas y en hidratos de carbono complejos

Estos se recomiendan en los casos de menopausia, migrañas y SPM. Una caída del nivel de azúcar en la sangre puede provocar una migraña o un desequilibrio hormonal. Para asegurarse de que el nivel de azúcar en la sangre es estable, cuando tenga hambre coma pequeñas cantidades de comida en lugar de tomar comidas abundantes.

Evite los hidratos de carbono refinados, que se encuentran en alimentos elaborados con azúcar refinada, productos lácteos (salvo leche y yogur), cafeína y alcohol. En cambio consuma alimentos ricos en proteínas, como pollo, atún y sardinas, e hidratos de carbono complejos entre los que se incluyen papas, pan integral, legumbres, pastas integrales, arroz integral y otros cereales integrales.

Los bocados adecuados incluyen frutos secos o semillas sin tostar, un vaso de leche, yogur y tortas de harina de avena sin endulzar.

Tipos de alimentos

Además de reconocer que los diferentes tipos de personas tienen deseos y aversiones individuales con respecto a la comida, los homeópatas también son conscientes de que ciertos alimentos pueden agravar o sentar mal a ciertas personas y que los diferentes tipos constitucionales suelen tener diferentes preferencias con respecto a los alimentos.

CATEGORIAS DE ALIMENTOS

Alimentos ácidos

- Carnes rojas, carnes blancas y aves
- Productos vacunos
- Trigo
- Frutos secos tostados
- Sal, pimienta y vinagre
- Azúcar y alimentos dulces, chocolate
- Café (tanto cafeinado como descafeinado), té, colas y otras bebidas gaseosas,

Nota Los cítricos deberían eliminarse durante el primer mes de una dieta alcalina (ver p. 228). Inicialmente son ácidos, pero se vuelven alcalinos una vez digeridos

Productos lácteos

- Los productos lácteos incluyen todos los productos ovinos, caprinos y vacunos, incluida manteca, queso, lecho y yogur.

Alimentos grasos

- Carne grasa
- Manteca y queso
- La mayoría de los alimentos procesados y fritos.

Alimentos salados

- Los alimentos con sal y realzadores del sabor agregados como glutamato monosódico
- Carne con conservantes

Nota En lugar de sal de mesa utilice sustitutos de cloruro de potasio/sodio

Alimentos condimentados

- Curris, chiles y alimentos muy condimentados

Alimentos con féculas

- Pan, papas y cereales

Alimentos dulces

- Azúcar, miel, melaza, jarabe, glucosa, jarabe de glucosa, dextrosa y fructosa, y todos los alimentos que los contengan, como tortas, pasteles, budines, bizcochos, dulces y natillas

ALIMENTOS A EVITAR EN DETERMINADAS ENFERMEDADES

Acné

- Mariscos, algas marinas, pan de lava, sal yodada y aceites de hígado de pescado

Hinchazón y flatulencia

- Legumbres
- Cebollas y col
- Frutos secos

Llagas

- Alimentos que contengan arginina, incluidos maníes, chocolate, semillas y cereales

Migraña

- Alimentos salados y fritos
- Aditivos alimentarios
- Alcohol
- Habas
- Chocolate
- Queso y otros productos lácteos
- Cítricos
- Café, bebidas con cola, cacao y té
- Cebollas, sauerkraut
- Mariscos
- Trigo, extracto de levadura
- Carne, sobre todo panceta, hígado, cerdo, salame y salchichas

LA CONSULTA AL HOMEOPATA

Autorrecetarse remedios homeopáticos es una manera segura y eficaz de tratar la mayoría de las enfermedades menores. Sin embargo, que los síntomas persistan o la enfermedad se repita puede ser señal de que existe una enfermedad crónica. Es posible que necesite un tratamiento constitucional (ver pp. 24-25) y debería buscar ayuda profesional de un homeópata calificado. La creciente popularidad de la homeopatía ha hecho que resulte mucho más fácil elegir un facultativo. Si no logra encontrar un homeópata adecuado por recomendación personal, solicite al organismo oficial una lista de los homeópatas de su zona.

¿DONDE SE PRACTICA LA HOMEOPATIA?

En la actualidad muchos países consideran la homeopatía como una alternativa posible a la medicina ortodoxa y a las drogas farmacéuticas.

La homeopatía está oficialmente reconocida como una rama separada de la medicina en la India, que tiene el mayor número de hospitales homeopáticos del mundo.

En Alemania, donde nació la homeopatía, es algo corriente visitar a un homeópata antes que a un médico tradicional.

En Francia muchos médicos practican la homeopatía y la mayoría de las farmacias tiene una amplia variedad de remedios. Algunos hospitales franceses tienen ahora asesores homeopáticos y se calcula que una cuarta parte de todas las recetas son de remedios homeopáticos.

En el Reino Unido, la homeopatía ha sido un método de tratamiento aprobado dentro de la Seguridad Social desde 1950. Con seis hospitales homeopáticos y muchos consultorios privados, la homeopatía es cada vez más popular y recibe el apoyo de la Familia Real.

La homeopatía es muy respetada en los países de América del Sur, donde existe un buen nivel de práctica. También tiene amplia difusión en Estados Unidos y Canadá, y está alcanzando popularidad en Israel y Grecia. En Australia y Nueva Zelandia el número de homeópatas y de personas que buscan tratamiento homeopático ha aumentado constantemente.

En otros lugares del mundo, como Sudáfrica y los estados árabes, la homeopatía no está oficialmente reconocida, y en el este de Europa y algunos países europeos como España, Islandia y Dinamarca, aún no se encuentra bien representada.

LA ELECCION DEL HOMEOPATA

En muchos países, el término homeópata se aplica a dos clases diferentes de facultativo.

Los que pertenecen a la primera clase son médicos calificados que han seguido estudiando homeopatía después de completar su formación médica básica. Aunque cualquiera puede tener la certeza de que en manos de un homeópata formado en medicina está tan a salvo como en las de cualquier otro médico, en el pasado se criticó que su preparación homeopática era de un nivel inferior.En los últimos años, el nivel de la preparación se ha elevado para asegurar una uniformidad de logros en el Reino Unido y en la Comunidad Económica Europea. En el Reino Unido, los homeópatas con formación médica reciben de la Facultad de Homeopatía las iniciales M.F. Hom., o F.F. Hom., por lo general después de concluir un posgrado de dos años de duración. Este título es cada vez más reconocido en el mundo entero.

Los homeópatas de la segunda categoría no tienen título de médicos. Las pautas de la formación homeopática, sobre todo de la formación clínica, la práctica y las regulaciones nacionales varían considerablemente de un país a otro. En Australia también varían de un estado a otro. Son pocos los países en los que están regulados los homeópatas no formados en medicina; Holanda, la India y Alemania son notables excepciones. En muchos países se está revisando este sistema de desregulación. Los organismos profesionales han establecido criterios rígidos en cuanto a la ética y el reconocimiento de homeópatas sin formación médica, aunque la mayoría aún carece de matrícula del gobierno y, por lo tanto, de regulación legal.

En el Reino Unido, los homeópatas sin formación médica deben seguir tres o cuatro años de estudios de especialización en homeopatía y en medicina para satisfacer los requisitos de la Sociedad de Homeópatas y para poder añadir las iniciales R.S. Hom. a su nombre.

QUE HACEN LOS HOMEOPATAS

La primera visita a un homeópata incluye una evaluación de su estado general. Le planteará gran cantidad de preguntas sobre los síntomas de su enfermedad y qué los afecta, su historia médica, su apetito, sus gustos y aversiones con respecto a los alimentos y la regularidad de las funciones de su organismo. Algunas preguntas relacionadas con su ocupación, sus actividades recreativas y su estado emocional tienen el propósito de determinar a qué tipo constitucional se parece usted más.

El homeópata le recetará un remedio que él mismo puede proporcionarle o que puede conseguirse en una farmacia homeopática. Tal vez también le advierta de los cambios que debe realizar en su estilo de vida y en su dieta.

En la segunda consulta, sobre todo si se utiliza un tratamiento constitucional, el homeópata interpretará su respuesta al remedio y decidirá cómo continuar el tratamiento.

El tiempo de la consulta varía, pero para la primera se recomienda un mínimo de 40 minutos (idealmente una hora). Las consultas posteriores suelen durar de 15 a 20 minutos. El número de consultas depende de la gravedad de su estado y del tiempo que lleve enfermo.

DIRECCIONES UTILES

ARGENTINA

Escuela Médica Homeopática Argentina
S. de Bustamante 278 - Capital
Tel. 862.5042
Asociación Médica Homeopática Argentina
Juncal 2884 - Capital
Tel. 826.0911
Instituto de Homeopatía
Teodoro García 2335 - Capital
784.2623
Farmacia Cangallo
Pte. Perón 1670 - Capital
Tel. 37.6444
Homeopática de Flores
Av. Rivadavia 6157 - Capital
Tel. 631.1199
La Recova
Av. Del Libertador 810 - Capital
Tel. 41-1180
Rossi
Arias 2411 - Castelar
Tel. 628.4712
Salvatori
Juramento 2002 - Capital
Tel. 783.1186
Vassallo
R. Gutiérrez 1202 - Olivos
799.2246
Representante de las Flores de Bach para Argentina y Uruguay
Estomba 1782 - Capital

CHILE

Sociedad Médica Homeopática de Chile
Carmen 345 - Santiago
Tel. 222.3678
Homeopatía Hahnemann
Bandera 666 - Santiago
Tel. 698.8290
Moneda 683 - Santiago
Tel. 639.4457
Santo Domingo - Santiago
Tel. 632.8961
Homeopatía Knop Ltd.
Av. Lib. Bdo. O'Higgins 2732 - Santiago
Tel. 689.0557
Homeopatía Lautaro
Eulogio Sánchez 088 - Santiago
Tel. 222.6019

COLOMBIA

Asociación de Terapeutas de Medicina Tradicional
Cra. 63 N∞ 24-07 - Santafé de Bogotá
Tel. 290.1006
Asociación Médica Homeopática de Colombia
Cra. 46 N∞ 26-59 - Santafé de Bogotá
Tel. 244.7156
Fundación Homeopática de Colombia
Cra. 6 N∞ 45-29 - Santafé de Bogotá
Tel. 285.3115
Fundación Colegio Nacional de Medicina Homeopática
Cra. 4 N∞ 58-58 - Santafé de Bogotá
Tel. 249.0075

MEXICO

Unidad Médica Homeópata
Anaxágoras 944
Col. del Valle - México D.F.
Tel. 5.59.75.43
Médica Soham Homeopática
José Martí 243 - B
Col. Escandón - México D.F.
Tel. 272.99.00
Farmacia Central de Homeopatía
Sonora 210 - A esq.
Insurgentes Sur - México D.F.
Tel. 6.74.07.70
Presentaciones Homeopáticas
Reforma 180 - F - México D.F.
Tel. 5.91.08.33
Allen Laboratorios Homeopáticos
República de Colombia 77
Centro - México D.F.
Tel. 7.89.18.05
Laboratorio Central Homeopático
Nápoles 34
México D.F. 06600
Tel. 2.07.90.10

VENEZUELA

Asociación Médica Homeopática Venezolana
Centro Torre Profesional La California, Av. Francisco de Miranda, La California
Caracas. Tel. 265.1434
Fundación Venezolana de Medicina Homeopática
Centro Torre Profesional La California, Av. Francisco de Miranda, La California
Caracas. Tel. 265.1434
Escuela Médica HomeopáticaVenezolana
Esquina San Julián, Dispensario Médico Asistencial Hahneman, Sarria
Caracas. Tel. 573.0842
Farmacia Río de Oro
Av. Principal de Cumbres de Curumo, Res. Sanher, Cumbres de Curumo
Caracas. Tel. 977.1408
Farmacia Terrazas Hahnemann
Av. Nicanor Bolet Peraza, Urbanización Santa Mónica
Caracas. Tel. 693.0976
Farmacia Unida
Sector Ud-2, Bloque 10, Caricuao
Caracas. Tel. 431.1208
Farmacia San Andrés
3a. Avenida con 2a. Transversal. Los Palos Grandes
Caracas. Tel. 283.1057

BIBLIOGRAFIA

Blackie, Marjorie: *The Patienl Not the Cure*, MacDonald, Londres, 1975.
Castro, Miranda: *The i omplete Homoeopathy Handbook,* Macmillan, Londres, 1990.
Coulter, Catherine R: *Portraits of Homoeopathic Medicines, Volume 1,* North Atlantic Books, Berkeley, California, 1986.
Coulter, Catherine R: *Portraits of Homoeopathic Medicines, Volume 2,* North Atlantic Books, Berkeley, California, 1988.
Gaier, Harold: *Thorson's Encyclopedic Dictionary of Homoeopathy,* Thorsons, Glasgow, 1991.
Lesser, Otto: *The Text Book of Homoeopathic Materia Medica,* B. Jain, Nueva Delhi, 1980.
Livingstone, Dr. Ronald: *Evergreen Medicine,* Asher Asher, Poole, Inglaterra, 1991.
Lockie, Dr. Andrew: *The Family Guide to Homeopathy,* Hamish Hamilton, Londres, 1989.
Lockie, Dr. Andrew and **Geddes,** Dr. Nicola: *The Women's Guide to Homoeopathy,* Hamish Hamilton, Londres, 1992.
Mac Repertory and **Reference Works**, computerized data bases, Kent Associates, California, 1986-94.
Murphy, Robin: *Homoeopathic Medical Repertory,* HANA, Colorado, 1993.
Ody, Penelope: *The Herb Society's Complete Medicinal Herbal,* Dorling Kindersley Ltd., Londres, 1993.
Pelikan, Wilhelm: *The Secrets of Metals,* Anthroposophic Press Inc., Nueva York, 1973.
Polunin, Miriam and **Robbins,** Christopher: *The Natural Pharmacy,* Dorling Kindersley Ltd., Londres, 1992.
Shepherd, Dorothy: *Magic of the Minimum Dose,* C. W. Daniel, Saffron Walden, Inglaterra, 1964.
Shepherd, Dorothy: *Physician's Posy,* C. W. Daniel, Saffron Walden, Inglaterra, 1969.
Tyler, Dr. M. L: *Homoeopathic Drug Pictures,* C. W. Daniel, Saffron Walden, Inglaterra, 1952.
Vannier, Leon: *Typology in Homoeopathy,* Beaconsfield Publishers Ltd., Beaconsfield, Inglaterra, 1992.
Vermeulen, Frans: *Synoptic Materia Medica,* Merlijn Publishers, Häarlem, 1992.

INDEX

Números de página en **negrita**: remiten a las entradas del *Indice de remedios homeopáticos*, que incluye detalles de fuentes y partes utilizadas, antecedentes históricos, enfermedades tratadas y tipos constitucionales.

Números de página en *cursiva:* remiten a la entrada de *Remedios para enfermedades comunes*, que incluye detalles de enfermedades, remedios homeopáticos adecuados y otros tratamientos de autoayuda y precauciones.

Nombres de remedios: todos los remedios están clasificados según su nombre homeopático abreviado, con su nombre en latín completo entre paréntesis. Las referencias a los nombres de remedios se hacen a partir de los nombres vulgares.

Tipos constitucionales: la información sobre un tipo constitucional incluye detalles sobre personalidad y temperamento, preferencias alimentarias, temores, aspecto físico y características generales relacionadas con ese tipo.

A

D

E

F

H

I

L

N

O

P

Q

R

T

U

Y

Z

AGRADECIMIENTOS

Agradecimientos de los autores El Dr. Andrew Lockie desea expresar su agradecimiento a: Barbara Lockie por su comprensión, su apoyo y la investigación realizada; David, Kirsty, Alastair y Sandy por su ayuda, aliento y paciencia; y Denis y Mary Thompson por su amplia información e investigación sobre la medicina herbal. La Dra. Nicola Geddes desea agradecer a su compañero Donald por su aliento y su paciencia; y al Dr. Caragh Morris y al personal del Baillieston Homoeopathic Outpatients por su apoyo. Ambos autores quieren agradecer a los tutores y alumnos del Homeopathic Physicians Teaching Group, Oxford, especialmente al Dr. Charles Forsyth, al Dr. John English, al Dr. Brian Kaplan y al Dr. Dee Ferguson por su amable ayuda; a todos los miembros del Tercer Año que actuaron como conejillos de Indias para la realización del cuestionario; a todos los médicos que leyeron y aprobaron la información clínica; a todos los que amable y generosamente les permitieron tomar fotografías, sobre todo a Lesley Adams; al Dr. David Riley por su ayuda con la edición norteamericana; al Dr. John Hughes-Games de Bristol por su amable ofrecimiento de apoyo; a David Warkentin por su amable autorización para usar el último *Reference Works* en la investigación para el libro; a Michael Thomson por su ayuda y aliento; a Minerva Books por sus libros de consulta; al Dragon's Health Club por su consejo sobre forma física y ejercicios; al personal de entrenamiento por su ayuda y apoyo, incluidas Pat Webb, Ann Slaymaker y Chris Donne por sus habilidades en el procesamiento de textos y a Chris Donne, Clare Lindsay, Lesley Holloway y Marjorie Edmonds por hacer que todo funcionara; a los agentes, Lutyens & Rubinstein; a todos los miembros de Dorling Kindersley, sobre todo a Blanche Sibbald y a Rosie Pearson.

Dorling Kindersley desea agradecer a Karen Ward por la búsqueda de ilustraciones y por organizar algunas de las fotografías de plantas y minerales; a Millie Trowbridge por la búsqueda de ilustraciones; a Michele Walker por seleccionar los modelos, por la dirección artística del estilo y las fotos; a Thomas Keenes y a Toni Kay por la asistencia en el diseño; a Helen Barnett por sus conocimientos de especialista de medicina complementaria; a Antonia Cunningham, Valeria Horn y Constance Novis por su ayuda editorial; y a Sue Bosanko por la realización del índice. Nos sentimos agradecidos hacia diversas personas de farmacias y fabricantes homeopáticos por su valiosa ayuda, sobre todo a Matthew Edwards, de A. Nelson & Co. Ltd.; a Tom Kelly, Michaeol Bate y a toda la gente de Weleda (UK) Ltd.; y a Tony Pinkus y Evelyn Eglington de Ainsworths Pharmacy. También queremos dar las gracias a las siguientes firmas por proporcionarnos accesorios y plantas para las fotografías: Ainsworths Pharmacy; Drropy & Browns, Covent garden; Duncan Ross de Pointzfield Herb Nursery; Kings College Pharmacology Department; the Liverpool School of Tropical Medicine; A. Nelson & Co. Ltd., y Weleda (UK) Ltd. Además, nos gustaría expresar nuestro agradecimiento a las siguientes personas por su ayuda general al proyecto: Elvia Bury, Cally Hall, Mark O'Shea, Mair Searle y Enid Segul. Por haber posado como modelos a: Robert Clarke, Alastair Lockie, Peter Jessup, Rachel Gibson, Lesley Adams, Françoise Morgan, Peter Murphy, Christopher Nugent, Shareen Rouvray, Maddy Kaye, Steve Gorton, Eloise Morgan, Lorraine Gunnery, Susannah Marriott, Jade Lamb, Kenzo Okamoto, Leslie Sibbald, Antony Heller, Emily Gorton y Jane Mason.

ILUSTRADORES
Tracy Timson; Sarah Ponder.

FICHAS DE LAS ILUSTRACIONES
Todas las fotografías han sido realizadas por Andy Crawford y Steve Gorton, excepto las siguientes:
Heather Angel: p.74 cd; Michael Bate: p. 138 Ai; The Bridgeman Art Library, London: p. 52 ad/*Biblioteca Nazionale*, Turín, p. 109 Ai; Elvira Bury (con autorización): p. 15 A; Jean Loup Chatmel: p. 92 Ai; Bruce Coleman: pp. 96c, 133a/Dr. Frieder Sauer p. 107c; E. T. Archive: p. 95 Ai; Faculty of Homeopathy: pp. 16 A, 16 a, 17 d, 58 d, 91 c, 93 Ai, 103 Ai, 122, 125 ai, 126 cd, 138 cd, 145 Ai; Garden Matthew Photographic Library c John Feltwell: p. 99 Ai; Geoscience Features Picture Library: pp. 18 A, 66 ci, 87 c, 90 ci; Gregory, Bottley & Lloyd: pp. 129 a, 131 c, 134 a, 146 a; Pat Hodgeson Library: pp. 50 Ai, 54 Ai, 66 Ad, 94 cd; The Mansel Collection: pp. 10 Ai, 11 Ad, 12 Ai, 13 ai, 56 Ai, 58 Ai, 74 Ai, 96 Ai 97 ad, 105 Ai, 109 cd; Mary Evans Picture Library: pp. 5, 11 ad, 12 ai, 64 Ai, 68 Ai, 70 Ai, 76 Ai, 82 Ai, 83 ad, 84 Ai, 85 Ai, 86 Ai, 87 Ai, 88 Ai, 91 Ai, 102 Ai, 106 Ai, 107 Ai, 110 Ai, 111 Ai, 117 a, 141 ci; National History Photographic Library: c Andy Callow p. 117 A; Peter Newark: p. 100 Ai; Mark O'Shea: pp. 20 ci, 78 c, 126 ai, 136 a, 149 Ai; Oxford Scientific Films Ltd. - Scott Camazine: p. 25 A/Michael Fodgen 128 ai; Ann Ronan de Image Select: pp. 89 Ai, 101 Ai; Science Photo Library - Bill Longcore p. 98 Ai/Vaughan Fleming p. 103 c/Prof. P. Motta p. 104 ad/Arnold Fisher p. 142 ai; Seven Seas Ltd.: p. 104 Ai; Harry Smith Collection: pp. 93 cd, 110 cd, 123 A; South American Pictures: p. 92 cd; Weleda: pp. 90 Ai, 118 A, 138 Ai; Zefa Pictures.

Clave para la posición de las ilustraciones A = arriba; a = abajo; i = izquierda; d = derecha; c = centro.